最新行业会计实务系列

金融企业会计

任聪聪 冯凌茹 编著

中国财政经济出版社

图书在版编目（CIP）数据

金融企业会计/任聪聪，冯凌茹编著. —北京：中国财政经济出版社，2012.2
（最新行业会计实务系列）
ISBN 978-7-5095-3361-1

Ⅰ.①金… Ⅱ.①任…②冯… Ⅲ.①金融企业 Ⅳ.①F830.42

中国版本图书馆 CIP 数据核字（2012）第 003100 号

责任编辑：周桂元　　　　　责任校对：张凡
封面设计：朱江/杨雪

中国财政经济出版社 出版

URL：http：//www.cfeph.cn
E-mail：cfeph @ cfeph.cn

社址：北京市海淀区阜成路甲 28 号　邮政编码：100142
营销中心电话：88190406　北京财经书店电话：64033436　84041336
北京富生印刷厂印刷　各地新华书店经销
787×1092 毫米　16 开　30 印张　540 000 字
2012 年 5 月第 1 版　2012 年 5 月北京第 1 次印刷
定价：48.00 元
ISBN 978-7-5095-3361-1/F·2849
（图书出现印装问题，本社负责调换）
质量投诉电话：010-88190744

编写说明

企业“经营有机密，会计要公开”是经济社会的共识，会计手续（过程）及会计结果公开披露，要依会计原则处理，但更重要的是依法、合规操作。会计法规体现一国的会计水平，但它是随着经济发展需要而逐步增添、完善和细化的，会计手段也是随着电子科技进步、随互联网发展而发展的。我们推出的这套面向不同行业企业会计人员的《最新行业会计实务系列》，正是为适应不断变化的经济、法规环境和科技发展，体现新法规、新业务、新视角的三新特征。新法规主要指本系列图书结合税务制度和内部控制制度等新规范；新业务指从过去的大分工分离出来的物业管理、建筑施工、旅游餐饮、农业、金融、物资流通、零售等新兴行业及原有行业更新内容的特点；新视角指改变以往脱离企业会计电脑实操的思路，结合会计电算化的实务进行编写，同时又从内部控制角度统驭全稿。

本系列图书由中国财政经济出版社组织，由首都经济贸易大学会计学院教授董力为博士牵头并统筹协调。编委会成员包括董力为教授、王国生副教授、许群教授、郭阜平副教授、刘瑛副教授、李百兴副教授等。

本系列图书首先推出《物业管理企业会计》、《旅游、餐饮企业会计》、《金融企业会计》、《运输企业会计》、《零售企业会计》、《农业企业会计》、《建筑企业会计》、《制造企业会计》。中国社会主义市场经济日新月异，会计理论、会计实践及会计法规制度建设快速发展。为此，我们也会根据社会和广大读者需要，以后陆续推出本系列其他分册。

《最新行业会计实务系列》编委会

2012 年 2 月

前　言

随经济的发展以及信息技术的进步，金融服务业务范围扩大，规模扩大，社会经济影响大，且服务手段先进，外部监管严格，已经演化为现代金融业，成为支柱产业。在我国金融业企业化经营还处于尝试、摸索的发展阶段。由于资本市场未成熟，我国金融业出现金融产品种类少、公司体制改革未完全到位以及其他不完善的现象。为适应经济、金融的发展需要，会计领域不断推出新法规，在此环境下提高金融行业会计人员的水平显得极为重要。为此，我们编写了《金融企业会计》，以满足银行、保险以及证券公司等金融企业会计人员的需要。

本书为《最新行业会计实务系列》之一，按照该系列统一撰写原则和要求，把金融企业分为银行企业和非银行的证券、保险等金融企业，根据其特点分别阐述。本稿基于各行业通用性的《企业会计准则》（2006）、《企业会计准则应用指南》（2006）以及《企业会计准则讲解》（2010）、《企业内部控制基本规范》（2008）等一系列会计规范和2009年税法的要求撰写。同时，为反映金融业业务特点，紧跟不断更新的行业会计规范，还参照《金融企业会计制度》、《商业银行内部控制指引》（2007）等行业实务细则，用新视角重述旧内容和新问题，如把金融工具会计单独列示章节，力求确定符合业务实质及紧跟国际惯例的会计确认、计量标准和报告方式。

本稿主要由首都经济贸易大学任聪聪、冯凌茹编写，会计学院研究生李长山、王贤杰、王雯也参加了本书编写工作；全书由首都经济贸易大学会计学院教授董力为博士担任总审。鉴于作者的会计实践研究阅历和相关信息资源限制，不乏不妥之处，请业内人士及广大读者批评指正。

书稿编辑中参考了许多文献，由于无法逐一与文献作者联系沟通，在此只能对参考文献的作者表示感谢。

编者

2011 年 10 月

前 言

目　录

第一章 1

金融企业会计概论

本章叙述金融机构体系与金融企业经营活动、金融企业会计的基本要点，以及利用银行基本业务展现金融企业会计核算的基本要求和流程。

第一节　金融机构体系与金融企业经营活动

一、金融机构体系

随着市场经济的发展和金融体制改革的深入，我国已初步形成以中国人民银行（中央银行）为核心、以商业银行和政策性银行为主体、多种金融机构并存、金融市场逐步发展的新型金融机构组织体系。我国现行的金融机构体系包括中央银行、政策性银行、国有及国有控股的大型商业银行、股份制商业银行、中小商业银行、农村商业银行和农村合作银行、中国邮政储蓄银行、外资银行以及非银行金融机构类的证券公司、保险公司、租赁公司、基金管理公司、信托投资公司、金融资产管理公司、企业集团财务公司等（如图 1－1 所示）。

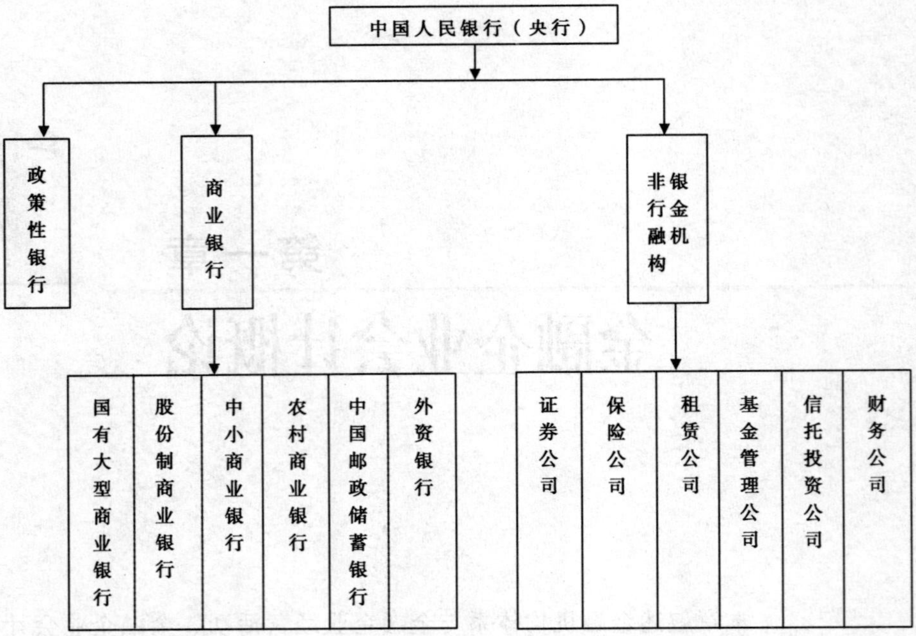

图 1－1　我国金融机构体系示意图

二、金融机构职能与业务活动

（一）中央银行

中国的中央银行是中国人民银行。《中华人民共和国中国人民银行法》（以下简称《中国人民银行法》）规定中国人民银行的职能是：在国务院领导下，制定和实施货币政策，防范和化解金融风险，维护金融稳定。中国人民银行的主要职责是：发布与履行其职责有关的命令和规章；依法制定和执行货币政策；发行人民币，管理人民币流通；监督管理银行间同业拆借市场和银行间债券市场；实施外汇管理，监督管理银行间外汇市场；监督管理黄金市场；持有、管理、经营国家外汇储备、黄金储备；经理国库；维护支付、清算系统的正常运行；指导、部署金融业反洗钱工作，负责反洗钱的资金监测；负责金融业的统计、调查、分析和预测；作为国家的中央银行，从事有关的国际金融活动；国务院规定的其他职责。

（二）政策性银行

政策性银行是国家为了实现政策性金融和商业性金融相分离，割断政策性贷款与基础性货币的关系，为特定的经济政策和产业政策服务的金融机构。中国农业发展银行和中国进出口银行是我国的政策性银行，直属国务院领导。

中国农业发展银行按照国家的法律、法规和方针、政策，以国家信用为基础，筹集农业政策性信贷资金，承担国家规定的农业政策性金融业务，代理财政性支农资金的拨付，为农业和农村经济发展服务。中国进出口银行执行国家产业政策和外贸政策，为扩大我国机电产品和成套设备等资本性货物出口提供政策性金融支持。

（三）商业银行

我国的商业银行包括国有及国有控股的大型商业银行（中国工商银行、中国农业银行、中国银行、中国建设银行、交通银行、国家开发银行有限公司）、股份制商业银行（中信银行、光大银行、招商银行、华夏银行、广东发展银行、浦东发展银行、深圳发展银行、民生银行、兴业银行、恒丰银行、浙商银行、渤海银行）、城市商业银行、农村商业银行和农业合作银行、中国邮政储蓄银行、外资银行等。我国的商业银行以效益性、安全性、流动性为经营原则，实行自主经营、自担风险、自负盈亏、自我约束。商业银行是独立承担民事责任的金融企业法人。

根据《中华人民共和国商业银行法》（以下简称《商业银行法》）的规定，商业银行可以全部或者部分经营的业务包括：吸收公众存款；发放短期、中期和长期贷款；办理国内外结算；办理票据承兑与贴现；发行金融债券；代理发行、代理兑付、承销政府债券；买卖政府债券；从事同业拆借；买卖、代理买卖外汇；从事银行卡业务；提供信用服务及担保；代理收付款项及代理保险业务；提供保管箱服务等。

（四）证券公司

证券公司是指依照《中华人民共和国公司法》（以下简称《公司法》）和《中华人民共和国证券法》（以下简称《证券法》）规定设立的经营证券业务的有限责任公司或者股份有限公司。新修改的《证券法》规定：经国务院证券监督管理机构批准，证券公司可以经营下列部分或者全部业务：证券经纪；证券自营；证券承销与保荐；证券投资咨询；与证券交易、证券投资活动有关的财务顾问；证券资产管理；其他证券业务。按其主要内容划分，证券公司的业务可分为证券经纪业务、证券自营业务、证券承销业务和其他证券业务。

（五）保险公司

我国保险公司目前主要有中国人民保险公司、中国人寿保险公司、中国平安保险股份有限公司、中国太平洋保险股份有限公司、华泰财产保险股份有限公司等。保险公司经营的实质是对投保人未来可能的损失予以赔偿给付的承诺。保险公司在国民经济中发挥着“互助共济，分担风险”的保障作用。保险公司经营的保险业务有财产保险业务、人身保险业务和再保险业务。

（六）租赁公司

租赁公司是以有偿提供机器、设备、办公用品等物品的形式，向企业融通资金的非银行金融机构。我国的租赁公司主要有综合租赁公司、专业租赁公司和金融机构兼营租赁业务三大类型，业务上也有了很大的创新，如租赁与来料加工相结合、租赁与补偿贸易相结合、承办中外合资企业投资设备的租赁等。

（七）基金管理公司

基金管理公司就是集中众多投资者的资金，交由专业人员，对股票、债券等证券进行投资，以谋求投资风险尽可能降低和投资收益最大化的一种非银行金融机构。

证券投资基金是一种集合投资制度，是一种利益共享、风险共担的集合证券投资方式。即通过发行基金单位，集中投资者的资金，由基金托管人托管，由基金管理人管理和运用资金，从事股票、债券等金融工具投资。

（八）信托投资公司

信托投资公司是指依法成立的主要经营信托业务的非银行金融机构。根据我国《信托投资公司管理办法》的规定，信托投资公司可以申请经营的业务主要有信托类业务、代理类业务及其他业务。

二、商业银行的资金运动

随着商业银行业务的开展和财务活动的进行，不断发生资金的存、取、借、还的更替变化，各种更替变化的主要形式集中表现为各种存款的存入和提取，各种贷款、投资的投放和回收，各种款项的汇出和解付以及财务的收入和支出，而这几种主要形式所发生的资金数量上的增减变化过程及其结果构成了商业银行会计对象的具体内容。这些都需要银行会计进行连续、系统、完整的核算和监督。

第二节　金融企业会计概要

金融企业会计是将会计的基本原理和基本方法应用于金融企业这一特殊行业的专业会计。金融企业要遵循会计核算的一般原则，采用专门方法，对金融企业的经营活动过程进行连续、全面、系统的核算和监督，为金融企业经营者及有关方面提供财务状况、经营成果以及现金流量等一系列会计信息的一种管理活动。

一、金融企业会计应遵循会计核算的一般原则

《企业会计准则——基本准则》规定：金融企业会计核算必须遵循四项基本假设及会计基础、八项会计信息质量要求及会计计量属性。四项基本假设是会计主体、持续经营、会计分期、货币计量，会计基础为权责发生制。八项会计信息质量要求是可靠性、相关性、可理解性、可比性、实质重于形式、重要性、谨慎性、及时性，会计计量属性包括历史成本（又称实际成本）、重置成本（又称现行成本）、可变现净值、现值和公允价值。

金融企业会计在长期实践中形成的一系列独特的专门方法是：凭证的填制与传递、账户的设置与登记、表单的设置与编制、账务处理与账务核对程序等。这些独特的专门方法从制度上保证了会计核算的准确性、及时性和安全性。

金融企业会计反映和监督的内容，就是金融企业能以货币计量的各项业务活动和资金运动。但由于各类金融机构的性质、职能、作用和业务范围不同，会计核算对象的具体内容也不完全相同。

二、金融机构会计的对象

金融机构会计的对象是指资产、负债、所有者权益、收入、费用和利润六个会计要素。

（一）资产

资产是指企业过去的交易或者事项形成的、由企业拥有或者控制的、预期会给企业带来经济利益的资源。金融企业的资产应按流动性进行分类，主要分为流动资产、长期投资、固定资产、无形资产和其他资产。从事存贷款业务的金融企业，还应按发放贷款的期限划分为短期贷款、中期贷款和长期贷款。如商业银行的资产具体包括：（1）贷放资金，指商业银行按照有关规定发放的短期贷款、中长期贷款、抵押贷款等；（2）投资资金，指商业银行投放在各种有价证券上的资金；（3）各项占款，指商业银行的房屋、器具、设备和运输工具等固定资产、无形资产等占用的资金；（4）备付金，指商业银行的库存现金以及存放在中央银行的准备金。（5）其他，包括各种暂付款项、应收款项等。

（二）负债

负债是指企业过去的交易或者事项形成的、预期会导致经济利益流出企业的现实义务。金融企业的负债按其流动性，可分为流动负债、应付债券、长期准备金和其他长期负债等。如商业银行的负债具体包括：（1）吸取资金，指商业银行吸收的各项存款，包括企事业单位存款、个人储蓄存款、发行金融债券等；（2）借入资金，指向中央银行借入、向同业借入以及向国外借入的资金；（3）结算资金，指结算中暂时占用的款项，包括联行存放款项、同业存放款项等；（4）其他，包括暂收款项和各种应付款项等。

（三）所有者权益

所有者权益是指企业资产扣除负债后，由所有者享有的剩余权益。

如商业银行的所有者权益具体包括：（1）实收资本，指投资者实际投入商业银行形成的资本金或股本金。商业银行设立时必须按国家规定筹集资本金，它是商业银行成立和存在的前提。商业银行筹集的资本金按其来源不同，分为国家资本金、法人资本金、个人资本金和外商资本金。（2）资本公积，指资本（或股本）溢价、财产重估增值及接受的各种捐赠等。（3）盈余公积，指商业银行从利润中提取的公积金、公益金等。（4）一般准备，指商业银行按一定比例从净利润中提取的一般风险准备。（5）未分配利润，指待分配给投资者的利润和未决定用途的利润。

（四）收入

金融企业的收入主要包括在经营业务活动过程中实现的与业务经营有关的营业收入、通过对外投资实现的投资收益以及取得的与业务经营无直接关系的营业外收入等。金融企业提供金融商品服务所取得的收入，主要包括利息收入、金融企业往来收入、手续费收入、贴现利息收入、保费收入、证券发行差价收入、证券自营差价收入、买入返售证券收入、汇兑收益和其他业务收入。

（五）费用与支出

金融企业的费用支出主要包括在业务经营过程中发生的与业务经营有关的营业支出、按规定应缴纳的营业税金及附加、发生的与业务经营无直接关系的营业外支出等。

（六）利润

利润是指企业在一定会计期间的经营成果，包括营业利润、利润总额和净利润。金融企业的利润是其在一定会计期间获得的经营成果，它是各项收入与各项支出相抵后的差额。

三、金融企业会计的特点

金融企业会计作为一门专业会计，具有明显的专业会计特点，具体表现在以下几个方面：

（一）反映情况具有综合性和全面性

通过会计核算，既记载了金融企业的业务活动，同时也反映了金融企业的财务和会计活动情况。另外，金融企业会计核算面向国民经济各部门、各企业，面向广大人民群众，具有很强的社会性。金融企业的各项业务活动都是随着国民经济各部门活动的发生而发生的，国民经济各部门的经济活动，都会在金融企业会计账表上以货币形式得到反映，因此，金融企业会计不仅能反映金融企业的业务活动和财务会计活动情况，而且体现了整个社会资金的流向和国民经济各部门间的经济联系。从社会再生产过程来考察，金融企业会计反映的内容，实质上全面反映了全国的商品生产、流通和分配的综合情况，起着社会“总会计”的作用。

（二）业务处理和会计核算的统一性

金融企业是经营货币与信用业务的经济机构，其业务活动直接表现为货币资金的运动。会计部门又处在金融业务活动的第一线，其业务的实现是通过会计核算最终完成的。例如，金融企业的各项存款、贷款、支付结算业务、证券的买卖与交易业务、保险展业与理赔业务、信托存贷款业务等。金融企业会计核算过程就是直接办理和完成金融业务以及实现金融业务的过程。因此，金融企业的业务处理和会计核算具有统一性。

（三）监督和服务的双重性

金融企业是国民经济的综合部门，是社会资金活动的枢纽。金融企业与国民经济各部门以及社会公众有着广泛的货币信用联系，其工作质量的好与坏，直接关系金融企业的声誉。因此，金融企业会计在其业务核算过程中既要为客户提供高质量的金融服务，加速资金周转，也要加强会计监督。一方面，监督客户资金是否合理收付，保证国家财经法规和各项规章制度得到有效执行；另一方面，监督客户资金的安全运行，防范各种贪污、盗窃、诈骗案件的发生。同时，必须监督和抵制一切非法的业务活动，保证国家、企事业单位和公民财产安全，从而真正发挥金融企业会计的监督作用。

（四）会计数据资料提供的准确性、及时性

金融企业与国民经济各部门、各单位的经济活动相联系，涉及面

广，影响力大。会计核算资料数据的提供是否准确、及时，对国民经济至关重要，它是国家了解国民经济各部门的情况、制定政策、进行决策的依据。因此，这就使金融企业会计必须具有独特的核算形式，从制度上保证核算资料的准确和及时提供。它通过独特的核算形式，记载各项业务的增减变化，能够反映金融企业资产、负债的动态与规模、货币流通状况、银根松紧程度、国家预算执行情况等。能够据此为决策部门调整货币信贷政策、调节控制宏观经济提供主要的数据和信息。

由于金融企业在国民经济中所处地位的重要性及其经营业务的特殊性，对其会计数据资料提供的准确和及时要求更严格，这对金融体系的安全、稳定运行与国民经济的健康发展具有重要的意义。

第三节　金融企业会计的工作组织

金融企业会计的工作组织，就是根据《中华人民共和国会计法》（以下简称《会计法》）、中国人民银行的《银行会计基本规范指导意见》和财政部《企业会计准则》、《金融企业财务规则》的规定，在金融系统内部设置负责会计工作的职能机构，建立和健全会计的规章制度，按照会计管理的客观规律，将会计工作科学地组织起来，使会计工作有条不紊地运转，从而保证会计工作任务的顺利完成，发挥会计的职能作用。

一、金融企业会计机构

会计机构是金融企业内部组织领导和直接从事会计工作的职能部门，是金融企业职能机构体系中的重要组成部分。

金融企业会计机构的设置，应与其管理体制、任务要求和业务量繁简相适应。随着金融体制改革的不断深化，会计改革不断进行，相应会计机构的设置也不尽统一，必须根据各金融机构的具体情况来设置。就目前情况来说，金融企业会计机构大体上划分为两种类型：一种是不直接对外办理业务的内部会计工作的领导和管理机构，如银行、证券、保险、信托部门的会计部、处、科等会计部门；另一种是直接对外办理业务的会计机构，如各金融企业基层单位的营业部、处等会计机构。此外，对于一些业务不多、不进行独立核算的下属部门，一般不设置独立的会计机构，但必须配备专职会计人员和会计主管，负责处理会计工作。各级金融企业的会计工作必须在行长（经理）的领导下，由会计部门具体负责，同时也要接受上一级会计部门的指导、检查和监督。会计部门办理的财务收支和会计事务，应当依法接受审计机关的审计监督。

金融企业会计核算单位分为独立会计核算单位和附属会计核算单位两种。凡单独编制会计报表和办理年度决算的，为独立会计核算单位；凡其业务收支由主管部门采用并账或并表方式汇总反映的，为附属会计核算单位。

二、会计制度

我国会计制度包括由财政部颁布的《企业会计准则》、《企业财务通则》、《金融企业财务规则》以及由财政部和中国人民银行联合制定的《金融企业会计制度》等。这些综合性的财务会计方面的规章制度不仅包含了对会计事务处理的具体方法规定，还体现了国家的财政方针、政策，它们中的许多会计处理方法与国际会计惯例相接近，但也有根据我国具体情况作出的独特规定。

第四节　银行基本业务核算

银行基本业务核算包括会计科目的利用、凭证的传递、会计工作组织、会计核对以及电子化账务处理流程等基本内容。

一、会计科目

根据我国《企业会计准则》和《金融企业会计制度》，银行业会计科目按资金性质可划分为四大类，即资产类、负债类、所有者权益类和损益类。各银行系统因核算上的需要，可增设一些系统内使用的科目。

在实际工作中，各银行系统都增设了资产负债共同类科目。

（一）会计科目类别

1. 表内科目。银行会计科目类别见表1－1所示。

表1－1　　银行会计科目表

序号	会计科目	序号	会计科目
	一、资产	27	待处理资产损益
1	现金		二、负债类
2	银行存款	28	活期存款
3	贵金属	29	定期存款
4	存放中央银行款项	30	活期储蓄存款
5	存放同业款项	31	定期储蓄存款
6	存放联行款项	32	财政性存款
7	拆放同业	33	向中央银行借款
8	拆放金属性公司	34	同业存放款项
9	短期贷款	35	联行存放款项
10	中长期贷款	36	同业拆入
11	抵押贷款	37	金融性公司拆入
12	贴现	38	应解汇款
13	逾期贷款	39	汇出汇款
14	贷款呆账准备	40	保证金
15	进出口押汇	41	本票
16	应收利息	42	应付利息
17	坏账准备	43	其他应付款
18	其他应收款	44	应付工资
19	短期投资	45	应付福利费
20	长期投资	46	应交税金
21	固定资产	47	应付利润
22	累计折旧	48	预提费用
23	固定资产清理	49	长期借款
24	在建工程	50	发行债券
25	无形资产	51	长期应付款
26	递延资产	52	外汇买卖

续表

序号	会计科目	序号	会计科目
	三、所有者权益	62	汇兑收益
53	实收资本	63	投资收益
54	资本公积	64	营业外收入
55	盈余公积	65	利息支出
56	本年利润	66	金融企业往来支出
57	利润分配	67	手续费支出
	四、损益类	68	营业费用
58	利息收入	69	营业税金及附加
59	金融企业往来收入	70	其他营业支出
60	主营业务收入	71	汇兑损失
61	其他营业收入	72	营业外支出

该类科目用于核算银行资金的实际增减变动并反映在银行各种会计主表上，如上述银行业会计科目表中所列的各科目。

2. 表外科目。该类科目用于核算业务确已发生而尚未涉及银行资金的实际增减变化，或不涉及银行资金增减变化的重要业务事项。因此，该类科目不反映在银行各种会计主表内。如“应收托收款项”、“应付托收款项”、“有价单证”、“已兑付有价单证”、“空白重要凭证”等等。

在会计核算上，表内科目采用复式借贷记账法；表外科目采用单式收付记账法，业务发生时记收方，业务转销时记付方，余额反映在收方。

银行会计科目按管理需要和反映的经济业务内容详略程度可分为一级科目和二级科目。一级科目的名称代号及核算内容，由总行统一规定，具有较强的统一性和严肃性，科目的设置及修改权集中于总行。各管辖分行根据本身业务的实际需要和权限增设辖内专用科目，称二级科目，在编制会计报表时应并入相应的一级科目中，一级科目统驭二级科目。

（二）会计科目的运用

对于银行所发生的经济业务，首先要按业务发生涉及的资金性质和业务类别及会计科目使用规定，确定所涉及的会计科目及其性质，然后根据会计科目性质确定记账方向，处理账务。

1. 表内科目的运用。

（1）一方是资产（或费用）增加，另一方是负债（或权益）增加

【例1－1】银行发放给大华公司流动贷款40万元。

该笔业务涉及短期贷款和活期存款两个科目，分别导致银行资产和负债同增，其会计分录为：

借：短期贷款——大华公司　　400 000

　　贷：活期存款——大华公司　　400 000

【例1－2】工商银行收到某投资者以现金投入的资本金50万元。

该笔业务涉及现金和实收资本两个科目，分别导致银行资产和所有者权益同增，其会计分录为：

借：现金　　500 000

　　贷：实收资本　　500 000

【例1－3】银行通过转账支付某单位活期存款利息7 000元。

该笔业务涉及利息支出和活期存款两个科目，分别导致银行费用支出和负债同增，其会计分录为：

借：利息支出　　7 000

　　贷：活期存款　　7 000

【例1－4】某个体户用现金归还银行贷款利息3 000元。

该笔业务涉及现金和利息收入两个科目，分别导致银行资产和负债同增，其会计分录为：

借：现金　　3 000

　　贷：利息收入　　3 000

（2）一方是资产减少，另一方是负债减少。

【例1－5】某单位持现金支票来银行支取现金4 000元。

该笔业务涉及现金和活期存款两个科目，分别导致银行资产和负债同减，其会计分录为：

借：活期存款　　4 000

　　贷：现金　　4 000

（3）一方是资产（或费用）增加，另一方是资产（或费用）减少。

【例1－6】某农业银行用存放同业款项拆出临时资金200万元给另一家银行。

该笔业务涉及拆放同业和存放同业款项两个科目，分别导致银行资产一增一减，其会计分录为：

借：拆放同业——某企业　　2 000 000

　　贷：存放同业款项　　2 000 000

【例1－7】建设银行以现金支付业务宣传费600元。

该笔业务涉及现金和营业费用两个科目，分别导致银行资产的减少和费用的增加，其会计分录为：

借：营业费用　　　　　　　　　　　　　　600

　　贷：现金　　　　　　　　　　　　　　　　600

(4) 一方是负债（或权益）增加。另一方是负债（或权益）减少。

【例 1-8】甲单位持转账支票来银行支付给在同行开户的乙单位货款 7 万元。

该笔业务涉及活期存款科目，分别导致银行负债一增一减，其会计分录为：

借：活期存款——甲单位　　　　　　　　70 000

　　贷：活期存款——乙单位　　　　　　　　70 000

【例 1-9】经批准银行将资本公积金 30 万元转增资本金。

该笔业务涉及实收资本和资本公积金两个科目，分别导致银行所有者权益一增一减，其会计分录为：

借：资本公积金　　　　　　　　　　　300 000

　　贷：实收资本　　　　　　　　　　　　300 000

【例 1-10】宁远公司归还银行贷款利息 4 000 元，由其存款账户支付。

该笔业务涉及利息收入和活期存款两个科目，分别导致银行收益的增加和负债的减少，其会计分录为：

借：活期存款——宁远公司　　　　　　　4 000

　　贷：利息收入　　　　　　　　　　　　　4 000

2. 表外科目的运用。

【例 1-11】某银行柜组领回重要凭证支票 700 本。

该笔业务涉及“重要空白凭证”科目，业务发生记入收方，会计分录为：

收：重要空白凭证——支票　　　　　　　700

【例 1-12】某企业购买支票 20 本。

该笔业务转销重要空白凭证，其会计分录为：

付：重要空白凭证——支票　　　　　　　　　20

二、会计凭证

银行会计凭证是各项业务和收支的书面证明，是银行登记账簿的依据，也是明确经济责任，核对账务和事后查考的依据。银行每发生一笔经济业务，都必须在取得或填制会计凭证后方能办理资金收付和进行账务处理。由于银行的会计凭证需要在银行内部或外部进行传递流转方能完成业务与核算手续，故习惯称作“传票”。

（一）银行会计凭证特点

1. 复试会计凭证将普及。一般采用单式凭证银行为了适应业务量大、分工细、便于凭证传递以及在结账时按科目清单分汇总装订保管等需要，采用单式凭证。随着电脑记账的发展及普及，今后银行将会改用复式凭证。

2. 大量利用外来原始凭证代替记账凭证。银行办理各项业务，一般都由客户提交有关凭证代替收付款证明。为了避免重复劳动，提高工作效率，银行大量采用客户来银行办理业务所提交的原始凭证，经审核后代替银行的记账凭证；同时，银行会计凭证大都采用多联套写方式，使办理业务的付款单位及其双方开户银行都有一张同一内容的凭证，保证了有关方面核算的一致性，也便于审核和装订保管。

3. 凭证传递环节多。银行办理每笔业务，从收到凭证到业务处理完毕，凭证不仅要在一个银行内部各柜组（如现金出纳柜、会计柜等）之间进行传递，有的还要在异地联行之间进行传递，因此，银行会计凭证传递环节多，也是其特点之一。

（二）银行会计凭证的分类

银行会计凭证按其格式和使用范围，分为基本凭证和特定凭证两类。

基本凭证是银行会计人员根据原始凭证及业务事项，自行填制并凭以记账的凭证。银行的基本凭证按其性质特点可分为三大类 10 种传票；

第一类凭证仅供银行内部使用、不对外销售和传递，适用于未设专用凭证的一切现金收、付和转账业务，包括如下四种传票：

现金收入传票，样式如表 1－2 所示。

现金付出传票，样式如表 1－3 所示。

转账借方传票，样式如表 1－4 所示。

转账贷方传票，样式如表 1－5 所示。

表 1－2　　　　现金收入传票

中国××银行现金收入传票

铜牌或对号单第　　号

总字第　　号
字第　　号

（贷）________

（借）____现金____　　　　年　月　日

户名或账号	摘　要	金额								
		百	十	万	千	百	十	元	角	分

附件　张（白纸红油墨）

会计　　出纳　　复核　　记账

表 1－3　　　　现金付出传票

中国××银行现金付出传票

铜牌或对号单第　　号

总字第　　号
字第　　号

（借）________

（贷）____现金____　　　　年　月　日

户名或账号	摘　要	金额								
		百	十	万	千	百	十	元	角	分

附件　张（白纸黑油墨）

会计　　出纳　　复核　　记账

表 1－4　　转账借方传票

中国××银行转账借方传票

总字第　　号
字第　　号

科目（借）		年　月　日						对方科目（贷）				
户名或账号	摘　要	金　额										
		亿	千	百	十	万	千	百	十	元	角	分
合　计												

附件　张（蓝纸黑油墨）

会计　　复核　　记账　　制票

表 1－5　　转账贷方传票

中国××银行转账贷方传票

总字第　　号
字第　　号

科目（贷）		年　月　日						对方科目（借）				
户名或账号	摘　要	金　额										
		亿	千	百	十	万	千	百	十	元	角	分
合　计												

附件　张（浅蓝纸红油墨）

会计　　复核　　记账　　制票

第二类凭证仅供银行内部使用、不对外销售但可以对外传递，适用于未设专用凭证但又涉及外单位一切转账业务。凡银行主动代为收款进账或扣款时（如单位存款利息的进账或贷款利息和扣收）使用。包括两种：

（1）特种转账借方传票，样式见表 1－6。

（2）特种转账贷方传票，样式见表 1－7。

表 1－6　　特种转账借方传票

中国××银行特种转账借方传票

年　月　日

总字第　号	
字第　号	

<table>
<tr><td rowspan="3">付款单位</td><td>全　称</td><td colspan="3"></td><td rowspan="3">收款单位</td><td>全　称</td><td colspan="3"></td></tr>
<tr><td>账号或地址</td><td colspan="3"></td><td>账号或地址</td><td colspan="3"></td></tr>
<tr><td>开户行、社</td><td></td><td>行号</td><td></td><td>开户行、社</td><td></td><td>行号</td><td></td></tr>
<tr><td>金额</td><td colspan="4">人民币
（大写）</td><td colspan="5">十 亿 千 百 十 万 千 百 十 元 角 分</td></tr>
<tr><td colspan="2">原凭证金额</td><td></td><td>赔偿金</td><td></td><td colspan="5" rowspan="3">科目（借）________
对方科目（贷）________

会计　复核　记账　制票</td></tr>
<tr><td colspan="2">原凭证名称</td><td></td><td>号　码</td><td></td></tr>
<tr><td>转账原因</td><td colspan="4">

行、社盖章</td></tr>
</table>

作借方凭证或收账通知　附件　张

（白纸蓝油墨）

表 1－7　　特种转账贷方传票

中国××银行特种转账贷方传票

年　月　日

总字第　　号
字第　　号

<table>
<tr><td rowspan="3">付款单位</td><td>全　称</td><td colspan="3"></td><td rowspan="3">收款单位</td><td>全　称</td><td colspan="12"></td></tr>
<tr><td>账号或地址</td><td colspan="3"></td><td>账号或地址</td><td colspan="12"></td></tr>
<tr><td>开户行、社</td><td></td><td>行号</td><td></td><td>开户行、社</td><td colspan="2"></td><td colspan="4">行号</td><td colspan="6"></td></tr>
<tr><td rowspan="2">金额</td><td colspan="4" rowspan="2">人民币
（大写）</td><td>十</td><td>亿</td><td>千</td><td>百</td><td>十</td><td>万</td><td>千</td><td>百</td><td>十</td><td>元</td><td>角</td><td>分</td></tr>
<tr><td></td><td></td><td></td><td></td><td></td><td></td><td></td><td></td><td></td><td></td><td></td><td></td></tr>
<tr><td colspan="2">原凭证金额</td><td></td><td>赔偿金</td><td></td><td colspan="13" rowspan="3">科目（贷）________
对方科目（借）________

会计　　复核　　记账　　制票</td></tr>
<tr><td colspan="2">原凭证名称</td><td></td><td>号　码</td><td></td></tr>
<tr><td>转账原因</td><td colspan="4">行、社盖章</td></tr>
</table>

作贷方凭证或支款通知　附件　张

（白纸紫油墨）

第三类凭证是特定业务使用的凭证。包括六种：

（1）表外科目收入传票，样式见表 1－8。

（2）表外科目付出传票，样式见表 1－9。

（3）外汇买卖借方传票（外币），样式见表 1－10。

（4）外汇买卖贷方传票（人民币），样式见表 1－11。

（5）外汇买卖贷方传票（外币），样式见表 1－12。

（6）外汇买卖借方传票（人民币），样式见表 1－13。

（7）外汇买卖套汇贷方传票（外币），样式见表 1－14。

表 1－8　　表外科目收入传票

中国××银行表外科目收入传票

年　月　日

总字第　号
字第　号

表外科目（收入）________

户　名	摘　要	金额 亿	千	百	十	万	千	百	十	元	角	分

附件　张（白纸红油墨）

会计　　出纳　　复核　　记账

表 1－9　　表外科目付出传票

中国××银行表外科目付出传票

年　月　日

总字第　号
字第　号

表外科目（付出）________

户　名	摘　要	金额 亿	千	百	十	万	千	百	十	元	角	分

附件　张（白纸黑油墨）

会计　　出纳　　复核　　记账

表1-10 外汇买卖借方传票（外币）

年　月　日

传票编号

结汇单位	全　称		（借）外汇买卖 （对方科目　）
	账号或地址		
外汇金额	牌　价	人民币金额	
		¥	
摘要			会计 复核 记账 制票

附件　张

表1-11 外汇买卖贷方传票（人民币）

年　月　日

传票编号

结汇单位	全　称		（贷）外汇买卖 （对方科目　）
	账号或地址		
外汇金额	牌　价	人民币金额	
		¥	
摘要			会计 复核 记账 制票

附件　张

表1-12

外汇买卖贷方传票（外币）

年　月　日

传票编号	

（借）　外汇买卖

（对方科目　　　）

结汇单位	全　称		
	账号或地址		
外汇金额	牌　价	人民币金额	
		¥	
摘要		会计 复核 记账 制票	

附件　张

表1-13

外汇买卖借方传票（人民币）

年　月　日

传票编号	

（借）　外汇买卖

（对方科目　　　）

结汇单位	全　称		
	账号或地址		
外汇金额	牌　价	人民币金额	
		¥	
摘要		会计 复核 记账 制票	

附件　张

表1-14　外汇买卖套汇贷方传票（外币）

外 汇 买 卖
（对方科目　）

传票编号	
日期	
摘要	

外汇金额	人民币金额	牌价	外汇金额	附件　张

会计　　复核　　记账　　制票

凭证中还包括特定凭证，是指银行据以办理业务并可代替凭以记账的各种专用凭证。一般由银行印制，单位购买和填写，并提交银行凭以办理某种业务。这些特定凭证，由银行用以代替传票并凭以记账，如支票、进账单、现金缴款单等。也有由银行自行填制，凭以办理业务及记账的，如联行报单、银行汇票等。特定凭证一般是一式数联套写凭证，格式按有关业务需要设计。其格式和使用方法，将在以后章节中介绍。

（三）会计凭证的要素

会计凭证的要素是指各种凭证中必须填写的与经济业务和账务记载有关的事项。主要包括以下几项：

（1）凭证的名称及编制的年、月、日（特定凭证中，需注明记账日期）；

（2）收、付款单位开户银行的名称和行号；

（3）收、付款单位的户名和账号；

（4）货币名称和大小写金额；

（5）款项来源、用途、摘要及附件张数；

（6）会计分录和凭证编号；

（7）单位按照有关规定的签章；

（8）银行及有关人员的签章。

（四）会计凭证的填制

1. 凭证使用规则。基本凭证是银行内部使用，应由银行会计人员根据业务自行编制。现金收入业务，要填制一张现金收入传票。现金付出业务，编制一张现金付出传票。转账业务要填制转账借方传票和转账贷方传票，并且业务发生涉及多少个账户，就应填多少张转账传票，因此，一借一贷的转账业务填制转账借方、贷方传票各一张；一借多贷的转账业务，填制一张转账借方传票，多张转账贷方传票；多借一贷的转账业务，填制多张转账借方传票，一张转账贷方传票。

2. 填制要求。填制会计凭证，要做到内容真实、要素齐全、字迹清晰、数字准确、书写规范、一式多联凭证要套写。其书写规范如下：

（1）规范的大写数字：壹、贰、叁、肆、伍、陆、柒、捌、玖、拾、佰、仟、万、亿、零、整。

（2）人民币的大写金额之前应注明“人民币”字样，紧接其后书写金额，不得留有空白。

（3）大写金额到“元”的，在“元”后，一定要写“整（正）”字，大写金额到“角”的，在“角”之后，可以写也可以不写“整（正）”字，大写金额到“分”之后不写“整”字。

（4）金额中有“0”时，大写金额书写的规定：①小写金额数字中间有单个“0”或中间连续有几个“0”时，中文大写一个“零”字。如2 506. 3 元应写成：人民币贰仟伍佰零陆元叁角（整）。8 006. 59 元应写成：人民币捌仟零陆元伍角玖分。②小写金额中元位是“0”但角位不是“0”时，中文大写金额可以写一个“零”字，也可以不写“0”。如：3 250. 68元应写成：人民币叁仟贰佰伍拾元零陆角捌分。或人民币参仟贰佰伍拾元陆角捌分。③小写金额中角位是“0”，而分位不是“0”时，大写金额“元”后面要写“0”字。如：61 904. 04 元应写成：人民币陆万壹仟玖佰零肆元零肆分。

（5）人民币小写金额前面应注明人民币符号“￥”，数字不得连写以免分辨不清。

（五）会计凭证的审核

银行受理凭证时，必须根据有关业务的具体要求，认真审核，主要应审核以下内容：

（1）是否属于本行受理的凭证；

（2）使用的凭证种类是否正确，凭证的基本内容，联数与附件是否完整齐全，是否超过有效期限；

（3）账号与户名是否相符；

（4）大小写金额是否一致，字迹有无涂改；

（5）密押、印鉴是否真实齐全；

（6）款项来源、用途是否填写清楚，是否符合有关规定的要求；

（7）内部科目的账户名称使用是否正确；

（8）计息、收费、赔偿金等的计算方法与数额是否正确。

经过审核，符合要求的予以账务处理或进行传递；对于不符合要求的凭证，应拒绝受理，如属内容不全或填写有差错的凭证，应向客户解释清楚，要求客户重填；如属于伪造凭证等违法行为，要及时举报，配合有关部门调查处理。

（六）会计凭证的传递

凭证的传递是指从收到或编制凭证起，直到业务处理完毕装订保管为止的整个过程。这个过程是业务的处理过程也是会计核算的过程。银行每一张凭证都代表着一笔资金的运动，组织凭证迅速、合理、科学地传递，直接关系到资金的安全与周转速度，关系着会计核算的效率和质量。

组织凭证传递，必须根据各项业务的特点，分别制定各种不同凭证的传递程序。一般来说，外来凭证首先要经接柜员审核，然后交记账员确定会计分录。记入明细账，交复核员复核。自制凭证经有关人签章并记账后，也交复核员复核。各行内部的凭证传递程序，由各行自定，但必须做到准确及时，手续严密。在具体操作中应做到以下几点：

（1）现金收入业务必须先收款后记账；

（2）现金付出业务必须先记账后付款；

（3）转账业务必须“先借后贷”，就是先借记付款单位账户，后贷记收款单位账户；

（4）对其他行的票据，必须坚持收妥入账，贯彻“银行不垫款”原则；

（5）对要在银行之间或柜组之间传递的凭证，原则上都通过邮电部门或银行内部自行传递，不能交客户代为传递，另有规定者除外；

（6）凭证在传递时，应考虑方便客户，服务群众，做到先外后内，先急后缓；

（7）当日的凭证按核算处理过程由有关柜组处理，不再回归，并随时送会计部门进行综合核算，防止积压。

（七）会计凭证的整理及装订

银行会计凭证是银行重要的会计档案。为便于事后查考，每日营业终了，必须将已办妥各项手续的凭证整理装订，集中保管。

1. 凭证的整理。每天营业终了，对已办完会计核算的凭证，在装订之前，要按规定排列顺序进行整理。具体做法如下：

（1）分货币排列，本币传票在前，外币传票在后，各种科目传票按日计表的科目顺序排列。

（2）每个会计科目下按现金借出、现金贷方、转账借方、转账贷方排列，各科目的日结单分别放在各科目传票之前。

2. 凭证的装订。凭证经整理后，外加传票封面和封底，在封面上要写明日期、传票的总数、册数、号码等内容。装订成册后，在结绳处用纸条加封，由装订人员加盖骑缝章，封面上应由装订人员、会计主管人员盖章，以明确责任。

四、账务组织

账务组织是指根据凭证对经济业务核算时，从账簿的设置、记账程序直到账务平衡，编制出会计日报表为止，整个核算过程中各种方法相互配合所形成的核算体系。合理、科学的账务组织会保证会计核算的质量和工作效率。银行的账务组织包括明细核算和综合核算两个核算系统。

（一）明细核算

明细核算是以账户为基础的核算，由分户账、登记簿、现金收付日记簿、余额表四部分组成。其账务处理程序是：首先，根据传票记载分户账（如为现金收付业务，则还要分别登记现金收入日记簿和现金付出日记簿）；其次，对不能入账而又需要记载的重要业务事项，则在登记簿中进行记载；最后，营业终了按分户账各户当日最后余额编制余额表。

1. 分户账。分户账是明细核算的主要形式，是各科目的明细记录，也是同国内外银行及有关单位进行对账的依据。它按货币种类、单位或资金性质开立账户，根据传票逐笔记载，并结计余额。其通用样式一般有四种：

（1）甲种账。设有借方、贷方发行额和余额三栏，一般适用于不计息或使用余额表计息科目和银行内部资金各科目账户，如损益类账户，其账页样式见表1－15。

表 1-15　　(甲种账)　　商业银行　　×××　账

货币：　　领用凭证记录　　本簿总页数 / 本户第　页

户名：　　账号：

年		摘要	凭证号码	对方科目	借方	贷方	借或贷	余额	复核盖章
月	日				(10 亿位)	(10 亿位)		(10 亿位)	

会计：　　记账：

(2) 乙种账。设有借方、贷方发生额、余额和积数四栏，一般适用于在账页上计息的各账户。如存款账户、贷款账户。其账页样式见表 1-16。

表 1-16　　(乙种账)　　商业银行　　×××　账

货币：　　领用凭证记录　　本簿总页数 / 本户第　页

户名：　　账号：

年		摘要	凭证号码	对方科目	借方	贷方	借或贷	余额	复核盖章
月	日				(10 亿位)	(10 亿位)		(10 亿位)	

会计：　　记账：

(3) 丙种账。设有借方、贷方发行额和借方、贷方余额四栏，一般适用于借、贷双方反映余额并分别计息的账户，如联行往来、同业往来等账户。其账页样式见表 1-17。

表 1－17　　(丙种账)　　商业银行　　××× 账

货币：　　　　　　　　领用凭

户名：　　　账号：　　证记录

本簿总页数
本户第　页

年		摘要	凭证号码	对方科目	借方	贷方	借或贷	余额	复核盖章
月	日				(10亿位)	(10亿位)		(10亿位)	

会计：　　　　　　　　记账：

(4) 丁种账。设有借方、贷方发行额、余额和销账四栏，一般适用于逐笔记账、逐笔销账的一次性业务的账户，如应收款项、应付款项、存入保证金等账户。其账页样式见表 1－18。

表 1－18　　(丁种账)　　商业银行　　××× 账

货币：　　　　　　　　领用凭

户名：　　　账号：　　证记录

本簿总页数
本户第　页

年		摘要	凭证号码	对方科目	借方	贷方	借或贷	余额	复核盖章
月	日				(10亿位)	(10亿位)		(10亿位)	

会计：　　　　　　　　记账：

除了上述四种基本格式外，外汇会计还另设外汇会计特种账簿，这种账簿是根据业务性质和实际需要设计的特定账式。如外汇买卖分户账是把外币金额和本币金额同时记载在同一账页上的特定账页。

分户账在记载时，除有关业务核算手续另有规定外，应注意下列各点：

（1）填明账页上首，不得省略（如科目、户名、账号、币别、利率、账页、编号以及额度等）。

（2）记账时先核对好户名、账号、币别、印鉴、业务内容，防止串户、冒领、冒支等现象发生。

（3）业务发生后逐笔记载、逐笔结出余额。

（4）对同一收付单位的多笔凭证，可按有关规定，取得开户单位同意后，汇总凭证记账，将原来的记账凭证（原始凭证也包括在内）作汇总传票附件。

（5）摘要栏内简明扼要地写明业务内容和有关凭证号码。

（6）账页记满时，将对账单及时或定期交开户单位或境内、外行对账，账目不符，及时查明。

2. 登记簿。登记簿是一种辅助账簿，属备查簿性质，是分户账的补充。分户账上不能记载而又需查考的业务，均使用登记簿核算，主要反映表外科目的明细情况，可用来记录重要空白凭证、有价单证或实物，账页样式无统一规定，视业务需要而定。

3. 现金收付日记簿。现金收付日记簿是分别逐笔、序时地记录银行现金收入、付出情况的账簿。现金收付日记簿样式见表1－19。

表1－19　　　　现金收付日记簿

组
柜　名称：　　　　　　　　年　月　日　　　　　　　第　页　共　页

凭证号码	科目代号	户名或账号	计划项目代号	金额（位数）	凭证号码	科目代号	户名或账号	计划项目代号	金额（位数）
	合计（或过次页）					合计（或过次页）			

复核：　　　　　　　　　　　出纳：

现金收入、付出业务发生后依据现金收入传票和现金付出传票分别逐笔登记现金收入日记簿、现金付出日记簿，均要分币种记载。每天营业终了，结计出现金收入、付出合计数，再计算出现金结存数，并与实际库存数核对相符。

4. 余额表

余额表是用来填制分户账余额的一种明细表，其作用是据以核对总账和分户账余额，并计算利息。余额表和格式分为计息余额和一般余额两种。

(1) 计息余额表（见表1-20）。

表1-20

商业银行

计息余额表

科目名称：活期存款　　××××年6月份　　共　页

科目代号201　　第　页

日期＼余额＼户名账号＼利率	2.65‰	‰	‰	‰	复核盖章
	单位（位数）	（位数）	（位数）	（位数）	
上月底止累计应计息积数	10 333 841				
10天小计	2 963 800				
20天小计	6 584 000				
本月合计（本月计息积数）					
应加积数	35 000				
应减积数					
本期累计应计息积数	16 952 841				
结息时计算利息积数	1 483.37				
备注					

会计：　　复核：　　记账：

适用于计息的各科目，按有关存、贷款科目分别设立。每日营业终了，根据各账户当天的最后余额抄入表内。当天无发生额的账户若遇假日，将上一日最后余额填入表内。一定时期内各账户每天余额合计即为各账户在该时期内的计息积数，是计算得息的依据。同时，当日各户余额合计数就是当日该科目的余额，据以与总账余额进行核对，保证账账相符。

(2) 一般余额表（见表1-21）。适用于不计息的各科目。根据各分户账最后余额抄列，使各账户余额集中反映，便于各科目总账与分户账余额进行核对。可根据业务需要随时编制。

表 1－21　　商业银行
一般余额表
年　月　日　　　　共　页　第　页

科目代号	户名	摘要	余额（位数）	科目代号	户名	摘要	余额（位数）

会计：　　复核：　　制表：

（二）综合核算

综合核算是以科目为基础进行的核算，由科目日结单、总账、日记表三部分组成。其账务处理程序是：一是，根据科目日结单合计发生额和余额登记总账；二是，根据总账各科目当日发生额和余额编制日记表，该表中的各科目借、贷方发生额和余额必须各自平衡。

1. 科目日结单。科目日结单是反映每一科目当日传票的借、贷方发生额的汇总记账凭证，又称传票。其主要作用是监督明细账的笔数和发生额，是轧平当日账务和登记总账的依据。其格式见表 1－22。

表 1－22　　商业银行
科目日结单
年　月　日

凭证种类	借方		贷方	
	传票张数	金额（位数）	传票张数	金额（位数）
现金				
转账				
合计				

附件　张

事后监督：　　复核：　　记账：　　制单：

科目日结单依据各科目当日的传票来编制，每个科目编制一张科目日结单，当天无发生额的科目不需要编制科目日结单。其编制方法如下：

（1）一般科目日结单的编制方法。每日营业终了将同一科目的所有传票分现金、转账、借方和贷方，加计笔数和金额填入科目日结单的发生栏内。将传票按顺序排列附在科目日结单之后。

（2）现金科目日结单的编制方法。现金科目日结单是根据一般科目日结单中现金部分编制。将当天一般科目日结单现金部分即借方和贷方计算合计数，反方向填入现金科目日结单中。现金科目日结单后附传票。

（3）全部科目日结单的借方发生额合计数与贷方发生额合计数必须加总平衡。

2. 总账。总账是按货币、分科目设立的账簿，是各科目的总括记录，是综合核算的主要账簿。主要作用是统驭分户账，也是编制会计报表的依据。主要设有借方、贷方发生额和借方、贷方余额四栏，账页每月揭换一次。其格式见表 1－23。

表 1－23 （正面）

商业银行

总 账

科目代码：

科目名称： 第 号

<table>
<tr><td>年 月份</td><td colspan="2">借方
（位数）</td><td colspan="2">贷方
（位数）</td></tr>
<tr><td>上年底余额</td><td colspan="2"></td><td colspan="2"></td></tr>
<tr><td>本年累计发生额</td><td colspan="2"></td><td colspan="2"></td></tr>
<tr><td>上月底余额</td><td colspan="2"></td><td colspan="2"></td></tr>
<tr><td>上月底累计未计息积数</td><td colspan="2"></td><td colspan="2"></td></tr>
<tr><td rowspan="3">日期</td><td colspan="2">发生额</td><td colspan="2">余额</td></tr>
<tr><td>借方</td><td>贷方</td><td>借方</td><td>贷方</td></tr>
<tr><td>（位数）</td><td>（位数）</td><td>（位数）</td><td>（位数）</td></tr>
<tr><td>1
⋮
10 天小计
11</td><td colspan="2"></td><td colspan="2"></td></tr>
</table>

会计： 复核： 记账：

表 1－23 （背面） **商业银行**

总 账

科目代码：

科目名称：

日期	发生额		余额		核对盖章
	借方（位数）	贷方（位数）	借方（位数）	贷方（位数）	复核员
⋮ 20 天小计 ⋮ 30 ⋮					
月 计					
自年初累计					
本期累计计息积数					
本期累计未计息积数					

会计： 复核： 记账：

总账的登记方法是：启用账页时，账首各栏包括科目代号、科目名称、年月时间、上年底余额、本年累计发生额、上月底余额等都应填写，并核对正确。每日营业终了，根据各科目日结单的借方、贷方合计数记入总账各科目同一行的借方、贷方发生栏中，并计算出余额。对于单方向反映余额的科目，余额是将上日余额加减当日发生额求得。对于借、贷双方反映余额的科目总账则须分别计算出借方余额合计和贷方余额合计，分别登入总账余额的借、贷方，不得轧差登记总账余额。

对于借、贷双方反映余额的科目，检查账务是否正确的公式如下：

（1）当总账本日借方余额大于贷方余额时，核对公式为：

上次借方余额－上次贷方余额＋本日借方发生额－本日贷方发生额＋本日贷方余额＝本日借方余额

（2）当总账本日贷方余额大于借方余额时，核对公式为：

上次贷方余额－上次借方余额＋本日贷方发生额－本日借方发生额＋本日借方余额＝本日贷方余额

3. 日计表。日计表是反映当日全部银行业务活动情况的会计报表，也是轧平当日全部银行账务的重要工具。日记表由借方、贷方发生额和借方、贷方余额四栏组成。其编制方法是：

(1) 每日营业终了，分货币编制，当日某种货币无发生额，可以不编。

(2) 根据总账各科目当日发生额和余额按科目代号顺序抄入日计表中，当日没有发生额的科目，按上日余额填入日计表，不得遗漏。

(3) 计算出所有科目借方、贷方发生额合计数，两者应平衡。

五、账务核对与核算程序

(一) 账务核对

账务核对是对综合核算与明细核算两个系统中的账簿、账表、单证的数字记录进行检查核对的工作。它是防止差错、保证质量的重要措施。通过账务核对，要求做到账账、账款、账据、账表、账实、内外账相符。

1. 每日核对。每日核对是指每日会计核算结束后，对账务的有关内容进行核对，主要核对以下内容：

(1) 总账各科目余额与同科目分户账或余额表和余额合计数核对。

(2) 总账余额与日计表余额核对。

(3) 现金总账余额与现金库存簿余额和库存现金核对。

2. 定期核对。定期核对是对未能纳入每日核对的账务按规定的时间进行的核对，需要定期核对的内容包括：

(1) 用卡片账代替分户账的各个科目，定期加计卡片账总数与各该科目的登记簿及总账余额核对；

(2) 采用丁种账的各科目，将未销账的各笔加计出总数与各该账户余额进行核对；

(3) 账据相互核对，如借款借据按月与分户账逐笔勾对；

(4) 表外科目核算的凭证应每月与登记结余额相核对，是否账证相符；

(5) 往来账户余额核对；

(6) 存折户在办理业务时要账折见面，进行核对；支票户应按月发对账单与单位对账，并限期收回对账回单。

（二）账务核算程序

1. 手工操作核算程序

手工操作核算程序见图 1－2。

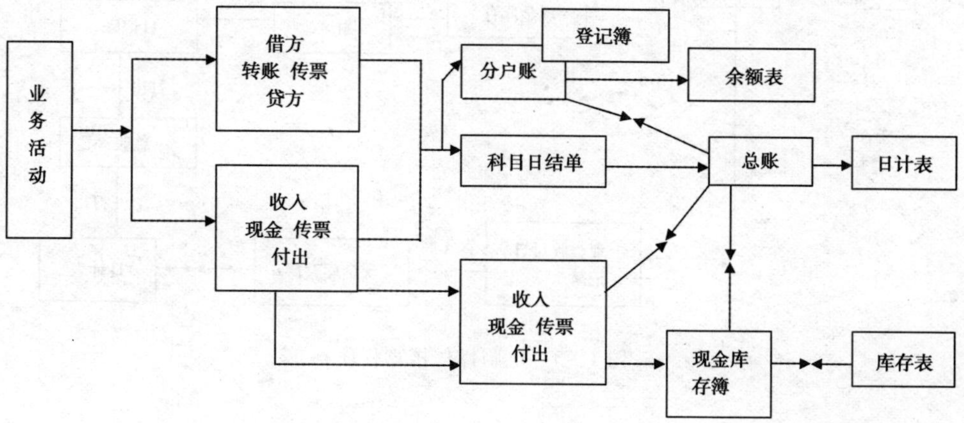

图 1－2　手工操作核算程序图

2. 电脑操作核算程序。会计电脑是利用电子计算机对银行业务进行账务处理的现代化核算手段，银行会计使用电脑核算有利于加快会计信息传递，减轻会计人中劳动强度，保证会计核算的及时、正确、安全，实现银行管理的现代化具有重要意义。利用会计电脑系统进行账务处理，仍然按要求划分明细核算和综合核算两大系统。

（1）明细核算系统。仍按会计核算要求，在科目下设立账户明细记录，以便详细、系统地反映账户资金变化情况，一般由电脑内部存储客户信息数据库（文件）组成。

（2）综合核算系统。以科目为基础，反映各类资金的增减变化情况，由统驭和核对分户账的总账文件，记录当天所有传票信息的传票记录文件组成。除上述两大系统外，在实现会计电脑化处理后，产生特殊内部控制系统。银行业务实现会计电脑化处理，必须加强内部控制，以预防、发现和纠正电脑化处理所产生的错误、舞弊的故障。该系统是保证电脑处理系统正常运行即正确、及时、真实、完整地提供数据资料的重要手段。电脑操作核算程序如图 1－3 所示。

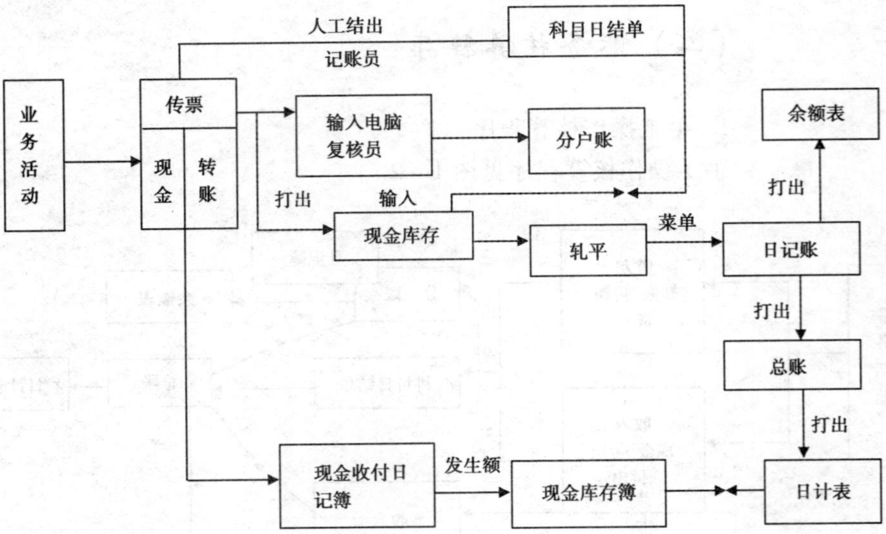

图 1－3　电脑操作核算程序

六、错账冲正的方法与记账基本规则

随着科学技术的进步、计算机网络的迅速发展，银行会计工作广泛地采用了计算机操作处理和管理，实现了业务的处理电脑化、银行系统内部联网化。集中核算系统（ABS）、大额支付系统、小额支付系统、资金汇划清算等新兴的技术系统，实现了会计信息处理的自动化，给商业银行会计核算方式和管理方式带来了巨大变化，提高了商业银行会计核算的质量。错账冲正时除考虑手工错账的冲正外，还要考虑电脑错账的更正方法。

（一）手工错账的冲正

手工记账条件下错账冲正方法有三种：划线更正法、红蓝字更正法和蓝字反方向更正法。每种错账更正法皆有不同的适用范围。

1. 划线更正法。

（1）适用范围：适合于当日差错当日发现，当时更正时使用。

（2）具体操作：会计传票无错，账簿记载出错，当日更正时，将错误的整笔数字划一条红线，表示注销，并将正确数字写在划销数字的上边，由记账员在红线左端盖章证明，更正文字的可不盖章。②会计传票有错，账簿随之记错，当日更正时，应由制票人另制传票，然后在账簿上划红线更正错账。

2. 红蓝字更正法。

（1）适用范围：适合于隔日发现（但在本会计年度内）的错账更正时使用。

（2）具体操作：①传票正确，记账串户，填制同一方向红、蓝字传票各一张更正错账。用红字传票登记原错误的账户，摘要栏注明“冲销×年×月×日”字样。蓝字传票登记正确的账户，摘要栏注明“补记×年×月×日账”字样。②传票填错金额或科目或账户，账簿随之记错。应填制红字传票，将错账全部冲销，再按正确内容填制借、贷方蓝字传票补记入账，并在摘要栏注明情况，同时原错误传票上批注“已于×年×月×日冲正”字样。

3. 蓝字反方向更正法。

（1）适用范围：适用于发现上年度错账更正时使用。

（2）具体操作：发现上年度错账，先用蓝字填制一张与错账方向反方向的传票，用以冲销错账，并在摘要栏注明“冲正×年×月×日错账”字样，然后再用蓝字填制一张正确传票，用蓝字补充记入账簿中。

4. 错账更正的注意事项。

（1）据以更正错账的传票，必须经会计主管人员审查盖章才能办理错账更正。

（2）因更正错账而影响利息计算的，应计算应加应减利息积数，并在余额表或乙种账页中注明。

（二）电脑错账的冲正

电脑记账条件下的错账冲正要根据不同情况进行相应处理。一般来说：当操作员在数据输入时，发现手工记账凭证填制错误，这时数据还没有录入到计算机内，不能由操作员擅自直接对手工凭证进行修改，然后将正确的记账凭证输入计算机，或者根本就不修改，而直接将自以为正确的凭证输入计算机，正确的做法是退请数据审核员审核，确认是手工填制错误时，再由填制人进行纠错处理后再返还操作员。

当记账凭证已经输入到会计软件系统，在没有记账前发现有误，这时可分两种情况处理：①若是操作员正在输入时发现有错，是操作员输入错误，可由操作员通过移动光标直接修改错误；是手工制单错误，应由填制人纠错，然后再由操作员将纠错后的记账凭证输入计算机。②若是本批记账凭证已经输完，但还没有登记“账簿”，复核员在复核过程中发现错误，应提醒操作员修改凭证，修改正确后再审核。

如果记账凭证已经输入会计软件系统且经审核“无误”，并在记账后才发现错误，只能使用红字冲销法进行更正（调用“冲账（更正）”、“补账”功能），即填制一张与错误凭证内容一致，只是金额为红字（在会计软件中一般以“负数”或“括号”表示）的记账凭证，予以冲销，然后再填制一张正确的记账凭证，予以入账。值得注意的是，使用“冲账（更正）”、“补账”功能时，“冲账日期”、“补账日期”均应小于或等于当前日期，且必须经过系统主管授权。

第二章

银行对外业务核算

银行对外业务主要包括吸收单位存款业务、个人储蓄业务和常规贷款业务（除可转让金融资产），以及银行受理的支付结算业务和涉及外汇的业务。

第一节 存款业务核算

存款是商业银行以信用方式吸收社会闲置资金的筹资活动。存款是银行负债的重要组成部分，也是银行信贷资金的重要来源。商业银行通过吸收存款，把国家财政渠道集中不起来的大量的、分散的再生产过程中的闲置资金和城乡居民生活节余款集中起来。然后有计划地发放出去，发挥银行分配资金、调节社会经济的作用。

一、存款及存款账户

（一）存款账户的种类及管理

根据国家规定，单位除了保留必要的备用金外，其余货币资金必须存入银行。因此，每一个与银行发生资金往来的单位，都必须按规定开立相应的存款账户，以便于办理资金收付和同其他单位进行结算以及办理贷款。

1. 存款账户种类。银行存款账户按资金管理要求划分为基本存款账户、一般存款账户、临时存款账户和专用存款账户。基本存款账户是指独立核算的单位在银行开立的、用于办理日常转账结算和现金收付的账户。存款人日常经营活动的资金收付及其工资、奖金和现金的支取，应通过该账户办理。一般存款账户是存款人因借款或其他结算需要，在基本存款账户开户银行以外的银行营业机构开立的银行结算账户。一般存款账户用于办理存款人借款转存、借款归还和其他结算的资金收付。该账户可以办理现金缴存，但不得办理现金支取。临时存款账户是存款人因临时经营活动需要而开立的账户。存款人可以通过该账户办理转账结算和根据国家现金管理的规定办理少量现金收付。该账户的有效期一般不得超过2年。专用存款账户是存款人按照法律、行政法规和规章，对其特定用途资金进行专项管理和使用而开立的银行结算账户。专用存款账户用于办理各项专用资金的收付，具有专款专用、专项管理的特点，如基本建设资金专户、保证金专户、偿债基金专户等。该账户对于资金的合理使用具有较好的监督作用。

2. 单位存款账户管理。存款账户一经开立，银行就必须加强对账户的管理，监督开户单位正确使用账户。各单位通过银行账户办理资金收付，必须遵守银行的以下规定：

（1）一个单位只能选择一家银行的一个营业机构开立一个基本存款账户，不允许在多家银行开立基本存款账户。

（2）开户实行双向选择。存款人可以自主选择银行，银行也可以自愿选择存款人开立账户。任何单位和个人都不能干预存款人在银行开立或使用账户，银行也不得违反规定强拉客户在本行开户。

（3）实行开户许可证制度。单位开立基本存款账户，应凭当地人民银行分支机构核发的开户许可证办理。银行不能对未持有开户许可证或已开立基本存款账户的存款人开立基本存款账户。

（4）实行开销户申报制度。银行对企业事业单位开立、撤销账户，必须及时向当地人民银行报告，人民银行运用计算机建立账户管理系统，加强对账户的管理。

（二）存款的种类

银行存款按不同的标准，可分为不同的类别。表 2－1 简要列示了存款业务的各种分类。

表 2－1　　存款业务的分类

<table>
<tr><td rowspan="22">存款业务</td><td rowspan="16">人民币存款</td><td rowspan="8">个人存款</td><td colspan="2">活期存款</td></tr>
<tr><td rowspan="4">定期存款</td><td>整存整取</td></tr>
<tr><td>零存整取</td></tr>
<tr><td>整存零取</td></tr>
<tr><td>存本取息</td></tr>
<tr><td colspan="2">定活两便存款</td></tr>
<tr><td colspan="2">个人通知存款</td></tr>
<tr><td colspan="2">教育储蓄存款</td></tr>
<tr><td rowspan="8">对公存款</td><td rowspan="4">单位活期存款</td><td>基本存款账户</td></tr>
<tr><td>一般存款账户</td></tr>
<tr><td>临时存款账户</td></tr>
<tr><td>专用存款账户</td></tr>
<tr><td colspan="2">单位定期存款</td></tr>
<tr><td colspan="2">单位协定存款</td></tr>
<tr><td colspan="2">单位通知存款</td></tr>
<tr><td colspan="2">约期存款和协议存款</td></tr>
<tr><td rowspan="6">外币存款</td><td>外汇储蓄存款</td><td colspan="2" rowspan="2">按存款客户类型分类</td></tr>
<tr><td>单位外汇存款</td></tr>
<tr><td>活期存款</td><td colspan="2" rowspan="2">按存期分类</td></tr>
<tr><td>定期存款</td></tr>
<tr><td>经常项目外汇账户</td><td colspan="2" rowspan="2">按账户种类分类</td></tr>
<tr><td>资本项目外汇账户</td></tr>
</table>

表 2－1 中单位存款是指存款人以机关、团体、部队、企业、事业

单位或其他组织的名义在银行开立存款户而存入的款项。个人存款（储蓄存款）是存款人以自然人名义在银行存入的款项。活期存款是存入时不确定存期、可以随时存取的存款，如企事业单位活期存款、个人结算存款、财政性存款等；定期存款是存入时规定存期，到期支取的存款，如整存整取存款、零存整取存款等；定活两便存款是存入时不规定存期，存款人可随时支取，支取时按同档次定期存款利率的一定比率确定存款利息的一种存款。

另外，除单位或个人将现金或现金支票送存银行而形成的存款外，还有银行以贷款形式创造的存款，称为派生存款、转账存款或间接存款。

二、存款业务核算的要求及科目设置

（一）存款业务核算基本要求

由于商业银行吸收的存款涉及各个单位、各个部门以及社会各个方面，具有一定的广泛性和社会性，存款工作的质量影响面相当大。因此，在组织和办理存款业务的核算过程中，必须注意以下几点：

1. 切实维护存款单位和个人的合法权益。各单位和个人存入银行的存款，其所有权属于存款人。银行应尊重单位和个人选择存款银行和存款种类的权利，坚持谁的钱进谁的账、由谁支配使用，切实维护存款人对存款的合法支配权。除按照国家法令和有关规定办理扣款外，谁也不得随便停止存款单位和个人使用存款。

2. 正确使用账户，加强柜面监督。存款账户是银行办理存款业务的工具，又是各单位之间进行经济往来的基础，必须加强管理。要经常检查账户使用情况，分析账户资金收付情况，加强柜面监督，严禁将账户出租、出借或转让给其他单位和个人使用。对于储蓄存款账户，也要加强管理，严防冒领、诈骗、盗窃，以确保储蓄存款的安全。

3. 准确及时地进行核算，提高服务质量。银行办理各种存款业务，要做到手续简便、及时、方便群众。同时，要记好账、算好账，防止串户，以免影响单位正常使用资金，防止透支和扩大银行信用。按照规定正确计算利息，以维护存款单位和存款人的经济利益。做好对账工作，保证银行和单位账务一致。

（二）会计科目的设置及使用

银行为了核算吸收的各种存款，设置和使用以下会计科目：

1. “单位活期存款”科目。本科目属负债类科目，用来核算银行各类单位（包括企业、事业单位、机关、社会团体等，下同）存入的活期存款。银行收到单位存入的活期存款时，贷记本科目；支取款项时，借记本科目。余额反映在贷方。本科目应按存款种类及存款单位进行明细核算。

2. “单位定期存款”科目。本科目属负债类科目，用来核算银行各类单位存入的定期存款，包括单位大额可转让定期存单。银行收到单位存入的定期存款时，贷记本科目；支取款项时，借记本科目。余额反映在贷方。本科目应按存款种类及存款单位进行明细核算。

3. “活期储蓄存款”科目。本科目属负债类科目，用来核算居民个人在银行存入的活期储蓄存款。储户存入款项时，贷记本科目；储户支取款项时，借记本科目。余额反映在贷方。本科目应按储户进行明细核算。

4. “定期储蓄存款”科目。本科目属负债类科目，用来核算居民个人在银行存入的定期储蓄存款，包括整存整取、零存整取、整存零取、存本取息、大额可转让个人定期存单等定期储蓄存款。银行吸收的个人通知存款也在本科目核算。储户存入款项时，贷记本科目；储户支取款项时，借记本科目；余额反映在贷方。本科目应按存款种类及储户进行明细核算。

5. “利息支出”科目。本科目属损益类科目，用来核算银行在吸收存款、发行金融债券等业务中按国家规定的适用利率向债权人支付的利息。银行与金融机构之间发生拆借、存款等业务以及再贴现、转贴现资金的利息支出，在“金融企业往来支出”科目中核算，不在本科目核算。银行定期计提应付利息时，借记本科目，贷记“应付利息”、“发行债券（应付利息）”、“单位活期存款”、“活期储蓄存款”、“存放中央银行款项”等科目。期末应将本科目余额结转利润，借记“本年利润”科目，贷记本科目，结转后本科目应无余额。本科目应按利息支出项目进行明细核算。

6. “应付利息”科目。本科目属负债类科目，用来核算银行吸收存款或发生借款的当期应付而未付的利息。银行计算应付利息时，借记“利息支出”、“金融企业往来支出”等科目，贷记本科目；实际支付利息时，借记本科目，贷记“单位活期存款”、“单位定期存款”等科目。余额反映在贷方。本科目应按存款的种类进行明细核算。

三、单位活期存款业务的核算

单位活期存款是指单位类客户在商业银行开立结算账户，办理不规定存期、可随时转账、存取的存款类型。单位活期存款主要有两种方式，即现金存取和转账存取。本节只叙述存取现金的处理方法。根据存取方式不同，单位活期存款可分为支票户和存折户两种。

（一）支票户存取款业务的处理

支票户是使用支票办理存取手续的存款账户，适用于经营状况较好、结算业务频繁、重信用、严格执行结算纪律的单位和个体经营户。开立支票户时，必须在银行预留印鉴，凭印鉴支取款项。

1. 存入现金的核算。存款单位向开户银行存入现金时，应填制一式两联的现金缴款单（见表 2－2），连同现金一并送交开户银行出纳部门。出纳部门经审查凭证、点收现金，登记现金收入日记簿，并复核签章后，将第一联加盖“现金收讫”章后作为回单退交存款人，第二联送交会计部门，代现金收入传票登记单位存款分户账。其账务处理为：按照收到的现金金额，借方记入“现金”科目，贷方记入“吸收存款——单位活期存款”科目。

【例 2－1】某行办理开户单位大洋物业公司 15 000 元现金存款业务，其账务处理为：

借：库存现金　　　　　　　　　　　　　　　15 000

　　贷：吸收存款——单位活期存款（大洋物业公司）15 000

2. 支取现金的核算。支票户向银行支取现金时，应签发现金支票，并在支票上加盖预留印鉴，由收款人背书后送交会计部门。会计部门接到现金支票后，应重点审查支票大小写金额是否相符、是否超过付款期、印鉴与预留印鉴是否相符、出票人账户是否有足够支付的存款、是否背书等。经审查无误后，将出纳对号单交给收款人，凭此到出纳部门取款。同时，以现金支票代现金付出传票登记分户账。其账务处理与现金存入相反，按照支取的金额，借方记入“吸收存款——单位活期存款”，贷方记入“现金”科目。

【例 2－2】大洋物业公司开出现金支票，到开户行提取 98 000 元。银行受理此笔业务后，其会计分录为：

借：吸收存款——单位活期存款（大洋物业公司）98 000

　　贷：库存现金　　　　　　　　　　　　　　　98 000

然后将支票交出纳部门，由出纳部门叫号付款，并登记现金付出日记簿，将现金支票送回会计部门。

表 2-2 **现金缴款单（收入凭证）**

年　月　日

总字第　号	
现金日记账顺序　号	

缴款人	全　称		款项来源	
	账　号		缴款部门	

人民币（大写）：	千	百	十	万	千	百	十	元	角	分

券别	张数	十	万	千	百	十	元	券别	张数	十	万	千	百	十	元	会计分录：
一百元								一元								（贷）________
五十元								五角								对方科目（借）________
二十元																
十　元								二角								
五　元								一角								会计　复核　记账　出纳
二　元								分币								

（二）存折户存取款业务的处理

1. 存入现金的核算。存款户在第一次存入现金开立账户时，应填写存款凭条连同现金交银行出纳部门，出纳部门审核无误收妥现金后，凭存款凭条登记现金收入日记账后送会计部门。会计部门对存款凭条审查无误后，根据存款凭条开立存折，编列账号，填写存款金额，并加盖银行业务章，交存款单位，以存款凭条作现金收入传票记账。其会计分录与支票户存入现金相同。

续存时，必须带存折来银行办理存款，其余手续与初存时相同。

2. 支取现金的核算。存折户向其开户银行支取现金时，应填写取款凭条，并加盖预留银行印鉴后，连同存折一并送交银行会计部门。经会计部门审查凭证、存折无误后，以取款凭条代现金付出传票，登记存款账及存折，将取款凭条与存折送交出纳部门凭以付款，然后将存折退还取款人。其会计分录与支票户支取现金相同。

四、单位定期存款业务的核算

单位定期存款是指单位类客户在商业银行办理的约定期限、整笔存入、到期一次性支取本息的存款类型。单位定期存款金额的起点为1万元，多存不限。存期为3个月、6个月、1年、2年等多个档次，存入与支取均通过转账办理。

（一）单位存入款项的核算

单位向银行办理定期存款时，应按存款金额签发转账支票，交开户银行。银行接到单位交来的办理定期存款的转账支票，应审核支票正面的印章和各项要素以及支票背面单位、负责人和会计主管人员印章无误后，送会计部门记账，据以开立定期存款账户，并将定期存款证书交存款单位，或填写三联定期存单并将存单联交单位作为存款凭据。按照定期存入的金额，其账务处理为：借方记“吸收存款——单位活期存款”科目，贷方记“吸收存款——单位定期存款”科目。

【例2-3】 2011年7月20日，某工商银行分行接到本行开户单位韦特公司开来的转账支票一张，将闲置资金200 000元转为6个月定期存款，银行有关账务处理为：

借：单位活期存款——韦特公司　　200 000
　　贷：单位定期存款——韦特公司　　200 000

（二）单位支取款项的核算

单位来银行支取存款时，应向银行提交定期存款证实书或存单，经与定期存款账户核对户名、金额、印鉴等无误后，计算应付利息，填制利息清单，办理转账。其账务处理为：按照支取的本金以及利息的金额，借方记“吸收存款——单位定期存款”、“应付利息——利息支出”科目，将本金与利息之和记入贷方“吸收存款——单位活期存款”科目。

【例2-4】 承【例2-3】月利率为1.02‰，到期时，韦特公司支取该笔存款，其会计分录为：

借：吸收存款——单位定期存款——韦特公司　　200 000
　　应付利息——利息支出　　1 224
　　贷：吸收存款——单位活期存款——韦特公司　　201 224

五、单位存款利息的计算

会计部门应按结息期和计算方法，准确地计算利息。对于应付而未付的存款利息，应按权责发生制进行核算。

（一）利息计算的一般规定

1. 利息计算公式为：

利息 = 本金（存款金额）× 存期 × 利率

2. 本金自元位起计息，元位以下不计息。计算的利息保留到分位，分位以下四舍五入。

3. 存期是存款人的存款时间，存期“算头不算尾”，也就是存入日计算利息，支取日不计算利息，其计算方法是存入日至支取的前一日为止。在计算存期时，应注意与利率在计算单位上的一致性，即存期以天数计算时，用日利率；存期以月计算时，用月利率；存期以年计算时，用年利率。

4. 利率是指一定存款的利息与存款本金的比率。利率由国务院授权中国人民银行制定与公布，各金融机构执行。利率用年利率、月利率、日利率表示。在运用利率时应注意相互关系，即年利率 ÷ 12 = 月利率，月利率 ÷ 30 = 日利率。

（二）单位活期存款利息的计算

单位活期存款一般按季结算利息，每季末月 20 日为结息日，结算出来的利息于次日转账。如在结息期前销户，应于销户时计付利息。

按季结息有余额表计息和账页计息两种方法，存期均按实际天数计算。

1. 余额表计息法（手工记账做法）。采用该方法计息，会计部门每日营业终了，将各计息分户账的最后余额按户抄列在计息余额表内（当日余额未变动的，照抄原余额）。如遇错账冲正，应在余额表的“应加积数”、“应减积数”栏内调整计息积数。结息日，逐户将全季的累计积数乘以日利率，即得出各户应计利息数。其计算公式为：

利息 = 累计应计息日积数 × （年利率 ÷ 360）

【例 2 - 5】 宁刚公司 6 月 30 日，营业终了计息，活期存款账户累计积数为 5 826 400 元，年利率为 0.36%。

利息 = 5 826 400 × (0.36% ÷ 360) = 58.26（元）

2. 账页计息法（手工记账做法）。采用乙种账结计利息的，存款账户使用带积数的乙种账，当存款人存款账户发生资金收付后，按前一次最后余额乘以该余额的实存天数计算出积数，记入账页的“日数”和“积数”栏内。如更换账页，应将累计积数过入新账页第一行内，待结息日营业终了，加计本结息期内的累计天数和累计积数，以积数乘以日利率，即可得出应付利息数。如表 2－3 所示业务。

表 2－3　　　　账页计息法

中国××银行（　　）

______账

账号　　　领用凭

户名______证记录______　　利率：0.36%

年		摘要	凭证号码	对方科目代号	借方	贷方	借或贷	余额	日数	积额	复核签章
月	日				（位数）	（位数）		（位数）		（位数）	
11	1	承前页					贷	10 000	11 17	160 800 170 000	
11	18	支取	3 151		2 000		贷	8 000	27	216 000	
12	15	存入				7 000	贷	15 000	6	90 000	
12	21	结息				6.37	贷	16 006.37	91	636 800	

其利息为：

636 800×（0.36%÷360）=6.37（元）

（三）单位定期存款利息的计算

单位定期存款的利息计算采取利随本清的办法，即在存款到期日支取本金的同时一并计付利息。定期存款的存期按对年、对月、对日计算，对年一律按 360 天、对月一律按 30 天计算，零头天数按实际天数计算。采用“算头不算尾”的办法，即存入日起息，支取日不计算利息。存期内如遇利率调整，按原定利率计息。如逾期支取，逾期部分按支取日活期存款利率计息。利息只能转账，不支付现金。

【例 2－6】某单位存入银行定期存款 400 000 元，定期 1 年，年利率为 2.25%，6 月 20 日到期。该单位于 7 月 5 日来行支取，支取日活期存款年利率为 0.36%。其利息为：

到期利息 =400 000×1 年×2.25% =9 000（元）

逾期利息 =400 000×15 天×（0.36%÷360）=60（元）

该笔定期存款应付利息为 9 060 元。

（四）存款利息的转账

1. 活期存款利息的转账。银行于结算日计算出应支付各单位的利息数后，应编制三联（两贷一借）利息清单，以一联贷方传票将利息转入存款单位账户内，另一联贷方传票作收账通知交存款单位。营业终了，根据借方传票填制应付利息科目汇总传票（以借方传票作附件），办理转账。其账务处理为：按照利息金额，借方记入“应付利息——利息支出”科目，贷方记入“吸收存款——单位活期存款”科目。

2. 定期存款利息的转账。为了准确地反映各期的成本和利润水平，银行对单位定期存款采取按季（月）计提应付利息的做法。其账务处理为：按照每期计提的利息，借方记入“利息支出——定期存款利息支出户”科目，贷方记入“应付利息——定期存款利息户”科目。定期存款到期，单位支取本息时，其账务处理为：按照取出的本金，借方记入“吸收存款——单位定期存款”科目，其中将已计提的应付利息记入借方“应付利息——定期存款利息户”科目中；同时发生的但未计提的利息记入借方“利息支出——定期存款利息支出户”科目，贷方记入“吸收存款——单位活期存款”科目。

六、对账与销户

（一）对账

银行与单位的对账，是对支票存款户而言的。对存折存款户，因为在账务处理时就已做到账折见面，保证账折相符，故不再对账。银行与支票存款户的对账，可分为随时对账和定期对账两种形式。

1. 随时对账。银行为支票存款户记账，采用套写账页，银行会计每记满一页，就将账页的对账联交单位对账；单位以对账联与其银行往来账逐笔进行核对，若发现问题，及时到银行查明更正。这种对账形式，适用于逐笔核对发生额，可防止双方账务记载中的错误。

2. 定期对账。银行与单位除平时对账外，还应于每个季度末及每年 11 月末向开户单位填发一式两联的“余额对账单”，交给开户单位对账。开户单位核对后，如经核对发现不符，应在对账单回单联注明未达账项及金额，以便双方查找处理。对于双方账务长期不符的开户单位，要采取必要的措施限期查清。银行应将开户单位退回的对账回单按科目、账号顺序排列，装订保管。

（二）销户

存款单位要求销户时，应提供《撤销结算银行账户申请书》，应在

《撤销结算银行账户申请书》上注明销户原因，加盖单位公章和经办人签名及其身份证号码，交回未使用的重要空白凭证。柜员经认真审核无误后，办理销户业务处理。应首先与销户单位核对存款账户余额，核对相符后，对应计算利息的存款账户，要结清利息。撤销后的账户应停止使用。

第二节 储蓄存款业务的核算

为了正确执行国家保护和鼓励人民储蓄的政策，银行对个人储蓄存款实行“存款自愿，取款自由。存款有息，为储户保密”的原则。同时，银行办理储蓄存款业务应实行实名制，即以本人有效身份证件的姓名办理存入手续。储蓄存款可分为活期储蓄存款、定期储蓄存款、定活两便储蓄存款、个人通知储蓄存款和教育储蓄存款等。

一、活期储蓄存款业务的核算

活期储蓄存款是不固定存期、随时可以存取的一种储蓄存款。活期储蓄存款 1 元起存，多存不限，开户时由储蓄机构发给存折，预留密码，凭存折和密码存取款项。

（一）开户与续存

储户第一次来银行存款，称为开户。开户时，由储户填写一联“活期储蓄存款凭条”（见表 2－4），连同现金一并交经办柜员。经办柜员经审查存款凭条和点收现金无误后，审核证件输入信息；打印储蓄存款凭条；储户确认签名后打印存折；经审核无误存折加盖业务公章和名章后交储户；存款凭条加盖“现金收讫”章和名章后留存，每天业务结束后统一交事后监督。其账务处理为：按照存入的金额，借方记入“现金”科目，贷方记入“吸收存款——活期储蓄存款”科目。

【例 2－7】某储户持现金 7 500 元存入工商银行某支行，银行柜员经过审核无误后，进行账务处理。会计分录如下：

借：现金　　　　　　　　　　　　　　　　　　7 500

　　贷：吸收存款——活期储蓄存款——某储户　　　　7 500

储户来银行续存时，亦应填写存款凭条，并连同现金、存折一并交与经办柜员，经审核无误后，除不再另开账户及存折外，其余收款、记账、登折等处理方法基本与前述开户手续相同。

风险提示：

现金先收款、后记账；客户必须持本人真实有效证件办理（实名制）；超额度权限的存款业务必须经授权后操作，并按规定进行大额现金交易登记。

表 2-4　　　　**活期储蓄存款凭条**

××银行活期储蓄存款凭条

（贷）　科目　　　　　　　　年　　月　　日　　　　　　　　　　账号：

<table>
<tr><td colspan="2" rowspan="2">户　名</td><td colspan="6">金　额</td><td colspan="7" rowspan="3">附记：</td></tr>
<tr><td>千</td><td>百</td><td>十</td><td>元</td><td>角</td><td>分</td></tr>
<tr><td colspan="2"></td><td></td><td></td><td></td><td></td><td></td><td></td></tr>
<tr><td colspan="15">以下由银行填写　　　　　　　　　　（收讫章）</td></tr>
<tr><td rowspan="2">存款
余额</td><td>万</td><td>千</td><td>百</td><td>十</td><td>元</td><td>角</td><td>分</td><td rowspan="2">积
数</td><td>万</td><td>千</td><td>百</td><td>十</td><td>元</td><td rowspan="2"></td></tr>
<tr><td></td><td></td><td></td><td></td><td></td><td></td><td></td><td></td><td></td><td></td><td></td><td></td></tr>
<tr><td colspan="8">月　日

事后监督</td><td colspan="7">复　记
核　账</td></tr>
</table>

（二）支取与销户

储户来行支取存款时，应填写活期储蓄取款凭条（见表2-5）。连同存折交接柜人员，并输入密码。柜员根据取款凭条输入信息；核对账、折及密码无误后，按支取金额打印储蓄取款凭条；客户确认签名后打印存折；经审核无误将现金及存折交储户；取款凭条加盖“现金清讫”章和名章后留存，每天业务结束后统一交事后监督。其账务处理与存入相反：按照取出的金额，借方记入“吸收存款——活期储蓄存款”科目，贷方记入“现金”科目。

表 2－5　　活期储蓄取款凭条

××银行活期储蓄取款凭条

（借）　科目　　　　　　　　年　　月　　日　　　　　　　　　　　　账号：

<table>
<tr><td>户　名</td><td colspan="6">金　额</td><td colspan="7">清户时填写</td></tr>
<tr><td rowspan="3"></td><td>千</td><td>百</td><td>十</td><td>元</td><td>角</td><td>分</td><td rowspan="2">利息</td><td>千</td><td>百</td><td>十</td><td>元</td><td>角</td><td>分</td></tr>
<tr><td rowspan="2"></td><td rowspan="2"></td><td rowspan="2"></td><td rowspan="2"></td><td rowspan="2"></td><td rowspan="2"></td><td></td><td></td><td></td><td></td><td></td><td></td></tr>
<tr><td>本息合计</td><td colspan="6"></td></tr>
</table>

以下由银行填写　　　　　　　　　　　　（收讫章）

<table>
<tr><td rowspan="2">存款
余额</td><td>万</td><td>千</td><td>百</td><td>十</td><td>元</td><td>角</td><td>分</td><td rowspan="2">积
数</td><td>万</td><td>千</td><td>百</td><td>十</td><td>元</td><td rowspan="2"></td></tr>
<tr><td></td><td></td><td></td><td></td><td></td><td></td><td></td><td></td><td></td><td></td><td></td><td></td></tr>
<tr><td colspan="8">月　　日

事后复核</td><td colspan="7">复　记
核　账</td></tr>
</table>

【例 2－8】储户李策持活期存折到银行支取现金 5 900 元，银行柜员审核无误后，办理业务，会计分录如下：

借：吸收存款——活期储蓄存款——李策活期储蓄存款户　　5 900

　　贷：现金　　5 900

储户支取全部存款，不再续存时，称为销户。储户应根据存折上的最后余额填写取款凭条，柜员除办理一般支取手续外，应计算并结清利息，同时按规定代扣储蓄利息所得税，填制两联利息清单，一联留存，于营业终了后，据以汇总编制利息支出科目传票，另一联连同本、息交给客户。其账务处理为：将取出的本金与利息借方记入“吸收存款——活期储蓄存款”、“利息支出——活期储蓄存款利息支出户”等科目；将付出的本金与利息之和贷记“现金”科目。

【例 2－9】储户孙红将账户中 480 000 元作为活期存款，从工商银行中取出，年利率为 0.72%，银行支付其本金和利息，会计分录如下：

借：吸收存款——活期储蓄存款——孙红活期储蓄存款户　　480 000

　　利息支出——活期储蓄存款利息支出户　　3 456

　　贷：现金　　483 456

销户时，取款凭条、存折上均加盖“结清”戳记，注销开销户登记簿，存折作取款凭条附件。

风险提示：

现金付出先记账、后付款；5 万元以上（含 5 万元）取款业务必须登记身份证件；超额度权限的取款业务必须经授权后操作，并按规定进行大额现金交易登记。

（三）活期储蓄存款利息的计算

1. 储蓄存款计息的基本规定。

（1）本金以“元”为起点计息，元以下角、分不计息。各种储蓄存款利息应计至厘位，支付时计至分位，将厘位四舍五入。分段计息时，各段利息应计算至厘位，加总后厘位四舍五入计至分位。

（2）各种储蓄存款利息（除活期储蓄季度结息、整存整取定期储蓄约定转存外）一律利随本清，不计复息，特殊规定除外。

（3）计算存期应采用“算头不算尾”的方法，即存期由存款存入银行的当日算至取款的前一日为止，取款当日不计利息。

（4）各种储蓄存款的存期全年按360天计算，不论大月、小月。平月和闰月，每月均按30天计算，30日及31日视为同一天，不足一个月的零头天数，按实际天数计算。如30日到期，于31日来取，不视为过期一天；31日到期，30日来取，也不作提前一天。30日存入，当月31日支取不计息。2月28日存入，第二天3月1日支取，按存期3天计算。

（5）储蓄存款计算利息一律按“对年、对月、对日”计算。自存入日至次年同月同日为一整年，存入日至次月同日为一整月。如存入日存入的在到期或支取月份无对应日则到期或支取月份无对应日，则以到期或支取月份的最末一天为到期日。闰年2月29日存入，次年2月28日支取，视同存满一年。2月28日存入，次年（闰年）2月29日支取，存期为一年零一天。2月28日存款到期，3月1日支取，逾期天数为3天。

2. 活期储蓄存款，每季结息一次，每季末20日为结息日。如在存款期遇利率调整，按结息日挂牌公告的活期储蓄存款利率计付利息。未到结息日销户的，利息随之结清，并按销户日挂牌公告的活期储蓄存款利率计付，利息算至销户前一天止。

活期储蓄在两种情况下需要结息：一是结息日，二是销户日。

（四）活期储蓄存款利息的转账

银行于结算日计算出应支付各储户的利息数后，办理转账。其账务处理为：按照利息的金额，借记“利息支出——活期储蓄存款利息支出户”科目，贷记“吸收存款——活期储蓄存款”科目。另外，也有一些银行对活期储蓄存款按季（月）计算的应付利息，先通过“应付利息”科目核算。其账务处理为：按照利息发生额，借记“利息支出——活期存款利息支出户”科目，贷记“应付利息——活期存款利息户”。

在结算日次日将利息转入客户的活期储蓄存款账户。其账务处理为：借记“应付利息——活期存款利息户”科目，贷记“吸收存款——活期储蓄存款”科目。

二、定期储蓄存款业务的核算

定期储蓄是在存款时约定存款期限，一次或分次存入本金，到期一次或分次支取本金和利息的一种储蓄存款。

定期储蓄包括整存整取、零存整取、整存零取和存本取息等几种形式（见表2-6）。

表2-6　定期储蓄存款的种类

存款种类	存款方式	取款方式	起存金额	存取期类别	特点
整存整取	整笔存入	到期一次支取本息	50元	3个月、6个月、1年、2年、3年、5年	长期闲置资金
零存整取	每月存入固定金额	到期一次支取本息	5元	1年、3年、5年	利率低于整存整取定期存款，高于活期存款
整存零取	整笔存入	固定期限分期支取	1 000元	存款期分为1年、3年、5年，支取期分为1个月、3个月或半年一次	本金可全部提前支取，不可部分提前支取。利息于期满结清时支取。利率高于活期存款
存本取息	整笔存入	约定取息期，到期一次性支取本金，分期支取利息	5 000元	存期分为1年、3年、5年，可以1个月或几个月取息一次	本金可全部提前支取，不可部分提前支取。取息日未到不得提前支取利息，取息日未取息，以后可随时取息，但不计复利

（一）整存整取定期储蓄存款的核算

整存整取储蓄50元起存，多存不限，存期分3个月、半年、1年、2年、3年、5年数个档次，本金一次存入，由储蓄机构发给存单，到期凭存单支取本息。整存整取储蓄未到期，储户可提前支取，但如部分提前支取，以一次为限。

1. 存入。储户申请办理整存整取定期储蓄时，应填写“整存整取定期储蓄存款开户书”，连同现金一起交接柜员。接柜员点收现金并审核开户单无误后，填写三联“整存整取定期储蓄存单”（见表2-7）。第一联存款凭条，第二联存单加盖业务公章交与储户凭以取款，第三联卡片账留存。采用计算机操作的，存单用计算机打印。如储户要求密码支取，应预留密码，并登记“定期储蓄存款开销户登记簿”，以第一联存款凭条代现金收入传票。其账务处理为：按照存入的金额，借记“现金”科目，贷记“吸收存款——定期储蓄存款”科目。

表 2－7　　整存整取定期储蓄存单

凭　　支取　　　　　　　　　年　月　日存入　　　　账号

<table>
<tr><td colspan="2">户名______　　印鉴户支
存入人民币______　　取时盖章
（大写）　　¥______

期限　年　年　月　日到期　年利率　%</td><td rowspan="4">（银行公章及经办人章）</td></tr>
<tr><td>利息 ¥______</td><td rowspan="3">（支取时代借方传票）

（借）　　　科目</td></tr>
<tr><td>年　月　日支取本金</td></tr>
<tr><td>月　日　事后监督　复核　记账</td></tr>
</table>

【例 2－10】 储户李刚到某农业银行支行办理一笔储蓄业务，其以现金 6 000 元存入 3 年期整存整取的定期储蓄存款，柜员审核完毕。

借：现金　　　　　　　　　　　　　　　　6 000

　　贷：吸收存款——定期储蓄存款——整存整取李刚户

　　　　　　　　　　　　　　　　　　　　　　6 000

2. 支取。

（1）到期和过期支取。储户持到期或过期的存单来行取款时，经办员应审查存单上的公章，确认是由本行签发时，与卡片账核对账号、户名、密码、金额后，加盖“结清”戳记。经复核无误后，根据本息金额合计付款。其账务处理为：按照本金和利息额分别借记“吸收存款——定期储蓄存款”和“利息支出——定期储蓄存款利息户”科目。

【例 2－11】 承【例 2－10】，李刚于 3 年后，到工商银行支行取出该项存款，经计算利息为 600 元，柜员审核完毕。

借：定期储蓄存款——整存整取李刚户　　　6 000

　　利息支出——定期储蓄存款利息户　　　　600

　　贷：现金　　　　　　　　　　　　　　　　6 600

付款时，将利息清单一联交储户。结清的卡片账与营业终了轧计发生额和销记开销户登记簿后，另行保管，定期装订。

（2）提前支取。储户要求提前支取存款时，应交验身份证件，经办柜员验对后，将证件名称、发证机关及号码记录在存单背面，凭密码支取的，还应核实密码，同时应审查是否挂失存单，审核无误后在存单及卡片账上加盖“提前支取”戳记，按提前支取的规定计付利息。其余手续与到期支取相同。

若储户要求提前支取一部分存款时，先按原存单本金全部付出，并按规定计付提前支取部分的利息，然后将未取部分的本金，按原存入日期、期限、利率和到期日另开新存单，重编新账号，同时注明“由××号存单部分转存”的字样，并在开销户登记簿上做相应记载。

3. 整存整取定期储蓄存款利息的计算。

（1）到期支取。整存整取定期储蓄存款在原定存期内不论利率调高调低，均按存单开户日挂牌公告的相应定期储蓄存款利率计付利息，不分段计算。

（2）过期支取。整存整取定期储蓄存款过期支取，其原定存期部分，按到期支取计息方法计息；其超过原定存期的部分，除约定自动转存外，按支取日挂牌公告的活期储蓄利率计付利息。

（3）提前支取。未到期的整存整取定期储蓄存款，全部提前支取，按支取日挂牌公告的活期储蓄存款利率计付利息；部分提前支取的，部分按支取日挂牌公告的活期储蓄存款利率计付利息，其未提前支取部分，仍按原存单所定利率计付利息。

（二）零存整取定期储蓄存款的核算

零存整取定期储蓄存款每月固定存额，5 元起存，存期分 1 年、3 年、5 年，存款金额由储户自定，每月存入一次，中途如有漏存，应于次月补存，未补存者，到期支取时按实存金额和实际存期计息。

1. 存入。零存整取定期储蓄存款开户时，由储户填具“零存整取定期储蓄存款凭条”，连同现金一并交接柜员。柜员审查存款凭条和点收现金无误后，登记“开销户登记簿”，编列账号，开立零存整取分户账。如凭密码支取，应预留密码，并在存折和分户账上加盖“凭密码支取”戳记。复核无误后，以存款凭条代现金收入传票。其账务处理为：按照存入的金额，借方记“现金”科目，贷方记“吸收存款——定期储蓄存款——零存整取××户”科目。

【例 2－12】储户王洋于 2010 年 7 月 1 日到银行要求办理零存整取定期储蓄存款一年，每月存入本金 500 元，利率为 1.425‰，到期取款时得到本金 6 000 元，应得利息 55.58 元，做储户存款时的会计分录。

存款时的会计分录：

借：现金　　　　　　　　　　　　　　500

贷：吸收存款——定期储蓄存款——零存整取王洋户 500

存折加盖业务公章后交储户，分户账按账号顺序保管。

储户按月续存时，柜员收款并核对账折无误后，登记账折，其余处理手续与开户时基本相同。

2. 支取。

（1）到期和过期支取。储户持到期或过期的存折来行取款时，接柜员应审核存折确系本行签发并已到期。经账、折、密码核对相符后，计算利息，登记分户账及销记开销户登记簿，并在存折和分户账上加盖“结清”戳记，以存折代现金付出传票。其账务处理为：按照支出的本金和利息，借记“吸收存款——定期储蓄存款——零存整取××户”和“利息支出——定期储蓄存款利息户”科目，按本金与利息之和，贷记“现金”科目。

【例2-13】 储户王洋与2010年7月1日到银行要求办理零存整取定期储蓄存款一年，每月存入本金500元，利率为1.425‰，到期取款时得到本金6 000元，应得利息55.58元，做储户存款时的会计分录。

取款时的分录：

借：吸收存款——定期储蓄存款——零存整取王洋户 600

利息支出——定期储蓄存款利息户 55.58

贷：现金 655.58

（2）提前支取。储户提前支取零存整取储蓄存款时，应提交本人身份证件，柜员审查无误后，办理提前支取手续，在存折和分户账上加盖“提前支取”戳记，按提前支取的规定计算利息，其余手续与到期支取相同。零存整取储蓄存款只能全部提前支取，不能部分提前支取。

3. 零存整取定期储蓄存款利息的计算。零存整取定期储蓄存款利息的计算通常采用月积数计息法和固定基数计息法。

（1）月积数计息法。这种方法是根据存款账每月余额计算出月积数，而后将月积数累计乘以月利率，即为应付利息。

（2）固定基数计息法。这种方法是按规定存期和利率先计算出每元本金到期应付利息（存期应根据等差级数求平均值的方法计算，公式为：首月+月/2，如一年档次的平均存期为6.5月），再以此作为基数乘以存入金额的合计数，求出应付利息。其计算公式如下：

固定基数应付利息=本金×平均存期×月利率

本金应付利息=固定基数应付利息×存款金额

（三）整存零取定期储蓄存款的核算

整存零取1 000元起存，存期为1年、3年、5年，由银行发给存单，凭存单分次支取本金，支取期为1个月、3个月、半年一次，由储户与银行协商确定，利息于存款到期结算时一并计付。

1. 开户。开户时应由储户提出申请。柜员根据储户姓名、存入金额、期限以及支取的次数和时间填写三联“整存零取定期储蓄存单”，第一联代收款凭证，第二联存单交储户收执，第三联卡片账留存。如凭密码支取，应预留密码，并在第三联卡片账上加盖“凭密码支取”戳记，以第一联代现金收入传票。其账务处理为：按收入的现金额，借记“库存现金”科目，贷记“吸收存款——定期储蓄存款——整存零取××户”科目。

2. 支取。储户按约定时间来行取款，应填交“定期整存零取储蓄取款凭条”，连同存单一同交接柜员。柜员抽出卡片账核对无误后，在存单和卡片账上填写支取记录，以取款凭条代现金付出传票。其账务处理为：按收入的现金额，借记“吸收存款——定期储蓄存款——整存零取××户”科目，贷记“库存现金”科目。

若储户要求部分提前支取，可提前支取1—2次，但须在以后月份内停止1—2次。其余支取日期按原定不变。如果提前支取全部余额，则根据实存金额及实存日期按规定利率计算。

3. 结清。储户于存款期满最后一次取款时，除按分次取款手续处理外，还应计付利息，并在原存单上加盖“结清”戳记，作为取款凭条附件。如过期支取，则按规定利率加付过期利息。

4. 利息计算。整存零取储蓄存款是一次存入，余额逐渐减少，而不是固定本金。因此，其利息计算可比照零存整取储蓄存款采用月积数计息法，而计息的有关规定与前述整存整取相同。

（四）存本取息定期储蓄存款的核算

存本取息5 000元起存，存期分1年、3年、5年，由银行发给存款凭证，到期一次支取本金，利息凭存单分期支取，一个月或几个月取息一次均可，由储户与银行协商确定。

1. 开户。开户时由储户填交开户书，注明姓名、存期及每次取息的日期。银行审核无误后，根据开户书套写一式三联“存本取息定期储蓄存款存单”。计算每次支取的利息，填入凭证有关栏内，其中第二联作为存单交给储户，第三联卡片账留存保管，第一联凭证凭以收款，其余手续同其他定期储蓄存款。其账务处理为：按收入的现金额，借记“库存现金”科目，贷记“吸收存款——定期储蓄存款——存本取息××户”科目。

【例2-14】 储户王丽于2011年1月10日开户，存入1年期存本取息定期储蓄存款200 000元，约定每月支取利息，利率为1.98%。

存入时会计处理如下：

借：库存现金　　200 000

　　贷：吸收存款——定期储蓄存款——存本取息张立户　　200 000

2. 支取利息。存期内储户按约定时间来银行支取利息时，应持存单并按每次应支取利息数填交一联“定期存本取息储蓄取息凭条”，经审核无误后，据以登记账卡、存单并支付现金。其账务处理为：按照利息支取金额，借记“利息支出——定期储蓄存款利息户”科目，贷记“库存现金”科目。

【例 2－15】 储户王丽于 2011 年 1 月 10 日开户，存入 1 年期存本取息定期储蓄存款 200 000 元，约定每月支取利息。利率为 1.98%。

每次支取利息金额 =（200 000 ×1 ×1.98%）÷12 =330（元）

支取利息时会计处理如下：

借：利息支出——定期储蓄存款利息户　　330

　　贷：库存现金　　330

如到取息日储户未来行支取，以后随时可以支取利息。

3. 到期支取本息。存款到期，储户支取最后一次利息的手续同前，对本金则凭存单支取。同时在存单及账卡上加盖“结清”戳记，并据以登记开销户登记簿。其账务处理为：按照支取的本金和利息，借记“吸收存款——定期储蓄存款——存本取息××户”，贷记“库存现金”科目。

【例 2－16】 储户张立于 2011 年 1 月 10 日开户，存入 1 年期存本取息定期储蓄存款 200 000 元，约定每月支取利息。利率为 1.98%。

每次支取利息金额 =（200 000 ×1 ×1.98%）÷12 =330（元）

储户张立于 2012 年 1 月 10 日，储户将本金，连同利息一并支取。

会计分录如下：

借：吸收存款——定期储蓄存款——存本取息张立户　　100 000

　　利息支出——定期储蓄存款利息户　　330

　　贷：库存现金　　100 330

储户要求提前支取本金时，可凭有关身份证件来行办理。存本取息储蓄存款只允许全部提前支取，不办理部分提前支取。提前支取的利息按规定计算。但对于已支取的利息金额，应用红字冲回，即编制红字现金付出传票记账。

4. 利息计算。存本取息的利息计算应先按规定利率计算出应付利息总数，然后再根据取息次数计算出平均每次支取的利息数。其计算公式如下：

每次支取利息数 = 本金 × 存期 × 利率 ÷ 支取利息的次数

储户如提前支取本金，应按照实际存期及规定的提前支取利率，计算应付利息，并扣除已支付的利息。

第三节　贷款业务的核算

贷款是商业银行按照约定的利率和期限还本付息提供给借款申请人的货币资金。商业银行作为经营货币和货币资本的特殊企业，发放贷款是其重要的资金运用形式，也是商业银行取得收入的重要来源。贷款业务的会计核算是商业银行会计核算工作的重要内容。

一、贷款的种类及业务核算的基本要求

（一）贷款的类别

为了方便对贷款业务进行管理和会计核算，按照一定的标准对贷款进行划分。

1. 按照贷款对象，可分为单位贷款和个人贷款。单位贷款是指银行向企事业单位及机关团体等组织发放的贷款。个人贷款是指银行向个人发放的用于个人消费的贷款。

2. 按照贷款期限，可分为短期贷款、中期贷款和长期贷款。短期贷款是商业银行发放的期限在 1 年以内的各种贷款，中期贷款是商业银行发放的期限在 1 年以上、5 年以下的各种贷款，长期贷款是贷款期限在 5 年以上的贷款。

3. 按照保证的方式，可分为信用贷款、担保贷款和票据贴现。信用贷款是无需任何担保，完全凭贷款申请人的信用发放的贷款。担保贷款按照担保的不同形式，可以分为保证贷款、抵押贷款、质押贷款。票据贴现贷款是商业银行给予未到期商业汇票的持票人的短期资金融通。

4. 按照贷款发放人所承担的责任，可分为自营贷款和委托贷款。自营贷款是贷款银行以合法方式筹集资金、自主发放、风险由贷款银行承担，并由贷款银行收回本金和利息的贷款。委托贷款是指政府部门、企事业单位或个人等委托人提供资金。由贷款银行（即受托人）根据委托人确定的贷款对象、用途、金额、期限、利率等代为发放、监督使

用并协助收回的贷款。贷款银行只收取手续费，不承担贷款风险，不得给委托人垫付资金。

5. 按照贷款的质量和风险程度，可分为正常、关注、次级、可疑和损失贷款五类，后三类贷款合称为不良贷款。正常贷款是指借款人能够严格履行合同，有充分把握按时、足额偿还贷款本息的贷款。关注贷款是指尽管借款人目前有能力偿还本息，但是存在一些可能对偿还产生不利影响因素的贷款。次级贷款是指借款人的还款能力出现明显问题，完全依靠其正常营业收入已无法保证足额偿还贷款本息，即使执行担保也可能会造成一定损失的贷款。可疑贷款是指借款人无法足额偿还贷款本息，即使执行担保，也肯定要造成较大损失的贷款。损失贷款是指在采取所有可能的措施或一切必要的法律程序之后，本息仍然无法收回，或只能收回极少部分的贷款。

以上不同划分方法的结果会存在重叠，从会计核算的角度而言，信用贷款和担保贷款的核算存在比较大的差异，因此，我们按照这两大类来讲述贷款业务的会计核算。

（二）贷款业务核算的基本要求

1. 准确及时地办理各项贷款业务的核算手续。商业银行的会计部门根据信贷部门与借款人签订的借款合同，办理贷款的发放手续。定期计算并收取利息，按照权责发生制的原则核算贷款业务的利息收入，到期收回贷款，并对逾期贷款按照规定收取逾期利息。自营贷款和与委托贷款分别核算；应计贷款和非应计贷款分别核算，非应计贷款是指贷款本金或利息逾期 90 天没有收回的贷款，应计贷款是指非应计贷款以外的贷款。

2. 加强对贷款业务的会计监督。根据国家法律和法规的规定以及银行监管部门的要求对贷款业务进行全过程的监督，确保贷款符合法律法规的规定，保证借款人按照合同的约定使用借款资金，确保信贷资金的安全。

3. 提供监管所需要的贷款信息。银行监管部门为了了解金融运行的总体状况，需要商业银行提供有关贷款的信息，通过会计核算工作提供金融监管所需要的信息也是贷款会计核算的重要内容。

二、信用贷款的核算

信用贷款是完全凭贷款申请人的信用发放的贷款。借款人需要资金时逐笔向银行提出借款申请，经过银行批准以后逐笔签订借款合同，逐笔立据审查，逐笔发放，约定借款期限到期还款。

（一）贷款发放的会计处理

借款人需要借款时，首先填写《借款申请书》，向银行提出申请，并向银行信贷部门提供相关资料。商业银行的信贷部门根据审贷分离的原则和特定的授权进行审批，审批以后与借款人签订借款合同，约定借款的金额及用途、利率、还款期限、违约责任等条件。

发放借款时，由借款人填写一式五联的借款凭证（表2－8），第一联为借方传票，此联上应加盖借款单位公章及预留印鉴，第二联为贷方传票，第三联为收账通知，第四联为放款记录，第五联为到期卡，连同申请书经信贷部门审批盖章后送会计部门。

表2－8 借款凭证

（　　　　贷款）借款凭证（申请书代借据）①

单位编号：　　　　日期：　　年　　月　　日　　　　银行编号：

借款人	名称	同右	收款人	名称	
	放款户账号			往来账号	
	开户银行			开户银行	
借款期限（最后还款日）			借款计划指标		
借款申请金额	人民币（大写）：				千 百 十 万 千 百 十 元 角 分
借款原因及用途			银行核定金额		千 百 十 万 千 百 十 元 角 分
期限	计划还款日期	√	计划还款金额	银行审批	
1					
2					
3					
4					负责人　信贷部门主管　信贷员
兹根据你行贷款办法规定，申请办理上述借款，请核定贷给 此致 中国工商银行 （借款单位预留往来户印鉴）			会计分录： （借）： 对方科目：（贷） 会计　复核　记账		

此联为银行放款账户借方凭证6158－94－4（2）8000本10×5

会计部门收到借款凭证后应认真审查以下内容：凭证各栏内容填写是否准确完整；大小写金额是否一致；印章是否齐全；与预留印鉴是否一致；印鉴与借款单位的名称是否一致；是否有信贷部门和相关人员的审批意见。会计部门经审核后，为借款单位开立贷款分户账，并将存款转入借款单位存款账户。其账务处理为：按照贷款金额，借记“贷款——短期贷款——××单位贷款户”科目，贷记“吸收存款——单位活期存款——××单位存款户”科目。

【例2-17】2010年8月15日，大庆公司向其开户银行申请短期贷款160 000元，期限7个月，约定利率为6.78%。信贷部门认真审查后同意发放，并经过会计部门将款项转入该公司存款账户。会计分录如下：

借：贷款——短期贷款——大庆公司贷款户　　160 000

　　贷：吸收存款——单位活期存款——大庆公司存款户

　　　　　　　　　　　　　　　　　　　　　　160 000

借款凭证第一、二联分别为借、贷方传票，第三联盖章后退回借款单位，第四联由信贷部门留存，第五联为到期卡专夹保管。

办理完毕后，第三联借款凭证盖章后退回借款人，第四联由信贷部门保管备查，第五联按照到期先后顺序保管。

（二）贷款到期收回的处理

贷款到期后，借款人应按照合同的约定及时足额归还贷款本息，银行按照回收贷款的不同情况分别处理。

1. 到期借款人主动归还贷款。借款到期，借款人主动归还贷款时，填写一式四联还款凭证（表2-9）或签发转账支票送借款银行，办理还款手续。银行收到还款凭证后，与保管的贷款卡片核对，查看借款人账户中是否有足够的金额还款。审核无误后，计算利息，以还款凭证一、二联做转账借贷方传票，办理转账。其账务处理为：按照收回的贷款，借记“吸收存款——单位活期存款——××单位存款户”科目，贷方记入“贷款——短期贷款——××单位户”，按照收到的利息收入，贷记“利息收入”科目。

【例2-18】承【例2-17】2011年3月5日，大庆公司向其开户银行申请短期贷款160 000元的流动资金贷款到期了，借款单位填制还款凭证，到银行办理还款业务。会计分录为：

借：吸收存款——单位活期存款——大庆公司存款户

　　　　　　　　　　　　　　　　　　　　166 328

　　贷：贷款——短期贷款——大庆公司贷款户　　160 000

　　　　利息收入——大庆公司利息收入户　　　　6 328

表 2－9　　还 款 凭 证

银行（　贷款）还款凭证（申请书付出凭证）①

年　月　日　　原借款凭证银行编号：

<table>
<tr><td rowspan="3">借款单位</td><td>名　称</td><td></td><td rowspan="3">付款单位</td><td>名　称</td><td colspan="10"></td></tr>
<tr><td>往来户账号</td><td></td><td>放款户账号</td><td colspan="10"></td></tr>
<tr><td>开 户 银 行</td><td></td><td>开 户 银 行</td><td colspan="10"></td></tr>
<tr><td colspan="3">计划还款日期　　年　月　日</td><td colspan="2">还款次序</td><td colspan="10">第　次还款</td></tr>
<tr><td colspan="2" rowspan="2">偿还金额</td><td colspan="3" rowspan="2">人民币
（大写）：</td><td>千</td><td>百</td><td>十</td><td>万</td><td>千</td><td>百</td><td>十</td><td>元</td><td>角</td><td>分</td></tr>
<tr><td></td><td></td><td></td><td></td><td></td><td></td><td></td><td></td><td></td><td></td></tr>
<tr><td colspan="2">还款内容</td><td colspan="13"></td></tr>
<tr><td colspan="3">由借款单位存款户内转还上述借款

（盖借款单位预留存款户印章）

（银行主动转还时免盖）</td><td colspan="12">会计分录：借＿＿＿＿＿＿
对方科目：（贷）＿＿＿＿＿

会计　　复核　　记账</td></tr>
</table>

此联为银行代存款账户付出凭证

转账后，还款凭证第三联交信贷部门，第四联退回借款人，原保管的借款凭证第五联加盖“注销”戳记后交借款人。

2. 到期银行主动扣收。贷款到期后，借款人未能主动归还借款而账户中又有足够余额还款时，会计部门征得信贷部门同意并出具“贷款收回通知单”，会计部门根据“贷款收回通知单”编制一式四联的“还款凭证”扣收贷款，会计处理视同借款人主动归还贷款。

（三）贷款展期的处理

借款人因故不能按期归还贷款时，短期贷款必须在到期日以前，中长期贷款必须在到期日前 1 个月，由借款人填写“贷款展期申请书”，向银行申请贷款展期。每一笔贷款只能展期一次，短期展期不得超过原贷款的期限，中长期贷款展期不得超过原贷款期限的一半，最长不得超过三年。对展期的贷款，全部以展期之日公告的贷款利率为计息利率。展期申请经信贷部门审批同意后送会计部门。会计部门抽出保管的原借款凭证第五联，批注新的到期日及利率，同时将一联贷款展期申请书附在其后，按展期后的还款日期排列保管，无需办理转账手续。到期后收回的处理与正常到期收回的处理相同。

（四）逾期贷款的处理

逾期贷款是指到期应收而未能收回的贷款，逾期贷款不含呆滞贷款和呆账贷款。贷款逾期时，银行应将原贷款转入“逾期贷款”科目。其账务处理为：将未收入的贷款，借记“贷款——逾期贷款——××单位户”科目，贷记“贷款——短期贷款（或中长期贷款）——××单位户”科目。

【例2－19】承**【例2－17】**，2011年3月5日，大庆公司向其开户银行申请短期贷款160 000元的流动资产贷款到期了，如果借款单位只能部分归还120 000元，那么如何进行账务处理：

第一步，归还部分的账务处理：

借：吸收存款——活期存款——大庆公司存款户　120 000

　　贷：贷款——短期贷款——大庆公司贷款户　　120 000

第二步，逾期部分的账务处理：

借：贷款——逾期贷款——大庆公司逾期贷款户　50 000

　　贷：贷款——短期贷款——大庆公司贷款户　　50 000

到期贷款转入逾期贷款后，应从逾期日起到还清前一日按照规定比例加收过期利息或罚息。贷款本金逾期90天或者应收利息逾期超过90天不再计人利息收入，而应转做表外核算。对于逾期贷款，银行应组织力量查明原因，及时催收。

逾期贷款超过一定期限后转为非应计贷款，经过批准以后及时核销。其账务处理为：借记“非应计贷款——××单位户”科目，贷记“逾期贷款——××单位户”科目。

【例2－20】承**【例2－17】**2011年6月5日，大庆公司向其开户银行申请短期贷款150 000元的流动资金贷款中未偿还部分40 000元贷款已经逾期90天了。银行应进行如下的账务处理：

借：非应计贷款——胜利公司单位贷款户　　40 000

　　贷：逾期贷款——胜利公司单位逾期贷款户　　40 000

呆滞贷款指按有关规定，逾期（含展期后到期）超过规定年限以上仍未归还的贷款，或虽未逾期或逾期不满规定年限，但借款人生产经营已终止，项目已停建，但尚不符合呆账条件的贷款。

三、担保贷款的核算

担保贷款按照贷款的不同担保形式，可以分为保证贷款、抵押贷款和质押贷款三种。

（一）保证贷款

保证贷款是按照我国《担保法》规定的保证方式由第三人承诺在

借款人无力还款时，按照约定的承诺承担一般保证责任或连带责任而发放的贷款。

在保证贷款中，保证人处于债务人的地位，如果借款人不能按期还款，保证人应就保证合同的约定承担一般保证或者连带保证责任，代为清偿债务后向借款人追偿。

借款人申请保证贷款，应提交借款申请书和银行要求的其他相关资料，同时还应向银行提供保证人情况及保证人同意保证的有关证明文件。

银行信贷部门要对保证人的资格和经济担保能力进行认真审核，重点审核保证人的法人资格、经济效益和信用履历情况，避免因保证人无力担保或无意承担担保责任而使贷款产生损失。经审查符合出贷要求后，银行除了和借款人签订借款合同外，还必须和保证人签订保证合同，以明确各方责任。贷款到期如借款人无力偿还，则由保证人代为偿还，其他业务手续及核算方法与信用贷款相同。

（二）抵押贷款

抵押贷款是按照我国《担保法》规定的抵押方式。以一定的财产作为抵押物而发放的贷款。借款人到期不能归还贷款时，贷款银行有权依法处置抵押物。从所得款项中优先收回贷款本息，或以抵押物折价充抵借款本息。

1. 抵押物的种类。按照我国《担保法》的规定，借款人申请抵押贷款时可以充当抵押物的必须是借款人所有的、有价值的、可保存的、易变现的财产。按照我国《担保法》第四条的规定，以下财产可以充当抵押物；抵押人所有的房屋及其地上附着物；抵押人所有的机器、交通运输工具和其他财产；抵押人依法有处分权的国有土地使用权、房屋和其他地上附着物；抵押人依法有处分权的国有机器、交通运输工具和其他财产；抵押人依法承包并经发包人同意抵押的荒山、荒沟、荒丘、荒滩等荒地的土地使用权；依法可以抵押的其他财产。借款人可以以其中一种、几种或全部财产做抵押，但是，土地所有权、集体所有的土地使用权、公益单位的社会公益设施、所有权或者使用权不明或有争议以及被查封、扣押、监管的财产不能作为抵押物。

2. 抵押贷款的申请和审批。抵押贷款由借款人向商业银行提出申请，并向银行提供以下资料：借款人的法人资格证明；抵押物清单及符合法律规定的所有权证明；需要审查的其他资料。收取抵债资产应当按照规定确定接收价格，核实产权。

商业银行收到借款申请后要对贷款人的资格、贷款目的和抵押物进行审查。审批同意后，可签订抵押借款合同，按照抵押物价值的50%—70%发放贷款。

贷款额度=抵押物作价金额×抵押率

每笔贷款的抵押率的高低要根据具体情况确定，要考虑贷款风险、借款人的信用和抵押物的性质而定。

3. 抵押物的保管。保管抵债资产应当按照安全、完整、有效的原则及时进行账务处理，定期检查，账实核对。抵押合同签订后，贷款发放后，抵押物依据合同要移交给债权银行。动产抵押中体积小而金额高的抵押物一般由银行保管。对于保管技术性强的抵押物，也可以委托第三方保管。办理抵押贷款的各种费用由借款人承担。

4. 抵押贷款的发放和收回。抵押贷款经信贷部门审批同意后，会计部门审查借款凭证和随附的抵押物清单无误，办理贷款的发放。其账务处理为：借记“贷款——抵押贷款——××单位户”，贷记“吸收存款——单位活期存款——××单位户”科目。同时对抵押物进行表外登记。贷款到期时，借款人主动向银行归还贷款时，银行根据还款凭证收回贷款本息。其账务处理为：借记“吸收存款——单位活期存款——××单位户”，贷记“贷款——抵押贷款——××单位户”科目，将收到的利息，贷记“利息收入”科目。

【例2-21】 大新公司以自己所有的房屋一幢向建设银行申请抵押贷款70万元，经评估房屋价值100万元。约定贷款期限为1年，年利率4.5%，到期一次还本付息。编制发放和按期收回贷款本息的会计分录。

发放时：

借：贷款——抵押贷款——大新公司	700 000	
贷：吸收存款——活期存款——大新公司		700 000

同时，对抵押品进行表外登记。

归还时：

借：吸收存款——活期存款——大新公司	731 500	
贷：贷款——抵押贷款——大新公司		700 000
利息收入——抵押贷款利息收入		31 500

利息=700 000×4.5%=31 500元

贷款本息收回后，注销表外科目，同时将抵押物及有关单据退回借款人。

处置抵债资产应当按照公开、透明的原则，聘请资产评估机构评估作价。一般采用公开拍卖的方式进行处置。采用其他方式的，应当引入竞争机制，选择抵债资产买受人。如果借款人到期不能归还贷款，应转做逾期贷款处理，同时向借款人发送“处理抵押品通知单”；逾期超过规定的期限，银行有权处置抵押物，处置所得扣除抵押物的保管费用后归还贷款本息。抵押物一般要变卖后抵偿贷款。抵债资产不得转为自用。因客观条件需要转为自用的，应当履行规定的程序后，纳入相应的资产进行管理。作价入账的账务处理为：借记“××资产”科目，贷记“贷款——逾期贷款——××单位户”和“利息收入（或应收利息）”科目。变卖的账务处理为：借记“营业外收入”等相关科目，贷记“逾期贷款——××单位户”和“利息收入（或应收利息）”科目。

（三）质押贷款

质押贷款是指以借款人或者第三者的动产或权利作为质物而发放的贷款。质押贷款的关系人为借款人、出质人和质权人，出质人可以是借款人、借款人以外的第三人，质权人是发放贷款的商业银行。

质押贷款的发放以质物为基础，质物可以是动产，也可以是财产权利。以动产做质押的，必须将动产移交发放贷款的银行占有，并立质押合同，可以用来质押的财产及权利包括：汇票、支票、本票、债券、存款单、仓单、提单，可以依法转让的股份、股票，依法可以转让的商标专用权、专利权、著作权中的财产权。以汇票、支票、本票、债券、存款单、仓单、提单作为质物的，应当在合同约定的期限内将权利凭证交付发放贷款的银行；可以依法转让的股份、股票作为质物的，应向证券登记机构办理出质登记；依法可以转让的商标专用权、专利权、著作权中的财产权。质押贷款应向出质人的管理机构办理出质登记。

质押贷款的发放和收回与抵押贷款基本相同，贷款到期不能收回时，银行可以以所得质押物的价款偿还贷款本息及其他相关费用。

四、贷款利息的核算

利息是使用资金所支付的价款，贷款利息是商业银行重要的收入来源。准确地核算贷款利息是商业银行会计核算的重要内容。贷款利息的计算有定期结息和利随本清两种方式。

（一）定期结息

定期结息可以按月结息，也可以按季度结息，按季度结息的每季末月20日为结息日。采用计息余额表或者在贷款分户账上按实际天数，计算累计计息积数，再乘以日利率，得到当期的利息，其计算公式和计息方法同活期存款。

（二）利随本清

利随本清，又叫逐笔结息法，是指银行在贷款单位还款时一次性计算贷款利息。贷款满年的按年利率计算，满月的按月利率计算，有整年（月）又有零头天数的可全部化成天数计算，整年按360天计算，整月按30天计算，零头按实际天数计算，算至还款前一天为止。计算公式为：

整年度：利息 = 本金 × 时期（年或月）× 年或月利率

全部化成天数：利息 = 本金 × 时期（天数）× 日利率

【例2-22】某公司于2008年8月3日向银行申请借款50万元，批准发放日为8月10日，期限1年，利率为月息4‰，双方约定采用利随本清的方法计算利息，公司于2009年8月10日签发转账支票归还贷款，利息为：

500 000 × 4‰/30 × 360 = 24 000（元）

商业银行按照权责发生制的原则确认利息收入，在会计期的期末确认当期的应收利息，在实际收到时冲减应收利息。期末结算利息时的账务处理为：按照利息的金额，借记“应收利息——××单位户”科目，贷记“利息收入——贷款利息收入”科目。

实际收到已经确认的应收利息时，冲减已确认的应收利息。其账务处理为：借记“单位活期存款——××单位户”科目，贷记“应收利息——××单位户”科目。

应收利息计入表内的时间为90天，即当贷款的本金或者应收利息逾期超过90天尚未收回的，应冲减原已应收利息和利息收入，转做表外核算。其账务处理为：借记“利息收入”科目，贷记“应收利息——××单位户”科目。

【例2-23】某银行于2010年7月2日发放给大华公司一笔短期贷款，金额为15万元，假定月利率为3.2‰，期限6个月，则：

（1）2010年9月20日银行按季结息时，账务处理如下：

150 000 × 3 × 3.2‰ = 1 440（元）

借：应收利息——大华公司　　　　1 440

　　贷：利息收入——贷款利息收入　　　　1 440

（2）2010年10月2日实际结算利息时，账务处理如下：

借：吸收存款——单位活期存款——大华公司　　　　1 440

　　贷：应收利息——大华公司　　　　1 440

每个结息日和实际利息的扣收日都作上述分录。

（3）如果该笔贷款本金和全部利息不能按期归还，并逾期超过90天，则利息部分作如下分录：

借：利息收入　　　　　　　　2 880（1 440 元 +1 440 元）

　　贷：应收利息——应收大华公司单位利息户　　　　2 880

　　　　同时登记表外科目 应收利息——大华公司单位利息户

　　　　　　　　　　　　　　　　　　　　　　　　2 880

五、票据贴现

票据贴现是商业票的持票人为获得资金向银行贴付一定的利息转让未到期的商业汇票的行为。票据转让行为，也是商业银行发放贷款的一种方式，是商业信用与银行信用相结合的融资手段。商业汇票的贴现必须具备以下条件：在银行开立存款账户的企业法人及其他组织，与出票人或其直接前手有真实的商品贸易关系，提供与其直接前手交易的增值税专用发票与发运单据的复印件。

（一）商业汇票贴现的处理

商业汇票的持票人办理贴现时，应根据汇票的金额填制一式五联的贴现凭证（见表 2 - 10），填妥凭证后，贴现申请人应在第一联上加盖预留印鉴，连同商业汇票提交银行信贷部门。信贷部门审核同意后，在汇票第一联上签注“同意”字样，加盖名章后交会计部门。

表 2 - 10　　**贴 现 凭 证**

贴现凭证（代申请书）①

填写日期　　年　　月　　日　　　　　　　　　　第　　号

<table>
<tr><td rowspan="3">贴现汇票</td><td>种　类</td><td></td><td>号码</td><td></td><td rowspan="3">申请人</td><td>全　称</td><td colspan="2"></td></tr>
<tr><td>发票日</td><td colspan="3">年　月　日</td><td>账　号</td><td colspan="2"></td></tr>
<tr><td>到期日</td><td colspan="3">年　月　日</td><td>开户银行</td><td colspan="2"></td></tr>
<tr><td colspan="2">汇票承兑人（或银行）　名称</td><td colspan="3"></td><td>账号</td><td></td><td>开户银行</td><td></td></tr>
<tr><td colspan="2">汇票金额（即贴现金额）</td><td colspan="5">人民币（大写）：</td><td colspan="2">千 百 十 万 千 百 十 元 角 分</td></tr>
<tr><td colspan="2">贴现率 每　月</td><td>‰</td><td>贴现利息</td><td>十 万 千 百 十 元 角 分</td><td colspan="2">实付贴现金额</td><td colspan="2">千 百 十 万 千 百 十 元 角 分</td></tr>
<tr><td colspan="3">兹根据银行结算办法的规定，附送承兑汇票申请贴现，请审批。
此致
__________（贴税银行）
申请人盖章</td><td>银行审批</td><td colspan="3">负责人______信贷员______</td><td colspan="2">会计分录：
（借）__________
对方科目：（贷）______
复核______记账______</td></tr>
</table>

3249－94－11（1）10000本15×5

会计部门收到汇票和贴现凭证后，要审查汇票是否真实、内容填写是否完整，还应审查贴现凭证与汇票是否相符。审核无误后，计算贴现利息和实付贴现金额。两者的关系如下：

贴现利息 = 汇票金额 × 贴现天数 ×（月贴现率 ÷ 30）

实付贴现金额 = 汇票金额 - 贴现利息

计算完毕后，将结果填入贴现凭证中的“贴现利息”和“实付贴现金额”栏内，以贴现凭证的一、二、三联作为转账借方和贷方传票办理转账。其账务处理为：借方记“贴现资产——商业承兑汇票（或银行承兑汇票）”，贷方记“吸收存款——单位活期存款——××单位户”以及“利息收入——贴现利息收入”科目。

【例 2-24】 2010 年 5 月 3 日，义铭公司持未到期的银行承兑汇票向开户银行申请贴现，银行承兑汇票的面额为 5 万元，汇票出票日期为 2010 年 4 月 11 日，到期日为 9 月 11 日，经银行信贷部门审批同意后进行贴现（假设承兑人为本地某银行，月贴现率为 4.5‰）。则账务处理如下：

首先，计算出贴现利息和实付贴现金额。

贴现天数 = 131（天）

贴现利息 = 50 000 × 131 × 4.5‰ ÷ 30 = 982.5（元）

实付贴现金额 = 50 000 - 982.5 = 49 017.5（元）

借：贴现资产——银行承兑汇票（面值）　　50 000
　贷：吸收存款——活期存款——义铭公司存款户 49 017.5
　　贴现资产——利息调整　　982.5

资产负债表日，应按照实际利率计算确定贴现收入，如果实际利率与合同利率差距不大，也可以采用合同约定的名义利率确定利息收入。对于确认的贴现利息收入，会计分录如下：

借：贴现资产——利息调整　　982.5
　贷：利息收入——贴现利息收入　　982.5

转账后，第四联加盖银行业务公章后连同有关单证退还贴现申请人，第五联及汇票按照到期日顺序专夹保管。

（二）汇票到期收回的处理

贴现的汇票到期后，贴现银行作为汇票新的持票人应及时收回票款，防止资金被占用。银行应根据不同的情况分别处理。

1. 承兑汇票贴现到期收回。对于同城的商业汇票，在到期日办理收款；对于异地的商业汇票，应匡算邮程，提前填制委托收款凭证，连同汇票寄交承兑人开户银行，向承兑人收取票款。

承兑人开户银行收到委托收款凭证和汇票后，于到期日将票款从承兑人账户划转贴现银行。其账务处理为：借记“××科目——承兑人户”，贷记“清算资金往来——辖内往来”科目。

如果承兑人存款账户资金不足，则退回凭证。

贴现银行收到划回的款项后，转销贴现科目。其账务处理为：借记“清算资金往来——辖内往来”，贷记“贴现资产——××承兑汇票户”科目。

如果承兑人的账户资金不足，收到退回的有关凭证后，商业银行对已贴现的汇票款项向贴现申请人追索贴现票款。其账务处理为：借记“吸收存款——单位活期存款——贴现申请人”，贷记“贴现资金——××承兑汇票户”科目。

如果贴现申请人账户无足够资金，则不足部分转为逾期贷款处理。

2. 银行承兑汇票贴现到期收回。由于银行承兑汇票的承兑银行于汇票到期日从出票人的账户中扣收汇票款专户储存，即使出票人账户资金不足，也由承兑银行承担付款责任，所以，银行承兑汇票一般不会发生退票。贴现银行的具体会计处理手续参照商业承兑汇票，分别同城和异地进行处理。

承兑银行收到委托收款凭证和汇票后，经审查无误，从汇票专户将款项转出，划转贴现银行。其账务处理为：按照票据的面额，借记“应解汇款——××承兑人户”科目，贷记“清算资金往来——辖内往来”科目。

贴现银行收到划回的款项后，按照委托收款的手续办理。账务处理为：借记“清算资金往来——辖内往来”，贷记“贴现资产——××承兑汇票户”科目。

【例2－25】 2010年10月6日，面额为200 000元的银行承兑汇票到期，贴现银行匡算邮程，提前填制委托收款凭证寄往异地承兑银行，异地承兑银行收到上述委托收款凭证及汇票后承兑票款，划往贴现银行。则承兑银行会计部门账务处理如下：

借：应解汇款——××承兑人户　　200 000

　　贷：清算资金往来——辖内往来　　200 000

贴现银行收到划回的票款后，以第二联委托收款凭证代传票，以第五联贴现凭证做附件办理转账，并销记“发出委托收款凭证登记簿”。其会计分录如下：

借：清算资金往来——辖内往来　　200 000

　　贷：贴现资产——商业承兑汇票户　　200 000

六、贷款损失准备

由于贷款具有一定的风险，为了提高银行抵御风险的能力，根据《金融企业会计制度》的规定，要求商业银行在期末分析各项贷款的可收回性并预计可能产生的贷款损失，计提贷款损失准备，这是商业银行持续、稳健经营的重要保证。

我国《金融企业会计制度》规定，贷款损失准备的计提范围为承担风险和损失的资产，具体包括贷款（含抵押、质押、保证等贷款）、银行卡透支、贴现、银行承兑汇票垫款、信用证垫款、担保垫款、进出口押汇、拆出资金等。银行不承担风险和还款责任的委托贷款，不计提贷款损失准备。

（一）贷款损失准备的种类及提取方法

银行应当按照谨慎会计原则，合理估计贷款可能发生的损失，及时计提贷款损失准备。贷款损失准备应根据借款人的还款能力、贷款本息的偿还情况、抵押品的市价、担保人的支持力度和商业银行内部信贷管理情况，分析贷款的风险和回收的可能性，合理提取。

1. 贷款损失准备的种类。贷款损失准备包括一般准备、专项准备和特种准备。

一般准备是根据全部贷款余额的一定比例计提的、用于弥补尚未识别的可能性损失的准备；专项准备是指根据《贷款风险分类指导原则》，对贷款进行风险分类后，按每笔贷款损失的程度计提的用于弥补专项损失的准备；特种准备是指针对某一国家、地区、行业或某一类贷款风险计提的准备。

2. 贷款损失准备的提取方法。大多数国家要求商业银行同时计提普通呆账准备金和专项呆账准备金。贷款损失准备由银行总行统一计提。我国《金融企业会计制度》要求提取三种准备金，目前大部分上市银行只提取一般准备金和专项准备金。专项准备金按照贷款五级分类的结果提取，每类贷款的提取比率由商业银行自主决定，人民银行《贷款损失准备金计提指引》提出的参考比例如下：

（1）银行应按季计提一般准备，一般准备年末余额应不低于年末贷款余额的1%。

（2）对于关注类贷款，计提比例为2%；对于次级类贷款，计提比例为25%；对于可疑类贷款，计提比例为50%；对于损失类贷款，计提比例为100%。其中，次级和可疑类贷款的损失准备，计提比例可以上下浮动20%。

（3）特种准备由银行根据不同类别（如国别、行业）贷款的特殊风险情况、风险损失概率及历史经验，自行确定按季计提比例。

（4）上市银行执行2006年2月15日发布的新会计准则后，需要根据未来现金流量贴现与账面余额对比提取贷款损失准备。

（二）贷款损失准备的会计核算

1. 贷款损失准备金的提取。

（1）一般准备金的提取。商业银行根据应提取贷款损失准备金的贷款期末余额和规定的比例，计算一般准备金的期末余额，与现有一般准备金的余额进行比较（或者按照现金流量贴现法提取贷款损失准备）。它只与贷款余额有关，而与不良信贷资产没有直接关系。如果现有余额不足，应按照差额补提一般准备金，其账务处理为：按照计提的准备，借记“利润分配——提取一般准备金”科目，贷记“贷款损失准备——一般准备金（或一般风险准备）”科目。

如果原有余额高于本期末应有余额，则应按照差额冲减，会计分录与补提时相反。

（2）专项准备金的提取。商业银行在会计期期末，按照贷款五级分类的结果和本行制定的提取比例，计算本期专项准备金的应有余额，与期末有余额比较。如果现有余额不足，应按照差额补提专项准备金，其账务处理为：按照计提的准备额，借记“资产减值损失”；贷记“贷款损失准备——专项准备金”科目。

如果原有余额高于本期末应有余额，则应按照差额冲减，会计分录与补提时相反。

【例2-26】某商业银行2010年末计提的贷款损失准备金。贷款余额为550 000万元，分类如下：正常贷款550 000万元；关注贷款12 000万元；次级贷款5 000万元；可疑贷款4 000万元；损失贷款2 000万元。按照贷款余额1%提取一般准备，专项贷款的比例计提专项准备。年末一般准备账面余额为5 200万元，专项准备余额为7 820万元。要求：按比例计算年末应提取一般准备和专项准备的数额；计算应该调整贷款损失准备的数额并做出提取贷款损失准备的会计分录（以万元为单位）。

（1）一般准备金的提取。

年末应提取的一般准备 $=550\ 000\times1\%=5\ 500$（万元）

调整提取的一般准备 $=5\ 500-5\ 200=300$（万元）（调整增加）

借：利润分配——提取一般准备金　　　　　　300

　　贷：贷款损失准备——一般准备金（或一般风险准备）

　　　　　　　　　　　　　　　　　　　　　　300

（2）专项准备金的提取。

年末应提取的专项准备 = 12 000 × 2% + 5 000 × 25% + 4 000 × 50% + 2 000 × 100% = 5 490（万元）

调整提取专项准备 = 5 490 − 7 820 = −2 330（万元）（调整减少）

借：资产减值损失　　　　　　　　　　2 330

　　贷：贷款损失准备——专项准备金　　　　　　2 330

（3）特种准备金的提取。特种准备金的提取方法和会计处理与专项准备金的提取方法和会计处理相同。

2. 呆账贷款的核销。按照《贷款通则》的规定，呆账贷款系指：①借款人和担保人依法宣告破产，进行清偿后，未能还清的贷款；②借款人死亡或者依照《中华人民共和国民法通则》的规定，宣告失踪或宣告死亡，以其财产或者遗产清偿后，未能还清的贷款；③借款人遭到重大自然灾害或意外事故，损失巨大且不能获得保险补偿，确定无力偿还的部分或全部贷款，或者以保险清偿后，未能还清的贷款；④贷款人依法处置贷款抵押物、质物，所得价款不足以补偿抵押、质押贷款的部分；⑤经国务院专案批准核销的贷款。

符合规定条件的呆滞贷款应转入呆账贷款，会计分录为：

借：呆账贷款——××单位

　　贷：呆滞贷款——××单位

商业银行根据本行制定的呆账贷款的核销规定，经过相应的授权或批准以后，可以进行核销。由于《金融企业会计制度》规定不再针对应收利息提取坏账准备，核销时应包括该笔贷款的本金和应收利息，同时报财政部门备案。会计分录为：

借：贷款损失准备——专项准备金

　　贷：呆账贷款——××单位

对于已经核销的呆账贷款，商业银行应贯彻“账销实存”的原则，保留对贷款的追索权。

3. 已核销贷款的收回。对于已经核销的贷款，如果以后又收回的话，商业银行仍然应通过“贷款损失准备——专项准备金”科目进行核算。会计分录为：

借：呆账贷款——××单位

　　贷：贷款损失准备——专项准备金

然后再转销呆账贷款，根据收回的形式借记相关科目。会计分录为：

借：相关科目

　　贷：呆账贷款——××单位

【例 2－27】承【例 2－24】该商业银行于 2010 年核销宁远公司的呆账贷款 200 万元后，又有 40 万元收回。编制会计分录如下：

核销呆账贷款：

借：贷款损失准备——专项准备金	2 000 000	
贷：呆账贷款——宁远公司		2 000 000

已确认并核销的呆账贷款，又收回时：

借：呆账贷款——大华公司	400 000	
贷：贷款损失准备——专项准备金		400 000

然后再转销呆账贷款，根据收回的形式借记相关科目。会计分录为：

借：吸收存款——活期存款	400 000	
贷：呆账贷款——宁远公司		400 000

第四节　支付结算业务的核算

支付结算是指单位、个人在社会经济活动中使用票据、信用卡和汇兑、托收承付、委托收款等结算方式进行货币给付及资金清算的行为。各企业单位之间经济往来的款项，除少数按照国家《现金管理暂行条例》的规定可以使用现金结算以外，其余都必须通过银行办理转账结算，银行成为支付结算和资金清算的中介，也成为连接国民经济各部门、各企业的纽带。

一、支付结算的原则、纪律和责任

（一）支付结算原则

支付结算原则是银行和客户在办理结算时应共同遵守的基本准则。为促进商品经济的发展，强化各单位的信用观念和承担资金清算责任，单位和个人办理支付结算以及银行会计部门在组织支付结算业务核算时，必须认真贯彻执行以下支付结算原则，以保证资金清算的顺利进行。

1. 恪守信用，履约付款。银行支付结算是建立在信用之上的货币收付活动。因此，参与结算的各方必须遵守信用，按照合同或事先的承诺履行各自的义务。银行在办理支付结算业务时，必须严格遵守支付结算制度，恪守信用，依照客户的委托履约付款。收付款单位在经济往来中也应严格按合同发货、付款，任何一方违反合同规定，都要承担经济和法律责任。

2. 钱、账和支配的统一。这是维护存款人权益的原则在支付结算过程中的体现。银行作为办理支付结算的中介，接受客户的委托，把资金划入有关存款账户，银行要把尊重、维护客户的利益放在重要位置上，属于谁的钱，应进谁的账户。此外，银行还应按规定充分保障存款人的合法自主支配权，为存户保密，并有权拒绝任何单位或个人查询、冻结、扣划款项（但法律、行政法规另有规定的除外）。

3. 银行不垫款。银行在支付结算活动中处于中介人地位，只负责将结算款项从付款人账户划转到收款人账户，银行不承担垫款的责任。为此，在支付结算过程中，银行必须先借记付款人账户，后贷记收款人账户。付款人只能在其存款余额之内支用款项，收款人也只能在款项收妥进账后才能使用，银行会计部门必须严格遵守这一规定。

（二）支付结算纪律

支付结算纪律是国家财经纪律的重要组成部分，对维护社会经济秩序、正确处理各部门、单位经济关系具有重要意义，也是支付结算业务正常进行的保证。它包括客户（单位和个人）应遵守的结算纪律和银行应遵守的结算纪律两个方面。

1. 客户（单位和个人）办理支付结算必须遵守的纪律。不准签发没有资金保证的票据或远期支票，套取银行信用；不准签发、取得和转让没有真实交易和债权债务的票据，套取银行和他人资金；不准无理拒绝付款，任意占用他人资金；不准违反规定开立和使用账户。不准出租、出借账户或转让他人使用，不准利用多头开户转移资金以逃避支付结算的债务。

2. 银行办理支付结算应遵守的纪律。不准以任何理由压票、任意退票、截留挪用客户和他行资金；不准无理拒绝支付应由银行支付的票据款项；不准受理无理拒付、不扣或少扣滞纳金；不准违章签发、承兑、贴现票据，套取银行资金；不准签发空头银行汇票、银行本票和办理空头汇款；不准在支付结算制度之外规定附加条件，影响汇路畅通；

不准违反规定为单位和个人开立账户；不准拒绝受理、代理他行正常结算业务；不准放弃对企事业单位和个人违反结算纪律的制裁；不准逃避向中国人民银行转汇大额汇划款项。

（三）支付结算责任

在支付结算过程中，凡结算当事人（包括出票人、背书人、承兑人、保证人、持票人、付款人、收款人、银行和邮电部门等）未按票据法等有关法律、法规、办法的规定处理而影响他人利益的，均应承担相应的票据责任、民事责任、行政责任、刑事责任。

二、票据结算业务的核算

我国目前实行的是以票据为主体的支付结算制度。支付结算的种类有支票、银行本票、银行汇票、商业汇票、信用卡、汇兑、托收承付和委托收款等。广义的票据包括各种有价证券和商业凭证，我国《票据法》规定的是狭义票据，主要指支票、银行本票、银行汇票和商业汇票。

（一）支票结算

支票是出票人签发的，委托办理支票存款业务的银行在见票时无条件支付确定的金额给收款人或者持票人的票据。有关现金支票的核算手续，已在第二章前面章节做了叙述，这里只将转账支票的核算手续予以阐明。

1. 持票人、出票人在同一银行机构开户的处理的方法。

（1）银行受理持票人送交支票的方法。银行接到持票人送来支票（见表2－11）和两联进账单（见表2－12）时，应按有关规定认真审查无误后，支票作借方凭证，第二联进账单作贷方凭证记账。其账务处理为：借记“吸收存款——单位活期存款——出票人户”科目，贷记“吸收存款——单位活期存款——持票人户”科目。第一联进账单加盖转讫章作收账通知交给持票人。

（2）银行受理出票人送交支票的方法。银行接到出票人递交支票及三联进账单，应进行审查，审查内容同前持票人送交支票内容基本一致，经审查无误后，支票作借方凭证，第二联进账单作贷方凭证入账。其账务处理为：借记“吸收存款——单位活期存款——出票人户”科目，贷记“吸收存款——单位活期存款——收款人户”科目。

表 2－11　　　　支　　票

××银行　上海分行	××银行　支票
支票号码	支票号码
附加信息	出票日期（大写）　　年　　月　　日　　付款行名称： 收款人：　　出票人账号：
出票日期　　年　　月　　日	本支票付款期限十天

人民币（大写）	千	百	十	万	千	百	十	元	角	分

存根	支票
收款人：	用途
金　额：	上列款项请从我账户内支付
用　途：	复核　　记账
单位主管　　会计	出票人签章

浙江　印刷有限公司2005年印制

进账单

表 2－12　　××银行　（贷方凭证）　2　　第　　号
年　　月　　日

出票人			持票人		
	全　称			全　称	
	账　号			账　号	
	开户银行			开户银行	

人民币（大写）：	千	百	十	万	千	百	十	元	角	分

票据种类		票据张数	
票据号码			
备注：		复核　　记账	

此联由持票人开户银行作贷方凭证

【例 2－28】工商银行百花支行收到有线钢厂交来委托收款的进账单和在本行开户的华北商贸签发的转账支票各一张，金额为 76 000 元，审核无误后，作会计分录为：

借：单位活期存款——华北商贸　　76 000

　贷：单位活期存款——有线钢厂　　76 000

第一联进账单加盖转讫章作回单交给出票人，第三联进账单加盖转讫章作收账通知交给收款人。

2. 持票人、出票人不在同一银行机构开户的处理。

（1）持票人开户行受理持票人送交支票的处理。持票人开户行接到持票人送交的支票和两联进账单时，应按有关规定认真审查，无误后，在两联进账单上按票据交换场次加盖“收妥后入账”的戳记，将第一联加盖转讫章交给持票人。支票按照票据交换的规定及时提出交换。待退票时间过后，第二联进账单作贷方凭证入账。其账务处理为：借记“存放中央银行款项（同城票据清算等有关科目）”，贷记“吸收存款——单位活期存款——持票人户”科目。

出票人开户行收到交换提入的支票，应按有关规定认真审查，无误后不予退票的，支票作借方凭证。其账务处理为：借记“吸收存款——单位活期存款——持票人户”科目，贷记“存放中央银行款项（同城票据清算等有关科目）”科目。

支票发生退票时，出票人开户行应在1小时内用电话通知持票人开户行，同时编制特种转账借方、贷方传票各一张，以其中第一联作为转账借方传票记入其他应收款账户。其账务处理为：借记“其他应收款——托收票据退票户”科目，贷记“存放中央银行款项（同城票据清算等有关科目）”科目。

待下场交换时，出票人开户行将支票提出交换退还给持票人开户行，再以另一联特种转账传票作为记账凭证，冲销其他应收款账户。账务处理为：借记“存放中央银行款项（同城票据清算等有关科目）”科目，贷记“其他应收款——托收票据退票户”科目。

出票人开户行对于因出票人签发空头支票或签章与预留银行印章不符的支票，除办理退票外，同时还应按票面金额的5%但每笔不低于1 000元向出票人扣收罚金，并如数上缴中国人民银行。

持票人开户行在规定的退票时间内，若收到出票人开户行电话退票通知，则应编制特种转账贷方传票，将款项记入其他应付款账户，进账单第二联暂时保存。其账务处理为：按照票面的金额，借记“存放中央银行款项（同城票据清算等有关科目）”，贷记“其他应付款——托收票据户”科目。

待下次交换，收到出票人开户行退回的支票时，再编制特种转账借方传票，冲销其他应付款账户。账务处理为：按照支票的金额，借记“其他应付款——托收票据户”科目，贷记“存放中央银行款项（同城票据清算等有关科目）”科目。

持票人开户行转账后，在进账单第二联上注明退票原因并盖章后，连同支票一起退还收款人。交易纠纷由双方单位自行解决。

【例2-29】甲地农业银行开户单位大华公司，交送银行转账支票1张，金额为16 000元，系在异地农业银行开户的电器公司支付的材料款。经审核无误后提交支票影像系统办理款项结算。会计处理如下：

第一，甲地农业银行提交支票时，不做账务处理。

第二，农业银行通过小额支付系统进行清算，账务处理如下：

借：吸收存款——单位活期存款——电器公司户　16 000
　　贷：清算资金往来——小额支付系统往来　　16 000

第三，甲地农业银行收到小额支付系统付款确认回执后，会计分录如下：

借：清算资金往来——小额支付系统往来　　16 000
　　贷：吸收存款——单位活期存款——大华公司户　16 000

(2) 出票人开户行受理出票人送交支票的处理

出票人开户行接到出票人交来的支票和三联进账单时，应按有关规定认真审查，无误后，支票作借方凭证入账。其账务处理为：借记"吸收存款——单位活期存款——出票人户"科目，贷记"存放中央银行款项（同城票据清算等有关科目）"科目。

第一联进账单加盖转讫章作回单交给出票人，第二联进账单加盖业务公章连同第三联进账单按票据交换的规定及时提出交换。

收款人开户行收到交换提入的第二、第三联进账单，经审查无误，第二联进账单作贷方凭证。其账务处理为：借记"存放中央银行款项（同城票据清算等有关科目）"，贷记"吸收存款——单位活期存款——出票人户"科目。

第三联进账单加盖转讫章作收账通知交给收款人。

如收款人不在本行开户或进账单上的账号、户名不符，应通过其他应付款科目核算，然后将第二、第三联进账单通过票据交换退回出票人开户行。

（二）银行本票结算

银行本票是银行签发的、承诺自己在见票时无条件支付确定的金额给收款人或者持票人的票据。

1. 银行本票出票的处理手续

申请人需要使用银行本票，应向银行填写"银行本票申请书"，申请书一式三联，第一联存根，第二联借方凭证，第三联贷方凭证。交现金办理本票的，第二联注销。银行受理申请人提交的第二、第三联申请书时，应认真审查其填写的内容是否齐全，申请书填明"现金"字样的，经审查申请人和收款人是否均为个人，经审核无误后，若为转账支付的，以第二联申请书作借方凭证，第三联作贷方凭证。其账务处理为：按照金额，借记"吸收存款——单位活期存款——申请人户"科目，贷记"本票"科目。

办理转账或款项收妥后，签发银行本票。银行本票一式两联，第一联为卡片，第二联为本票联。填写的本票经复核无误后，在本票第二联加盖本票专用章并由授权的经办人签名或盖章，另用总行统一制作的压数机在“人民币大写”栏右端压印小写金额后交给申请人。第一联卡片上加盖经办、复核名章后留存，使用专用夹保管。

银行本票如表 2－13 所示。

表 2－13

付款期限
贰 个 月

××银行
本 票 2

地名 $\frac{EB}{03}$00000000

出票日期 年 月 日
（大号）

收款人：		申请人：	
凭票即付 人民币（大写）			
转账	现金		
备注：		出票行签章	出纳 复核 经办

此联出票行结清本票时作借方凭证

2. 银行本票付款的处理手续。代理付款行接到在本行开立账户的持票人直接交来的本票和两联进账单时，应认真审核本票是否真实、是否超过提示付款期、与进账单上的内容是否相符等，无误后，第二联进账单作贷方凭证入账。其账务处理为：借记“存放中央银行款项（同城票据清算等有关科目）”科目，贷记“吸收存款——单位活期存款——持票人户”科目。

第一联进账单加盖转讫章作收账通知交给持票人。本票加盖转讫章，通过票据交换向出票行提出交换。

出票行接到收款人交来的注明“现金”字样的本票时，抽出专夹保管的本票卡片和存根，经核对，确属本行签发，同时审核本票上填写申请人和收款人是否均为个人，查验收款人身份证件并留下复印件，一切审核无误后，以本票作借方凭证，本票卡片或存根联作附件，办理付款手续。其账务处理为：借记“本票”科目，贷记“库存现金”科目。

本票上未划去“现金”或“转账”字样的，一律按转账办理。

3. 银行本票结清的处理手续。出票行收到票据交换提入的本票时，抽出专夹保管的本票卡片或存根，经核对相符，属本行出票的，以本票作借方凭证，本票卡片或存根联作附件进行转账。其账务处理为：借记“本票”科目，贷记“存放中央银行款项（同城票据清算等有关科目）”科目。

出票行受理本行签发“转账”字样本票时，除不通过票据交换外，其他审核等手续同上。其账务处理为：借记“本票”科目，贷记“吸收存款——单位活期存款——持票人户”科目。

4. 银行本票退款和超过提示付款期付款的处理手续。申请人因银行本票超过付款期限或其他原因要求退款时，应将本票提交出票行。申请人为单位的，应出具该单位证明；申请人为个人的，应出具本人的身份证明。按规定出票行对在本行开立存款账户的申请人，其退款只能将本票款转入原申请人账户；对于现金本票和未在本行开户的申请人，才能退付现金。

申请人来行办理退款时，应根据本票金额填写一式两联的进账单，连同本票及有关证明交出票银行（如系个人申请现金本票退款的，免填进账单）。银行受理后，认真按规定审核，并与原存本票卡片或存根核对无误后，在本票上注明“未用退回”字样，以进账单为贷方传票，本票为借方传票（卡片或存根为附件）办理退款。其会计分录为：借记“本票”科目，贷记“吸收存款——单位活期存款——申请人户”或“库存现金”科目。

进账单第一联加盖银行业务公章后退交申请人，现金本票则由出纳将现款支付给申请人。

持票人超过提示付款期限不获付款的，在票据权利时效内请求付款时，应向出票行说明原因，并将本票交出票行。持票人为个人的，应交验本人的身份证件。出票行收到本票，经与原存本票卡片或存根核对无误后，即在本票上注明“逾期付款”字样，办理付款手续。

持票人在本行开立账户的，应填制一式两联的进账单，连同本票交出票行（若持票人以现金本票要求付款的，免填进账单）。出票行审核无误后，以进账单为贷方传票，本票为借方传票（本票卡片或存根为附件）办理付款。其账务处理为：借记“本票”科目，贷记“吸收存款——单位活期存款——持票人户”或“现金”科目。

转账后，将进账单回单联加盖银行业务公章后退交持票人；支付现金的，由出纳将现款交持票人。

持票人未在本行开户的，应根据本票填写一式三联的进账单，连同本票交出票行，出票行核对无误后办理付款。其账务处理为：借记“本票”科目，贷记“存放中央银行款项（同城票据清算等有关科目）”科目。

转账后进账单第一联加盖转讫章后退交持票人，进账单第二、第三联通过票据交换转持票人开户行。

持票人开户行收到票据交换转来的进账单。以进账单第二联为贷方传票办理收账。其账务处理为：借记“存放中央银行款项（同城票据清算等有关科目）”科目；贷记“吸收存款——单位活期存款——持票人户”科目。

收账后，将进账单第三联加盖转讫章后作为收账通知交持票人。

【例 2－30】 甲地建设银行开户单位胜利公司提交银行本票委托书，金额为 86 000 元，银行审核无误后，同意签发银行本票。4 日后，本市交通银行开户单位机电公司兑付该银行本票，通过同城票据交换将本票交给甲地工商银行。相关的会计分录为：

建设银行签发银行本票：

借：单位活期存款——胜利公司　　86 000

　　贷：本票　　86 000

交通银行兑付银行本票：

借：存放中央银行款项（同城票据清算等有关科目）

　　86 000

　　贷：吸收存款——单位活期存款——机电公司　　86 000

建设银行结算本票：

借：本票　　86 000

　　贷：存放中央银行款项（同城票据清算等有关科目）

　　86 000

（三）银行汇票结算

银行汇票是出票银行签发的、由其在见票时按照实际结算金额无条件支付给收款人或者持票人的票据。银行汇票的适用范围广泛，票随人到，使用灵活，兑现性较强。是目前使用最广泛的票据结算工具。

1. 出票的处理手续。出票的处理手续主要包括：

申请人需要使用银行汇票，应向银行填写汇票申请书，申请书一式三联，第一联存根，第二联借方凭证，第三联贷方凭证。交现金办理汇票的，第二联注销。

出票行受理申请人提交的第二、第三联申请书时，应认真审查其内容是否填写齐全、清晰，其签章是否为预留银行的签章；申请书填明“现金”字样的，申请人和收款人是否均为个人并交存现金。经审查无误后，才能受理其签发银行汇票的申请。

转账交付的，以第二联申请书作为借方凭证，第三联作为贷方凭证。账务处理为：借记“吸收存款——单位活期存款——申请人户”

科目；贷记“汇出汇款”科目。现金交付的，以第三联申请书作贷方凭证。账务处理为：借记“库存现金”科目；贷记“汇出汇款”科目。

出票行在办好转账或收妥现金后，签发银行汇票。汇票一式四联，第一联卡片，第二联汇票联，第三联解讫通知，第四联多余款收账通知。填写的汇票经复核无误后，在第二联上加盖汇票专用章，并由授权的经办人签名或盖章，签章必须清晰；在实际结算金额栏的小写金额上端用总行统一制作的压数机压印出票金额，然后连同第三联一并交给申请人。第一联上加盖经办、复核名章，在逐笔登记汇出汇款账并注明汇票号码后，连同第四联一并专夹保管。银行汇票第二联如表2－14所示。

表2－14　　银行汇票

<table>
<tr><td>付款期限
壹 个 月</td><td colspan="2">××银行
银行汇票　2</td><td>汇票号码
第　号</td><td rowspan="9">凡我代理付款行付款后作借方凭证附件</td></tr>
<tr><td>出票日期
（大写）</td><td>年　月　日</td><td>代理付款行：</td><td>行号：</td></tr>
<tr><td>收款人：</td><td colspan="3">账号：</td></tr>
<tr><td>出票金额</td><td colspan="3">人民币
（大写）</td></tr>
<tr><td>实际结算金额</td><td colspan="2">人民币
（大写）</td><td>千 百 十 万 千 百 十 元 角 分</td></tr>
<tr><td colspan="2">申请人：</td><td colspan="2">账号或住址：</td></tr>
<tr><td colspan="2">出票行：　　行号：</td><td colspan="2">密押</td></tr>
<tr><td colspan="2">备　注：
凭票付款</td><td colspan="2">多余金额
千 百 十 万 千 百 十 元 角 分</td></tr>
<tr><td colspan="2">出票行签章</td><td>复核</td><td>记账</td></tr>
</table>

2. 付款的处理手续。代理付款行接到在本行开立账户的持票人直接交来的汇票联、解讫通知联和两联进账单时，应认真审查汇票是否真实，是否超过提示付款期、汇票联和解讫通知联是否齐全、与进账单有关内容是否一致，使用密押的密押是否正确，压数机压印的金额同大写出票金额是否一致，汇票多余金额结计是否正确等内容，无误后，第二联进账单作贷方凭证，办理转账。账务处理为：借记“清算资金往来——辖内往来”科目；贷记“吸收存款——单位活期存款——持票人户”科目。

第一联进账单上加盖转讫章作收账通知交给持票人，汇票和解讫通知作借方凭证附件，并按资金汇划系统规定交汇划发报员复核并发报。

代理付款行接到未在本行开户的持票人为个人交来的汇票和解讫通知及两联进账单时，除按上述有关规定认真审查外，还必须认真审查持票人的身份证件，并将身份证复印件留存备查。对现金汇票持票人委托他人向代理付款行提示付款的，代理付款行必须查验持票人和被委托人的身份证件，在汇票背面是否做委托收款背书，以及是否注明持票人和被委托人身份证件名称、号码及发证机关，并要求提交持票人和被委托人身份证件复印件留存备查。审查无误后，以持票人姓名开立应解汇款及临时存款账户，并在该分户账上填明汇票号码以备查考，第二联进账单作贷方凭证，办理转账。账务处理为：借记“清算资金往来——辖内往来”科目；贷记“应解汇款及临时存款科目——持票人户”科目。

原持票人需要一次或分次办理转账支付的，应由其填制支付凭证，并向银行交验本人身份证件。账务处理为：借记“应解汇款及临时存款科目——原持票人户”科目，贷记“吸收存款——单位活期存款——××户（或有关科目）”科目。

原持票人需支取现金的，代理付款行经审查汇票上填写的申请人和收款人确为个人并按规定填明“现金”字样，以及填写的代理付款行名称确为本行的，可办理现金支付手续；未填明“现金”字样，需要支取现金的，由代理付款行按照现金管理规定审查支付，另填制一联现金借方凭证。其账务处理为：借记“应解汇款及临时存款科目——原持票人户”科目，贷记“库存现金”科目。

持票人需要转汇时，在办理解付后，可以委托兑付银行办理信、电汇结算或重新签发银行汇票；但转汇的银行汇票必须全额解付。

3. 银行汇票结清的处理手续。出票行接到代理付款行经资金汇划系统传输来的数据，打印“辖内往来凭证”、“汇出汇款凭证”、“汇票销卡清单”、“汇划借方补充凭证”等。抽出原专夹保管的汇票卡片，经核对确属本行出票，分情况处理如下：

（1）汇票全额付款的，应在汇票卡片的实际结算金额栏填入全部金额，在多余款收账通知的多余金额栏填写“－0－”，汇票卡片作借方凭证，多余款收账通知作借方凭证的附件。账务处理为：借记“汇出汇款”科目，贷记“辖内往来（或有关科目）”科目。同时销记汇出汇款账。

（2）汇票有多余款的，应在汇票卡片和多余款收账通知上填写实际结算金额，结出多余金额，汇票卡片作借方凭证。账务处理为：借记“汇出汇款”科目，贷记“辖内往来（或有关科目）”“吸收存款——

单位活期存款——申请人户”科目。

同时销记汇出汇款账，在多余款收账通知上，加盖转讫章，通知申请人。

（3）申请人未在银行开立账户的，多余金额应先转入其他应付款科目。其账务处理为：借记“汇出汇款”科目，贷记“辖内往来（或有关科目）”“其他应付款——申请人户”科目。

同时销记汇出汇款账，并通知申请人持申请书存根及本人身份证来行办理领取手续。领取时，以多余款项收账通知代其他应付款科目借方凭证。其账务处理为：借记“其他应付款——申请人户”科目，贷记“库存现金”科目。

【例 2－31】 甲地建设银行开户单位大华公司提交银行汇票委托书，金额为 730 000 元。银行审查后，同意签发银行汇票。12 天后，乙地解放路建设银行开户单位电器公司向开户行提交该汇票，实际结算金额为 700 000 元。代理兑付该银行汇票的资金后，通过系统内电子汇划系统将汇票款项与甲地建设银行结清资金。要求：做出相关的账务处理：

（1）甲地建设银行签发银行汇票，账务处理如下：

借：吸收存款——单位活期存款——大华公司户 730 000
　　贷：汇出汇款 730 000

（2）乙地解放路建设银行代理付款，账务处理如下：

借：清算资金往来——辖内往来 700 000
　　贷：吸收存款——单位活期存款——电器公司 700 000

（3）甲地建设银行结清汇票，账务处理如下：

借：汇出汇款 730 000
　　贷：清算资金往来——辖内往来 700 000
　　　　吸收存款——单位活期存款——大华公司 30 000

4. 银行汇票退款和超过提示付款期付款的处理手续。申请人由于汇票超过付款期限或其他原因要求退款时，应交回汇票和解讫通知，并按规定提交证明或身份证件。出票行经与原保管的汇票卡片核对无误，即在汇票和解讫通知的实际结算金额大写栏内注明“未用退回”字样，以汇票第一联为借方传票，汇票为附件，解讫通知为贷方传票（若系退付现金，即作为借方凭证附件），办理转账。其账务处理为：借记“汇出汇款”科目，贷记“吸收存款——单位活期存款——申请人户”科目或“库存现金”科目。同时销记汇出汇款账，在多余款收账通知的多余金额栏注明原汇票金额，加盖银行专用章后交申请人。

对于由于申请人缺少汇票解讫通知单要求退款的，应当备函向出票行说明短缺原因，并交存汇票，出票行则按规定于提示付款期满 1 个月后比照退款手续办理退款。

持票人超过提示付款期限不获付款的，在票据权利时效内请求付款，应向出票银行说明原因，并交汇票和解讫通知单。持票人为个人的，还应交验本人身份证件。出票人经与原保管的汇票卡片核对无误后，即在汇票和解讫通知的备注栏填写“逾期付款”字样，办理付款手续。并且，一律通过应解汇款及临时存款科目，分别做如下处理：

(1) 汇票金额付款。应在汇票卡片和多余款项收账通知联上注明实际金额，余额处注明0，以汇票卡片为借方传票，解讫通知为贷方传票，多余款收账通知为贷方传票附件，进行账务处理。其账务处理为：借记“汇出汇款”科目，贷记“应解汇款及临时存款科目——持票人户”科目。

同时销记汇出汇款账，由持票人填写银行汇票申请书或电（信）汇凭证。委托银行签发银行汇票或办理汇款。其账务处理为：借记“应解汇款及临时存款科目——持票人户”科目，贷记“汇出汇款（或有关科目）”科目。

若持票人提交的是现金汇票，其处理与上述相同，只是持票人在填汇票申请书和汇兑凭证时应注明“现金”字样。

(2) 汇票有余款的付款。若持票人交来的汇票有余款，则应将余款注明在汇票卡片和多余款收账通知联上，以汇票卡片为借方传票，解讫通知为贷方传票，另编一联特种转账贷方传票为余款的记账传票进行转账。其账务处理为：借记“汇出汇款”科目，贷记“应解汇款及临时存款科目——持票人户”“吸收存款——单位活期存款——申请人户”或者“其他应付款（现金汇票余款）”科目。销记汇出汇款账后，将余款通知交申请人，向持票人办理付款按全额付款的处理办理。

（四）商业汇票结算

商业汇票是出票人签发的、委托付款人在指定日期无条件支付确定的金额给收款人或者持票人的票据。会计上按照商业承兑汇票和银行承兑汇票分别核算。

1. 商业承兑汇票的会计手续。

(1) 持票人开户行受理汇票。使用商业承兑汇票结算的交易双方按合同约定，由收款人或付款人出票，由银行以外的付款人承兑。该票据一式三联，第一联卡片，由承兑人留存；第一、二联汇票，由持票人保管；第三联存根，由出票人存查。商业承兑汇票如表2－15所示。

表 2－15 商业承兑汇票

商业承兑汇票　　2　　$\frac{AA}{01}$00000000

出票日期　　年　月　日
（大写）

<table>
<tr><td rowspan="3">付款人</td><td>全　称</td><td></td><td rowspan="3">收款人</td><td>全　称</td><td colspan="11"></td></tr>
<tr><td>账　号</td><td></td><td>账　号</td><td colspan="11"></td></tr>
<tr><td>开户行</td><td></td><td>开户行</td><td colspan="11"></td></tr>
<tr><td rowspan="2" colspan="2">汇票金融</td><td rowspan="2" colspan="3">人民币
（大写）</td><td>亿</td><td>千</td><td>百</td><td>十</td><td>万</td><td>千</td><td>百</td><td>十</td><td>元</td><td>角</td><td>分</td></tr>
<tr><td></td><td></td><td></td><td></td><td></td><td></td><td></td><td></td><td></td><td></td><td></td></tr>
<tr><td colspan="2">汇票到期日
（大写）</td><td></td><td rowspan="2">付款人
开户行</td><td>行　号</td><td colspan="11"></td></tr>
<tr><td colspan="2">交易合同号码</td><td></td><td>地　址</td><td colspan="11"></td></tr>
<tr><td colspan="3">本汇票已承兑，到期无条件支付票款。
承兑人签章
承兑日期　年　月　日</td><td colspan="13">本汇票予以承兑于到期日付款。
出票人盖章</td></tr>
</table>

持票人于汇票到期日前匡算邮程（如承兑人在同城，收款人应于汇票到期日通过开户行委托收款），填制托收凭证，并在“托收凭据名称”栏注明“商业承兑汇票”及汇票号码，连同汇票一并交开户银行。银行按有关规定审核无误后，在托收凭证各联加盖“商业承兑汇票”戳记，第一联托收凭证加盖业务公章作回单给持票人；第二联托收凭证登记“发出委托收款结算凭证登记簿”后，用专夹保管；第三联加盖结算专用章，连同第四、第五联托收凭证和商业承兑汇票邮寄付款人开户行。

（2）付款人开户行收到汇票的会计手续。付款人开户行接到持票人开户行寄来的托收凭证及汇票时，应按有关规定认真审查，付款人确在本行开户，承兑人在汇票上的签章与预留银行的签章相符，将第三、第四联托收凭证登记“收到委托收款凭证登记簿”后，用专夹保管，第五联托收凭证交给付款人并签收。

付款人在接到开户银行的付款通知次日起 3 日内没有任何异议，并且其银行账户内有足够票款支付的，开户银行应于第四日上午营业开始时划款，届时以第三联托收凭证作借方凭证，汇票加盖转讫章作附件。销记“收到委托收款凭证登记簿”，第四联托收凭证作汇划发报凭证。其账务处理为：借记“吸收存款——单位活期存款——付款人户”科目，贷记“清算资金往来——辖内往来”科目。

付款人在接到银行付款通知次日起3天内没有任何异议，但其银行账户内金额不足支付的，银行应在托收凭证和收到委托收款凭证登记簿上注明退回日期和“无款支付”字样，并填制三联付款人未付款项通知书（用异地结算通知书代替），将第一联通知书和第三联委托收款凭证留存备查，将第二、第三联通知书、第四联托收凭证连同汇票一起邮寄收款人开户行。如系电报划款的，不另拍发电报。

银行在付款人接到通知次日起3日内收到付款人的拒绝付款证明时，经审核无误后，在托收凭证和收到委托收款凭证登记簿备注栏注明“拒绝付款”字样，然后将有关拒付证明连同托收凭证及汇票一起邮寄至持票人开户行转交持票人。

（3）持票人开户行收到划回票款或退回凭证。持票人开户行收到付款人开户行通过资金汇划系统汇来款项，打印资金汇划贷方补充凭证，与留存的托收凭证第二联进行核对，无误后注明转账日期，作为资金汇划贷方补充记账凭证附件。其账务处理为：借记“清算资金往来——辖内往来（或有关科目）”科目；贷记“吸收存款——单位活期存款——收款人户”科目。然后，在资金汇划贷方补充凭证回单上加盖转讫章作收账通知交给收款人，并销记发出委托收款凭证登记簿。持票人开户行接到付款人开户行发来的付款人未付票款通知书或拒绝付款证明和汇票及托收凭证，抽出留存的第二联凭证审核无误后，在该凭证备注栏及发出委托收款凭证登记簿上作相应记载后，将托收凭证、汇票及未付票款通知书或拒绝付款证明退给持票人，并由持票人签收。

【例2-32】甲建设银行凭客户X单位提交的商业承兑汇票及尾货收款凭证，向同城的丙建设银行收取即将到期的商业银行汇票款65 000元。丙建设银行收到交换汇入的票据后，向汇票付款D公司提示付款。汇票到期，丙建设银行将汇票金额划转甲建设银行付款。会计分录为：

借：单位活期存款——D公司户　　65 000

　　贷：辖内往来（或有关科目）　　65 000

甲建设银行收到凭证，为X单位入账，会计分录为：

借：辖内往来（或有关科目）　　65 000

　　贷：单位活期存款——X单位账户　　65 000

2. 银行承兑汇票的处理手续。

（1）承兑银行办理汇票承兑。银行承兑汇票由在承兑银行开户的存款人签发，该汇票一式三联，第一联卡片，由承兑行留存备查；第二联汇票联，由收款人持有，待到期时交开户行办理托收；第三联存根由出票人存查。银行承兑汇票的第二联如表2-16所示。

表 2－16　　　　银行承兑汇票

<table>
<tr><td colspan="5">银行承兑汇票　　2　　　　$\frac{A}{0}\frac{A}{1}$00000000
出票日期　　年　月　日　　　　　　　　　（大写）</td></tr>
<tr><td>出票人全称</td><td></td><td rowspan="3">收款人</td><td>全　称</td><td></td></tr>
<tr><td>出票人账号</td><td></td><td>账　号</td><td></td></tr>
<tr><td>付款行全称</td><td></td><td>开户行</td><td></td></tr>
<tr><td>出票金额</td><td colspan="2">人民币
（大写）</td><td colspan="2">亿 千 百 十 万 千 百 十 元 角 分</td></tr>
<tr><td>汇票到期日
（大写）</td><td></td><td rowspan="2">付款行</td><td>行　号</td><td></td></tr>
<tr><td>承兑协议编号</td><td></td><td>地　址</td><td></td></tr>
<tr><td colspan="2">本汇票请你行承兑，到期无条件付款。

出票人签章</td><td colspan="2">本汇票已经承兑，到期日由本行付款。
承兑行签章
承兑日期　年　月　日

备注：</td><td>复核　　记账</td></tr>
</table>

此联收款人开户行随托收凭证寄付款行作借方凭证附件

银行承兑汇票签发完毕后，由出票人或持票人持票向汇票上记载的付款行申请承兑，银行信贷部门按照有关规定审查同意后，与出票人签署银行承兑协议，协议一联留存，另一联及其副本和第一、第二联汇票一并交本行会计部门。会计部门收到后按有关规定认真审核，无误后，在第一、第二联汇票上注明承兑协议编号，并在第二联汇票“承兑人签章”处加盖汇票专用章，并由授权的经办人签名或盖章。由出票人申请承兑的，将第二联汇票连同一联承兑协议交给出票人；由持票人提示承兑的，将第二联汇票交给持票人，一联承兑协议交给出票人。同时，按票面金额的万分之五向出票人收取承兑手续费。承兑银行根据第一联汇票卡片填制银行承兑汇票表外科目收入凭证，登记表外科目登记簿，并将第一联汇票卡片和承兑协议副本专夹保管。

（2）持票人开户行受理汇票。持票人凭汇票委托开户行向承兑银行收取票款时，应填写托收凭证，在“托收凭据名称”栏注明“银行承兑汇票”及其汇票号码，连同汇票一并送交开户行。

银行按有关规定审查无误后，在托收凭证各联上加盖“银行承兑汇票”戳记。第一联托收凭证上加盖业务公章作回单给持票人；第二联登记“发出委托收款结算凭证登记簿”后，专夹保管；第三联加盖结算专用章，连同第四、五联托收凭证和汇票邮寄承兑银行。

（3）承兑银行对汇票到期收取票款。承兑银行应每天查看汇票到期情况，对到期的汇票，应于到期日（法定休假日顺延）向出票人收取票款。填制两联特种转账借方传票，一联特种转账贷方传票，并在“转账原因”栏注明“根据××号汇票划转票款。”其账务处理为：借记“吸收存款——单位活期存款——出票人户”科目，贷记“应解汇款及临时存款科目——出票人户”科目。

一联特种转账借方传票加盖转讫章后作支款通知交给出票人。

出票人账户无款支付的，应填明两联特种转账借方传票，一联特种转账贷方传票，在“转账原因栏”注明“××号汇票无款支付转入逾期贷款户”。其账务处理为：借记“贷款——出票人逾期贷款户”科目，贷记“应解汇款及临时存款科目——出票人户”科目。

一联特种转账借方凭证加盖业务公章交给出票人。

出票人账户款项不足支付时，应填制四联特种转账借方传票，一联特种转账贷方传票，在“转账原因”栏注明“××号汇票划转部分票款”。其账务处理为：借记“吸收存款——单位活期存款——出票人户”和贷记“贷款——出票人逾期贷款户”科目，贷记“应解汇款及临时存款科目——出票人户”科目。

两联特种转账借方凭证加盖转讫章作支款通知和逾期贷款通知交给出票人。

（4）承兑银行支付汇票款项。承兑银行接到持票人开户行寄来的托收凭证及汇票，抽出专夹保管的汇票卡片和承兑协议副本按有关规定认真审核，无误后，应于汇票到期日或到期日之后的见票当日，按照委托收款付款的手续处理，其账务处理为：借记“应解汇款及临时存款科目——出票人户”科目，贷记“辖内往来（或有关科目）”科目。

另填制银行承兑汇票表外科目付款凭证。销记表外科目登记簿。

（5）持票人开户行收到汇票款项的处理手续。持票人开户行收到承兑银行通过资金汇划系统汇来款项，打印资金汇划贷方补充凭证，与留存的托收凭证第二联核对无误后，销记发出委托收款凭证登记簿，以资金汇划贷方补充记账凭证作贷方凭证、托收凭证第二联作附件进行转账，其账务处理为：借记“辖内往来（或有关科目）”科目，贷记“吸收存款——单位活期存款——持票人户”科目。

在资金汇划贷方补充凭证回单上盖转讫章作收账通知交给持票人。

【例2－33】甲建设银行接到客户鑫明公司的承兑申请，承兑其开出的银行承兑汇票，金额100 000元，经审核签署承兑协议，并按票面额的3‰收取手续费。数月后，异地的乙建设银行收到开户单位颐达商场提交的银行承兑汇票和托收凭证，为其收取即将到期的银行兑汇票款。

首先，甲建设银行与鑫明公司签署承兑协议，并收取承兑手续费，会计分录为：

借：吸收存款——单位活期存款——鑫明公司户　　300

　　贷：手续费及佣金收入　　300

其次，银行承兑汇票到期，甲建设银行办理转账，会计分录为：

借：单位活期存款——鑫明公司户　　100 000

　　贷：应解汇款及临时存款科目——出票人户　　100 000

三、结算方式业务的核算

结算方式业务指汇兑、托收承付和委托收款。

（一）汇兑结算

汇兑是汇款人委托银行将其款项支付给收款人的结算方式。汇兑按其凭证传递方式不同，分为信汇和电汇两种。

1. 信汇的处理手续。

(1) 汇出行的处理手续。汇款人委托银行办理信汇时，应向银行填制一式四联信汇凭证，第一联回单，第二联借方凭证，第三联贷方凭证，第四联收账通知或代取款收据。

信汇凭证第二联如表 2 – 17 所示。

表 2 – 17　　银行信汇凭证

银行信汇凭证　（借方凭证）2

年　月　日

汇款人	全　称		收款人	全　称	
	账　号			账　号	
	汇出地点	省　市/县		汇入地点	省　市/县
汇出行名称			汇入行名称		
金额	人民币（大写）			亿 千 百 十 万 千 百 十 元 角 分	
此汇款支付给收款人 汇款人签章			支付密码 附加信息及用途 复核　记账		

此联汇出行作借方凭证

汇款人派人到汇入行领取汇款，应在信汇凭证各联的“收款人账号或住址”栏注明“留行待取”字样；汇款人和收款人均为个人，需要在汇入行支取现金，汇款人应在信汇凭证“汇款金额”大写一栏，先填写“现金”字样，后填写汇款金额。

汇出行受理信汇凭证时。按有关规定认真审核无误后，第一联信汇凭证加盖转讫章退给汇款人。汇款人转账交付的。第二联信汇凭证作借方传票。其账务处理为：借记“吸收存款——单位活期存款——汇款人户”科目，贷记“清算资金往来——辖内往来（或有关科目）”科目。现金交付的，填制一联特种转账贷方凭证，第二联信汇凭证作借方凭证。其账务处理为：第一步，作借记“库存现金”科目，贷记“应解汇款及临时存款科目——汇款人户”科目。第二步，作借记“应解汇款及临时存款科目——汇款人户”科目，贷记“清算资金往来——辖内往来（或有关科目）”科目。转账后，采用“信汇付款指令”方式的汇兑业务，应复印信汇凭证第三、第四联，并经主管审批后作发报依据；第三联信汇凭证加盖结算专用章，与第四联邮寄汇入行。

（2）汇入行的处理手续。汇入行收到汇出行发来的信汇付款指令，先进行账务处理，其账务处理为：借记“清算资金往来——辖内往来（或有关科目）”科目，贷记“其他应付款——待处理汇划款项户”科目。待收到汇出行邮寄来的第三、第四联信汇凭证，经核对相符后，再按不同情况分别处理如下：

1）汇款直接入账的。第三联信汇凭证作贷方传票，其账务处理为：借记“其他应付款——待处理汇划款项户”科目，贷记“吸收存款——单位活期存款——收款人户”科目。

第四联信汇凭证加盖转讫章作收账通知交给收款人。

2）汇款不直接入账的。第三联信汇凭证作贷方传票，其账务处理为：借记“其他应付款——待处理汇划款项户”科目，贷记“应解汇款及临时存款科目——收款人户”科目。然后登记应解汇款登记簿，在信汇凭证上编列应解汇款序号，第四联信汇凭证留存保管，另以便条通知收款人来行办理取款手续。

收款人持便条来行办理取款，应抽出第四联信汇凭证，按有关规定审核无误后，办理付款手续。

需要支取现金的，信汇凭证上填明“现金”字样的，应一次办理现金支付手续；未注明“现金”字样的，由汇入行按照现金管理规定审查支付，另填制一联现金借方凭证，第四联信汇凭证作借方凭证附件。其账务处理为：借记“应解汇款及临时存款科目——收款人户”科目，贷记“现库存金”科目。

需要分次支付的，应凭第四联信汇凭证注销应解汇款登记簿中的该笔汇款，并如数转入应解汇款及临时存款科目分户账内（不通过分录，以丁种账页代替），银行审核收款人填制的支款凭证，其预留签章和收款人身份证件无误后，办理分次支付手续。待最后结销时，将第四联信汇凭证作借方凭证附件。

需要转汇的，应重新办理汇款手续，其收款人与汇款用途必须是原汇款的收款人和用途，并在第三联信汇凭证上加盖“转汇”戳记。其账务处理为：借记“应解汇款及临时存款科目——收款人户”科目，贷记“清算资金往来——辖内往来（或有关科目）”科目。

【例 2－34】 甲地招商银行开户单位大华公司申请即时电汇货款 2 800 000元，汇给乙地招商银行开户单位东兴电器厂，通过银行汇出款项。要求：做出相关的账务处理。

甲地招商银行会出票款时，会计分录如下：

借：吸收存款——单位活期存款——大华公司　2 800 000

　　贷：清算资金往来——辖内往来（或有关科目）

　　　　2 800 000

乙地招商银行收到票款时，会计分录如下：

借：清算资金往来——辖内往来（或有关科目）

　　2 800 000

　　贷：吸收存款——单位活期存款——东兴电器厂

　　　　2 800 000

2. 电汇的处理手续。

(1) 汇出行的处理手续。汇款人委托银行办理电汇时，应填制一式三联的电汇凭证，汇出行受理电汇凭证时，按有关规定审核无误后，第一联电汇凭证加盖转讫章退给汇款人，第二联作借方凭证，其分录与信汇相同，并以第三联电汇凭证作资金汇划发报凭证。电汇凭证上填明“现金”字样的，应在电报的金额前加拍“现金”字样。

电汇凭证第二联如表 2－18 所示。

(2) 汇入行的处理手续。汇入行收到汇出行通过资金汇划系统汇来的款项，经审核无误后，应打印资金汇划贷方补充凭证，进行账务处理，除不再采用“其他应付款——待处理汇划款项户”进行核算外，其余手续均与信汇相同。

3. 退汇的处理手续。退汇是将汇出的汇款退还原汇款人。退汇的原因主要有：汇款人因故退汇，收款人拒收汇款，以及超过规定的期限无法支付汇款。

表 2-18　　银行电汇凭证

银行电汇凭证　　（借方凭证）2

□普通　□加急　　委托日期　年　月　日

<table>
<tr><td rowspan="3">汇款人</td><td>全　称</td><td colspan="2"></td><td rowspan="3">收款人</td><td>全　称</td><td colspan="11"></td><td rowspan="7">此联汇出行作借方凭证</td></tr>
<tr><td>账　号</td><td colspan="2"></td><td>账　号</td><td colspan="11"></td></tr>
<tr><td>汇出地点</td><td colspan="2">省　市/县</td><td>汇入地点</td><td colspan="11">省　市/县</td></tr>
<tr><td colspan="2">汇出行名称</td><td colspan="2"></td><td colspan="2">汇入行名称</td><td colspan="11"></td></tr>
<tr><td rowspan="2">金额</td><td rowspan="2" colspan="5">人民币
（大写）</td><td>亿</td><td>千</td><td>百</td><td>十</td><td>万</td><td>千</td><td>百</td><td>十</td><td>元</td><td>角</td><td>分</td></tr>
<tr><td></td><td></td><td></td><td></td><td></td><td></td><td></td><td></td><td></td><td></td><td></td></tr>
<tr><td colspan="4" rowspan="3">此汇款支付给收款人

汇款人签章</td><td colspan="2">支付密码</td><td colspan="11"></td></tr>
<tr><td colspan="13">附加信息及用途</td></tr>
<tr><td colspan="13">复核　　记账</td></tr>
</table>

（1）汇款人要求退汇。按规定汇款人要求退汇，只限于不直接入账的汇款。汇款人因故要求退汇时，应将备函或本人身份证，连同原汇兑凭证回单联交汇出行。汇出行收到后，先以电报或电话方式通知汇入行，经汇入行证实汇款确未被支付方可受理。

汇出行受理退汇后，应填制四联“退汇通知书”，并在第一联通知书上批注“×月×日申请退汇，待款项退回后再办理退款手续”字样后，加盖业务公章退交汇款人；第二、第三联寄交汇入行。第四联与公函和回单一起保管。如汇款人要求以电报通知退汇时，只填制两联退汇通知书，一联为回单，一联为备查，另以电报通知汇入行。

汇入行收到第二、第三联退汇通知书或通知退汇的电报后，应先查明款项是否已解付。对已转入应解汇款及临时存款科目尚未解付的汇款，办理时应向收款人联系索回他条，并以第二联退汇通知书代转账借方传票进行转账。其账务处理为：借记“应解汇款及临时存款科目——收款人户”科目，贷记“辖内往来（或有关科目）”科目。

转账后，通过资金汇划系统向汇出行划款，并把第二联退汇通知书寄送原汇出行。

汇出行收到汇入行通过资金汇划系统划来的退汇款和收到的第三联退汇通知书，与原留存的第四联退汇通知书进行核对，以第三联通知书和资金汇划补充凭证办理转账。其账务处理为：借记“辖内往来（或有关科目）”科目，贷记“吸收存款——单位活期存款——原汇款人户”科目。

转账后，在原汇款凭证上注明“汇款已于×月×日退汇”字样，并在汇款通知书第四联上注明“汇款退回，已代进账”字样，加盖业务公章后，作为收账通知交原汇款人。

（2）汇入行主动退汇的处理。汇款汇入后，超过2个月无人领取时，汇入行可以办理退汇。

退汇时，由汇入行填写转账传票，通过资金汇划系统办理退汇手续，会计分录同上，不再详述。

（二）托收承付结算

托收承付是根据购销合同由收款人发货后委托银行向异地付款人收取款项，由付款人向银行承认付款的结算方式。

1. 收款人开户行受理托收承付手续。收款人办理托收时，应填制一式五联托收凭证，第一联回单，第二联贷方凭证，第三联借方凭证，第四联收账通知（电划第四联为发电依据），第五联承付通知。收款人应在第二联托收凭证上加盖单位印章后，将托收凭证和有关单证提交开户银行。托收凭证第二联如图2－19所示。

表2－19　托收凭证

托收凭证　　（贷方凭证）2

委托日期　　年　月　日

业务类型	委托收款（□邮划、□电划）		托收承付（□邮划、□电划）			
付款人	全　称		收款人	全　称		
	账　号			账　号		
	地　址	省　市/县　开户行		地　址	省　市/县　开户行	
金额	人民币（大写）				亿 千 百 十 万 千 百 十 元 角 分	
款项内容		托收凭据名称		附寄单证张数		
商品发运情况		合同名称号码				
备注： 收款人开户行收到日期 年　月　日	上列款项随附有关债务证明，请予办理。 收款人签章			复核　　记账		

此联收款人开户行作贷方传票

收款人开户行收到上述凭证后，应按规定认真进行审查，无误后，将第一联凭证加盖业务公章后退给收款人。对收款人向银行提交发运证件需要带回保管或自寄的，应在各联凭证和发运证上加盖“已验发运证件”戳记。第二联托收凭证由银行专夹保管，并登记发出托收结算凭证登记簿。然后在第三联托收凭证上加盖结算专用章，连同第四、第五联凭证及交易单证一起寄交付款人开户银行。

2. 付款人开户银行的处理手续。付款人开户银行接到收款人开户行寄来的第三、第四、第五联托收凭证及交易单证时，应严格审查，无误后，在凭证上填注收到日期和承付期。然后，根据第三、第四联托收凭证登记定期代收结算凭证登记簿后，专夹保管，第五联托收凭证加盖业务公章后，连同交易单证一并及时送交付款人。

（1）全额付款的处理手续。付款人在承付期内没有任何异议，并且其在承付期满日营业终了前银行存款账户上有足够金额，银行便视作同意全额付款，开户行便于承付期满日次日（遇例假日顺延）上午开始营业时，办理划款手续，以第三联托收凭证作借方传票进行转账。其账务处理为：借记“吸收存款——单位活期存款——付款人户”科目，贷记“辖内往来”科目。转账后销记登记簿，并以第四联托收凭证作资金汇划发报凭证。

（2）提前承付的处理手续。付款人在承付期满前通知银行提前付款。银行划款的手续同（1），但应在托收凭证和登记簿备注栏分别注明“提前承付”字样。

（3）多承付的处理手续。付款人因商品的价格、数量或金额变动的原因，要求对本笔托收多承付的款项一并划回时，付款人应填写四联多承付理由书（由托收承付拒绝付款理由书改用）提交开户行，银行审查后，在托收凭证和登记簿备注栏注明多承付的金额，以第二联多承付理由书代借方凭证，第三联托收凭证作附件。其账务处理为：借记“吸收存款——单位活期存款——付款人户”科目，贷记“辖内往来”科目。然后将第一联多承付理由书加盖转讫章作支款通知交给付款人，第三、第四联多承付理由书寄给收款人开户行。

（4）逾期付款的处理手续。付款人在承付期满日营业终了前，账户无款支付的，付款人开户行应在托收凭证和登记簿备注栏分别注明“逾期付款”字样，并填制三联“托收承付结算到期未收通知书”，将第一、第二联通知书寄给收款人开户行，第三联通知书与第三、第四联托收凭证一并保管，等到付款人账户有款可以一次或分次扣款时，比照下面第（5）部分付款的有关手续办理，将逾期付款的款项和赔偿金一并划给收款人。

赔偿金的计算公式为：

赔偿金金额 = 逾期付款金额 × 逾期天数 × 5‰

逾期付款数额从承付期满日算起。承付期满日银行营业终了时，付款人如无足够资金支付，其不足部分，应当算作逾期一天，计算一天赔偿金。在承付期满的次日（如遇例假日，逾期付款赔偿金的天数计算也相应顺延，但以后遇例行假日应当照算逾期天数）银行营业终了时，仍无足够资金支付，其不足部分，应当算作逾期两天，计算两天的赔偿金。其余类推。

每月单独扣付赔偿金时，付款人开户行应填制特种转账借方传票两联，并注明原托收号码及金额，在转账原因栏注明付款的金额及相应扣付赔偿金的金额，以一联特种转账借方传票作借方凭证。其账务处理为：借记“吸收存款——单位活期存款——付款人户”科目，贷记“辖内往来”科目。

逾期付款期满（即扣款期满），付款人账户不能全额或部分支付托收款项，开户行应向付款人发出索回单证通知，付款人于银行发出通知的次日起两天内（到期日遇例假日顺延，邮寄加邮程）必须将全部单证退回银行，经银行核对无误后，在托收凭证和登记簿备注栏注明单证退回日期和“无法支付”的字样，并填制三联“应付款项证明单”，将一联证明单和第三联托收凭证一并留存备查，将两联证明单连同第四、第五联托收凭证及有关单证一并寄给收款人开户行。

付款人开户行在退回托收凭证和单证时，需将应付的赔偿金一并划给收款人。付款人逾期不退回单证的，开户行按前述规定予以罚款，作为银行营业外收入处理。

【例 2 - 35】 要求红星公司付款的一笔托收承付款项，金额为 100 000元，该笔款项 10 月 7 日承兑期满，付款人存款账户只能支付 70 000元，逾期于 10 月 21 商务营业开始时支付 10 000 元，其余款项于 11 月 16 日上午营业开始时全部付清。如果不考虑节假日，则应计收的赔偿金是多少？

①10 月 21 日计算的赔偿金 = 10 000 × 13 × 5‰ = 65（元）

②10 月末计算的赔偿金 = 20 000 × 25 × 5‰ = 250（元）

③11 月 16 日计算的赔偿金 = 20 000 × 14 × 5‰ = 140（元）

（5）部分付款的处理手续。付款人在承付期满日开户行营业终了前，账户只能部分支付的，付款人开户行应在托收凭证上注明当天可以扣收的金额；填制两联特种转账借方凭证，并注明原托收号码及金额，以一联特种转账借方凭证作借方传票。其账务处理为：借记“吸收存款——单位活期存款——付款人户（部分支付金额）”科目，贷记“辖内往来（部分支付金额）”科目。转账后，另一联特种转账借方凭证加盖转讫章作支款通知交给付款人，在登记簿备注栏分别注明已承付和未承付金额，并批注“部分付款”字样。第三、第四联托收凭证按付款人及先后日期单独保管。待付款人账户有款时，再及时将未承付部分款项一次或分次划转收款人开户行，同时逐次扣收逾期付款赔偿金，其处理手续同（4）。

（6）全部拒绝付款的处理手续。付款人在承付期内提出全部拒付的，应填写四联全部拒付理由书，连同有关的拒付证明、第五联托收凭证及所附单证送交开户行。银行严格审核，不同意拒付的，实行强制扣款；对无理拒付而增加银行审查时间的，银行应按规定扣收赔偿金。对符合规定同意拒付的，经银行主管部门审批后，在托收凭证和登记簿备注栏注明“全部拒付”字样，然后将第一联拒付理由书加盖业务公章退给付款人，将第二联拒付理由书连同第三联托收凭证留存备查，其余所有单证一并寄给收款人开户行。

（7）部分拒绝付款的处理手续。付款人在承付期内提出部分拒绝付款，经银行审查同意办理的，依照全部拒付审查手续办理，并在托收凭证和登记簿备注栏注明“部分拒付”字样及部分拒付的金额，对同意承付部分，以第二联拒付理由书代借方凭证（第三联托收凭证作附件）。其账务处理为：借记“吸收存款——单位活期存款——付款人户（同意承付金额）”科目，贷记“辖内往来（或有关科目）（同意承付金额）”科目。

然后将第一联拒付理由书加盖转讫章交付款人，其余单证，如第三、第四联部分拒付理由书连同拒付部分的商品清单和有关证明邮寄给收款人开户行。

3. 收款人开户行收款结账的处理手续。

（1）全额划回。收款人开户行收到付款人开户行通过资金汇划系统汇来款项，应打印资金汇划贷方补充凭证，与留存的第二联托收凭证核对无误后，在第二联托收凭证上注明转账日期进行转账，其中一联资金汇划贷方补充凭证作贷方凭证，第二联托收凭证作其附件。其账务处理为：借记“辖内往来（或有关科目）”科目，贷记“单位活期存款——收款人户”科目。在另一联资金汇划贷方补充凭证上加盖转讫章作收账通知交收款人，并销记登记簿。

（2）多承付款划回的处理手续。收款人开户行收到付款人开户行划来多承付款项及第三、第四联多承付理由书后，在第二联托收凭证和登记簿备注栏注明多承付金额，为收款人及时入账，并将一联多承付理由书交收款人，其余手续与全额划回相同。

（3）部分划回的处理手续。银行收到付款人开户行部分划回的款项，在第二联托收凭证和登记簿上注明部分划回的金额，为收款人及时入账。其余手续与全额划回的相同。

(4) 逾期划回、无款支付退回凭证或单独划回赔偿金的处理手续。收款人开户行收到第一、第二联到期未收到通知书后，应在第二联托收凭证上注明"逾期付款"字样及日期，然后将第二联通知书交收款人，第一联通知书、第二联托收凭证一并保管。待接到一次、分次划款或单独划回的赔偿金时，比照部分划回的有关手续处收款人开户行在逾期付款期满后接到第四、第五联托收凭证（部分无款支付系第四联托收凭证）及两联无款支付通知书和有关单证，核对无误后，抽出第二联托收凭证注明"无款支付"字样，销记登记簿，然后将其余托收凭证及无款支付通知书及有关单证退交收款人。

(5) 拒绝付款的处理手续。收款人开户行收到付款人开户行寄来的托收凭证、拒付理由书、拒付证明及有关单证后，抽出第二联托收凭证，在备注栏注明"全部拒付"或"部分拒付××元"字样，并销记登记簿，同时将托收凭证、拒付理由书及有关单证退回收款人。部分拒付的，对划回款项还要办理收款人入账的手续。

【例2-36】 甲招商银行收到客户宁远公司提交的托收承兑结算凭证和发运单证，向异地购货方康洋公司收取货款及代垫运费780 000元。甲招商银行审核无误，发出托收凭证和交易单证。康洋公司开户行丙招商银行收到平整后，通知康洋公司验单付款。承付期满，康洋公司未提出异议，丙招商银行将款项划转甲招商银行。

丙招商银行划出款项，会计分录为：

借：单位活期存款——康洋公司　　780 000
　　贷：辖内往来（或有关科目）　　780 000

甲招商银行收到划回款项，会计分录为：

借：辖内往来（或有关科目）　　780 000
　　贷：单位活期存款——宁远公司户　　780 000

(三) 委托收款结算

委托收款是收款人委托银行向付款人收取款项的结算方式。

1. 收款人开户行受理委托收款。收款人办理委托收款时，应填制一式五联托收凭证，该凭证各联用途及式样在本节托收承付结算中已作说明，这里不再重复。收款人在第二联凭证上签章后，将有关托收凭证和债务证明提交开户银行。收款人开户行收到上述凭证后，按有关规定认真审核无误后，第一联凭证加盖业务公章退给收款人，第二联凭证专夹保管并登记发出委托收款凭证登记簿，第三联凭证上加盖结算专用章，连同第四、第五联凭证及有关债务证明，一并寄交付款人开户行。

2. 付款人开户行的处理手续。付款人开户行接到收款人开户行寄来的邮划或电划第三、第四、第五联托收凭证及有关债务证明时，审查是否属于本行受理的凭证，无误后，在凭证上填注收到日期，根据邮划或电划第三、第四联凭证逐笔登记收到委托收款凭证登记簿，将邮划或电划第三、第四联凭证专夹保管，分别情况处理如下：

付款人为银行的，银行按规定付款时，第三联托收凭证作借方凭证，有关债务证明作其附件。其账务处理为：借记“应解汇款及临时存款科目”科目，贷记“辖内往来（或有关科目）”科目。转账后，银行销记收到委托收款登记簿，并以第四联托收凭证作资金汇划发报凭证。

付款人为单位的，银行将第五联托收凭证加盖业务公章，连同有关债务证明及时交给付款人，并由其签收。付款人应于接到通知的次日起3天内（期内遇例假日顺延）通知银行付款，付款期内未提出异议的，视同同意付款，银行应于付款期满次日上午开始营业时将款项划给收款人，第三联凭证作借方凭证。其账务处理为：借记“吸收存款——单位活期存款——付款人户”科目，贷记“辖内往来（或有关科目）”科目。其余手续视同付款人为银行的处理。

付款人为单位的，银行在办理划款时，付款人账户不足支付全部款项的，银行在托收凭证和收到委托收款凭证登记簿上注明退回日期和“无款支付”字样，并填制三联付款人未付款项通知书（用异地结算通知书代替），将第一联通知书和第五联托收凭证留存备查，将第二、第三联通知书连同第四联托收凭证邮寄收款人开户行，留存债务证明的，其债务证明一并邮寄收款人开户行。

付款人若办理拒绝付款的，应在接到付款通知的次日起3天内填制四联拒绝付款理由书，连同债务证明及第五联托收凭证一并交给开户银行，银行审核无误后，在托收凭证和收到委托收款凭证登记簿上注明“拒绝付款”字样，然后将第一联拒付理由书加盖业务公章退还付款人，第二联拒付理由书连同第三联托收凭证一并留存备查，第三、第四联拒付理由书连同债务证明和第四、第五联托收凭证一并寄收款人开户行。

3. 收款人开户行的处理手续。收款人开户行收到付款入开户行通过资金汇划系统汇来款项，应打印资金汇划贷方补充凭证与留存的第二联托收凭证，核对无误后，在第二联托收凭证上填写转账日期，以其中一联资金汇划贷方补充凭证作贷方传票，第二联托收凭证作其附件进行账务处理。其账务处理为：借记“辖内往来（或有关科目）”科目，贷记“吸收存款——单位活期存款——收款人户”科目。

转账后，在另一联资金汇划贷方补充凭证上加盖转讫章作收账通知送交收款人，并销记发出委托收款凭证登记簿。若收到无款支付而退回的托收凭证及有关单据时，应抽出第二联托收凭证，并在该联凭证备注栏注明“无款支付”字样，销记发出委托收款凭证登记簿，然后将第四联托收凭证、第一联未付款项通知书及债务凭证退给收款人。收款人在未付款项通知书上签收后，收款人开户行将第一联未付款项通知书及第二联托收凭证一并保管备查。

若收款人开户行收到第四、第五联托收凭证及有关债务证明和第三、第四联拒付理由书，抽出第二联托收凭证核对无误后，在该托收凭证上注明“拒绝付款”字样。销记“发出委托收款凭证登记簿”。然后将第四、第五联托收凭证、有关债务证明和第四联拒付理由书一并退给收款人。收款人在第三联拒付理由书上签收后。收款人开户行将第三联拒付理由书连同第二联托收凭证一并保管备查。

【例 2－37】 甲地招商银行收到开户单位大华公司提交的委托收款凭证和债务证明，系向乙地招商银行开户的天明机床厂收取款项590 000元。3 日后，收到乙地招商银行通过电子汇划系统划回的款项。要求：根据题意做出相关的账务处理。

①甲地招商银行受理开户单位大华公司的委托收款和债务证明，经过审核正确，发出委托收款凭证，并销记“发出委托收款登记簿”，但不进行账务处理。

②乙地招商银行收到委托收款凭证时，假如开户单位天明机床厂账户有足够款项支付，会计分录如下：

借：吸收存款——单位活期存款——天明机床厂　590 000
　　贷：清算资金往来——辖内往来　　　　　　　590 000

③甲地招商银行收到划回款项时，会计分录如下：

借：清算资金往来——辖内往来　　　　　　　　590 000
　　贷：吸收存款——单位活期存款——大华公司　　590 000

四、信用卡业务的核算

信用卡是指商业银行向个人和单位发行的，凭以向特约单位购物、消费和向银行存取现金，且具有消费信用的特制载体卡片。

（一）信用卡发卡

1. 单位卡发卡的处理手续。单位申请使用信用卡，应按规定填写申请表交发卡行，发卡行审核同意后，应及时通知申请人前来办理领卡手续。申请人接到通知，其在发卡行开户的，应填制支票及三联进账单交给银行，发卡行审查无误后，比照支票结算的有关手续处理，并另填制一联特种转账贷方凭证作收取手续费凭证。其账务处理为：借记“吸收存款——活期存款——××单位基本存款账户”科目，贷记“单位活期存款——××单位信用卡户”和“续费及佣金收入——××手续费户”科目。

【例2-38】建设银行收到启华公司交来的转账支票8万元，申请开立龙卡用卡金卡，另支付50元的手续费，银行审核后同意。会计分录为：

借：单位活期存款——启华公司基本存款账户　　80 000
　　现金　　50
　　贷：单位活期存款——启华公司信用卡户　　80 000
　　　　手续费及佣金收入　　50

申请人不在发卡银行开户的，须填制支票及两联进账单交银行，发卡行审查无误后，按支票结算有关手续处理，并填制一联收取手续费的特种转账贷方凭证。其账务处理为：借记“存放中央银行款项（或辖内往来等科目）”科目，贷记“单位活期存款——××单位信用卡户”和“手续费及佣金收入——××手续费户”科目。

2. 个人卡发卡的处理手续。个人申请使用信用卡，申请手续同单位卡一样。

申请人交存现金的。银行收妥后，发给其信用卡。其账务处理为：借记“库存现金”科目，贷记“活期储蓄存款科目——××个人信用卡户”和“手续费及佣金收入——××手续费户”科目。

【例2-39】张想交来申请及现金8 000，要求开立长城信用卡，经中国银行审核后同意发卡，并收取手续费30元。会计分录为：

借：库存现金　　8 000
　　贷：活期储蓄存款科目——张想个人信用卡户　　7 970
　　　　手续费及佣金收入　　20

申请人转账存入的，银行接到申请人交来支票及进账单，认真审核其个人资金来源无误后，比照单位卡的有关手续处理。

发卡行在办理信用卡发卡手续时，应登记信用卡账户开销户登记簿和发卡清单，在发卡清单上记载领卡人身份证件号码，并由领卡人签收。

（二）信用卡付款

1. 特约单位开户行的处理手续。特约单位办理信用卡进账时，应填制两联进账单和按发卡银行分别填制汇计单并提交签购单。汇计单一式三联，第一联交费收据，第二联贷方凭证附件，第三联存根。签购单一式四联，第一联回单，第二联借方凭证，第三联贷方凭证附件，第四联存根。特约单位开户行收到特约单位送来的两联进账单、三联汇计单及第二、第三联钱购单后，认真审查，无误后，分别不同情况处理。

特约单位与持卡人在同一城市不同银行机构开户的。第一联进账单加盖转讫章作收账通知和第一联汇计单加盖业务公章作交费收据，退给特约单位；第二联进账单作贷方凭证，第三联签购单作其附件，根据第二联汇计单的手续费金额填制一联特种转账贷方凭证后作其附件；将第二联签购单加盖业务公章连同第三联汇计单向持卡人开户行提出票据交换。其账务处理为：借记“存放中央银行款项（或辖内往来等科目）”科目，贷记“单位活期存款——特约单位户”和“手续费及佣金收入——××手续费户”科目。

【例 2－40】 本市招商银行收到天贸商场交来的进账单和汇计单，金额为 3 600 元，签购单上表明持卡人是在北京东单建行分处理处开户，改行在本市有通汇行，经审查同意提出票据交换，并按 5‰收取手续费。会计分录为：

借：存放中央银行款项（或辖内往来等科目）　　3 600
　　贷：单位活期存款——特约单位户　　3 582
　　　　手续费及佣金收入——××手续费户　　18

特约单位与持卡人在不同城市同一系统银行开户的，第二联进账单作贷方凭证，第三联签购单作其附件，根据第二联汇计单的手续费金额填制一联特种转账贷方凭证后作其附件；第二联签购单加盖转讫章连同第三联汇计单作资金汇划发报凭证。其账务处理为：借记“辖内往来（或有关科目）”科目，贷记“单位活期存款——特约单位户”和“手续费及佣金收入——××手续费户”科目。

第一联进账单加盖转讫章作收账通知，第一联汇计单加盖业务公章作交费收据，退给特约单位。如果信用卡是异地跨系统银行发行的，特约单位开户行应向所在地的跨系统发卡行的通汇行提出票据交换，由通汇行转入持卡人开户行。

2. 信用卡支取现金的处理手续。个人持卡人在银行支取现金时，应填制四联取现单（取现单第一联回单、第二联借方凭证、第三联贷方凭证附件、第四联存根），连同信用卡、身份证等一并交给银行，银行应认真审核信用卡真伪及有效期、该卡是否被列入止付名单等有关规定无误后，分别不同情况处理。

对同一城市其他银行机构发行的信用卡支取现金的，第一联取现单加盖现金付讫章作回单连同信用卡交给持卡人；填制一联特种转账贷方凭证，第三联取现单作附件；将第二联取现单加盖业务公章向持卡人开户行提出票据交换，第四联取现单留存备查。其账务处理为：借记“存放中央银行款项（或辖内往来等）”科目，贷记“应解汇款及临时存款科目——持卡人户”科目。支付现金时另填制一联现金借方凭证，其账务处理为：借记“应解汇款及临时存款科目——持卡人户”科目，贷记“库存现金”和“手续费及佣金收入——××手续费收入”科目。

对异地联行发行的信用卡支取现金的，比照同一城市支取现金的有关手续处理。并将第二联取现单加盖转讫章作资金汇划发报凭证通知开户行，另填制一联特种转账贷方凭证作收取手续费的贷方凭证。其账务处理为：首先，借记“辖内往来（或有关科目）”科目，贷记“应解汇款及临时存款科目——持卡人户”科目。然后，借记“应解汇款及临时存款科目——持卡人户”科目，贷记“库存现金”和“手续费及佣金收入——××手续费收入”科目。

如果信用卡是异地跨系统银行发行的，应向本地跨系统发卡行的通汇行提出票据交换，由通汇行转入持卡人开户行。

3. 持卡人开户行的处理手续。持卡人开户行收到同城票据交换来的第二联签购单和第三联汇计单或第二联取现单，或联行通过资金汇划系统汇来款项，应认真审核无误后，第二联签购单或取现单作借方凭证，第三联汇计单留存，或根据打印的资金汇划借方补充凭证，其账务处理为：借记“单位活期存款——××单位信用卡户（或活期储蓄存款——××个人信用卡户）”科目，贷记“存放中央银行款项（或辖内往来等）”“手续费及佣金收入——××手续费收入”科目。

【例2-41】北京市民张全用中国银行长城信用卡于北京市农业银行支取现金3 000元，并另支付手续费30元，银行已受理此项业务，相应的会计分录为：

借：存放中央银行款项（或辖内往来等）　　3 000
　　贷：应解汇款及临时存款科目——张全户　　3 000

支付现金时，会计分录如下：

借：应解汇款及临时存款科目——张全户　　3 000
　　现金　　30
　　贷：存放中央银行款项（或辖内往来等）　　3 000
　　　　手续费及佣金收入——手续费收入　　30

中国银行收到同城票据交换来的第二联签购单和第三联汇计单，认真审核无误后，编制会计分录如下：

借：单位活期存款——××单位信用卡户　　3 000
　　（或活期储蓄存款——××个人信用卡户）
　　贷：存放中央银行款项（辖内往来等有关科目）　　3 000
　　　　（手续费及佣金收入——××手续费收入）

第五节　外汇业务的核算

随着经济一体化与金融全球化进程的加快，我国金融企业的外汇业务也日益增加，外汇业务的核算已成为金融企业会计核算体系中的重要组成部分。本章旨在介绍外汇业务的具体种类及其基本核算方法。

一、外汇核算的特点

根据我国《外汇管理条例》的规定，外汇的具体内容包括：可以自由兑换的外国货币，包括纸币和铸币；外币支付凭证，包括票据、银行存款凭证、邮政储蓄凭证等；外币有价证券，包括政府债券、公司债券、股票等；国际货币基金组织的特别提款权（现为欧元）；其他外汇资产是指各种外币投资收益，如股息、利息、债息、红利等。由于外汇业务它所经营的业务涉及面广、内容复杂。在业务处理时，既要严格遵守国内的有关规章制度，又要适应国际惯例，因此，外汇业务核算形成了自己的特点。

（一）实行外汇分账制

按照《企业会计准则第19号——外币折算》规定：“企业发生的外币交易，应当将外币金额折算为记账本位币金额。”由于外汇业务涉及的币种有本币和外币，本币和外币之间，外币与外币之间货币单位和币值都不相同。因此，在会计核算上，要求分别以本、外币同时核算和监督各种不同货币业务的收付及结存情况，必须采用专门的核算方法，即外汇统账制和外汇分账制。目前，我国商业银行通常采用外汇分账制。外汇分账制，也称原币记账法。这是除了以人民币为记账单位外，同时还分别使用各种外币记账。具体内容如下：

1. 外币与人民币分账核算。采用分账制的核算方法，即按币别分别建立独立的账务系统。所谓分账是对各种外币（凡有本位币牌价的货币）的收支，平时都以原币为记账货币、填制会计凭证、登记账簿、编制会计报表，各种货币各自成立账务系统。各有一整套会计账簿和会计报表。

2. 遇有买卖外汇涉及两种不同货币时，通过外汇买卖科目进行核算。外汇买卖科目是实行外汇分账制的一个特定科目，在账务中对不同货币之间的账务起联系和平衡作用。

3. 现汇与记账外汇分账核算。同一种货币，由于其清算方式不同可分为现汇和记账外汇。现汇清算是进出口双方通过办理国际业务的银行以可兑换货币，逐笔通过两国银行间往来账户进行的清算，所用的外汇称为现汇。记账外汇也称双边外汇，是国际贸易协定国双方根据支付协定，贸易双方各以本国政府名义分别在对方国家指定的银行开立记账清算账户，在一定时间内办理清算。它在清算前不能自由流通，不能自由兑换成其他货币，也不能转让给第三国使用，从而可以节省自由外汇的使用。因为它只是记载在双方银行账户上，所以叫记账外汇。

4. 年终并表，以本币统一反映财务状况和经营成果。年终决算时，各种分账货币，应按货币种类分别编制决算表，再根据各货币决算表，按总行规定的年终决算牌价分别折成人民币后，编制“汇总人民币折算表”，实行外汇分账制，各种不同货币分设账务报表，因而能完整反映各类外币资金的变化情况，有利于外汇资金的运用和管理。

（二）兼用单、复式凭证

外汇会计的一个特点即以单式凭证为主，同时兼用复式凭证。

使用单式凭证，对每一笔业务所涉及的会计科目均按各个科目分别编制传票，各经办不同科目的人员可以同时办理审核、收付、记账编制科目日结单等手续。不仅凭证传递迅速、方便，而且也便于综合整理和装订保管。我国银行由于业务量大、分工细，在经营外汇业务过程中，原则上都采用单式凭证进行核算。但对反映某些“或有资产”、“或有负债”经济业务有固定对应关系的会计科目，为了确切反映权责关系同时发生、同时解除，使用复式凭证进行核算。

二、外汇买卖业务的核算

外汇买卖是商业银行外汇业务的重要组成部分。银行在办理外汇业务过程中，特别是国际结算，由于进出口双方不在同一国家和地区，使用的货币币种也不相同，需要将一种货币兑换成另一种货币才能了结双方的债权债务。这种按一定汇率卖出一种货币或买入一种货币的行为，称为外汇买卖。银行在买卖外汇时，本国货币与外国货币相互折算，必须要有一定的比价，作为买卖的依据，这种比价就是汇率或汇价。

（一）外汇买卖科目

外汇买卖科目是实行外汇分账制的一个特定科目，通过这个科目将人民币和外币联系起来，使全部外汇交易汇总反映在外汇买卖账簿上，既有利于保持人民币与外币金额的平衡性，又有利于考察各种外汇资金增减变化和余缺情况。

外汇买卖科目归属于资产负债共同类科目。当银行买入外汇时，贷记“外汇买卖科目（外币）”，借记“外汇买卖科目（人民币）”；当银行卖出外汇时，借记“外汇买卖科目（外币）”，贷记“外汇买卖科目（人民币）”。

（二）外汇买卖业务凭证的使用

银行发生外汇买卖业务时，均应填制外汇买卖传票。外汇买卖传票分为三种：外汇买卖借方传票、外汇买卖贷方传票和外汇买卖套汇传票。外汇买卖借方传票和外汇买卖贷方传票一般各由三联组成：一联是外币的外汇买卖传票，一联是人民币的外汇买卖传票，一联是外汇买卖统计卡。外汇买卖套汇传票一般由五联组成：两联是外汇的外汇买卖传票，两联是人民币的外汇买卖传票，一联是两种外汇套汇的统计卡。

外汇买卖借方传票见表2－20，外汇买卖贷方传票见表2－21，外汇买卖套汇传票见表2－22。外汇买卖传票内容包括货币名称、外币、人民币金额和外汇牌价等。

各种外币以其个位记账单位，小数点以下视该货币的辅币进位而定。外汇业务凭证应按规定表明各种货币的简写符号如表2－23所示。

表2－20　外汇买卖借方传票

中国××银行外汇买卖借方传票（外币）　　传票编号

（借）外汇买卖　　　　年　　月　　日　　　　（对方科目）

外汇金额	牌　价	人民币金额
（百亿位）		（百亿位）
摘要		

会计　　　　复核　　　　记账　　　　制票

表 2－21 **外汇买卖贷方传票**

中国××银行外汇买卖贷方传票（外币）

传票
编号

（贷）外汇买卖　　　　年　　月　　日　　　　（对方科目）

<table>
<tr><td colspan="2">外汇金额</td><td>牌　价</td><td>人民币金额</td></tr>
<tr><td colspan="2">（百亿位）</td><td></td><td>（百亿位）</td></tr>
<tr><td>摘要</td><td colspan="3"></td></tr>
</table>

会计　　复核　　记账　　制票

表 2－22 **外汇买卖套汇传票**

中国××银行外汇买卖套汇传票（外币）

（贷）外汇买卖　　　　年　　月　　日　　　　（对方科目）

<table>
<tr><td colspan="2">买入外汇金额</td><td>套汇汇率</td><td>卖出外汇金额</td><td>折合人民币金额</td></tr>
<tr><td colspan="2">（百亿位）</td><td></td><td>（百亿位）</td><td>（百亿位）</td></tr>
<tr><td>摘要</td><td colspan="4"></td></tr>
</table>

会计　　复核　　记账　　制票

表 2－23 **各种常用外币简写符号和辅币进位表**

外币名称	简写符号	单位和辅币进位办法
英镑	£（GBP）	1 镑＝100 便士
香港元	HK＄（HKD）	1 元＝100 分
美元	US＄（USD）	1 元＝100 分
欧元	（EUR）	1 元＝100 分
瑞士法郎	SF（CHF）	1 法郎＝100 分
德国马克	DM（DEM）	1 马克＝100 芬尼
法国法郎	FF（FRF）	1 法郎＝100 分
新加坡元	SS（SGD）	1 元＝100 分
荷兰盾	FLS（NLG）	1 盾＝100 分
瑞典克朗	SKR（SEK）	1 克朗＝100 欧尔
丹麦克朗	DKR（DKK）	1 克朗＝100 欧尔
挪威克朗	NKR（NOK）	1 克朗＝100 欧尔
奥地利先令	ASCH（ATS）	1 先令＝100 格洛申

续表

外币名称	简写符号	单位和辅币进位办法
比利时法郎	BF(BEF)	1 法郎 = 100 分 记账时小数点以下不计
意大利里拉	LIT(ITL)	1 里拉 = 100 分 记账时小数点以下不计
日元	J ¥ (JPY)	1 元 = 100 钱 记账时小数点以下不计
加拿大元	CAN $ (CAD)	1 元 = 100 分
澳大利亚元	A $ (AUD)	1 元 = 100 分
澳门元	PAD(MOP)	1 元 = 100 分

注：简写符号栏前面的符号为制度规定的简写符号，括号内系国际标准化组织规定的简写符号。

（三）外汇买卖业务的账簿设置

1. 外汇买卖分户账。外汇买卖分户账（见表 2－24）是一种特定格式的账簿。它把人民币和外币的买卖科目分户账合并在同一账页上。账簿格式由买入、卖出、结余三栏组成，买入、卖出栏内各由外币、牌价和人民币三栏组成，结余栏则设借或贷、人民币两栏。

表 2－24 外汇买卖分户账

× × 行

外汇买卖科目账

货币：　　　　账户：

年		摘要	买入			卖出			结余		
月	日		外币（贷）（十亿位）	牌价	人民币（借）（十亿位）	外币（借）（十亿位）	牌价	人民币（贷）（十亿位）	外币（十亿位）	借或贷	人民币（借）（十亿位）

核算时，根据外汇买卖传票记载分户账。人民币和外币的换算可按以下算式进行：

买入外币（贷方）×牌价＝人民币借方

卖出外币（借方）×牌价＝人民币贷方

结余栏则为买入和卖出栏数额之差，人民币和外币数额分别结计，同时反映。

2. 外汇买卖总账

每天营业终了，根据各种货币的外汇买卖科目日结单借贷方发生额填制外币科目总账，人民币的外汇买卖科目总账则根据人民币的外汇买卖科目日结单借贷方发生额填记，然后根据上日余额分别求出本日外币和人民币的余额，记入余额栏。外汇买卖科目如为贷方余额，说明买入大于卖出，称“多头”；外汇买卖科目如为借方余额，说明卖出大于买入，称“空头”。

（四）外汇买卖业务的账务处理

1. 买入外汇的处理。买入外汇是指银行支付人民币买进外汇（含外钞）。其账务处理为：首先，借记“××科目”科目，例如“库存现金”等，贷记“外汇买卖（汇买价或钞买价）”科目，其计量单位为购买的外币；然后，借记“外汇买卖”科目，贷记“××科目”科目，此时计量单位为人民币。

【例 2-42】2010 年 10 月 5 日，客户孙明持港币现钞 1 600 元来行，要求兑换人民币，当日港币的钞买价是￥86.53/HKD 100，其会计分录如下：

借：库存现金　　HKD 1 600
　　贷：外汇买卖（汇买价或钞买价）　　HKD 1 600
借：外汇买卖　　￥1 384.48
　　贷：库存现金　　￥1 384.48

2. 卖出外汇的处理。卖出外汇是指银行收取人民币卖出外汇（含外钞）。其账务处理与买入外汇相反为：首先，借记“××科目”科目，贷记“外汇买卖”科目，此时计量单位为人民币；然后借记“外汇买卖”科目，贷记“××科目”科目，计量单位为外币，其计量单位为卖出的外币。

【例 2-43】2010 年 11 月 23 日，长青公司经外汇管理当局批准用汇，通过人民币结算账户向银行兑付 200 000 美元现汇直接汇往洛杉矶某代理行。假设当日美元汇卖价是￥670.42/USD 100。其会计分录如下：

借：吸收存款——长青公司　　￥1 340 840
　　贷：外汇买卖　　￥1 340 840
借：外汇买卖　　USD 200 000
　　贷：存放同业——洛杉矶代理行　　USD 200 000

3. 套汇业务的处理。套汇是一种外汇（币）转换为另一种外汇（币）的行为。套汇的原则是通过人民币核算，即对收入的一种外币按买入价折成人民币填制外汇买卖科目传票，然后将折合的人民币按另一种外币的卖出价折算出另一种外汇金额，填制外汇买卖科目传票。套汇时账务处理为：首先，买入A中外汇，借记“××科目（买入外币）”科目，贷记“外汇买卖”；然后，通过人民币套换，借记“外汇买卖”科目，贷记“外汇买卖”；最后，卖出B种外汇。借记“外汇买卖”科目，贷记“××科目”。

【例2-44】2010年3月4日，经外汇管理当局批准，物贸公司托银行从其港币存款账户中支付15 000美元，汇给美国公司。假设当日港币汇买价为¥88.56/HKD 100；美元汇卖价为¥687.35/USD 100。其分录如下：

借：吸收存款——物贸公司　　HKD 116 421.07
　　贷：外汇买卖　　HKD 116 421.07
借：外汇买卖　　¥116 421.07
　　贷：外汇买卖　　¥116 421.07
借：外汇买卖　　USD 15 000
　　贷：存放同业——美国某代理公司　　USD 15 000

【例2-45】2010年4月9日，中国银行某支行经批准以港元现钞从外汇交易市场兑换美元180 000现钞。若当日汇率为USD100/HKD 723.15，则USD 180 000×HKD 724.16/USD 100 = HKD 1 303 488。其会计分录如下：

借：库存现金　　USD 180 000
　　贷：外汇买卖（套入）　　USD 180 000
借：外汇买卖（套出）　　HKD 1 303 488
　　贷：库存现金　　HKD 1 303 488

三、外汇存款业务的核算

外汇存款是指单位和个人将其所持有的外汇资金存入银行，并在以后随时或约期支付的一种存款。它是银行聚集外汇资金的主要来源。外汇存款的会计核算分存入、支取、计息三个环节。

（一）外汇存款的开户及存入的核算

外汇存款开户时，应由开户单位或个人填写开户申请书提交银行。开立存折户，需填制存入凭条；开立支票户，需填制缴款单。定期存款的开户申请书上应填明户名、地址、存款种类、存款期限等内容，连同外汇或外钞一并提交银行。单位存款开户必须符合相关规定要求，并需预留印鉴，个人开户必须提供本人身份证件或护照经银行核实无误方可办理开户及存入手续，银行分别不同情况进行账务处理。

1. 境外汇入汇款存入时，其账务处理为：借记“汇入款或有关科目”科目，贷记“活期（定期）外汇存款”科目。

2. 外币现钞存入现汇账户时，其账务处理为：首先，借记“库存现金”科目，贷记“外汇买卖”；其次，借记“外汇买卖”科目，贷记“外汇买卖”；最后，借记“外汇买卖”科目，贷记“吸收存款——活期外汇存款”科目。

收到香港大川银行汇入汇款 HKD 4 000，收款人宝来公司在银行开有美元现汇账户，套汇存入。当天汇率为 HKD 100 = ¥ 107. 30，卖出价 USD 100 = ¥ 825. 40。作会计分录如下：

借：汇入汇款	HKD 4 000	
贷：外汇买卖		HKD 4 000
借：外汇买卖	¥4 292	
贷：外汇买卖		¥4 292
借：外汇买卖	USD 520	
贷：外汇活期存款——宝来公司		USD 520

3. 存入的币种与原账户币种不同时，其账务处理为：首先，借记“汇入汇款或有关科目”科目，贷记“外汇买卖”；其次，借记“外汇买卖”科目，贷记“外汇买卖”，最后，借记“外汇买卖”科目，贷记“吸收存款——活期外汇存款（或其他科目）”科目。

（二）外汇存款支取的核算

活期外汇存款的支取，存折户须凭存折和支取凭条，支票户填具支票，加盖预留印鉴送交银行。定期存款的支取，应将定期存单（或定期存款证实书）提交银行，经银行审核无误后予以办理支取手续。

1. 以汇出境外汇款支取外汇存款时，其账务处理为：（以外币进行核算）借记“吸收存款——活期外汇存款（或其他科目）”科目，贷记“汇出汇款（或其他科目）”科目。

2. 支取外币现钞时，其账务处理为：借记“吸收存款——活期外汇存款（或其他科目）”科目，贷记“库存现金”科目。

3. 支取的外币与原存款账户币种不同时，其账务处理为：首先，借记“吸收存款——活期外汇存款（或其他科目）”科目，贷记“外汇买卖”；其次，借记“外汇买卖”科目；贷记“外汇买卖”；最后，借记“外汇买卖”科目，贷记“库存现金”科目。

【例2－46】华旗公司委托银行汇付佣金1 800英镑给一位英国商人，华信公司在银行开有美元现汇存款账户。当天汇买价USD 100 = ￥ 647.20，汇卖价GBP100 = ￥1 277.10，会计分录为：

借：外汇活期存款——华旗　　　　USD3 551.9

　　贷：外汇买卖　　　　　　　　USD3 551.9

借：外汇买卖　　　　　　　　　￥22 987.8

　　贷：外汇买卖　　　　　　　　￥22 987.8

借：外汇买卖　　　　　　　　　GBP1 800

　　贷：汇出汇款　　　　　　　　GBP1 800

（三）计息时的核算

活期外汇存款分支票户和存折户两种。目前规定为每季末月20日计息。活期外汇存款利率按结息日挂牌公告的活期外汇存款利率计息，原币入账。其账务处理为：借记“利息支出”科目；贷记“吸收存款——活期外汇存款”科目。

定期外汇存款到规定日期支取本金与利息。单位定期外汇存款未到期一般不能提前支取。若银行同意客户提前支取，则利息以活期外汇存款利息计算。存款期间利率如有变动，在原定存期内仍以原利率计算利息，过期部分按活期外汇存款利率计付利息。按季预提利息时，其账务处理为：借记“利息支出”科目，贷记“应付利息”科目。

存款到期实际支付利息时，其账务处理为：借记“应付利息”和“利息支出”科目，贷记“吸收存款——活期外汇存款（或其他）”科目。

四、外汇贷款业务的核算

外汇贷款是以外币为计算单位的放款业务。商业银行利用各种信用方式筹集的外汇资金发放贷款，也是商业银行外汇资金运用的主要形式。商业银行的外汇贷款按照不同标准划分，可以分为不同种类的贷款。将外汇贷款按照贷款期限划分，可分为短期外汇贷款、中期外汇贷款和长期外汇贷款三种。短期外汇贷款的期限一般为1年以内含1年；中期外汇贷款的期限一般为1年以上5年之内；5年以上的为长期贷款，外汇贷款中一般以短期贷款为主。

（一）短期外汇贷款的核算

1. 贷款发放的处理。单位来行申请贷款，应填具外汇贷款申请书，银行审批同意，发出批准文件，并与借款单位订立外汇贷款合同，注明贷款的金额、期限、利率等，明确银行与借款单位各自应承担的经济责任等，据以开立外汇贷款账户。

借款单位使用信证或进口代收等方式进行结算。当发生实际付汇时，借款单位填制短期外汇贷款借款凭证，银行审核借款凭证有关内容与借款合同规定相符后进行账务处理，为反映短期外汇贷款发放与收回设置短期外汇贷款科目进行核算，并按贷款币种和借款单位进行明细核算。其账务处理为：借记“短期外汇款”科目，贷记“存放国外同业或有关科目”科目。

贷款与对外支付的货款不是同一种货币时，如借美元，对外支付英镑，应通过套汇核算。账务处理为：首先，借记“贷款——短期外汇贷款”科目，贷记“外汇买卖”；其次，借记“外汇买卖”科目，贷记“外汇买卖”；最后，借记“外汇买卖”科目，贷记“存放国外同业或有关科目”科目。

2. 贷款计息的处理。短期外汇贷款因利率的不同，分为优惠利率贷款和浮动利率贷款两种。优惠利率贷款是按低于伦敦银行同业拆放利率所发放的贷款，按优惠利率计息。浮动利率贷款则是参照伦敦银行同业拆放率，浮动计息，由银行不定期公布利率，浮动档次有 1 个月浮动、3 个月浮动、6 个月浮动三种。借款单位按贷款合同规定的浮动利率挡次向银行贷款，在该档次内无论利率有无变动，都按贷款日确定的该档次利率计算利息，该档次期满后再按新利率计算。

短期外汇贷款，每季或每月结息一次。结息日填制短期外汇贷款结息凭证一式两联，一联作借方传票，一联作结息通知单交借款单位，其账务处理为：借记“吸收存款——活期外汇存款或有关科目——借款单位户”科目，贷记“利息收入——外汇贷款利息收入”科目。

如借款单位不能按时偿还贷款利息，将利息转为贷款本金。其账务处理为：借记“贷款——短期外汇贷款——借款单位户”科目，贷记“利息收入——外汇贷款利息收入”科目。

3. 贷款收回的处理。短期外汇贷款应按期归还，也可以提前全部或分批偿还。如不直接以外汇偿还，也可用人民币购买外汇归还，借款单位归还贷款时应填制“短期外汇贷款还款凭证”提交银行。银行审核无误后计算利息并办理相关手续。如最后一个结息期至还款日尚未计算的利息与本金一并收回。如借款单位用人民币购汇偿还。其账务处理为：首先，借记“吸收存款——活期存款或其他科目——××单位户”科目，贷记“外汇买卖”科目；然后，借记“外汇买卖科目”，贷记“贷款——短期外汇贷款——借款单位户”和“利息收入——外汇贷款利息收入”科目。如借款单位使用现汇偿还，其账务处理为：借记“吸收存款——活期外汇存款——××单位户”科目，贷记“贷款——短期外汇贷款——借款单位户”和“利息收入——外汇贷款利息收入”科目。

【例2-47】工商银行于3月5日向景天贸易公司发放半年20万美元的浮动利率贷款，浮动期为3个月。假设借款日美元3个月的浮动利率为4.5%，5月8日利率为4.75%，6月1日的利率为4.8%，7月8日利率为4.5%。借款人与贷款期到期日用自有外汇归还贷款本息，有关账务处理及利息计算如下：

(1) 3月5日发放贷款时，其会计分录如下：

借：贷款——短期外汇贷款——景天贸易公司　　USD 200 000

　贷：存放同业——存放国外同业　　USD 200 000

(2) 利息计算如下：

① 3月5日—20日的应收利息为：

应收利息＝200 000×16×4.5%÷360＝400（美元）

3月21日利息收入转入贷款本金，其会计分录如下：

借：贷款——短期外汇贷款——景天贸易公司　　USD 400

　贷：利息收入　　USD 400

② 3月21日—6月4日的应收利息为：

应收利息＝200 400×76×4.5%÷360＝1 903.8（美元）

③ 6月5日—20日的应收利息为：

应收利息＝200 400×16×4.8%÷360＝427.52（美元）

6月21日利息转入贷款本金，会计分录如下：

借：贷款——短期外汇贷款——景天贸易公司　　USD 2 331.32

　贷：利息收入　　USD2 331.32

④ 6月21日—9月4日的应收利息为：

应收利息＝202 731.32×76×4.5%÷360＝1 925.95（美元）

(3) 9月5日收回贷款时的会计分录如下：

借：吸收存款——贸易公司　　USD 4 257.27

　贷：贷款——短期外汇贷款——景天贸易公司　　USD 2 331.32

　　　利息收入　　USD 1 925.95

（二）买方信贷外汇贷款的核算

买方信贷分为出口买方信贷和进口买方信贷。目前我国商业银行办理的主要是进口买方信贷。

1. 对外签订协议。进口买方信贷需事先与国外签订协议，总协议由总行统一对外谈判签订，通知各分行或有关部门执行。总协议项下各个项目的具体分协议可由总行对外签订，也可以总行授权分行谈判签订。不论是总行或是分行签订，均由总行按协议商定的金额，集中使用“买方信贷用款限额”表外科目进行反映与控制。记账为：

收：买方信贷用款限额（外币）

使用贷款时，逐笔转销此表外科目。

2. 支付定金。根据买方信贷协议规定，进口单位需要以现汇支付不低于贷款金额5%的定金。支付时按不同的情况分别处理。进口单位使用现汇支付，其账务处理为：借记“吸收存款——活期外汇存款——××单位户”科目，贷记“存放国外同业或有关科目”科目。进口单位申请现汇贷款支付，其账务处理为：借记“贷款——短期外汇存款——借款单位户”科目，贷记“存放国外同业或有关科目”科目。进口单位使用人民币购汇支付，其账务处理为：首先，借记“吸收存款——活期存款——××单位户”科目，贷记“外汇买卖”科目；然后，借记“外汇买卖”科目，贷记“存放国外同业或有关科目”科目。

3. 贷款的使用。买方信贷项下的进口支付方式，一般使用信用证，各地分行接到国外银行寄来我信用证项下有关单据，经审核无误，对外办理支付时，填制全国联行外汇往来贷方报单划收总行，其账务处理为：借记“买方信贷外汇贷款——进口单位户”科目，贷记“全国联行外汇往来”科目。总行收到全国联行外汇往来报单后，其账务处理为：借记“全国联行外汇往来”科目，贷记“借入买方信贷款”科目。

付：买方信贷用款限额（外币）

如果由总行营业部直接贷出，则不必通过联行划转。其账务处理为：借记“买方信贷外汇贷款——进口单位户”科目，贷记“借入买方信贷款”科目。

付：买方信贷用款限额（外币）

4. 贷款本息的偿还。买方信贷项下借入款的本息，由总行统一偿还，总行按照协议规定计算利息。对国外贷款行寄来的计息清单，应认真进行核对，及时偿还。其账务处理为：借记“借入买方信贷款”和“利息支出——买方信贷款利息支出”科目，贷记“存放国外同业或有关科目”科目。

对国内借款单位，应按照借款合同规定计算利息并按期收回贷款本息。如借款单位有外汇额度或交来外贸还汇凭证以人民币办理结汇，其账务处理为：首先，借记“活期存款或其他科目”科目，贷记“外汇买卖”科目；然后，借记“外汇买卖”科目，贷记“买方信贷外汇贷款——进口单位户”和“利息收入——买方信贷外汇贷款利息收入”科目。

借款单位如以自有外汇偿还贷款本息，则不通过外汇买卖，直接以现汇偿还。其账务处理为：借记“活期外汇存款或其他科目”科目，贷记“买方信贷外汇贷款——进口单位户”和“利息收入——买方信贷外汇贷款利息收入”科目。

如借款单位不能按期归还，按规定于到期日将本息转入“短期外汇贷款”科目核算，并采取有效措施催收。

【例 2－48】 维新商贸公司进口机器设备，贷款 100 000 美元，由 A 国出口方华尔银行提供买方信贷 85 000 美元。根据买方信贷核算的若干环节，经办银行及总行的会计核算如下：

（1）对外签订买方信贷协议。其会计分录如下：

收：买方信贷用款限额　　USD 85 000

（2）协议生效后，经办行发放短期外汇贷款 USD 5 000（贷款额 5%）。其会计分录如下：

借：短期外汇贷款——维新商贸公司户　　USD 5 000
　　贷：全国联行外汇往来　　USD 5 000

总行收到某经办行发放贷款报单办理转账。其会计分录如下：

借：全国联行外汇往来　　USD 5 000
　　贷：国外同业存款——出口方华尔银行户　　USD 5 000

（3）根据维新商贸公司申请，经办行向国外贷款行开出即期信用证，金额 USD 95 000。其中开证金额 USD 85 000 以买方信贷支付，另外 USD 10 000 待到国内审单相符后支付现汇。其会计分录如下：

借：应收开出信用证　　USD 95 000
　　贷：开出信用证　　USD 95 000

（4）收到全套单据，经审核相符，现汇支付部分由经办行发放短期外汇贷款解决；经办行将现汇及买方信贷款一并划总行办理对外付汇。其会计分录如下：

借：短期外汇贷款——维新商贸公司户　　USD 10 000
　　买方信贷外汇贷款　　USD 85 000
　　贷：全国联行外汇往来　　USD 95 000
借：开出信用证　　USD 95 000
　　贷：应收开出信用证　　USD 95 000

总行收到经办行划来报单，办理转账支付手续。其会计分录如下：

借：全国联行外汇往来　　USD 95 000

　　贷：国外同业存款——某国外代理行户　　USD 10 000

　　　　借入买方信贷款　　USD 85 000

同时，付给买方信贷用款限额 USD 85 000

（5）设该笔买方信贷款期限 5 年，固定利率 8.4%，按贷款年限每半年等分还本付息一次。还本付息时，经办行从维新商贸公司本币账户支款还贷。利息划收总行。设还贷当日美元汇卖价为 USD 100 = ￥829.06。其会计分录如下：

借：××活期存款——维新商贸公司户　　￥103 027.29

　　贷：外币买卖——汇卖价　　￥103 027.29

借：外币买卖——汇卖价　　USD 12 427

　　贷：全国联行外汇往来　　USD3 927

　　　　买方信贷外汇贷款　　USD 8 500

总行收到利息划收报单后转账。其会计分录如下：

借：全国联行外汇往来　　USD 3 027

　　贷：利息收入——买方信贷外汇贷款利息收入户

　　　　　　USD 3 927

（6）总行每次偿还国外借款本息。其会计分录如下：

借：借入买方信贷款　　USD 8 500

　　利息支出——买方信贷外汇贷款利息支出户

　　　　　　USD 3 927

　　贷：存放国外同业或有关科目　　USD 12 427

（三）进出口押汇的核算

押汇是进出口企业以进出口货物单据作为抵押向银行申请贷款，由银行提供资金融通的一种结算方式。可分为进口押汇、出口押汇两种。通过进出口押汇科目核算，并按进口、出口押汇及单位设明细账。

1. 进口押汇的处理。进口押汇是银行接受国外银行开来信用证项下的出口跟单汇票，经本行议付买单向进口单位提供的融资贷款。银行办理进口押汇时（扣除开立信用证时存入的保证金），其账务处理为：借记“进口押汇——××单位户”和“存入保证金”科目，贷记“存放国外同业或有关科目”科目。进口单位归还本息时，其账务处理为（假定以外汇偿还）：借记“活期外汇存款”或有关科目，贷记“进口押汇”和“利息收入”科目。如需要结汇处理，还应通过外汇买卖科目。

2. 出口押汇的处理。出口押汇是本行开出信用证后，于接到国外议付行的议付通知，需要立即付款，经本行垫付的款项（先从出口单位应收货款扣除一定外币利息，将货款交出口单位，然后向开证行索偿）。银行办理出口押汇时，其账务处理为（假定通过结汇）：首先，借记"出口押汇——××单位户"科目，贷记"利息收入（贴现利息）"和"外汇买卖"科目；然后，借记"外汇买卖"科目，贷记"活期存款"或有关科目"。

出口押汇的利率，按同档次流动资金贷款利率执行。

收到国外议付行贷记报单，收回出口押汇款，其账务处理为：借记"存放国外同业"或有关科目，贷记"手续费收入——国外银行费用收入"和"出口押汇——××单位户"科目。

【例2-49】 新永服装厂3月16日将即期信用证项下全套单据金额USD 160 000，连同押汇申请书交中国银行上海分行营业部，经审核单据，符合押汇要求。通过计算，该银行当天即按利率5.4%扣收20天的利息，并将余额按当日挂牌汇买价USD 100 = ¥727.5，转入该公司人民币存款账户，会计分录如下：

押汇利息 = 160 000 × 20 ÷ 360 × 5.4% = 480（美元）

借：进出口押汇——新永服装厂	USD 160 000	
贷：利息收入		USD 480
外汇买卖		USD 159 520
借：外汇买卖	¥1 160 508	
贷：活期存款——新永服装厂		¥1 160 508

3月26日中国银行上海分行营业部收到美洲银行（开证行）的贷记报单，金额USD 160 400（其中USD 400为进口商支付给议付行的银行费用），中国银行在该行开有美元账户，可分散记账。经审核无误后办理转账手续。会计分录如下：

借：存放国外同业	USD 160 400	
贷：营业收入		USD 400
进出口押汇——新永服装厂		USD 160 000

五、国际结算业务的核算

国际结算业务是指不同国家（地区）的企业之间进行贸易进出口业务，通过银行办理货币收支，以结清商品交易所引起的债权、债务关系的行为。国际结算业务主要有现汇结算和记账结算两种方式，在国际贸易结算实务中，以现汇结算为主，目前，主要采用信用证、托收、汇款三种基本方式。

（一）信用证结算方式的核算

信用证（letter of credit，简称 L/C）方式是银行信用介入国际货物买卖价款结算的产物。信用证结算方式是付款人（开证申请人）向所在地银行（开证银行）提出申请，并交付一定数额的保证金后，请求银行给收款人开出信用证以确保收款人按规定条件交付符合信用证规定的单据后，就能从付款人银行取得款项的一种结算方式，是一种以银行居间、由银行承担一定风险和进行资金融通的结算方式。由于银行间授信，出口商可免除出运货物后，收不到货款的后顾之忧，进口商也无需把贷款先付给出口商造成资金积压。因此，信用证是国际贸易中使用最为广泛的结算方式。信用证结算方式的全部结算过程分出口信用证结算和进口信用证结算两个方面。

1. 出口信用证业务核算

【例 2－50】 假设某商业银行分行接到英国爱丁堡某代理银行（该分行在其开有存放国外同业账户）开来不可撤销即期信用证，出口商品丝绸一批，信用证受益人是丝绸公司，金额为￡25 000。11 月 5 日，分行收到该信用证，立即把该证通知给丝绸公司。11 月 30 日，丝绸公司交来全套出口单据向该分行办理议付。该分行于当日办理。12 月 20 日，该分行收到英国爱丁堡某代理银行已贷记报单，货款及银行费用均收妥，共计￡25 150，银行当天对公司办理人民币结汇（假设结汇日英镑汇买价为￡100 = ￥1 015.83%），并收取人民币结汇手续费 0.2%。

会计分录如下：

11/5：收到英国爱丁堡某代理银行信用证

收：国外开来保证凭信　　￡25 000

11/30：办理议付通知

借：应收即期信用证款项　　￡25 000

　　贷：代收即期信用证款项　　￡25 000

同时，付：国外开来保证凭信　　￡25 000

12/20：收汇结汇

借：代收即期信用证款项　　￡25 000

　　贷：应收即期信用证款项　　￡25 000

借：存放国外同业——英国爱丁堡某代理银行　　￡25 150

　　贷：手续费收入——银行费用　　￡150

　　　　外汇买卖　　￡25 000

借：外汇买卖　　￥255 481.25

贷：单位活期存款——丝绸公司　　　　　　¥ 254 970. 29

　　手续费收入　　　　　　　　　　　　　¥ 510. 96

2. 进口信用证业务核算。信用证项下的进口业务的会计处理主要包括开立信用证、信用证修改和审单付款三个环节。

（1）开立信用证时：借记“应收开出信用证款项”，贷记“应付开出信用证款项”

（2）信用证修改时：修改增加金额，其账务处理为：借记“应收开出信用证款项”科目，贷记“应付开出信用证款项”科目。修改减少金额，其账务处理为：借记“应付开出信用证款项”科目，贷记“应收开出信用证款项”科目。

（3）审单与付款时。信用证付款方式有即期付款和远期付款两种。即期付款方式有三种情况：即单到国内审单付款、国外审单主动借记和国外审单电报索汇。三者不同之处主要是付款方式不同，会计处理基本一致。

【例 2－51】中国纺织进出口公司向日本某化学公司进口一批化肥，委托某商业银行分行通过日本富士银行（该分行在其开有存放国外同业账户）开出信用证一份。信用证金额为 J ¥ 2 000 000。2010 年 1 月 20 日，该分行根据中国化工进出口公司要求开出信用证一份。2010 年 3 月 10 日，收到富士银行寄来全套单据，货款为 J ¥ 2 000 000，其他费用 J ¥ 2 000。即通知该公司，2010 年 3 月 13 日，中国化工进出口公司确认付款。会计分录如下：

1/20：开出信用证时：

借：应收开出信用证款项　　　　　　J ¥ 2 000 000

　　贷：应付外出信用证款项　　　　　　J ¥ 2 000 000

3/10：通知公司确认付款。

3/13：公司付款时：

借：应付开出信用证款　　　　　　J ¥ 2 000 000

　　贷：应收开出信用证款项　　　　　　J ¥ 2 000 000

借：单位活期存款——× ×单位　　　¥ 1 310 090. 96

　　贷：外汇买卖　　　　　　　　　　¥ 1 310 090. 96

借：外汇买卖　　　　　　　　　　J ¥ 2 002 000

　　贷：存放国外同业——富士银行　　　J ¥ 2 002 000

当日日元卖出价为：J ¥ 100 000 = ¥ 6 548

2 002 000 ×6 548 ÷100 000 = ¥ 1 310 090. 96

【例 2－52】中国工业进出口公司向美国进口设备一台，委托商业银行某分行开出远期信用证一份，信用证的通知和议付行是花旗银行，信用证金额为 US＄75 000，承兑后 60 天付款。2010 年 8 月 3 日，该行开出信用证，2010 年 9 月 4 日，花旗银行寄来单据 US＄75 000 货款、远期利息 US＄2 150，银行费用 US＄250。2010 年 9 月 4 日办理承兑手续（该分行在其开有存放国外同业账户）结汇手续费不计。会计分录如下：

8/3 出信用证时：

借：应收开出信用证款项　　　　USD 75 000

　　贷：应付开出信用证款项　　　　USD 75 000

9/4 办理承兑时：

借：应付开出信用证款项　　　　USD 75 000

　　贷：应收开出信用证款项　　　　USD 75 000

借：应收承兑汇票款　　　　USD 77 400

　　贷：应付承兑汇票款　　　　USD 77 400

11/3 承付信用证款时：

借：应付承兑汇票款　　　　USD 77 400

　　贷：应收承兑汇票款　　　　USD 77 400

借：单位活期存款——中国工业进出口公司　　￥526 320

　　贷：外汇买卖　　　　￥526 320

借：外汇买卖　　　　USD 77 400

　　贷：存放国外同业——花旗银行　　　　USD 77 400

注：当日美元卖出价为：USD 100 = ￥680

（二）托收结算方式的核算

托收结算方式是由卖方签发汇票，委托出口地商业银行通过在国外的联行或代理行向买方收取款项的一种结算方式。

1. 出口托收业务核算。出口托收是我出口单位根据买卖双方签订的贸易合约，在规定期限内备货出运后，将货运单据连同以进口买方为付款人的汇票一并送交银行，由银行委托境外代理行向进口买方代为交单和收款的一种出口贸易结算方式。托收出口款项，一般经过托收和收妥款项两个阶段。

【例 2－53】 某商业银行分行受中国医药进出口公司委托向英国巴克莱银行（假设该分行在其开有“存放国外同业”账户）办理出口托收，金额为 30 000 英镑，收到已贷记报单后办理结汇（当日英镑汇买价为：£100 = ￥1 015.83）。会计分录如下：

托收时：

借：应收出口托收款项　　　　£30 000

　　贷：代收出口托收款　　£ 30 000

收妥款项时：

借：代收出口托收款项　　£ 30 000

　　贷：应收出口托收款项　　£ 30 000

借：存放国外同业——巴克莱银行　　£ 30 000

　　贷：外汇买卖　　£ 30 000

借：外汇买卖　　¥ 304.749

　　贷：单位活期存款——中国医药进出口公司　　¥ 304.749

2. 进口代收业务核算。进口代收是指国外出口商根据贸易合同规定，于装运货物后，通过国外托收银行寄来单据，委托我方银行向进口单位收取款项的一种结算方式。

若进口业务通过代收方式进行，则银行一般在收到国外银行寄来的单据时，代进口单位办理对外付款业务。

【例 2-54】某商业银行分行收到香港分行寄来的进口代收单据一份，金额 HK ＄ 200 000，支付方式为交单付款，委托向中国机电设备进出口公司收取货款，该分行收到单据审核后即通知中国机电设备进出口公司，该公司确认付款，该银行办理售汇手续，将款项划入委托行（当日卖出汇价为：HK ＄ 100 = ¥ 97）。会计分录如下：

（1）收到国外单据时：

借：应收进口代收款　　HKD 200 000

　　贷：进口代收款　　HKD 200 000

（2）代收银行办理对外付款时：

借：进口代收款　　HKD 200 000

　　贷：应收进口代收款　　HKD 200 000

借：单位活期存款——××单位　　¥ 194 000

　　贷：外汇买卖　　¥ 194 000

借：外汇买卖　　HKD 200 000

　　贷：存款国外同业（或其他科目）　　HKD 200 000

（三）汇兑结算方式的核算

国际汇兑业务是商业银行利用汇票和其他信用工具，通过联行或同业相互间款项的划拨代替现金的运送，使处在不同国家或我国港澳地区的债权人和债务人了结其相互间债款的方法。国际汇兑业务，可分为汇入汇款和汇出汇款两类。

1. 汇入汇款的核算。汇入款是指汇入行根据我国港澳地区和国外联行及代理行的电汇、信汇委托，以及受益人提示的汇票，将汇入的款项解付给收款人的过程。委托我方银行解付的款项，称为汇入汇款。解付银行应设置“汇入汇款”科目进行核算。该科目为负债类科目，余额在贷方。从会计核算角度来讲，借方表示负债的减少，贷方表示负债的增加。从业务角度来讲，借方表示汇入汇款业务的结束，贷方表示业务的成立。汇入汇款时，其账务处理如下：

收到汇入款项时，其账务处理为：借记“存放国外同业（或其他科目）”科目，贷记“汇入汇款”科目。汇入汇款解付时，其账务处理为：首先，借记“汇入汇款”科目，贷记“外汇买卖”科目；然后，借记“外汇买卖”科目，贷记“现金（或其他科目）”科目。

若遇到“头寸”未到的情况，则需通过“其他应收款”，科目过渡。汇入时，借记“其他应收款”科目，贷记“汇入汇款”科目。头寸未到垫付解付时，首先，借记“汇入汇款”科目，贷记“外汇买卖”科目；然后，借记“外汇买卖”科目，贷记“库存现金”科目。头寸收到时，借记“存放国外同业（或其他科目）”科目，贷记“其他应收款”科目。若遇到“头寸”未到、又不能垫款解付的情况时，银行应将“汇款通知书”专类保管，待日后“头寸”到时再作会计分录。

当遇有收到国外汇入汇款的收款人在外地的情形下，应办理转汇业务。委托收款人所在地银行办理解付。转汇行转汇时，借记“存放国外同业（或其他科目）”科目，贷记“全国联行外汇往来——解付行”科目。

解付行收到转来的汇款时，借记“全国联行外汇往来——转汇行”科目；贷记“汇入汇款（外币）”科目。

【例2－55】某商业银行分行接我国香港汇丰银行（假设该分行在其开有“存放国外同业”账户）委托通知与贷记报单，付给中国家具进出口公司货款USD 16 000。

当日汇价为：USD 100 = ¥ 680。根据上述不同情况应该编制会计分录如下。

（1）收到通知与报单时：

借：存放国外同业——汇丰银行　　　　USD 16 000
　　贷：汇入汇款　　　　　　　　　　　　USD 16 000

结汇解付款项时：

借：汇入汇款　　　　　　　　　　　　USD 16 000
　　贷：外汇买卖　　　　　　　　　　　　USD 16 000
借：外汇买卖　　　　　　　　　　　　¥ 108 800
　　贷：单位活期存款——中国家具进出口公司　¥ 108 800

（2）汇入时，“头寸”未到：

借：其他应收款　　　　　　　　　　　USD 16 000

贷：汇入汇款　　　　　　　　　　　　　　USD 16 000

"头寸"未到垫付解付时：

借：汇入汇款　　　　　　　　　　　　　USD 16 000

贷：外汇买卖　　　　　　　　　　　　　　USD 16 000

借：外汇买卖　　　　　　　　　　　　　¥ 108 800

贷：单位活期存款——中国家具进出口公司　　¥ 108 800

(3)"头寸"未到，按规定又不能垫款。不作会计分录，凭证专夹保管。

2. 汇出汇款的核算。汇出汇款是指商业银行接受汇款人的委托，签发各种信用工具，委托境外代理行或异地银行解付汇款的一种结算方式。汇出银行应设置"汇出汇款"科目进行核算。该科目是负债类科目，余额反映在贷方。从业务角度来讲，借方表示业务结束、款项解付，贷方表示业务成立、款项汇出。从会计角度来讲，借方表示负债减少、贷方表示负债增加。如以原币汇出汇款，其账务处理为：借记"活期外汇存款（或其他科目）"科目，贷记"汇出汇款"科目。收到解付汇款通知时，借记"汇出汇款"科目，贷记"存放国外同业（或其他科目）"科目。

第三章 银行系统对内业务核算

我国大型商业银行都建立了自己的电子资金汇划清算系统，中国人民银行亦建立起现代化支付系统，服务于金融机构之间以及金融机构与央行之间的支付业务。

第一节 资金汇划清算的核算

商业银行系统内资金汇划清算系统是办理结算资金和内部资金汇划与清算的工具。我国各大商业银行大都在该系统上自成体系，汇划清算业务均以“统一管理，分级负责”为原则。全国性商业银行资金汇划清算系统，一般都由汇划业务经办行（以下简称为经办行）、清算行、省区分行和总行清算中心通过计算机网络组成。经办行是具体办理结算资金和内部资金汇划业务的行处。汇划业务的发生行是发报经办行；汇划业务的接收行是收报经办行。清算行是在总行清算中心开立备付金存款账户，办理其辖属行处汇划款项清算的分行，包括直辖市分行、总行直属分行及二级分行。省区分行在总行开立备付金户，只办理系统内资金调拨和内部资金利息汇划。总行清算中心是办理系统内各经办行之间的资金汇划、各清算行之间的资金清算及资金拆借、账户对账等账务的核算和管理的部门。

一、资金汇划清算的基本规定

资金汇划清算系统承担汇兑、托收承付、委托收款（含商业汇票、国内信用证、储蓄委托收款等）、银行汇票、银行卡、储蓄旅行支票、内部资金划拨、其他经总行批准的款项汇划及其资金清算，对公、储蓄、银行卡异地通存通兑业务的资金清算，同时办理有关的查询查复业务。

（一）资金汇划清算的做法

1. 实存资金。实存资金是指以清算行为单位在总行清算中心开立备付金存款账户，用于汇划款项时资金清算。

2. 同步清算。同步清算是指发报经办行通过其清算行经总行清算中心将款项汇划至收报经办行，同时，总行清算中心办理清算行之间的资金清算。

3. 头寸控制。头寸控制是指各清算行在总行清算中心开立的备付金存款账户，保证足额存款。总行清算中心对各行汇划资金实行集中清算。清算行备付金存款不足，二级分行可向管辖省区分行借款，省区分行和直辖市分行、直属分行头寸不足可向总行借款。

4. 集中监督。集中监督是指总行清算中心对汇划往来数据发送、资金清算、备付金存款账户资信情况和行际间查询查复情况进行管理和监督。

（二）资金汇划清算系统办理汇划业务的基本规定

1. 资金汇划清算系统采取“汇划数据实时发送，各清算行控制进出，总行中心即时处理，汇划资金按时到达”的办法。

“汇划数据实时发送”是指发报经办行录入汇划数据后，全部实时发送至发报清算行。“各清算行控制进出”是指清算行辖属所有经办行的资金汇划、查询查复全部通过清算行进出，清算行控制辖属经办行的资金清算。“总行中心即时处理”是指总行清算中心对发报清算行传输来的汇划数据即时传输至收报清算行。实时业务由收报清算行即时传输到收报经办行，批量业务由收报清算行次日传输到收报经办行。总行清算中心当日更新各清算行备付金存款。“汇划资金按时到达”是指我行的汇划资金能够做到实时业务即时到达经办行，批量业务次日到达经办行。

2. 资金汇划清算系统对汇划业务采取批量处理与实时处理相结合的方式。

批量处理是指发报经办行将汇划业务数据经清算行传至总行清算中心；总行清算中心处理后传输至收报清算行，收报清算行于次日传输至收报经办行。

实时处理是指对紧急款项和查询查复事项即时处理，从发报经办行开始经发报清算行、总行清算中心、收报清算行处理传至收报经办行。

各级行应严格按照总行规定的时间办理批量与实时资金汇划清算业务，确保汇划款项及时到达指定账户。

3. 总行及各清算行通信线路、机器设备应设置备用，进行应急处理；业务数据每日处理完毕必须进行备份，妥善存放；建立运行监测系统，发现故障，及时支援。对因故造成通讯线路故障不能及时传输数据的，各级行应及时排除故障，恢复正常传输。同时可采取应急措施。

对不可抗力（自然力）因素所致或邮电部门原因造成的经济损失银行不负责赔偿。

4. 客户委托银行办理汇划业务时要填写电子汇兑凭证，通过资金汇划清算系统划拨款项。

对填写信汇凭证的可采用“信汇付款指令”方法处理，即在客户委托银行办理信汇业务时，发报经办行将款项仍通过资金汇划清算系统划拨，有关凭证通过邮局寄发；收报经办行收到“信汇付款指令”汇划款项，暂时转入“其他应付款——待处理汇划款项户”，待收到发报经办行邮寄的凭证经核对相符后，再从“其他应付款——待处理汇划款项户”转入有关科目解付。

二、会计账户与凭证

电子资金汇划清算业务的专用工具主要包括：联行行号、联行专用章、联行密押、资金汇划往来的基本凭证及办理资金汇划清算业务应设置的会计科目和账户。

（一）会计科目和账户的设置

1.“系统内上存款项”科目。该科目反映各清算行存放在总行的清算备付金、省区分行存放在总行的备付金和二级分行存放在省区分行的调拨资金。该科目为省区分行、直辖市分行、总行直属分行、二级分行使用，属资产类，余额反映在借方。

省区分行、直辖市分行、总行直属分行在该科目下设“上存总行备付金户”，用于直辖市分行和总行直属分行清算辖属行处汇划款项和资金调拨及省区分行的资金调拨。省分行营业部、二级分行应在该科目下设两个专户：

（1）上存总行备付金户。用于清算辖属行处汇划款项。

（2）上存省区分行调拨资金户。用于省区分行集中调拨全辖资金的核算。

清算行如遇汇划资金头寸不足又不能立即借人款项时，“上存总行备付金”账户余额可暂时反映在贷方。日终，如“系统内上存款项”科目各账户借贷方余额轧差后，科目余额仍在贷方，在会计报表上用“-”表示。

2.“系统内款项存放”科目。该科目反映各清算行在总行的清算备付金存款、省区分行在总行的备付金存款以及二级分行在省区分行的调拨资金存款。该科目为总行、省区分行使用，属负债类，余额反映在贷方。

总行在该科目下按清算行和省区分行设“备付金存款户”，用于反映各清算行和省区分行在总行备付金存款的增减变动情况。

省区分行在该科目下按二级分行设“调拨资金存款户”，用于反映省分行营业部和辖属二级分行在省区分行的调拨资金存款的增减变动情况。

3.“辖内往来”科目。该科目反映各经办行与清算行往来款项及清算情况，属共同类科目，余额轧差反映。

（二）资金汇划往来的基本凭证

资金汇划往来的基本凭证见辖内往来汇总记账凭证（见表 3－1）由发报经办行日终了根据当天向清算行发出的汇划业务信息打印，并以打印的“资金汇划业务清单”（见表 3－2）作附件。辖内往来汇总记账凭证分为辖内往来汇总记账凭证（借方）、辖内往来汇总记账凭证（贷方）两种。

表 3-1(a)　中国工商银行辖内往来
汇总记账凭证(借方)

行名（分签行）：　　　　日期：

户名：辖内往来—汇划户	账号：
金额：（大写）	
金额：（小写）	
摘要：［汇划发报］汇总记账笔数：	附件张数：
会计分录　借：辖内往来 贷：有关科目	银行盖章：

事后监督　主管　会计　打印

表 3-1(b)　中国工商银行辖内往来
汇总记账凭证(贷方)

行名（分签行）：　　　　日期：

户名：辖内往来—汇划户	账号：
金额：（大写）	
金额：（小写）	
摘要：［汇划发报］汇总记账笔数：	附件张数：
会计分录　借：有关科目 贷：辖内往来	银行盖章：

事后监督　主管　会计　打印

表 3-2　　中国工商银行资金汇划业务清单

行名（会签行）：　　　　报表日期：

序号	流水号	应用类型 传播类型	收报行号 业务种类	发报日期	借方账号户名	贷方账号户号	用途 金额	汇兑业务运付指令	经办柜员 补输柜员	复核柜员 授权柜员
合计				笔数：			金额：			

会计分录：　借：辖内往来　贷：相关科目　事后监督：　主管　会计　打印

三、汇划款项与资金清算的核算

（一）银行备付金上存及调整的核算

各级清算行用于清算汇划款项汇差的资金应通过“系统内上存款项”和“系统内款项存放”科目进行核算。

1. 向上级行上存备付金的核算。清算行在总行清算中心开立备付金存款账户时，可通过人民银行将款项直接存入总行清算中心。具体处理手续是：存入时，依据资金营运部门的资金调拨单，填制人民银行电（信）汇凭证，送交人民银行汇至总行清算中心。填制特种转账传票一式二联进行账务处理。其账务处理为：借记“其他应收款——待处理汇划款项户”科目，贷记“存放中央银行款项”科目。

清算行待接到总行清算中心借记信息后，由系统自动进行账务处理。账务处理为：借记“系统内上存款项——上存总行备付金户”科目，贷记“其他应收款——待处理汇划款项户”科目。

总行清算中心收到各清算行上存的备付金后，当日通知有关清算行，并进行账务处理。账务处理为：借记“存放中央银行款项”科目，贷记“系统内款项存放——××行备付金存款户”科目。

2. 调整备付金的核算。清算行可根据资金使用情况，在确保汇划的前提下通过人民银行账户随时调整备付金。

调增备付金处理与上存备付金处理相同。

调减备付金时，清算行应向总行资金营运部发出调款申请，总行清算中心根据总行资金营运部的调拨通知办理划款，并进行相应的账务处理。其账务处理为：借记“系统内款项存放——××行备付金存款户”科目，贷记“存放中央银行款项”科目。

清算行收到总行调回资金通知的账务处理为：借记“其他应收款——待处理汇划款项户”科目，贷记“系统内上存款项——上存总行备付金户”科目。

待收到当地人民银行款到通知后，再编制特种转账传票进行账务处理。其账务处理为：借记“存放中央银行款项”科目，贷记“其他应收款——待处理汇划款项户”科目。

（二）汇划款项业务的核算

1. 发报经办行的处理。首先，由经办人员根据客户填写的汇划凭证用计算机录入汇划凭证内容。其次，复核人员根据原始汇划凭证，进行全面审查、复核。然后，授权人员根据“事权划分”的权限进行授权，实时业务全部授权，批量业务金额在10万元以上（含）的业务须经各经办行会计主管授权；金额在1亿元以上（含）的业务经办行必须将原始凭证送交或使用加押传真送至管辖清算行，由清算行会计主管办理特大额发报授权。

业务数据经过录入、复核、授权无误后，产生有效汇划数据，由系统按规定时间发送至清算行。贷报业务（如，托收承付，委托收款，汇兑等）的账务处理为：借记“××科目”科目，贷记“辖内往来”科目。

借报业务（如：银行汇票，信用卡等）会计分录相反。

【例3－1】 甲地招商银行花乡支行开户单位大华公司向乙地建设银行建军路支行汇出款项76 000元，收款单位为翔龙企业。经核对无误后，甲地招商银行花乡支行向甲地分行发送汇划款项信息。会计分录如下：

借：吸收存款——单位活期存款——大华公司户　76 000

　　贷：清算资金往来——辖内往来　　　　　　　76 000

每日营业终了，电汇凭证第三联，托收承付凭证、委托收款凭证、银行卡凭证第四联，银行汇票第二、三联，银行承兑汇票第二联．储蓄旅行支票、储蓄委收利息清单等，作“辖内往来”科目凭证的附件。“信汇付款指令”信汇业务，在信汇凭证第三联上加盖“结算专用章”后连同第四联邮寄收报经办行，同时应打印输出“辖内往来汇划汇总记账凭证”、“汇划发报汇总”、“资金汇划业务清单”、“资金汇划业务量统计表”等凭证或清单。

为确保发出资金汇划业务的正确，每日营业终了还应进行数据核对。由手工轧计当日原始汇划凭证的笔数和金额、辖内往来汇划凭证的笔数和金额、资金汇划业务量统计表的汇总笔数和金额、汇划发报汇总的笔数和金额、资金汇划业务清单的笔数和金额，上述各项应核对一致。

2. 发报清算行的处理。发报清算行收到辖属各经办行传输来的汇划业务后。对于金额在 1 亿元以上（含）的特大额汇款应由会计主管授权后进行处理，同时汇划清算系统自动加编密押，然后传输汇划业务信息并处理账务。

跨清算行的汇划业务由系统自动更新备付金后，自动将汇划数据传输到收报清算行。如贷报业务，其账务处理为：借记“辖内往来”科目，贷记“系统内上存款项——上存总行备付金”科目。借报业务会计分录相反。

同一清算行经办行之间的汇划业务，系统不更新备付金，自动进行划转，如贷报业务，其账务处理为：借记“辖内往来”科目，贷记“其他应付款——待处理汇划款项户”科目。借报业务会计分录相反。

每日营业终了清算行应打印“清算行辖内汇总记账凭证”、“清算行备付金汇总记账凭证”、“汇划收发报情况汇总”、“资金汇划业务清单”、“系统内资金汇划（清算行）业务量统计表”等凭证或清单并核对有关数据。数据核对正确后，系统会自动更新各科目有关账户发生额、余额。

【例 3 - 2】 承【例 3 - 1】甲地分行营业部收到甲地招商银行花乡支行发来的汇划信息，经审核无误，计算机自动记载有关账户。会计分录如下：

借：清算资金往来——辖内往来　　　　　　　76 000

　　贷：系统内上存款项——上存总行备付金户　　76 000

3. 发报省区分行的处理。发报省区分行在资金汇划系统处于信息转发的地位．其主要任务是：收到发报清算行传输的全国汇划业务实时上传总行清算中心；收到发报清算行传输来的省区分行辖内的汇划业务后，实时转发给各收报清算行；日终将日间登记的省内汇划数据按清算行汇总后上送总行。省行汇划发报业务全部由系统自动完成。

4. 总行清算中心的处理。总行清算中心收到各发报清算行通过省区分行上传的全国汇划业务信息，系统自动流水登记，并传至收报清算行。如为贷报业务，其账务处理为：借记“系统内款项存放——发报清算行备付金户”科目，贷记“系统内款项存放——收报清算行备付金户”科目。如为借报业务，会计分录相反。

每日营业终了，经账务核对无误后，打印“试算平衡表”、“备付金存款分析表”、“资金汇划系统资金流向表”等，以便分析当日资金汇划业务情况和资金流向情况。

【例3－3】 承【例3－2】总行清算中心收到甲地分行营业部发来的汇划信息，经审核无误后，计算机自动记载有关账户。会计分录如下：

借：同业存放——系统内款项存放——甲地分行营业部备付金户 76 000

贷：同业存放——系统内款项存放——乙地分行营业部备付金户 76 000

5. 收报省区分行的处理。收报省区分行主要是负责将总行清算中心传输来的全国汇划信息传输给收报清算行。省区分行对汇划收报业务的信息传输全部由资金汇划系统自动完成。

6. 收报清算行的处理。清算行对资金汇划款项采取分散管理模式或集中管理模式处理。分散式即各项业务的账务核算均在各经办行处理，汇划业务只需要经清算行转划。集中式即清算行作为业务处理中心，负责全辖汇划收报的集中处理及汇出汇款等内部账务的集中管理。

各清算行是采用分散式还是集中式（只能选择其一），一经确定后，即在汇划系统中设定，当收到总行经省区分行转来的资金汇划业务数据时，汇划系统除自动更新备付金、核押外，还根据分散式或集中式自动进行账务处理。

（1）分散式的处理。对核押无误的实时汇划业务，清算行确认后即时传至收报经办行，如贷报业务，其账务处理为：借记“系统内上存款项——上存总行备付金户”科目，贷记“辖内往来”科目。如为借报业务会计分录相反。

批量业务当日收到核押无误后，转入“其他应付款”或“其他应收款”，贷报业务的账务处理为：借记“系统内上存款项——上存总行备付金户”科目，贷记“其他应付款——待处理汇划款项户”科目。借报业务的账务处理为：借记“其他应收款——待处理汇划款项户”科目，贷记“系统内上存款项——上存总行备付金户”科目。次日，经办行确认后将汇划数据传至收报经办行，如贷报业务，其账务处理为：借记“其他应付款——待处理汇划款项户”科目，贷记“辖内往来”科目。借报业务的账务处理为：借记“辖内往来”科目，贷记“其他应收款——待处理汇划款项户”科目。

如为同一清算行的汇划业务，经收报经办行确认后，系统自动将其从清算行自身业务的“其他应收款”和“其他应付款”中转出，如贷报业务，会其账务处理为：借记“其他应付款——待处理汇划款项户”科目，贷记“辖内往来”科目。

借报业务的账务处理为：借记“辖内往来”科目，贷记“其他应收款——待处理汇划款项户”科目。

（2）集中式的处理。实时汇划业务核押无误后，由清算行一并处理本身及收报经办行的账务，记账信息传至收报经办行。批量业务核押无误后，当日进行挂账，账务处理同分散式，次日由清算行代收报经办行逐笔确认、记账。

对于汇划收报业务中的应解汇款，经清算行确认后，系统自动登记“应解汇款登记簿”。其账务处理为：首先，借记“其他应付款——待处理汇划款项户”科目，贷记“辖内往来”科目；其次，借记“辖内往来”科目，贷记“应解汇款及临时存款”科目。

每天营业终了，收报清算行无论采用分散式还是集中式管理模式，均应编制或打印相关凭证和清单，如“清算行辖内往来汇总记账凭证”、“清算行备付金汇总记账凭证”、“资金汇划业务清单”等，并核对相关汇划数据。

【例3－4】承**【例3－3】**乙地清算中心收到总行清算中心发来的汇划信息，经审核无误，计算机自动记载有关账户。会计分录如下：

借：存放同业——系统上存款项——上存总行备付金户

76 000

贷：清算资金往来——辖内往来　　76 000

7. 收报经办行的处理。在采用分散管理模式下，收报经办行收到收报清算行传来的批量、实时汇划信息，经确认无误后，由汇划系统自动记账，并打印“资金汇划补充凭证”。若为贷报业务，其账务处理为：借记“辖内往来”科目；贷记“××科目”科目。借报业务会计分录相反。若收报经办行收到“信汇付款指令”汇划业务，经确认无误后，应先进行账务处理，其账务处理为：借记“辖内往来”科目；贷记“其他应付款——待处理汇划款项户”科目。

待收到发报经办行邮寄的第三、第四联信汇凭证，经核对相符后，再转入相关账户，其账务处理为：借记“其他应付款——待处理汇划款项户”科目；贷记“××科目”科目。每日营业终了，收报经办行应打印“资金汇划业务清单”、“辖内往来汇总记账凭证”等相关凭证、清单，并进行数据核对。

在采用集中管理模式下，收报业务均由清算行代理记账，收报经办行只须于日终打印“资金汇划补充凭证”和有关记账凭证和清单等，用于账务核对。

【例3－5】承【例3－4】乙地建设银行建军路支行收到乙地分行清算中心发来的汇划信息，经核对无误后，计算机自动记载有关账户。会计分录如下：

借：清算资金往来——辖内往来　　　　76 000

　　贷：吸收存款——单位活期存款　　　　76 000

（三）汇差资金清算的核算

总行清算中心及清算行一般在收到资金汇划信息时，不作账务处理而是于当日资金汇划业务结束后，汇总当天资金汇划信息统一作账务处理，根据资金汇划系统自动生成的汇差资金，进行汇差资金的清算。

1. 总行清算中心的处理。总行清算中心根据资金汇划系统自动生成的各级清算行的汇差金额，调增应收汇差行的备付金存款，调减应付汇差行的备付金存款，其账务处理为：借记“统内款项存放——××行备付金存款户（应付汇差行）”科目；贷记“系统内款项存放——××行备付金存款户（应收汇差行）”科目。

2. 清算行的处理。清算行根据资金汇划系统自动生成的本行汇差金额及所辖各经办行的汇差金额，对所辖各经办行进行资金清算。若清算行为应收汇差行，则其账务处理为：借记“系统内上存款项——上存总行备付金户”和“辖内往来——××行处（应付汇差行）”科目；贷记“辖内往来——××行处（应收汇差行）”科目。

若清算行为应付汇差行，则其账务处理为：借记“辖内往来——××行处（应付汇差行）”科目；贷记“系统内上存款项——上存总行备付金户”和“辖内往来——××行处（应收汇差行）”科目。

（四）电子资金汇划清算业务举例

【例3－6】北京交通银行小营支行开户单位便民食品公司提交浙江省交通银行建华支行签发的银行汇票一份，金额120 000元，要求全额兑付，经审核无误，办理转账手续。会计分录如下：

借：辖内往来　　　　120 000

　　贷：单位活期存款——便民食品公司　　　　120 000

【例3－7】上海农业银行徐汇支行开户单位鼎好百货公司提交电汇凭证一份，要求向北京工商银行朝阳支行开户单位欣荣服装厂汇出货款

50 000元，经审核无误办理转账手续。会计分录如下：

借：单位活期存款——鼎好百货公司　　50 000

　　贷：辖内往来　　50 000

【例3-8】承【例4-6】浙江省交通银行建华支行收到清算行转来电子汇划信息，北京交通银行小营支行已兑付本行签发的银行汇票，金额120 000元，经审核无误，办理汇票结清手续。会计分录如下：

借：汇出汇款　　120 000

　　贷：辖内往来　　120 000

【例3-9】承【例4-7】北京工商银行朝阳支行收到清算行转来电子汇划信息，上海农业银行徐汇支行电汇本行开户单位欣荣服装厂货款50 000元，经审核无误，办理转账手续，会计分录如下：

借：辖内往来　　50 000

　　贷：单位活期存款——欣荣服装厂　　50 000

【例3-10】根据前面四个例子，总行清算中心清算汇差资金的分录如下：

借：系统内款项存放——浙江分行备付金存款户　120 000

　　贷：系统内款项存放——上海分行备付金存款户　　70 000

　　　　　　　　　　　——北京分行备付金存款户　　50 000

【例3-11】根据以上例子，清算行上海分行、北京分行、浙江分行清算汇差资金的分录如下：

上海分行：

借：系统内上存款项——上存总行备付金户　　70 000

　　辖内往来——徐汇支行　　50 000

　　贷：辖内往来——小营支行　　120 000

北京分行：

借：系统内上存款项——上存总行备付金户　　50 000

　　贷：辖内往来——朝阳支行　　50 000

浙江分行：

借：辖内往来——建华支行　　120 000

　　贷：系统内上存款项——上存总行备付金户　　120 000

（五）资金汇划清算的对账

对账是保证总行、清算行、经办行之间资金汇划及时、准确、安全的主要手段，是会计监督体系的重要组成部分。

各清算行每日营业终了自动将汇划及资金清算明细数据逐级上传进行明细对账。省区分行收到上传的明细数据后与辖属各清算行汇划业务明细数据及清算信息配对对账。

总行收到传来的明细数据后，与各行在总行的“系统内款项存放”科目有关账户汇划业务明细数据及清算信息配对对账，并将对账结果逐级下传，发现疑问要发出对账差错信息，同时，登记“对账差错登记簿”。

各清算行每日接收总行发出的对账差警信息后，打印差错清单，在5个工作日内必须查清原因一并按规定处理完毕，保证做到上日明细账务在5个工作日内查清。辖内往来对账由各省区分行、直辖市分行和直属分行负责制定和管理。

四、中央银行现代化支付系统

中央银行（中国人民银行）现代化支付系统是为我国金融机构之间以及金融机构与中央银行之间的支付业务提供最终资金清算的重要的核心业务系统。该系统保证行内业务处理系统与现代化支付系统的连接，为客户提供低成本、大业务量的支付清算服务，保证跨行支付业务信息的发送、接收处理，保证支付业务信息安全；同时，为商业银行提供一个支持跨行小额贷记业务和借记业务的支付清算平台，支撑各种支付工具的应用。中央银行现代化支付系统包含大额实时支付系统和小额批量支付系统。

第二节　金融机构往来

国民经济各部门间的货币结算除一部分在同一银行系统间发生外，还有一部分则经常会涉及两个不同系统的银行，进而引起商业银行间资金账务往来。同时各商业银行之间也经常进行资金融通，相互拆借；而且中央银行货币政策工具如公开市场操作、存款准备金、中央银行再贷款、再贴现的运用，也必然会形成中央银行与商业银行之间的资金账务往来，从而形成商业银行与中央银行之间的往来。

一、金融机构往来的核算要求

金融机构往来主要包括中央银行与商业银行的往来、各商业银行之间的往来等。金融机构往来是各银行之间的资金账务往来，体现了银行之间的债权债务关系，其核算要求是：

1. 要坚持“资金分开、独立核算”的原则，严格划分各商业银行与中央银行、各商业银行之间的资金界限。

2. 各商业银行在中央银行的存款账户要严格管理，不得透支。要保留足够的备付金存款便于清算使用。如果备付金不足要及时调入资金。计划内借款不得超过中央银行核定的贷款额。商业银行之间的拆借，应通过双方在中央银行的存款账户办理，不得支取现金。

3. 各商业银行之间临时性的资金占用应及时清算。如临时资金不足，可相互融通资金，进行资金拆借，到期应及时还本付息。相互代收、代付款项的汇划和票据交换的差额应及时办理资金划拨手续。

4. 要体现汇路畅通的要求，核算时必须做到及时、正确、快捷，要迅速传递结算凭证，及时办理转账手续，加速社会资金周转。

二、商业银行与中央银行往来的核算

商业银行与中央银行往来进行处理的业务主要有：各商业银行向中央银行发行库领取现金和缴存现金；各商业银行吸收的国家金库款以及财政性存款全部缴存中央银行；各商业银行吸收的一般存款按比例缴存中央银行；各商业银行营运资金不足时，向中央银行申请再贷款、再贴现等。

（一）向中央银行存取款项的核算

中央银行为各商业银行设置了“××银行准备金存款”科目，用于核算各商业银行存放中央银行的准备金以及用于领缴现金、资金调拨、资金清算和日常支付的款项。

1. 向中央银行存取现金的核算。根据货币发行制度的规定，商业银行需核定各行处业务库必须保留的现金限额，并报开户中央银行发行库备案。当现金超过规定的库存现金限额时，需缴存中央银行发行库；当需用现金时签发现金支票到开户中央银行发行库提取。

（1）存入现金的处理。商业银行向中央银行缴存现金时，填制现金缴款单一式二联，连同现金一并送缴中央银行，中央银行经点收无误后，在现金缴款单上加盖现金收讫章和经办员名章一联退回给商业银行。商业银行根据退回的缴款单联，填制现金付出传票进行账务处理。其账务处理为：借记“存放中央银行款项”科目，贷记“库存现金”科目。

（2）支取现金的处理。商业银行向中央银行支取现金时，填制现金支票，经中央银行审核后办理取款手续。商业银行取回现金后，填制现金收入传票进行账务处理。其账务处理为：借记“库存现金”科目，贷记“存放中央银行款项”科目。

2. 向中央银行转账划拨的核算。

（1）商业银行由于经办有关业务，将资金存入中央银行准备金存款账户时，根据有关凭证，办理转账。商业银行的账务处理为：借记“存放中央银行款项”科目，贷记“××科目”科目。中央银行收到商业银行存入款项时，根据有关凭证，处理账务。其账务处理为：借记“××科目”科目，贷记“××银行准备金存款”科目。

（2）商业银行从准备金存款账户拨付资金时，根据有关凭证，办理转账。商业银行的账务处理为：借记“××科目”科目，贷记“存放中央银行款项”科目。中央银行受理商业银行支拨资金时，根据有关凭证处理账务。其账务处理为：借记“××银行准备金存款”科目，贷记“××科目”科目。

（二）缴存存款的核算

缴存存款包括缴存财政性存款和缴存一般性存款。

1. 缴存财政性存款的核算。商业银行缴存财政性存款范围是：商业银行代办的中央预算收入、地方金库存款和代理发行国债款项等财政性存款，属于中央银行的资金来源，应全额就地划缴中央银行。据此，财政性存款的缴存范围是：国家金库款、财政发行的国库券及各项债券款项。缴存存款的一般规定是：①缴存存款的比例。财政性存款，属于中央银行信贷资金，要全额即100%缴存当地中央银行，商业银行不得占用。②调整缴存款的时间。商业银行向中央银行缴存存款的时间，除第一次按规定时间外，城市分支行（包括所属部、处）每旬调整一次，于旬后5日内办理；县支行及其所属处所，每月调整一次，于月后8日内办理，如遇调整日最后一天为例假日，则可顺延。③调整缴存款的计算方法。划缴或调整存款时，应按本旬（月）末，根据缴存科目余额总数与上期同类科目旬（月）末余额总数对比，按实际增加或减少数进行调整，计算应缴存金额。缴存（调整）金额以千元为单位，千元以下四舍五入。

（1）调整缴存款的核算。商业银行按规定时间向中央银行缴存（或调整）存款时，应根据有关科目余额，填制“缴存财政性存款科目余额表”（见表3－1）一式两份，并按规定比例计算出应缴存金额，填制“缴存（或调整）财政性存款划拨凭证”（见表3－2）一式四联。第一联贷方传票和第二联借方传票由缴存银行代记账传票；第三联贷方传票和第四联借方传票由中央银行代记账传票：

表 3－3　　　　缴存财政性存款科目余额表

科目代号	余额位数	科目代号	余额位数
合　计			

如为调增补缴，商业银行以第一、二联划拨凭证进行账务处理，其账务处理为：借记“缴存中央银行财政性存款”科目，贷记“存放中央银行款项”科目。

如为调减退回，则会计分录相反。

转账后，商业银行将缴存款划拨凭证的第三、四联连同缴存财政性存款科目余额表一份，一并交中央银行，另一份余额表留存。

表 3－4　　　　缴存（或调整）财政性存款划拨凭证（贷方凭证）

年　　月　　日

总字第　号
字第　号

<table>
<tr><td rowspan="2">收受银行</td><td>名称</td><td>中国人民银行××支行</td><td rowspan="2">缴存银行</td><td>名称</td><td>××银行××市支行</td></tr>
<tr><td>账号</td><td>××××</td><td>账号</td><td>××××</td></tr>
<tr><td colspan="2">存款类别</td><td colspan="2"></td><td>缴存比例</td><td>应缴存款金额</td></tr>
<tr><td colspan="2">财政性存款</td><td colspan="2"></td><td>100%</td><td></td></tr>
<tr><td colspan="5">1. 合计</td><td></td></tr>
<tr><td colspan="5">2. 已缴存金额</td><td></td></tr>
<tr><td colspan="5">3. 本次应补缴金额（1—2）</td><td></td></tr>
<tr><td colspan="5">4. 本次应退回金额（2—1）</td><td></td></tr>
<tr><td colspan="3">上列缴存金额或应补缴和应退回金额，已按规定办理划转。</td><td colspan="2">备注：</td><td>会计分录：
科目（贷）
对方科目（借）
会计　复核　记账</td></tr>
</table>

（2）欠缴存款的核算。商业银行在调整应缴存款时，如果在中央银行存款账户余额不足，必须在规定的时间内及时筹集资金，办理调整缴存存款手续，如果在规定的期限内不能调入资金，其不足支付的部分即构成欠缴存款。对欠缴存款应按如下有关规定进行处理：对本次能实

缴的金额和欠缴的金额要分开填制凭证，对欠缴金额待商业银行调入资金后应一次全额收回，中央银行不予分次扣收，对欠缴金额每日按规定比例扣收罚款，中央银行随同扣收的存款一并收取。

【例 3-12】 某市农业商业银行 6 月 30 日财政性存款余额为 260 万元，按现在行缴存比例计算，本次应缴存财政性存款 260 万元。如上次已缴存财政性存款 130 万元，则本次应补缴（调增）财政性存款 130 万元（260-130）。会计分录如下：

借：存放中央银行款项——财政性存款户　　　1 300 000

　　贷：存放中央银行款项——准备金户　　　　　1 300 000

2. 缴存一般性存款核算。缴存一般性存款也称缴存法定准备金。

（1）缴存准备金存款的有关规定。商业银行吸收的一般存款，由商业银行按中央银行存款准备金制度的规定缴存存款准备金，其缴存范围是：单位存款、个人储蓄存款、农村存款、部队存款、基建单位存款、机关团体存款、财政预算外存款和其他一般存款等。

缴存存款的一般规定是：①缴存存款的比例。商业银行缴存的存款准备金占其吸收的一般存款总额的比例，中央银行可以根据货币政策的需要适时加以调整，通过变动存款准备金率，影响货币乘数，进而调控货币供应量和社会信用规模。②调整缴存款的时间。各商业银行每旬调整一次，于旬后 5 日内办理。③调整缴存款的计算方法。各商业银行应按每旬增加（或减少）的实际数额，计算调整增加（或减少）准备金存款。

（2）调整缴存款的核算。各商业银行缴存的准备金存款，现行规定，即由各商业银行总行（法人）集中向中央银行缴存。各商业银行的基层行每旬末编制“一般存款余额表”（格式与“缴存财政性存款科目余额表”相同）报上级行，并按规定的比例计算出应存放的金额，然后与上旬存放的金额进行比较，得出本旬增加（或减少）数。各商业银行总行将汇总全行旬末“一般存款科目余额表”报所在地中央银行，根据汇总的“一般存款科目余额表”的合计数，按规定的比例计算出应存放的金额，即为全行应存放在中央银行的法定准备金的余额。

根据现行规定，各商业银行内部汇划法定准备金的会计处理由各自总行决定，因此，各商业银行的处理方法不完全一样，但最终法定准备金都必须按中央银行规定的比例和时间，汇总到各商业银行总行所在地中央银行的“××银行准备金存款——准备金存款”账户上。中央银行于每日终了按一般存款余额的 16% 考核法定存款准备金。各商业银行由于未按中央银行规定的比例、时间存放一般存款及报送有关一般存款科目余额的，中央银行将对其不足部分进行处罚。当收到处罚的特种转账借、贷方传票时商业银行对属于少交或迟交存款的罚款，则应通过“利润分配”科目进行处理。

商业银行的账务处理为：借记“利润分配——未分配利润”科目，贷记“存放中央银行款项”科目。对属于欠缴准备金存款的罚息则应列入“营业外支出”科目核算。

【例3－13】根据表3－5所示，某商业银行一般存余额情况，假设法定存款准备金率为21%，当日营业终了，该商业银行法人在人民银行开立的“存款准备金账户”余额为38 100 000元。

表3－5　一般性存款科目余额表

2010年12月31日　单位：元

科目代号	余额	科目代号	余额
2011	23 000 000		
2012	8 400 000		
2021	6 700 000		
合　计	38 100 000		

法定存款准备金＝一般存款余额×缴存比率＝38 100 000×21%
＝8 001 000（元）

（三）再贷款的核算

商业银行在经营中发生营运资金不足可向中央银行借款，中央银行借给商业银行的款项称为再贷款。

1. 再贷款账户的开立。中央银行对商业银行的贷款实行期限管理，因此，中央银行按贷款种类为商业银行开立贷款账户，通过“××银行贷款”科目进行核算；商业银行为反映向中央银行取得和归还贷款情况，使用“向中央银行借款”科目进行核算。目前再贷款通常设立的账户有：（1）年度性贷款账户。各商业银行因经济合理增长，引起年度性信贷资金不足，而向中央银行申请的贷款，用此账户核算。年度性贷款期限为1年或1年以上，最长不超过2年。（2）季节性贷款账户。各商业银行因信贷资金先支后收或存款季节性下降，贷款季节性上升等原因引起暂时资金不足，而向中央银行申请的贷款，用此账户核算。季节性贷款期限一般为2个月，最长不超过4个月。（3）日拆性贷款账户。各商业银行因汇划款项未达和清算资金不足等原因发生临时性资金短缺，而向中央银行申请的贷款，用此账户核算。日拆性贷款期限一般为7—10天，最长不超过20天。（4）再贴现账户。

商业银行因办理票据贴现占用资金，引起资金暂时不足，以已贴现尚未到期的商业汇票向中央银行申请再贴现，用此账户核算。其期限从再贴现之日起至贴现到期日止，最长不超过6个月。

2. 再贷款发放的核算。商业银行根据资金营运情况向中央银行申请再贷款时，应填制一式两份再贷款申请书，经中央银行计划部门批准后，办理借款手续。借款时，商业银行会计部门按照批准的再贷款申请书上有关内容及资金调拨通知单，填制一式五联借款凭证，在借款凭证上加盖预留印鉴后，提交中央银行。

商业银行会计部门收到中央银行退回的第三联借款凭证，以此代转账借方传票，另编制转账贷方传票，办理转账，其账务处理为：借记“存放中央银行存款”科目，贷记“向中央银行借款——××借款户”科目。

3. 再贷款到期收回的核算。贷款到期，商业银行应主动办理贷款归还手续。由会计部门填制一式四联还款凭证，加盖预留印鉴后提交中央银行。

商业银行收到中央银行退回的还款凭证第四联，以其代存放中央银行存款账户的贷方传票，同时另编制贷款账户的转账借方传票办理转账。其账务处理为：借记“向中央银行借款——××借款户”和“金融企业往来支出——中央银行往来支出户”科目，贷记“存放中央银行款项”科目。

（四）再贴现的核算

再贴现是指商业银行由于办理票据贴现引起资金不足，而将未到期的已办理贴现的票据向中央银行融通资金的一种方式。中央银行通过对这一货币政策的实施，可以促进商业银行票据贴现业务的开展，搞活资金，引导资金流向，提高资金使用效益。

1. 受理再贴现的核算。商业银行持未到期的商业汇票向中央银行申请再贴现时，应根据汇票填制一式五联再贴现凭证，在第一联上按照规定签章后连同已贴现的商业汇票一并送交中央银行计划部门审查。

商业银行收到中央银行第四联再贴现凭证，即填制特种转账借、贷方传票，办理转账。其账务处理为：借记“存放中央银行款项”和“金融企业往来支出——中央银行往来支出户”科目，贷记“向中央银行借款——再贴现户”科目。

2. 再贴现到期收回的核算。再贴现申请银行（商业银行）在贴现到期时，其账务处理为：借记“向中央银行借款——再贴现户”科目，贷记“存放中央银行款项”科目。

3. 再贴现到期未收回的核算。再贴现中央银行收到付款人开户行或承兑银行退回的委托收款凭证、汇票和拒绝付款理由书或付款人未付票据通知书后，追索票款时，可从再贴现商业银行账户收取，并将汇票和拒绝付款理由书或付款人未付票款通知书交给再贴现商业银行。

商业银行收到中央银行从其存款户中收取再贴现票据的通知（特种转账借方传票），审核无误后，进行账务处理。其账务处理为：借记“向中央银行借款——再贴现户”科目，贷记“存放中央银行款项”科目。

【例 3 - 14】 中国招商银行花乡支行 2010 年 3 月 5 日持已贴现尚未到期的银行承兑汇票向人民银行申请贴现，汇票的面额为 300 000 元，2010 年 6 月 12 日到期，再贴现率为 5.64%。会计分录如下：

（1）办理再贴现：

借：存放中央银行款项	295 347	
金融企业往来支出——中央银行往来支出户	4 653	
贷：向中央银行借款——再贴现户		300 000

（2）再贴现到期收回：

借：向中央银行借款——再贴现户	300 000	
贷：存放中央银行款项		300 000

（3）再贴现到期未收回时：

借：向中央银行借款——再贴现户	300 000	
贷：存放中央银行款项		300 000

三、商业银行往来的核算

商业银行往来又称为同业往来，是指商业银行之间由于办理跨系统汇划款项、相互拆借资金等业务所引起的资金账务往来。

（一）商业银行跨系统汇划款项的核算

各商业银行跨系统的汇划款项，应通过人民银行清算资金和转汇，但在实际工作中，一般做法是，规定一个限额目前为 50 万元，汇划款项在此限额以上的应通过中央银行清算资金和转汇，在限额以下的仍采取相互转汇的办法。现介绍三种转汇方式。

1. 汇出地为双设机构地区的转汇采取“先横后直”的方式办理。汇出地为双设机构是指同一地区设有跨系统的汇入行系统的银行机构。

在这种情况下，必须采取“先横后直”的方式办理转汇。即由汇出行根据客户提交的汇款凭证，按照不同系统的汇入行逐笔填制转汇清单，并根据转汇清单汇总编制划款凭证，通过同城票据交换划转汇入行在当地的转汇行，转汇行再通过系统内联行或电子汇划清算系统将款项划入收款人开户行。其基本处理程序如图 3－1 所示。

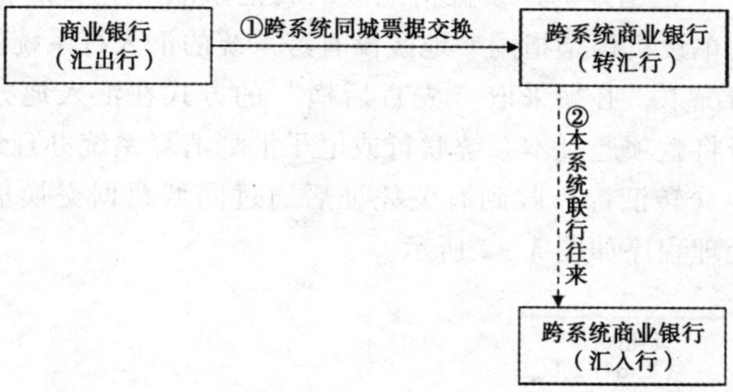

图 3－1　“先横后直”方式回转程序图

（1）汇出行的处理。汇出行根据客户提交的汇款凭证，按不同系统的汇入行逐笔填制转汇清单，汇总后，通过同城票据交换提交同城跨系统行。划收款的账务处理为：借记“吸收存款——活期存款——付款人户”科目，贷记“同业存放款项——××银行户”或“同城票据清算（票据交换地区）”科目。如系划付款项，会计分录相反。

（2）转汇行的处理。转汇行收到汇出行转划的凭证和转汇清单经审查无误，通过本系统联行或电子汇划清算系统将款项划往异地的汇入行。划收款项的账务处理为：借记“存放同业款项——××银行户”或“同城票据清算（票据交换地区）”科目，贷记“清算资金往来（或本系统联行科目）”科目。如系划付款项，会计分录相反。

（3）汇入行的处理。汇入行收到本系统划来的联行报单及有关汇划凭证，经审核无误，为收款（或付款）单位入账。划收款项的账务处理为：借记“清算资金往来（或本系统联行科目）”科目，贷记“活期存款——收款人账户”科目。如系划付款项，会计分录相反。

【例 3－15】 甲地农业银行的开户单位农贸公司办理信汇业务，汇往乙地招商银行的开户单位电子厂支付货款 87 000 元，通过同城招商银行将款项汇出。甲地农业银行、甲地招商银行和乙地招商银行的会计分录如下：

甲地农业银行：

借：活期存款——农贸公司户　　87 000

　　贷：同业存放款项——招商户　　87 000

甲地招商银行：

借：存放同业款项——农行户　　　　　　87 000
　　贷：联行存放款项　　　　　　　　　　　87 000

乙地招商银行：

借：存放联行款项　　　　　　　　　　87 000
　　贷：活期存款——电子厂户　　　　　　　　87 000

2. 汇出地为单设机构地区的转汇采取“先直后横”的方式。汇出地为单设机构是指同一地区没有跨系统的汇入行系统的银行机构。在这种情况下，必须采取“先直后横”的方式在汇入地办理转汇。即由汇出行将款项通过本系统联行或电子汇划清算系统办理划转。汇入地联行机构（转汇行）收到有关凭证后通过同城票据交换提交汇入行。其基本处理程序如图 3－2 所示。

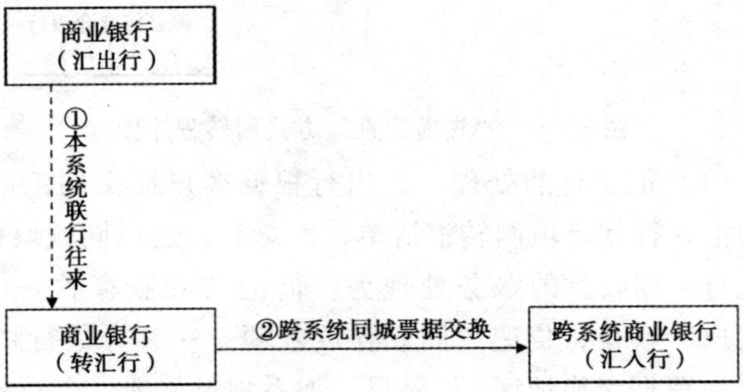

图 3－2　“先直后横”方式转汇程序图

（1）汇出行的处理。汇出行发生业务后凭客户提交的汇款凭证通过本系统联行或电子汇划清算系统将款项划转汇入地本系统的转汇行。划收款项的账务处理为：借记“活期存款——付款人户”科目，贷记“清算资金往来（或本系统联行科目）”科目。如系划付款项，会计分录相反。

（2）转汇行的处理。汇入地本系统转汇行收到本系统汇出行划来的联行报单及汇划凭证，经审查无误，直接通过同城票据交换，向跨系统汇入行办理转汇。划收款项的账务处理为：借记“清算资金往来（或本系统联行科目）”科目，贷记“同业存放款项——××银行户”或“同城票据清算（票据交换地区）”科目。如系划付款项，会计分录相反。

（3）汇入行的处理。汇入行收到本地区跨系统转汇行划转的款项，为收款单位入账。划收款项的账务处理为：借记“同业存放款项——××银行户”或“同城票据清算（票据交换地区）”科目，贷记“吸收存款——活期存款——收款人户”科目。如系划付款项，会计分录相反。

【例3-16】甲地建设银行开户单位金龙钢珠厂电汇60 000元，收款单位是乙地中国银行开户的原材料进出口公司。因当地没有中国银行机构，通过乙地建设银行划转。甲地建设银行、乙地建设银行和乙地中国银行的会计分录如下：

甲地建设银行：

借：吸收存款——活期存款——金龙钢珠厂户　60 000
　　贷：联行存放款项　60 000

乙地建设银行：

借：存放联行款项　60 000
　　贷：同业存放款项——中行户　60 000

乙地中国银行：

借：存放同业款项——建设银行户　60 000
　　贷：活期存款——原材料出口公司户　60 000

3. 汇出地、汇入地均为单设机构地区的转汇采取“先直后横再直”的方式。汇出地、汇入地均为单设机构的地区，必须采取“先直后横再直”的方式办理转汇。即要选择就近设有双系统银行机构的地区作为转汇地，首先通过本系统联行或电子汇划清算系统将款项划至转汇地的本系统联行机构（代转行）由其通过同城票据交换将汇划款项转至当地的跨系统转汇行，再由其通过系统内联行或电子汇划清算系统将款项汇至跨系统的汇入行。其基本处理程序如图3-3所示。

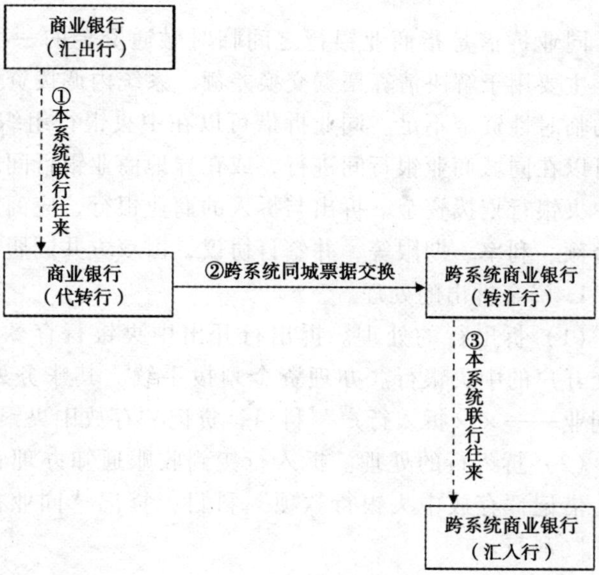

图3-3 “先直后横再直”方式转汇程序图

（1）汇出行的处理。汇出行发生业务后，凭客户提交的汇划凭证填制本系统联行报单，通过本系统联行或电子汇划清算系统将款项划至转汇地区的本系统联行机构（代转行）。划收款项的账务处理为：借记“吸收存款——活期存款——付款人户”科目，贷记“清算资金往来（或本系统联行科目）”科目。如系划付款项，会计分录相反。

（2）代转行的处理。代转行收到本系统联行汇出行划来的联行报单及汇划凭证，经审查无误，直接通过同城票据交换，向转汇行办理转划。划收款项的账务处理为：借记“清算资金往来（或本系统联行科目）”科目，贷记“同业存放款项——××银行户”或“同城票据清算（票据交换地区）”科目。如系划付款项，会计分录相反。

（3）转汇行的处理。转汇行收到本地区跨系统代转行划转的汇划凭证，经审查无误，即通过本系统联行或电子汇划清算系统划转汇入行。划收款项的账务处理为：借记“存放同业款项——××银行户”或“同城票据清算（票据交换地区）”科目，贷记“清算资金往来（或本系统联行科目）”科目。如系划付款项，会计分录相反。

（4）汇入行的处理。汇入行收到本系统联行报单和汇划凭证，经审核无误后办理转账。其账务处理为：借记“清算资金往来（或本系统联行科目）”科目，贷记“活期存款——收款人户”科目。如系划付款项，会计分录相反。

（二）同业拆借的核算

同业拆借是指商业银行之间临时融通资金的一种短期资金借贷行为。主要用于解决清算票据交换差额、系统内调拨资金不及时等原因引起的临时性资金不足。同业拆借可以在中央银行组织的资金市场进行，也可以在同城商业银行间进行，或在异地商业银行间进行，但都必须通过中央银行划拨资金。拆出与拆入的商业银行，应商定拆借条件，如拆借金额、利率、期限等，并签订协议，由双方共同履行。

1. 资金拆出的处理。

（1）拆出行的处理。拆出行开出中央银行存款账户的转账支票，提交开户的中央银行。办理资金划拨手续。其账务处理为：借记“拆放同业——××拆入行户”科目，贷记“存放中央银行款项”科目。

（2）拆入行的处理。拆入行接到收账通知办理转账。其账务处理为：借记“存放中央银行款项”科目，贷记“同业拆入——××拆出行户”科目。

2. 拆借资金归还的处理。

（1）拆入行的处理。拆借资金到期，拆入行签发中央银行转账支票，提交开户的中央银行，办理本息划转手续。其账务处理为：借记

“同业拆入——××拆出行户”或“金融企业往来支出”科目，贷记“存放中央银行款项”科目。

（2）拆出行的处理。拆出行接到收账通知，办理转账，其账务处理为：借记“存放中央银行款项”科目，贷记“金融企业往来收入”和“拆放同业——××拆入行户”科目。

【例 3－17】中国农业银行通过人民银行向同城建设银行融入资金 6 000 万元，期限为 15 天，利率为 4.35%。中国农业银行和同城建设银行的会计分录如下：

（1）同城的建设银行拆出资金：

借：拆出资金——中国农业银行拆出资金户　60 000 000
　　贷：存放中央银行款项　60 000 000

（2）中国农业银行拆入资金：

借：存放中央银行款项　60 000 000
　　贷：拆入资金——建设银行拆入户　60 000 000

【例 3－18】承【例 3－17】拆借到期，要求编制中国农业银行和建设银行的会计分录。

拆借利息＝6 000×15×4.35%÷360＝108 750（元）

（1）中国工商银行归还拆入资金。

借：拆入资金——建设银行拆入户　60 000 000
　　利息支出——金融企业往来支出　108 750
　　贷：存放中央银行款项　60 108 750

（2）建设银行收到拆出资金。

借：存放中央银行款项　60 108 750
　　贷：拆出资金——中国农业银行拆出资金户　60 000 000
　　　　利息收入——金融企业往来收入　108 750

（三）同城票据交换与清算

随着市场交易范围的不断扩大，同城结算业务日益增加，其中大量与结算业务有关的收付款单位都不在同一行处开户，它们之间的结算如果每笔票据业务都采用逐笔送交对方行转账或逐笔清偿存欠款的做法，不仅增加核算工作量，而且手续过繁，影响及时入账，不利于社会资金周转。因而，同城各行之间的资金账务往来都采取票据交换的办法，即定时定点，集中交换代收、代付的票据，然后轧计差额，清算存欠的办法。集中交换票据的场所称为票据交换所，由中央银行主办（称为主办清算行），参加票据交换的银行（称为清算行），须经中央银行批准并颁发交换行号，方可按规定时间参加交换。

1. 同城票据交换的基本做法。参加票据交换的银行均应在中央银行开立备付金存款账户，由中央银行负责对各银行之间的资金存欠进行清算。票据交换分为提出行和提入行两个系统。向他行提出票据的是提出行，提回票据的是提入行。而参加票据交换的银行一般既是提出行又是提入行。

（1）提出行的处理。提出行将提出的票据，按代收票据、代付票据清分，分别登记"代收票据交换登记簿"和"代付票据交换登记簿"，并结出金额合计数。同时，按代收、代付票据所属行别的交换号（即提入行的交换代号）整理，汇总加计票据的张数、金额，填制"代理收款计数清单"和"代理付款计数清单"并将代收、代付票据附在后面。同时，加计代收、代付计数清单的笔数、金额，登记"清算总数表"的"提出代收款"和"提出代付款"栏。

提出行经上述处理后，即可由交换员将清算总数表，连同代收、代付计数清单和提出的票据带到票据交换所进行交换。

（2）提入行的处理。交换员在票据交换所提回本行票据时，将票据和计数清单分开，分别代收、代付汇总加计票据笔数和金额，经核对相符，登记"清算总数表"的"收回代收款"和"收回代付款"栏，然后结出收入和付出的合计。

（3）清算差额的处理。各参加票据交换的银行在票据交换结束后，根据本行的"清算总数表"收入和付出合计数，轧算应收或应付差额，若收入金额大于付出金额则为应收差额；反之则为应付差额。交换结束后还应根据清算总数表中的应收、应付差额填制"票据清算差额专用凭证"将资金差额向当地中央银行清算。

若本次交换为应收差额，其账务处理为：借记"存放中央银行款项"科目，贷记"同城票据清算（或待清算票据款项）"科目。若本次交换为应付差额，其账务处理为：借记"同城票据清算（或待清算票据款项）"科目，贷记"存放中央银行款项"科目。

【例 3－19】2009 年 7 月 9 日甲地中国建设银行参加第一场票据交换，相关信息如表 3－6 所示。

表 3－6　××市 20××年××月××日同城票据交换差额报告单　　单位：元

摘要	借方	贷方
提出票据	借方票据 2 780 000	贷方票据 1 113 000
提入票据	贷方票据 7 864 000	借方票据 1 325 000
总金额	10 644 000	2 438 000
差额	（应付差额）	（应收差额）

根据上述同城票据交换差额报告单编制相关的会计分录：

提出票据：借方票据 2 780 000 元，贷方票据 1 113 000 元；

提入票据：借方票据 7 864 000 元，贷方票据 1 325 000 元。

假设，上述票据未发生退票和提交错误，该行在人民银行的准备金充足，做出该银行的账务处理。

（1）提出票据的会计分录如下：

借：同城票据清算　　2 780 000

　　贷：吸收存款——收款人户　　2 780 000

借：吸收存款——付款人账户　　1 113 000

　　贷：同城票据清算　　1 113 000

（2）提入票据的会计分录如下：

借：吸收存款——付款人户　　1 325 000

　　贷：同城票据清算　　1 325 000

借：同城票据清算　　7 864 000

　　贷：吸收存款——收款人户　　7 864 000

（3）清算差额：

本行应收款 = 2 780 000 + 7 864 000 = 10 644 000（元）

本行应付款 = 1 113 000 + 1 325 000 = 2 438 000（元）

应收差额 = 10 644 000 - 2 438 000 = 8 206 000（元）

借：存放中央银行款项　　8 206 000

　　贷：同城票据清算　　8 206 000

2. 同城票据交换退票的核算。票据交换业务要坚持"先付后收，收妥抵用，银行不垫款"的原则。当提入行提入有错误的票据如账号与户名不符、大小写金额不一致、付款人账户资金不足支付等均要办理退票。

（1）退票行的核算。退票行（提出退票的行）即原提入行。当提入的票据由于各种原因不能办理转账，需要退票时，应在规定的退票时间内打电话通知原提出行，并将待退票据视同提出票据列入下次清算。由于待退票据款项已列入本次清算差额，为保持本次"待清算票据款项"余额与清算差额一致，便于账务平衡和核查，对待退票款项应列入应收或应付科目核算。退票时，填制"退票理由书"一式三联。一联留存本行作应收或应付科目的转账凭证，另两联附退票票据于下次票据交换时退回原提出行。退回借方票据的账务处理为：借记"同城票据清算（或待清算票据款项）"科目，贷记"其他应收款——退票专户"科目。

退回贷方票据的账务处理为：借记"其他应付款——退票专户"科目，贷记"同城票据清算（或待清算票据款项）"科目。

（2）原提出行的核算。原提出行接到退票行的电话通知或退回的票据后，根据票据交换登记簿查明确属本行提出的票据，在登记簿中注明退票的理由和时间，再作账务处理。退回的票据视同提入票据处理。根据退票行提交的“退票理由书”填制特种转账凭证办理转账。对于退回的借方票据，其账务处理为：借记“其他应付款——退票专户”科目，贷记“同城票据清算（或待清算票据款项）”科目。

对于退回的贷方票据，其账务处理为：借记“同城票据清算（或待清算票据款项）”科目，贷记“活期存款——原付款人户”科目。

（各地同城票据交换的具体核算手续不尽相同，使用的会计科目也有区别，但是，就其基本原理来说，还是一样的。）

3. 计算机处理交换票据的基本做法。目前，我国一些大中城市，为了改进票据交换的做法，提高票据交换的效率，引进了相应的计算机设备，对原手工操作的票据交换做法进行了根本性的变革，计算机处理交换票据的基本做法为：

（1）提出行将要提出交换的票据先经打码机打码处理。这些数码根据票据或凭证填写的有关要素打印，其中包括：票据号码、交换行号、单位账号、借（贷）方代码及金额，打在每张票据或凭证的末端，并由打码机打印出提出交换的票据的明细清单（即主清单）。

（2）在每批（不超过100张）票据打码处理后，另打制“批控卡”用于控制该批票据金额是否平衡。提出行根据“批控卡”的借方（贷方）总额填入“交换提出报告单”，结计总数并与打码机的总数核对相符，连同本场交换提出的全部票据及主清单，一并装袋送到交换场。

（3）交换场工作人员在规定的交换时间将交换凭证陆续投入清分机进行清分，由清分机自动按提回行进行清分、读数，打印出票据清单，直至最后把提回的票据、凭证输送各提回行的箱夹，由各提回行取回进行账务处理，同时由交换场计算机打印出“交换差额报告表”送中央银行营业部办理资金清算。

第四章 4

保险公司主要业务的核算

保险业已成为我国国民经济活动中不可缺少的环节，保险公司是我国金融机构主要支柱之一。通过保险业务的核算可反映保险公司经营活动状况，对于合理分配和使用社会保险基金，使其保值、增值，充分发挥保险业的职能，促进社会稳定和国民经济的协调发展具有重要的现实意义。

第一节 保险公司业务概述

保险是分摊意外事故损失的一种安排。投保人参加保险是为了将其不确定的大额损失变成确定的小额支出，即保险费。同时保险公司可以集中大量同类风险，借助概率论中的大数定律，将足够多的面临同样风险的经济单位组织起来，按照损失分摊原则，建立保险基金。

一、保险公司业务的种类

（一）按保险保障范围的不同分为财产保险和人身保险

1. 财产保险。财产保险是指投保人根据合同约定，向保险人支付保险费，保险人按照保险合同的约定，对所承保的财产及其相关利益因自然灾害或意外事故造成的财产损失承担赔偿保险金责任的保险业务。财产保险是指以各种物质财产及其相关利益、责任为保险标的物的保险，包括财产损失保险、责任保险、信用保险、保证保险、农业保险等。可见它是以有形或无形财产及其相关利益为保险标的一类补偿性保险。

2. 人身保险。人身保险是指保险人通过与投保人签订保险合同，向投保人收取一定保费后，在被保险人因疾病或遭遇意外事故致伤残或死亡或达到合同约定的年龄、期限时承担给付保险金责任的保险行为。人身保险是以人的寿命、身体或劳动能力为保险标的保险。主要包括人寿保险、健康保险和人身意外伤害保险。

（二）按业务承保方式分为原保险和再保险

1. 原保险。原保险（称直接保险）是指保险人按照保险合同的约定，对被保险人承担的直接赔偿责任的保险。可见原保险是发生在保险人与投保人之间的保险行为。在原保险关系中，保险需求者将风险转嫁给保险人，当保险标的遭受保险责任范围内的损失时，保险人直接对被保险人承担损失赔偿责任。

2. 再保险。再保险（称分保）是指保险人将自己承保的风险，部分或全部转移给其他保险人，以降低自己的风险责任的保险行为。可见再保险是对保险人的保险。再保险是保险的一种派生形式，分出分保业务的人称为分出人，接受分保业务的人称为分入人。原保险是再保险的基础和前提，再保险是原保险的后盾和支柱。

（三）按赔付形式的不同分为定额保险和损失保险

1. 定额保险。定额保险是指在保险合同订立时，由保险双方当事人协商确定一定的保险金额，当保险事故发生时，保险人依照预先确定的金额给付保险金的一种保险。定额保险一般适用于人身保险。

2. 损失保险。损失保险是指在保险事故发生后，由保险人根据保险标的实际损失额而支付保险金的一种保险。损失保险一般适用于财产保险。

二、保险公司会计的特点

保险公司会计是会计的一个分支，它把会计的基本原理和方法运用于保险公司，以核算和监督保险公司的各项经济业务活动。

保险公司会计作为一门专业会计，具有明显的专业会计特点。具体表现在以下几方面：

1. 按业务性质确定核算体制。保险会计核算按财产保险公司业务、人寿保险公司业务和再保险公司业务分别建立核算体制。综合性的保险公司，必须将财产保险业务与人身保险业务分别进行会计核算，即各险种独立建账分别核算盈亏。

保险业务除实行按会计年度结算损益外，对部分特殊业务，如长期工程险、再保险和信用保险等业务实行按业务年度结算损益。按业务年度结算损益，亦即实行多年期结算损益，需要根据业务性质确定核算年限。非结算损益年度的收支差额，全额作为长期责任准备金提存，不确认利润，并于次年转回滚存到结算损益年度终了时结算损益。

2. 采用不同的货币计价。财产保险业务中的大部分、人身保险业务的全部，均以人民币作为记账本位币。长期工程险业务、再保险业务、信用险业务等涉外保险业务，则是以外币记账，即采用外币分账制。年终将外币业务损益以决算日的外汇牌价折算为人民币，并与人民币账户汇总合并编制报表。

3. 保险公司利润计算方法的特殊性。保险公司的利润与一般公司的利润构成有所不同。一般公司的利润等于营业收入减营业支出，再减营业税金及附加；而保险公司的利润则等于营业收入减营业支出，减营业税金及附加，再减责任准备金提转差额。可见，责任准备金提转差额的大小直接影响保险公司当年利润额。

4. 各项准备金是保险公司特有的负债。保险公司是经营风险的特殊行业，为了防范风险和保障投保人的权益，必须计提各项准备金。因此保险公司的负债中包括为履行其未来理赔或给付责任而从保费中提存的准备金，主要有未决赔款准备金、未到期责任准备金、寿险责任准备金、长期健康险责任准备金等。因此，各项准备金组成了保险公司特有的负债。

5. 年度决算要采用保险精算估算各项准备金。保险公司年度决算的重点在于估算负债，即估算未到期责任准备金和未决赔款准备金等。未到期责任准备金是指在会计核算期末按规定从本期保费收入中提取的未了责任准备金。未决赔款准备金是年终决算时根据已报未赔款和已发生未报的未决赔案提取的准备金。未决赔款准备金一般采取按已报未赔款的赔案及已发生未报的赔案的一定比例提取，提取及转回的未决赔款准备金计入当期损益，对寿险公司来说，重点是提取寿险责任准备金和长期健康责任准备金。再保险公司和经营长期工程险的财产保险公司还必须提取长期责任准备金。保险公司各项准备金的提取依赖于保险精算，并按照保险精算确定的金额提取各项准备金。

第二节 财产保险业务的核算

财产保险业务的核算主要包括保费收入、保险赔款支出和财产保险准备金等内容。

一、保费收入的核算

保费收入是保险公司销售保险产品取得的收入，是保险公司的主要收入项目。财产保险业务保费收入的核算主要包括保费的计算、保费收入的确认和保费收入的核算等内容。

（一）保费的计算

保费是投保人购买保险产品的价格。一般情况下，保费的计算需要考虑三个因素，即保险金额、保险费率和保险期限，计算公式是：

保费 = 保险金额 × 保险费率 × 保险期限

如果是第三者责任险还要考虑第三者固定保险费，计算公式是：

保费 = 保险金额 × 保险费率 × 保险期限 + 第三者固定保险费

因此，保费数额的多少与保险金额和保险费率的高低成正比。保费的计算关键在于确定保险费率。保险费率的确定包括纯费率的确定和附加费率的确定两项内容。

1. 纯费率的确定。纯费率应当等于损失概率，损失概率是反映未来保额损失的可能性，可以利用过去的资料来推断这种可能性的大小，即损失概率。在实务中，通常选择一组适当的历年保额损失率，计算其算术平均值，得出平均保额损失率，用以近似代替损失概率，进而确定纯费率，主要有以下三种办法：

（1）保额损失率。它是指同类业务一定期间保险赔款金额与保险金额之比。它是由该类保险标的平均出险次数、毁损率、毁损程度和受损标的平均保额与所有保险标的平均保额之比四个因素决定的。关于保额损失率，需要指出两点：第一，保额损失率不是保险标的损失额与保额之比，而是赔款额与保额之比。在保险实务中，保险公司并不是对所有保险标的损失都予以赔偿。事实上，由于各种赔偿方式和保险责任的具体规定，保险公司实际赔偿的损失即赔偿金额与标的实际损失金额总是有差异的，而两者之间赔偿金额应符合保险公司的赔偿责任。第二，数据必须源于保险公司的经验。为求未来的损失概率，我们需要借助过去的经验。即过去的保额损失率。但要注意，这必须是源于保险公司的经验数据，而不是出自社会的财产损失统计资料。事实上，保险财产的损失率一般要高于社会平均财产损失率。所以计算保费时只有使用保险公司的经验数据，才是公平合理的，才能保证保险公司的财务稳定性。

（2）历年保额损失率的选择。为使平均保额损失率能较精确地替代损失概率，必须选择适当的历年保额损失率。因为对于过去真实情况的反映越是准确，它与未来损失概率就越接近。所谓“适当”是指：第一，必须有足够的年数。一般来说，至少需要有保险事故发生比较正常的连续5年的保额损失率。第二，每年的保额损失率必须基于大量的统计资料。第三，这一组保额损失率必须是稳定的。

（3）附加均方差，确定纯费率。根据一组适当的保额损失率，我们能够得到纯费率的近似值——平均保额损失率，但还不能直接把它定为纯费率。事实上，平均保额损失率既然是以往各年份保额损失率的算术平均值，那就必然有些年份的保额损失率比它高，而有些年份的保额损失率比它低。倘若我们直接以平均保额损失率为纯费率，则一般来说每两年就会有一年的赔偿金额超过当年的纯保费。为了减少不利年份（即赔偿金额超过纯保费的年份）的出现，通常采用在平均保额损失率上附加这组年保额损失率的一次、两次或若干次均方差的方法来确定纯费率。附加均方差次数越多，赔偿金额超过纯保费的可能性就越小，这对保险公司来说，得到的保障就越多，但对于投保人来说，负担也就越重。

2. 附加费率的确定。一般按单位保额所需的附加费用来确定。在实务中通常按保险费的一定比例提取附加保费，其计算公式为：

附加费率 = 保险费 × 按保险费提取附加保费的比例 ÷ 保险金额

附加费率也可按纯费率的一定比例确定，公式为：

附加费率 = 纯费率 × X%

（二）保费收入的确认

保险公司保费收入应在下列条件均能满足时予以确认：

1. 原保险合同成立并承担相应保险责任。保险合同成立，是指保险合同生效，具有法律效力；承担相应保险责任，是指保险公司根据生效合同规定开始承担合同约定的责任。从实际情况来看，财产保险合同一般是签单生效，即保险合同一经签订，保险合同成立并承担相应保险责任。需要说明的是，保险合同成立并不一定表明保险公司开始承担相应保险责任。例如，货物运输保险合同，签订合同是一个日期，合同条款有时还会规定另一个保险公司开始承担保险责任的日期。在这种情况下，在签订合同时，保险公司不能将收到的保费作为保费收入，而应作为预收款处理，待承担保险责任时再转入保费收入。

2. 与原保险合同相关的经济利益能够流入公司。经济利益，是指直接或间接流入企业的现金或现金等价物。对保险公司而言，与保险合同相关的经济利益即为保费。公司只有在有把握收取保费时，才能确认保费收入。

3. 与原保险合同相关的收入和成本能够可靠地计量。收入能够可靠计量，即是指收入金额能够确定。如收入金额不能确定，不能确认收入。成本能够可靠计量，即指成本金额能够确定。

由于财产保险合同一般是签单生效。即保险合同一经签订保险合同成立，保险公司开始承担保险责任，收取保费的可能性很大，因此，在实际工作中，财产保险合同一般是于签单时确认保费收入。但由于财产保险合同存在不可预见的损失风险，如国家政治、政策风险，地震、洪水等巨灾风险，因此，有时存在收到金额的可能性小的情况，这种情况下，保险公司应于实际收到保费时确认。

（三）会计科目的设置

为了反映和核算保险公司保费收入的增减变动情况，应设置“保费收入”、“应收保费”、“预收保费”、“保户储金”等科目进行核算。

1. “保费收入”科目。“保费收入”科目核算公司确认的保费收入。保险业务以储金利息收入作为保费收入，也在该科目核算。本科目属损益类科目，贷方登记取得的保费数额，借方登记期末结转“本年利润”的数额（退保金不在本科目核算，在“退保金”科目核算），期末结转后，本科目无余额。本科目应按投保人设置明细账。

2. “应收保费”科目。“应收保费”科目核算保险公司应向投保人收取但尚未收到的保险费。本科目属资产类科目，发生的应收保费，借记本科目，贷记“保费收入”科目；收回应收保费，借记“现金”、“银行存款”科目，贷记本科目。经确认为坏账的应收保费，冲销坏账准备，借记“坏账准备”科目，贷记本科目。已确认坏账并转销的应收保费，以后又收回的，按收回的金额，借记本科目，贷记“坏账准备”科目；同时，借记“银行存款”科目，贷记本科目。本科目应按投保人设置明细账。本科目期末借方余额，反映公司尚未收回的保险费。

3. “预收保费”科目。“预收保费”科目核算公司在保险责任生效前向投保人预收的保险费。该科目属负债类科目，发生预收保费时。借记“现金”、“银行存款”科目，贷记本科目；保费收入实现时，借记本科目，贷记“保费收入”科目。本科目应按投保人设置明细账。本科目期末贷方余额，反映公司向投保人预收的保险费。

4. “保户储金”科目。“保户储金”科目核算公司收到投保人以储金本金增值作为保费收入的储金，本科目属负债类科目，贷方登记收到的保户储金，借方登记返还的储金，余额在贷方，反映储户交存的尚未返还的储金。本科目按储金类型、投保人及险种设置明细账。

（四）保费收入的账务处理

保费是在会计部门以业务部门出具的“保费日报表”或“保费收据”作为原始凭证，编制记账凭证后入账。确认保费收入时，按照应确认收取的保费金额借记“库存现金”、“银行存款”、“应收保费”、“预收保费”、“应收利息”等科目，贷记“保费收入”科目。期末，应将“保费收入”科目余额转入“本年利润”科目，结转后“保费收入”科目无余额。

1. 签发保单时直接缴纳保费的核算。

【例4-1】安正保险公司与信达公司签订一份财产保险合同，承保金额为2亿元，保险期限为1年，保险费费率为2%，信达公司一次性将保费交予安正保险公司。安正保险公司应编制如下会计分录：

借：银行存款	4 000 000	
贷：保费收入		4 000 000

2. 预收保费的核算。

【例4-2】2010年6月1日，安正保险公司收到信达公司交来的保费200 000元，公司于下月1日起承担保险责任。该保险公司应编制如下会计分录：

(1) 2010年6月1日预收保费：

借：银行存款　　200 000

　　贷：预收保费　　200 000

(2) 2010年7月1日保费收入实现时：

借：预收保费　　200 000

　　贷：保费收入　　200 000

3. 保户储金收益转为保费的核算。

【例4-3】安正保险公司会计部门收到业务部门交来的3年期家庭财产两全保险保户储金50 000元，如果银行3年期存款利率为3.6%，年利息收入为1 800元。3年后一次还本付息。

年利息收入=50 000×3.6%=1 800（元）。因此，年保费为1 800元。

安正保险公司应编制如下会计分录：

(1) 收到保户储金，存入银行专户时：

借：银行存款——储金专户　　50 000

　　贷：保户储金——家财两全险　　50 000

(2) 按约定年利率计算保户储金每年应计利息1 800元，转作保费收入时：

借：应收利息　　1 800

　　贷：保费收入　　1 800

(3) 第三年保单到期，3年期专户存储的定期存单转为活期存款。并将银行存款归还保户储金时：

借：银行存款　　5 400

　　贷：应收利息　　3 600

　　　　保费收入　　1 800

同时：

借：保户储金——家财两全险　　50 000

　　贷：银行存款　　50 000

4. 中途加保或退保的核算。保单签发后至期满前，由于保险标的价值发生变化、所保财产转移、财产重估等原因都会发生投保人中途要求加保或退保的情况。中途加保保费收入的核算，与投保时保费收入的核算相同。中途退保或部分退保，按已保期限与剩余期限的比例计算退保的保费，退保费直接冲减保费收入。退保时尚未结清的应收保费，则从退保费中扣除。

【例4-4】安正保险公司为大华公司承保财产综合险，因资产重估增值而引起保险金额上升，经计算应追加保费5 000元。安正保险公司应编制如下会计分录：

借：银行存款	5 000	
贷：保费收入		5 000

【例4-5】大华公司由于厂址迁移外地，申请退保。根据业务部门转来的批单，应退保费10 000元，但向明公司尚有4 000元保费未交。安正保险公司应编制如下会计分录：

借：保费收入	10 000	
贷：应收保费		4 000
银行存款		6 000

二、保险赔款支出的核算

保险赔款支出是指保险标的发生了保险责任范围内的保险事故后，保险人根据保险合同规定向被保险人支付的损失补偿金。赔款支出内容包括保险人支付的赔款、给付，以及在理赔过程中发生的律师费、诉讼费、损失检验费、相关理赔人员的薪酬等理赔费用。在实际发生理赔费用的当期，按实际发生的理赔费用金额计入当期损益。

（一）保险赔款额的计算

财产保险的赔款计算方式主要有以下三种：

1. 第一损失赔偿方式。第一损失赔偿方式，是将被保险人财产的价值视为两个部分，投保的一部分为保险金额部分，也是保险人应当负责的第一损失部分；而超过的另一部分则为第二部分，应当由被保险人自己负责。当发生财产损失时，无论是否足额投保，凡在保险金额限度内的保险标的损失，均由保险人负责赔偿；凡超过保险金额的损失，均由被保险人负责。

2. 比例赔偿方式。比例赔偿方式在定值保险和不定值保险中有所不同。在定值保险中，比例赔偿方式是指保险赔款额按保险标的受损的损失程度计算。计算公式为：

保险赔款额＝保险金额×损失程度

损失程度＝保险标的受损价值÷保险标的受损当时市场完好价值×100%

保险标的受损价值 = 保险标的受损当时市场完好价值 − 残值

在定值保险中，保险金额是根据投保时保险标的保险价值决定的，即保险金额等于保险标的价值。因此，赔款时不论受损财产当时的实际价值是多少，全部损失按保险金额赔款，部分损失按损失程度赔偿。

在不定值保险中，比例赔偿方式是指保险赔款额按保险保障程度计算。计算公式为：

保险赔款额 = 保险标的损失价值 × 保险保障程度

保险保障程度 = 保险金额 ÷ 保险标的受损当时市场完好价值 × 100%

在不定值保险中，保险金额是投保时约定，作为保险赔款的最高限度。保险事故发生时，若保险金额高于或等于财产的实际价值，则按照财产的实际损失价值全额赔偿；若保险金额低于财产的实际价值，则按保障程度赔偿。

3. 限额赔款方式。限额赔款方式是指保险人仅在财产损失超过一定限额时才承担赔偿责任。这种赔款方式多用于农作物收成保险。保险赔款是限额标准与农作物收获量之差的价值。所谓限额标准是指保险所保障的收获量。实际收获量达到或超过保险保障的收获量的，保险人则不予赔偿；只有当实际收获量低于保障的收获量时，保险人才赔偿其差额的价值。

（二）赔款支出的业务程序

赔款支出是保险公司的主要成本开支项目，在支付赔款时必须要做到程序严格、手续完备、凭证齐全，防止骗赔、错赔等现象的发生。主要包括以下内容：

1. 受理案件。它包括接受索赔时的报案登记、核对保单、报告案情和登记立案工作。

2. 现场勘查。经过确认事故发生在保单责任期限内，估计属于保单责任范围内的事故之后，理赔人员应亲赴现场，了解事故发生的原因与经过，并估算其损失程度。

3. 责任审核。对赔案是否属于保险责任范围进行确认，包括保单真伪审核，责任期限核实（以防倒单），保险利益、近因、代位追偿权等事项的核对，最后做出赔偿范围的结论。

4. 赔款计算。受损财产经过施救、保护、整理后，由被保险人提供财产损失清单和费用支出的原始单据，再由理赔人员根据现场掌握的情况逐项核实，最后依据损失补偿原则及三个限额确定赔款金额。

5. 赔付结案。保险公司应该在发出领取保险金通知单 10 日内向投保方支付赔款，否则须向投保方支付滞赔金。

（三）会计科目的设置

为了反映和核算保险公司的赔款支出情况，应设置“赔付支出”、“预付赔付款”、“应收代位追偿款”、“损余物资”等科目进行核算。

1. “赔付支出”科目。“赔付支出”科目核算保险公司财产保险、意外伤害保险、1年期以内（含1年）的健康保险业务按保险合同约定支付的赔付款项和实际发生理赔勘察费用。本科目属损益类科目，发生赔款支出时，借记“赔款支出”科目，贷记“现金”、“银行存款”等科目。收回的损余物资，应冲减赔款支出。期末将“赔款支出”科目的余额转入“本年利润”科目。本科目应按险种和原保险合同设置明细账。

2. “预付赔付款”科目。“预付赔付款”科目核算保险公司在理赔过程中按合同约定预付的款项。分入分保业务预付的现金赔款也在本科目核算。本科目属资产类科目，其借方登记向保单持有人预付的赔款以及向分出公司发出现金赔款单并支付的现金赔款，贷方登记结案后转为赔款支出的余额以及收到分保账单后转销的现金赔款，余额在借方，反映实际预付的赔款。本科目按险种或分保分出入设置明细账。

3. “应收代位追偿款”科目。“应收代位追偿款”科目核算公司按照原保险合同约定承担赔付保险金责任后确认的代位追偿款。本科目属资产类科目，其借方登记应收的代位追偿款，贷方登记收回的代位追偿款，余额在借方，反映公司尚未收回的代位追偿款。本科目按照被追偿单位（或个人）设置明细账。代位追偿款会计处理：保险人承担赔付保险金责任应收取的代位追偿款，冲减当期赔付成本。

4. “损余物资”科目。“损余物资”科目核算公司按照原保险合同约定承担赔偿保险金责任后取得的损余物资成本。本科目属资产类科目，其借方登记公司承担赔偿保险金责任后取得的损余物资成本，贷方登记处置损余物资时转出的账面余额，期末借方余额，反映公司承担赔偿保险金责任后取得的损余物资成本。本科目按照损余物资种类设置明细账。

（四）赔款支出的账务处理

理赔人员计算赔偿金后，填制赔款计算书，连同被保险人签章的赔款收据送交会计部门。会计部门收到业务部门的赔款计算书后审核有关内容，审查无误后根据不同情况进行处理。

1. 当时结案的赔款支出的核算。对于保险赔款清楚，并能及时结案的，通过赔付支出科目核算，保险公司应按照审核计算确定的赔付金额，借记“赔付支出”科目，贷记“银行存款”或“库存现金”科目。

【例4-6】 大华企业在安正保险公司投保的货物运输保险因意外事故出险，根据安正保险公司的核实，其应赔付金额为50 000元，当即以银行转账方式支付赔付款项。安正保险公司应编制如下会计分录：

借：赔付支出——货物运输保险　　50 000
　　贷：银行存款　　50 000

2. 预付赔款的核算。由于赔款的审核与计算需要一定的时间。一般采取按预估损失的一定比例预付一定赔款的办法，损失核定后，再补差额。出险后，保险公司预付赔款时，应按照预付赔款金额借记“预付赔付款”科目，贷记“银行存款”或“库存现金”科目。待损失核定后保险公司支付剩余赔款时，按照剩余赔款的金额借记“赔付支出”科目，贷记“预付赔付款”科目，贷记“银行存款”或“库存现金”科目。

【例4-7】 德润企业在安正保险公司投保企业财产保险，2010年2月15日，该企业的厂房倒塌，于是向安正保险公司申请相应赔付。因该事件一时不能结案，但为了尽快恢复生产，安正保险公司按照预计损失的50%，以支票预付赔款60 000元。2010年9月8日，经安正保险公司调查核实实际应给予德润企业的赔款金额应为180 000元，随即又开出支票120 000元结清此案。安正保险公司应编制如下会计分录：

（1）预付德润企业保险赔款时：

借：预付赔付款——企业财产保险　　60 000
　　贷：银行存款　　60 000

（2）结清该赔付案件时：

借：赔付支出——企业财产保险　　180 000
　　贷：预付赔付款——企业财产保险　　60 000
　　　　银行存款　　120 000

3. 理赔勘查费的核算。在理赔过程中，保险公司可能需要聘请保险公估机构对所需赔付项目及金额进行公估，这一过程中发生的公估费用则为理赔勘查费用。保险公司应根据实际发生的直接理赔勘查费和间接理赔勘查费的金额，借记“赔付支出”科目，贷记“银行存款”或“库存现金”科目。而对于保险责任范围内赔款不成立的勘查费用应在其他业务支出科目核算。

【例4-8】 新华家具城发生了一起严重火灾，安保财险公司聘请香港某公估机构对该火灾事项进行赔付评估，对于此项评估安保财险公司以银行转账方式支付该香港公估机构评估费用15 000元。安保财险公司应编制如下会计分录：

借：赔付支出——企业财产保险　　15 000
　　贷：银行存款　　15 000

4. 损余物资的核算。

保险人承担赔偿保险金责任取得的损余物资，按市场价格确认为资产，并冲减当期赔付支出，处置损余物资时，保险人应当按照收到的金额与相关损余物资账面价值的差额，调整当期赔付支出。

【例4-9】安正保险公司承保的大全公司仓库的存货，由于意外失火造成重大损失，所有存货的80%损毁，金额为40 000元，安正保险公司决定全额理赔40 000元。安正保险公司按照上述理赔方案结案，同时收回毁损存货价值10 000元，归安正保险公司所有，则安正保险公司在确定赔付支出时应该将10 000元的损余物资价值冲减成本。假设10日后安正保险公司以8 000元的价格将损余物资卖出，则与原先确认价值相差的2 000元应该于处置日调增赔付支出。安正保险公司应编制如下会计分录：

（1）安正保险公司支付赔款40 000元：

借：赔付支出　　40 000
　　贷：银行存款　　40 000

（2）结案赔付，并收回损余存货10 000元：

借：损余物资　　10 000
　　贷：赔付支出　　10 000

（3）处置损余物资：

借：银行存款　　8 000
　　赔付支出　　2 000
　　贷：损余物资　　10 000

5. 代位追偿款的核算。保险人承担赔付保险金责任应收取的代位追偿款，冲减当期赔付支出。收到应收代位追偿款时，保险人应当按照收到的金额与相关应收代位追偿款账面价值的差额，调整当期赔付支出。

【例4-10】2010年8月，由于张某的过失，张某驾车时与在其前面行驶的某公司货运汽车发生追尾事故，造成该公司的货车及载运货物受到重大损失，估计金额为80 000元。该货运公司已将其财产在安正保险公司进行投保，保险人在调查定损后，决定全额理赔，并给付了80 000元的保险金。但此事故是张某的过失引起的，因此保险人在给付了保险金后就自动获得了向张某代位追偿的权利。假设保险人预计从张某处可以获得40 000元的补偿款，则其应该将35 000元作为应收代位追偿款，同时冲减当期的赔付支出。实际上保险人承担的保险金只有

15 000元，而在实际的追偿过程中，双方经协商以张某向保险人支付30 000元结案，则保险人将少收的差额5 000元调增赔付支出，记入当期损益。安正保险公司应编制如下会计分录：

（1）保险公司支付赔款80 000元：

借：赔付支出　　80 000

　　贷：银行存款　　80 000

（2）结案赔付，确认应收代位追偿款40 000元：

借：应收代位追偿款　　40 000

　　贷：赔付支出　　40 000

（3）收到代位追偿款：

借：银行存款　　35 000

　　赔付支出　　5 000

　　贷：应收代位追偿款　　40 000

6. 发生错赔或骗赔案件的核算。在保险理赔过程中，一经发现错赔或骗赔案件要认真查处并追回赔款。对于追回的赔款冲减相应的赔付支出。借记"银行存款"或"库存现金"，贷记"赔付支出"。

【例4－11】 承【例4－10】安正保险公司在支付赔付款后发现，由于工作失误多赔某运货公司5 000元，并将该赔付案件认定为错赔案件。同时，该运货公司以银行存款退回了多收的赔款。安正保险公司应编制如下会计分录：

借：银行存款　　5 000

　　贷：赔付支出　　5 000

三、财产保险准备金的核算

财产保险准备金是指保险公司为了实现对被保险人的因保险事项所受损失的经济补偿，而提取建立的准备基金，可以保证保险人有足够的资金来履行自己的保险责任。财产保险合同提存的准备金包括未到期责任准备金和未决赔款准备金。

（一）未到期责任准备金的核算

未到期责任准备金是指保险公司对1年期以内（含1年）的非寿险保险责任按规定提取的准备金。保险公司应于确认非寿险保险收入的当期按保险精算确定的金额，提取未到期责任准备金，作为当期保费收入的调整，并确认未到期责任准备金负债。资产负债表日，保险人应按保险精算重新计算确定的未到期责任准备金金额与已提取的未到期责任准备金余额的差额调整未到期责任准备金余额。

1. 未到期责任准备金的计算。未到期责任准备金的计算有三种方法：年平均估算法、季平均估算法和月平均估算法。

（1）年平均估算法（又称1/2法）。采用此法的前提条件是假定每年中的所有保险单是在365天中逐日均匀开立的，即每天开立的保险单数量及保险金额大体相等，每天收取的保险费数额也基本相同，这样，一年的保险单在当年还有50%的有效部分未到期，故期末提取未到期责任准备金 = 本期保费收入 ×50%。

（2）季平均估算法（又称1/8法）。采用此法的前提条件是假定每一季度内承保的所有保险单是逐日开出的，即每天开出的保险单数量、保额、保费大体相等。这样，就可以认为每季度的保单有半个季度的责任未到期。因此。到年末时，对在第一季度投保的保险单应提取的准备金为第一季度保费收入的1/8，另外7/8为已到期保费。对在第二季度投保的保险单应提取的未到期准备金为第二季度保费收入的3/8。另外5/8为已到期保费。以此类推，年末未到期责任准备金的计算公式为：

年末未到期责任准备金 = 第一季度保费收入 ×1/8 + 第二季度保费收入 ×3/8 + 第三季度保费收入 ×5/8 + 第四季度保费收入 ×7/8

（3）月平均估算法（又称1/24法）。采用此法的前提条件是假定一个月内承保的所有保险单是30天内逐日开出的，且保险单数量、保额、保费大体相等。这样，就可以认为本月承保时保单在当月内的有效天数都是15天即半个月，每月的保单有半个月的责任未到期。对一年期的保险单来说，开立保险单的当月末已到期责任为1/24，23/24的保费则是未到期责任准备金。以后每过一个月，已到期责任加上2/24，未到期责任准备金减少2/24，到年末，1月份开出保险单的未到期责任准备金为保费的1/24，2月份开出保险单的未到期责任准备金为保费的3/24，其余类推，到12月份开出保险单的未到期责任准备金为保费的23/24。这种方法比年平均估算法精确，适用于每月内开出保险单份数与保额大致相同而各月之间差异较大的业务。

2. 会计科目的设置。为了反映和监督财产保险业务未到期责任准备金的增减变动情况，设置“未到期责任准备金”和“提取未到期责任准备金”科目进行核算。

（1）“未到期责任准备金”科目。“未到期责任准备金”科目核算公司按规定提取的非寿险原保险合同未到期责任准备金。再保险接受人提取的再保险合同分保未到期责任准备金，也在本科目核算。本科目属负债类科目，其贷方登记按规定提取的未到期责任准备金，借方登记按规定冲减的未到期责任准备金，期末贷方余额，反映公司的未到期责任准备金。

（2）“提取未到期责任准备金”科目。“提取未到期责任准备金”科目核算公司按规定提取的非寿险原保险合同未到期责任准备金和再保险合同分保未到期责任准备金。本科目属损益类科目。其借方登记按规定提取的未到期责任准备金，贷方登记按规定冲减的未到期责任准备金，期末，应将本科目余额转入本年利润科目，结转后本科目无余额。

3. 未到期责任准备金的账务处理。未到期责任准备金的账务处理包括未到期责任准备金的计提、资产负债表日的处理、转销，以及提取未到期责任准备金结转本年利润等内容。

（1）提取未到期责任准备金的核算。保险公司应于确认非寿险保险收入的当期按保险精算确定的金额，提取未到期责任准备金，作为当期保费收入的调整，并确认未到期责任准备金负债。保险公司应按照保险精算确定应提取的未到期责任准备金金额，借记“提取未到期责任准备金”科目，贷记“未到期责任准备金”科目。

（2）资产负债表日的处理。资产负债表日，保险公司应按保险精算重新计算确定的未到期责任准备金金额与已提取的未到期责任准备金余额的差额调整未到期责任准备金余额。保险公司应按照二者的差额借记“提取未到期责任准备金”科目，贷记“未到期责任准备金”科目。

（3）未到期责任准备金的转销。原保险合同提前解除的保险人应当转销相关未到期责任准备金余额，计入当期损益。保险公司应按照相关未到期责任准备金余额，借记“未到期责任准备金”科目，贷记“提取未到期责任准备金”科目。

（4）未到期责任准备金期末结转。期末，应将提取未到期责任准备金科目余额转入本年利润科目，结转后该科目无余额。

【例4－12】安正保险公司一项非寿险保险合同采取分期付款的方式支付保费。当期可以确认的保费收入为50 000元，按保险精算确定的未到期责任准备金为20 000元，则当期应确认的保费收入为50 000元计提的准备金为20 000元，调整后实际的保费收入为30 000元。假设到资产负债表日，未到期责任准备金余额为20 000元，按保险精算重新确定的未到期责任准备金为25 000元，则应补提5 000元的准备金，并调整当期的损益。安正保险公司编制如下会计分录：

（1）根据合同确认保费收入50 000元并提取未到期责任准备金20 000元：

借：银行存款	50 000	
贷：保费收入		50 000
借：提存未到期责任准备金	20 000	
贷：未到期责任准备金		20 000

（2）保险精算重新确定的未到期责任准备金为25 000元，则应补提5 000元的准备金：

借：提存未到期责任准备金　　　　　　　　5 000

　　贷：未到期责任准备金　　　　　　　　　　5 000

（二）未决赔款准备金的核算

1. 未决赔款准备金的内容。未决赔款准备金是指保险公司对保险事故已发生已报案或已发生未报案而按规定对未决赔款提取的准备金。保险公司应在非寿险保险事故发生的当期，按保险精算确定的金额，提取未决赔款准备金，并确认未决赔款准备金负债，未决赔款准备金内容包括已发生已报案未决赔款准备金，已发生未报案未决赔款准备金和理赔费用准备金。

（1）已发生已报案未决赔款准备金，是指保险人为非寿险保险事故已发生，并已向保险人提出索赔、尚未结案的赔案提取的准备金。

（2）已发生未报案未决赔款准备金，是指保险人为非寿险保险事故已发生。尚未向保险人提出索赔的赔案提取的准备金。

（3）理赔费用准备金是指保险人为非寿险保险事故已发生，尚未结案的赔案可能发生的费用而提取的准备金。如律师费、诉讼费、损失检验费、相关理赔人员薪酬等。

2. 会计科目的设置。为了反映和监督财产保险业务未决赔款准备金的增减变动情况，设置“未决赔款准备金”和“提取未决赔款准备金”科目进行核算。

（1）“未决赔款准备金”科目。保险公司为已经发生非寿险保险事故并已提出保险赔款，以及已经发生非寿险保险事故但尚未提出保险赔款及发生的理赔费用，按规定提取的未决赔款准备金。再保险接受人提取的再保险合同未决赔款准备金，也在本科目核算。本科目属负债类科目，其贷方登记按规定提取的未决赔款准备金，借方登记按规定冲减的未决赔款准备金，期末贷方余额，反映公司的未决赔款准备金，本科目按保险合同进行明细核算。

（2）“提取未决赔款准备金”科目。本科目核算保险公司由于已经发生非寿险保险事故并已提出保险赔款，以及已经发生非寿险保险事故但尚未提出保险赔款及发生的理赔费用，按规定提取的未决赔款准备金。再保险接受人提取的再保险合同未决赔款准备金，也在本科目核算。本科目属损益类科目，其借方登记按规定提取的未决赔款准备金，贷方登记按规定冲减的未决赔款准备金，期末，应将本科目余额转入本年利润科目，结转后本科目无余额。本科目按险种和保险合同进行明细核算。

3. 未决赔款准备金的账务处理。未决赔款准备金的账务处理包括未决赔款准备金的计提、充足性测试、冲减以及将提取的未决赔款准备金结转本年利润等内容。

(1) 未决赔款准备金的提取。保险人应在非寿险保险事故发生的当期，保险公司应按保险精算确定的金额，提取未决赔款准备金，借记“提取未决赔款准备金”科目，同时确认未决赔款准备金负债，贷记“未决赔款准备金”科目。

(2) 未决赔款准备金充足性测试。保险人应当至少在每年年度终了，对未决赔款准备金进行充足性测试。所谓充足性测试，是指计算为将来可能要履行的保险责任而提取的准备金是否足够、充分，以确保保险准备金负债没有被低估。保险人按保险精算重新计算确定的相关准备金金额超过充足性测试日已提取的相关准备金余额的，应当按照其差额补提相关准备金，保险公司应按相应补提金额，借记“提取未决赔款准备金”科目，同时应确认当期损益，贷记“未决赔款准备金”科目；保险人按保险精算重新计算确定的相关准备金金额小于充足性测试日已提取的相关准备金余额的，不调整相关准备金。

(3) 未决赔款准备金的冲减。保险公司应当在确定支付赔付款项金额或实际发生理赔费用的当期，按照确定支付的赔付款金额或实际发生的理赔费用金额，冲减相应的未决赔款准备金余额，借记“未决赔款准备金”科目，贷记“提取未决赔款准备金”科目。

(4) 提取未决赔款准备金的期末结转。期末，应将“提取未决赔款准备金”科目余额转入“本年利润”科目。结转后该科目无余额。

【例 4-13】 2010 年 6 月 30 日，安正保险公司与嘉华公司签订了财产保险合同，按保险精算确定应提取未决赔款准备金 500 万元，2010 年 7 月 30 日支付嘉华公司赔款金额为 500 万元，同时冲减相应的未决赔款准备金余额。安正保险公司编制如下会计分录：

(1) 提取未决赔款准备金时：

借：提存未决赔款准备金	5 000 000	
贷：未决赔款准备金		5 000 000

(2) 支付保险赔付款项时：

借：赔款支出	5 000 000	
贷：银行存款		5 000 000

(3) 冲减相应未决赔款准备金余额时：

借：未决赔款准备金	5 000 000	
贷：提取未决赔款准备金		5 000 000

第三节　人身保险业务的核算

人身保险是指以人的生命与身体作为保险标的的一种保险。保险人通过与投保人签订保险合同，向投保人收取一定保费后，在被保险人因疾病或遭遇意外事故致伤残或死亡或达到合同约定的年龄、期限时承担给付保险金责任的保险行为。主要包括人寿保险、健康保险和人身意外伤害保险。

一、人寿保险业务的核算

人寿保险是指以被保险人的生命为保险标的，以被保险人死亡或生存至合同约定的年限时，由保险人给付保险金的保险。

（一）保费收入的核算

1. 保费的计算。人寿保险的保费由净保险费和附加保险费两部分组成。净保险费的计算需要使用生命表并考虑投资所取得的收益；附加保费主要是用于保险公司的各项业务开支和预期利润。保费的计算关键在于确定合理的保险费率。

（1）保险费率计算的基本假设。首先，在计算费率时，要做两个简单假设：保险费在年初缴付，保险金在年末给付。尽管实际情况是，在签发保险单时缴付第一次保险费，以后每年在这个日期缴付保险费，保险金则是在被保险人死亡或达到规定年限后给付。其次，保险公司预先不知道将来能得到多少利率，因此就有必要假设在整个保险期内每年可以取得的一个合理利率，即保险公司确信在长期可以取得的一个平均利率。如果实际利率低于预定利率，就要用以前积累的盈余来弥补利息收入的不足部分。再次，费率计算假设死亡人数在年内平均分布。根据这种假设，死亡平均发生在一年的中期，而在前面的费率计算假设中，保险金是在年末给付，这意味着保险公司要损失半年的利息，这一损失需要以费用附加的方式加以调整。最后，必须对除了被保险人死亡或满期以外的其他原因造成的合同终止做出假设，即假设一个保险单失效率。在实际做法上，保险单失效率是按年龄和险种区分的。

（2）纯费率的确定。在纯费率计算中，只考虑死亡率和利息两个因素，通过“利息折扣”和“死亡率折扣”，在签发保险单时，使将来净保险费收入的现值等于将来给付保险金的现值。由于假设保险金在年末给付、保险费在年初缴付，所以对保险金的“利息折扣”要比对保险费的“利息折扣”多一年。将来净保险费收入的现值是保险公司的预期价值，将来给付保险金的现值是保险单所有人的预期价值，这个等式表明保险单所有人与保险公司是进行等价交换。保险公司的业务开支和利润通过附加保费解决。

（3）附加费率的确定。公平的附加保费制度应该使每个保险单所有人承担保险公司相应业务开支和利润的份额，因此要尽可能按照这个目标确定附加费率。附加费率部分与保险金额有关，部分同每份保险单有关。因此在确定附加费率公式时。要同时考虑这两个因素。如果只考虑每份保险单的因素，当保险金额增加时，固定的每份保险单的附加保险费只占全部保险费的一个较小比例。附加费率的计算公式与财产保险业务附加费率的计算公式基本相同。

2. 寿险保费收入的基本程序。人寿险业务范围广、种类多，保险公司应根据不同险种的要求，分别确定保险费，投保人缴纳保费的方式、程序和手续也不相同。

（1）寿险保单的保险费一般是分期缴付，并在保险合同中载明，投保人或被保险人必须按合同规定的时间及金额缴纳保险费。

（2）保户的第一期保险费必须在签订合同时向保险公司缴付，以后各期保险费，保户应按合同规定的交费时间与保费额，前往保险公司指定地点缴纳保险费。对于因故迟交或补交保险费的保户，除补交所欠的保险费外，还应缴纳由于迟交保险所产生的利息。

（3）当出纳人员收到款项后，随即开出三联收款凭证，并加盖“现金收讫”章与经办员名章，第一联保费收据交保户收执，第二联保费副本交业务部门登记业务卡片，第三联收款存根连同存款缴款回单一并交会计记账。

（4）属于集体投保的寿险业务，由保险公司和代办单位直接建立代收保费关系，由单位指定代办员代收代交，并以转账方式将保费划入保险公司账户。

3. 保费收入的确认。人寿保险业务保费收入的确认条件与财产保险业务相同。人寿保险公司一般应于收到保费时确认保费收入，但对于分期收款保险合同，即使在合同规定的收款期内因被保险人的原因没有收到保费，如果收到保费的可能性大于不能收到保费的可能性，可以于应收保费时确认保费收入，而不一定要在实际收到时确认。在采用以保户储金利息作为保费收入的收款方式下，可以按期确认保费收入。

4. 会计科目的设置。为了反映和核算人寿保险业务保费收入的增减变动情况，应设置“保费收入”、“应收保费”、“预收保费”等科目进行核算。

5. 保费收入的账务处理。投保人向保险公司投保人寿保险业务时，除按规定办理投保手续外，在缴费时，投保人根据业务人员填制的三联“××保费收据”缴费凭证办理缴款。经审核、验钞并签字盖章后，将缴费凭证一联退投保人，一联交业务员作为登记分户卡的依据．另一联连同银行存款解缴回单一并送交会计部门，作为会计人员登账的依据。

（1）保险业务发生时收取保费的核算。投保人交费，经审核核对时间、金额无误后，保险公司应按照收取保费的金额，借记“库存现金”等科目，贷记“保费收入”科目。

（2）投保人提前预交保险费的核算。保险公司收到投保人预交保费时，应按照预收保费的金额，借记“库存现金”等科目，贷记“预收保费”科目。到该保单交费日时，保险公司应将预收保费转入保费收入，借记“预收保费”科目，贷记“保费收入”科目。

（3）应收保费的核算。对于寿险保费，保单宽限期内欠缴的保费保单，其保费金额可以可靠地流入公司，同时公司在宽限期仍承担责任，因此应计提应收保费并确认保费收入。保险公司应按照应收的保费金额，借记“应收保费”科目，贷记“保费收入”科目。

【例4－14】保户李某2010年3月于安正保险公司投保10年期终身寿险，按规定每年缴保费4 000元，宽限期为3个月。2010年3月该保户交纳保费4 000元；2011年3月缴费期已到，但该保户尚未交纳保费；2011年5月，该保户交来保费4 000元。安正保险公司应编制如下会计分录：

（1）2010年3月收到首期保费时：

借：库存现金	4 000	
贷：保费收入——终身寿险		4 000

（2）2011年3月保户欠缴保费时：

借：应收保费	4 000	
贷：保费收入——终身寿险		4 000

（3）2011年5月，收到欠缴保费时：

借：库存现金	4 000	
贷：应收保费		4 000

（4）失效保单的核算。根据人寿保险条款规定，宽限期外仍未缴费的保单丧失保单效力。如投保人在2年之内提出继续保险的要求，并经业务部门审核批准，保单可以复效．复效保单除补交保费外还必须依

规定补偿保险人在失效期间的利息损失。该保险公司应按实际收到的款项借记“库存现金”或“银行存款”等科目，按补交保费金额贷记“保费收入”科目，按失效期间应收的利息贷记“利息收入”科目。

【例 4－15】 保户张某在安正保险公司投保定期寿险，现已有现金价值，但因经济原因暂时不能按时缴费，该保险公司在宽限期内为其垫缴 2 000 元，三个月后收回，月利率为 3‰。安正保险公司应编制如下会计分录：

（1）安正保险公司垫缴保费时：

借：垫缴保费	2 000	
贷：应收保费		2 000

（2）收回垫缴保费及利息时：

借：应收保费	2 018	
贷：垫缴保费		2 000
利息收入		18

（二）保险金给付的核算

1. 保险金给付的确认。保险公司应当在确定支付赔付款项或实际发生理赔费用的当期，按照确定支付的赔付款项金额或实际发生理赔费用的金额，记入当期损益，同时冲减相应的寿险责任准备金余额（赔付款项包括保险人支付的赔款、给付，以及在理赔过程中发生的律师费、诉讼费、损失检验费、相关理赔人员的薪酬等理赔费用）。人寿保险业务的保险金给付主要包括死伤医疗给付、满期给付、年金给付三种。人寿保险公司在审查核实投保人提供有关单证及证明后，填制“死伤医疗给付领取收据”、“满期给付领取收据”，由投保人签章后，连同保险分户卡一并送交会计部门。经会计部门复核无误后，向投保人支付保险金。

2. 会计科目的设置。为了反映和核算人寿保险业务死伤医疗给付、满期给付、年金给付的增减变动情况，应设置“死伤医疗给付”、“满期给付”、“年金给付”等科目进行核算。

（1）“死伤医疗给付”科目。本科目核算公司因人寿保险及长期健康保险业务的被保险人在保险期内发生保险责任范围内的保险事故，公司按保险合同的约定支付给被保险人（或受益人）的保险金。本科目属损益类科目，其借方登记所发生的死伤医疗给付金额，贷方登记按规定冲减的死伤医疗给付金额，期末应将本科目余额转入本年利润科目，结转后本科目无余额。本科目按保险合同和险种设置明细账。

（2）“满期给付”科目。本科目核算公司因人寿保险业务的被保险人生存至保险期满，公司按保险合同的约定支付给被保险人的保险金。本科目属损益类科目，其借方登记所发生的满期给付金额，贷方登记按规定冲减的满期给付金额，期末应将本科目余额转入本年利润科目，结转后本科目无余额。本科目按保险合同和险种设置明细账。

(3) “年金给付”科目。本科目核算公司因年金保险业务的被保险人生存至规定的年龄，公司按保险合同的约定支付给被保险人的给付金额。本科目属损益类科目，其借方登记所发生的年金给付金额，贷方登记按规定冲减的年金给付金额，期末应将本科目余额转入本年利润科目，结转后本科目无余额。本科目按保险合同和险种设置明细账。

3. 保险金给付的账务处理。

(1) 死伤医疗给付的核算。死伤医疗给付分为死亡给付、伤残给付和医疗给付三种。按照人寿保险业务的规定，申请死伤医疗给付时，被保险人或受益人必须提供有关证明、调查报告交会计部门，会计部门经复核无误后，据以支付给付金额。死伤医疗给付实际发生时，保险公司应根据支付的金额借记“死伤医疗给付”科目，贷记“银行存款”、“库存现金”等科目。

若在死伤医疗给付时保户贷款的本息尚未还清，应将贷款本息从保险金中扣除。保险公司应按保单约定的金额借记“死伤医疗给付”科目，按未收回的保户质押贷款本金贷记“保户质押贷款”科目，按尚未归还贷款计算的利息金额贷记“利息收入”科目，按实际支付的金额贷记“银行存款”、“库存现金”等科目。期末应将“死伤医疗给付”科目的发生额转入“本年利润”科目，结转后该科目无余额。

【例4－16】保户王某为其女儿在安正保险公司投保10年期独生子女两全险，现因交通事故造成其女儿左肢永久残疾，经医院提供伤残证明，保险公司按规定给付金额全额6 000元，经复核无误后以银行存款支付。安正保险公司应编制如下会计分录：

借：死伤医疗给付——普通寿险——独生子女险　　6 000
　　贷：银行存款　　6 000

【例4－17】张某于2008年在安正保险公司投保长期健康险，其在今年6月份发生重大疾病，在住院期间发生医疗费用150 000元，并向安正保险公司提出给付申请，安正保险公司经过审查后同意给付张某全额保险金150 000元，但须扣除张某宽限期内尚未交付的保费5 000元和保户质押贷款11 000元（其中利息1 000元）。安正保险公司应编制如下会计分录：

借：死伤医疗给付——长期健康险　　150 000
　　贷：应收保费——长期健康险——张某　　5 000
　　　　保户质押贷款——张某　　10 000

利息收入　　　　　　　　　　　　　　1 000

库存现金　　　　　　　　　　　　　　134 000

（2）满期给付的核算。当保户的简易人寿保险、团体人寿保险、普通个人生存保险以及生死两全保险等保险期满时，保险公司应根据所支付的保险金额借记“满期给付”科目，贷记“银行存款”、“库存现金”等科目。若在满期给付时保户贷款的本息尚未还清，应将贷款本息从保险金中扣除。保险公司应按保单约定的金额借记“满期给付”科目，按未收回的保户质押贷款本金贷记“保户质押贷款”科目，按尚未归还贷款计算的利息金额贷记“利息收入”科目，按实际支付的金额贷记“银行存款”、“库存现金”等科目。期末应将“满期给付”科目的发生额转入“本年利润”科目，结转后该科目无余额。

【例 4－18】某企业为其员工投保的五年期团体两全险到期，于是向安正保险公司提出满期给付保险金，安正保险公司经过审查后，其会计部门以转账方式支付保险金 500 000 元。安正保险公司应编制如下会计分录：

借：满期给付——团寿险　　　　　　　　500 000

贷：银行存款　　　　　　　　　　　　500 000

【例 4－19】2010 年 5 月，王华于安正保险公司投保保险金为 30 000元的两全险到期，但尚有 5 000 元的保户质押贷款未还（其中应付利息 253 元），会计部门在扣除贷款及利息后办理的相关给付。安正保险公司应编制如下会计分录：

借：死伤医疗给付——两全险　　　　　　30 000

贷：保户质押贷款——王华　　　　　　5 000

利息收入　　　　　　　　　　　　　253

库存现金　　　　　　　　　　　　　24 747

（3）年金给付的核算。当被保险人生存至规定的年龄，保险公司应按保险合同条款约定支付年金给付的金额借记“年金给付”科目，贷记“银行存款”、“库存现金”等科目。若在年金给付时保户贷款的本息尚未还清，应将贷款本息从保险金中扣除。保险公司应按保单约定的金额借记“年金给付”科目，按未收回的保户质押贷款本金贷记“保户质押贷款”科目，按尚未归还贷款计算的利息金额贷记“利息收入”科目，按实际支付的金额贷记“银行存款”、“库存现金”等科目。期末应将“年金给付”科目的发生额转入“本年利润”科目，结转后该科目无余额。

【例 4－20】张某在安正保险公司投保终身养老金年金保险，每月缴保费 200 元，现已到约定年金领取年龄，张某持相关证件向安正保险公司办理相关领取手续，按规定张某每月领取保险金 720 元，经复核，会计部门以现金予以支付。安正保险公司应编制如下会计分录：

借：年金给付——养老保险　　720

　　贷：银行存款　　720

（三）退保业务的核算

由于人寿保险业务是长期性业务，在较长的时间中，由于种种原因会发生保户要求退保的情况。原保险合同提前解除的，保险人应当按照约定应当退还投保人的保单现金价值。为了正确反映和监督人寿保险退保业务情况，设置“退保金”科目进行核算，本科目为损益类科目，核算保险公司寿险业务按合同约定退还给被保险人的保单的现金价值。

当客户要求退保，保险公司支付退保金时，借记“退保金”科目，贷记“库存现金”或“银行存款”等科目。支付退保金时，若有贷款本息尚未还清，则以现金价值减去应归还本息的差额，借记“退保金”科目，按未收回的保户质押贷款本金，贷记“保户质押贷款”科目，按尚未归还贷款计算的利息金额贷记“利息收入”科目，按实际支付的金额，贷记“库存现金”或“银行存款”等科目。退保时若存在预交保费，应退还预交保费。按退保金数额，借记“退保金”科目，按应退预交保费金额，借记“预收保费”科目，按实际支付金额，贷记“库存现金”或“银行存款”等科目。期末应将“退保金”科目的发生额转入“本年利润”科目，结转后该科目无余额。

【例 4－21】张某在安正保险公司投保终身寿险，但由于其要移居国外，遂要求退保，安正保险公司会计部门以转账方式支付张某退保金 8 500 元。安正保险公司应编制如下会计分录：

借：退保金——终身寿险　　8 500

　　贷：银行存款　　8 500

【例 4－22】张某在安正保险公司投保养老保险，但因经济困难其要求退保，退保金为 5 000 元，但其尚有 1 000 元借款及 75 元借款利息未还清，安正保险公司经审核无误后以现金支付。安正保险公司应编制如下会计分录：

借：退保金——养老保险　　5 000

　　贷：保户质押贷款——张某　　1 000

　　　　利息收入　　75

　　　　库存现金　　3 925

【例 4－23】张某在安正保险公司投保定期寿险，现要求退保，安正保险公司业务部门核定应退退保金 2 500 元，但张某在安正保险公司尚有预交的 3 个月保金 180 元，会计部门审核无误后，将退保金和预交保金已转账方式一并退还予张某。安正保险公司应编制如下会计分录：

借：退保金——定期寿险　　2 500
　　预收保费——张某　　180
　　贷：银行存款　　2 680

二、人身意外伤害保险和健康保险业务的核算

人身意外伤害保险是当被保险人因遭受意外伤害使其身体残疾或死亡时，保险人依照合同规定给付保险金的人身保险。健康保险是以人的身体为保险对象，保证被保险人在疾病或意外事故所致伤害时的费用或损失获得补偿的一种人身保险。健康保险根据保障内容的不同一般可以分为两大类：一是保障由于疾病或意外事故所致的医疗费用，这类险种统称为医疗保险或医疗费用保险；二是保障由于疾病或意外事故所致的全部或部分收入损失，统称为残疾收入补偿保险。

（一）会计科目的设置

为了反映和核算人身意外伤害保险和健康保险业务保费收入与保险金给付情况，应设置“保费收入”、“应收保费”、“赔款支出”、“死伤医疗给付”等科目进行核算。

（二）保费收入的核算

人身意外伤害保险和健康保险保费收入的确认应当根据原保险合同约定的保费总额确认。投保人向保险公司申办意外伤害保险和健康保险时，应办理投保手续和缴纳保费。每日对外营业结束后，由业务部门汇编“保费日报表”连同“保费收据”存根送交会计部门。会计部门审核无误后据以办理入账。保险公司应按照保户缴纳的保费金额，借记“银行存款”或“库存现金”等科目，贷记“保费收入”科目。

（三）保险金给付的核算

保险公司在办理人身意外伤害保险和健康保险金给付时应由投保人提供有关单证及证明。经业务部门审查核实后，填制“××险给付领取收据”，由投保人签章后，连同保险分户卡一并送交会计部门。经会计部门复核无误后，向投保人支付保险金。保险公司应按照给付金额，

借记“赔款支出（或死伤医疗给付）”科目，贷记“银行存款”或“库存现金”等科目。

【例4-24】某长期健康险保单的被保险人发生重大疾病，向保险公司提出给付申请。经核实，保险公司给付全部保险金200 000元，但需扣除宽限期内尚未交付的保费6 500元。其余款项以现金形式支付。该保险公司应编制如下会计分录：

借：死伤医疗给付——长期健康险	200 000	
贷：保费收入——长期健康险		6 500
库存现金		193 500

三、人身保险业务准备金的核算

人身保险业务提存的准备金主要包括寿险责任准备金、长期健康险责任准备金、未到期责任准备金和未决赔款准备金。后两项准备金的核算参见财产保险准备金核算。

（一）人身保险业务准备金的确认

1. 寿险责任准备金。寿险责任准备金是指保险公司对人寿保险业务为承担未来保险责任而按规定提存的准备金。保险公司应在确认寿险保费收入的当期，按保险精算确定的金额，提取寿险责任准备金，并确认寿险责任准备金负债。

2. 长期健康险责任准备金。长期健康险责任准备金，是指保险公司对尚未终止的长期健康保险责任提存的准备金。保险公司应在确认长期健康险保费收入的当期，按保险精算确定的金额，提取长期健康险责任准备金，并确认长期健康险责任准备金负债。

由于寿险和长期健康险的风险不同，后者以人的健康为保险标的，未来给付的金额更具有不确定性，因而风险也就较大，费用率相对较高。同时，寿险责任准备金、长期健康险责任准备金的精算方法也是不同的，会计上将寿险责任准备金、长期健康险责任准备金分开核算。

（二）会计科目的设置

为了反映和核算人身保险业务责任准备金的增减变动情况，应设置“寿险责任准备金”、“提取寿险责任准备金”、“长期健康险责任准备金”、“提取长期健康险责任准备金”等科目。

1. “寿险责任准备金”科目。“寿险责任准备金”科目核算保险公司对尚未终止的人寿保险责任而提存的准备金。再保险接受人提取的再保险合同寿险责任准备金，也在本科目核算。本科目属于负债类科目，其贷方登记提取的寿险责任准备金数额，借方登记冲减的寿险责任准备金，余额在贷方，反映公司的寿险责任准备金。本科目应按保险合同及险种设置明细账。

2. “提取寿险责任准备金”科目。“提取寿险责任准备金”科目核算保险公司人寿保险业务承担保险期内的责任而提存的准备金。再保险接受人提取的再保险合同寿险责任准备金，也在本科目核算。本科目属于损益类科目，其借方登记提取的寿险责任准备金数额，贷方登记冲减的寿险责任准备金，期末，应将本科目余额转入本年利润科目。结转后本科目无余额。本科目按保险合同及险种设置明细账。

3. “长期健康险责任准备金”科目。“长期健康险责任准备金”科目，核算保险公司对尚未终止的长期健康险责任而提存的准备金。本科目属于负债类科目，其贷方登记提取、补提的长期健康险责任准备金数额，借方登记冲减的长期健康险责任准备金，余额在贷方，反映公司的长期健康险责任准备金。本科目应按保险合同及险种设置明细账。

4. “提取长期健康险责任准备金”科目。“提取长期健康险责任准备金”科目核算保险公司对尚未终止的长期健康险责任而提存的准备金。本科目属于损益类科目，其借方登记提取的长期健康险责任准备金数额，贷方登记冲减的长期健康险责任准备金，期末，应将本科目余额转入本年利润科目。结转后本科目无余额。本科目按保险合同及险种设置明细账。

（三）寿险责任准备金、长期健康险责任准备金的账务处理

寿险、长期健康险责任准备金的账务处理包括提取寿险、长期健康险责任准备金、充足性测试、转销冲减寿险、长期健康险责任准备金以及将提取的责任准备金结转本年利润等内容。

1. 提取寿险责任准备金、长期健康险责任准备金时，应按保险精算确定的寿险责任准备金、长期健康险责任准备金金额，借记“提取寿险责任准备金”、“提取长期健康险责任准备金”科目，贷记“寿险责任准备金”、“长期健康险责任准备金”科目。期末将“提取寿险责任准备金”、“提取长期健康险责任准备金”科目余额转入“本年利润”科目，结转后该科目无余额。

【例 4-25】 2010 年 6 月，安正保险公司精算部门计算提取两全寿

险责任准备金120 000元，提取重大疾病保险责任准备金750 000元。安正保险公司应编制如下会计分录：

借：提取寿险责任准备金　　120 000
　　提取长期健康险责任准备金　　750 000
　贷：寿险责任准备金　　120 000
　　　长期健康险责任准备金　　750 000

2. 充足性测试。保险公司应当至少每年年度终了时，对寿险责任准备金、长期健康险责任准备金进行充足性测试。保险人按保险精算重新计算确定的相关准备金金额超过充足性测试日已提取的相关准备金余额的，应当按照其差额补提相关准备金，并相应计入当期损益，借记"提取寿险责任准备金"、"提取长期健康险责任准备金"科目，贷记"寿险责任准备金"、"长期健康险责任准备金"科目；保险人按保险精算重新计算确定的相关准备金金额小于充足性测试日已提取的相关准备金余额的，不调整相关准备金。

3. 转销冲减寿险、长期健康险责任准备金。保险公司应当在确定支付赔付款项金额或实际发生理赔费用的当期，按照确定支付的赔付款金额或实际发生的理赔费用金额，冲减相应的寿险、长期健康险责任准备金余额，借记"寿险责任准备金"、"长期健康险责任准备金"科目，贷记"提取寿险责任准备金"、"提取长期健康险责任准备金"科目。

【例4-26】张某在安正保险公司投保两全寿险保险期满，其持有关证件向安正保险公司办理领取手续，安正保险公司会计部门经复核，以现金支付，该保单寿险责任准备金余额为20 000元。安正保险公司应编制如下转销会计分录：

借：寿险责任准备金　　20 000
　贷：提取寿险责任准备金　　20 000

【例4-27】张某在安正保险公司投保长期健康险，现张某因发生重大疾病遂向安正保险公司申请保费，安正保险公司经审核后同意给付全部保险金，该保单责任准备金余额为350 000元。安正保险公司应编制如下转销会计分录：

借：长期健康险责任准备金　　350 000
　贷：提取长期健康险责任准备金　　350 000

4. 系统内发生被保险人从外地转入保险关系而转入的寿险责任准备金、长期健康险责任准备金时，借记"银行存款"或"系统往来"等科目，贷记"寿险责任准备金"、"长期健康险责任准备金"科目。被保险人前往外地转移保险关系转出的寿险责任准备金、长期健康险责任准备金时，借记"寿险责任准备金"、"长期健康险责任准备金"科目，贷记"银行存款"或"系统往来"等科目。

【例 4－28】张某在安正保险公司投保两全险，但现因其要调往外地工作，欲转出保险关系。当年已交保费 500 元，以前年度提存的寿险责任准备金 5 000 元。安正保险公司为其办理相关保险关系转移手续，并以银行转账方式支付相关款项。安正保险公司应编制如下会计分录：

借：保费收入——两全险	500	
寿险责任准备金	5 000	
贷：银行存款		5 500

【例 4－29】重大疾病保险保户张某现调入本市工作，欲将保险关系转入本市安正保险公司。张某以前年度提存的长期健康险责任准备金为 30 000 元。安正保险公司为其办理了保险关系转移手续。安正保险公司应编制如下会计分录：

借：银行存款	30 000	
贷：长期健康险责任准备金		30 000

第四节　再保险业务的核算

再保险，也称分保，是保险人在原保险合同的基础上，通过签订分保合同，将其所承担的部分风险和责任转移给其他保险人。分出自己承保业务的保险人称原保险人或分出人。接受分保业务的保险人称再保险人、分入人、分保接受人。原保险人通常通过签订再保险合同，支付规定的分担费，以将其承担的部分风险和责任转移给一家或多家保险公司，用分散风险来保证业务经营的稳定性。

一、再保险的种类

再保险按责任限额计算基础的不同，可分为两类，即以保险金额为计算基础的比例再保险和以赔款金额为计算基础的非比例再保险。

（一）比例再保险

比例再保险是指原保险人与分保接受人签订分保合同，以保险金额的一定比例承担保险责任的一种再保险。比例再保险又可以分为成数再保险、溢额再保险。

1. 成数再保险。成数再保险是一种最简单的分保方式。分保分出人以保险金额为基础，对每一保险单位按固定比例及一定成数为自留额，将其余的一定成数转让给分保接受人，保险费和保险赔款按同一比例分摊。

2. 溢额再保险。溢额再保险是指分保分出人以保险金额为基础，规定每一危险单位一定额度作为自留额，并将其超过自留额的部分即溢额，分给分入人。分入人按承担溢额责任占保险金额的比例收取分保费和分摊分保赔款。

（二）非比例再保险

非比例再保险是指以再保险分出人赔付款金额（实际损失）为自留额和分保额计算基础的一种再保险。非比例再保险又可分为超额赔款再保险和超额赔付率再保险。

1. 超额赔款再保险。超额赔款再保险是由分保分出人和分保接受人签订协议，对每一危险单位损失或一次巨灾事故的累计责任损失规定一个自赔额，自赔额以上至一定限度由分保接受人负责。

2. 超额赔付率再保险。超额赔付率再保险是以一定时期（一般为1年）的积累责任赔付率为基础计算责任限额，当实际赔付率超过约定赔付率时，其超过部分由分入公司负责一定限额。

二、再保险的会计核算方法

再保险的会计核算方法有两种：一是预估法，即再保险业务相关收入、费用在发生时确认。例如，分出业务相关分出保费、摊回分保费用、摊回赔付支出在实际发生时确认，而不是于发出账单时确认。二是账单法，即再保险业务相关收入、费用于发出或收到账单时确认。再保险规范要求分出业务采用预估法处理，分入业务一般采用预估法，也可以采用账单法处理。在会计实务中，分入业务一般采用账单法处理。

三、再保险业务的核算

再保险基本业务包括分出业务和分入业务。

（一）分出业务的核算

1. 分保业务账单。办理再保险业务和进行再保险资金清算的主要凭据是分保业务账单（分保业务账单的基本格式见表4－1）。分保业务账单一般由分保分出公司按季度编制。再保险合同双方通常约定按照账单上各项应收应付款项相抵后的净额结算。

表4－1　　　　分保业务账单

分出公司名称：　　　　　　　分入公司名称：

账单期：业务年度

合同名称：

借方		贷方	
项目	金额	项目	金额
分保赔付款 分保手续费 保费准备金扣存 应付你方余额		分保费 保费准备金返还 保费准备金利息 应收你方余额	
合计		合计	

分出业务的核算内容包括分出保费、摊回分保费用、摊回赔付支出和应收分保准备金等的核算。

2. 分出业务的处理原则。

（1）再保险分出人不应当将再保险合同形成的资产与有关原保险合同形成的负债相互抵消，而是应分项单独列示。这里，“原保险合同形成的负债”主要是指再保险分出人对原保险合同提取的各项准备金；“再保险合同形成的资产”主要是指再保险分出人对再保险合同确认的各项应收分保准备金。应收分保准备金的确认应符合与原保险合同准备金不得相互抵消的要求，即再保险分出人不应仅以原保险合同准备金扣除相关应收分保准备金后的金额列示于资产负债表的负债方。

（2）再保险分出人不应当将再保险合同形成的收入或费用与有关原保险合同形成的收入或费用相互抵消，而应分项单独列示。这里，“再保险合同形成的收入”主要是指再保险分出人按照再保险合同约定向再保险接受人摊回的准备金、分保费用、赔付支出等；“再保险合同形成的费用”主要是指再保险分出人按照再保险合同约定向再保险接受人分出的保费等。即再保险合同分出业务的分出保费不应直接计入原保险合同保费收入的借方进行抵消，再保险合同分出业务摊回的准备金、分保费用、赔付支出不应直接计入原保险合同提取的准备金、手续费支出、赔付支出等的贷方进行抵消，应单独确认入账并在利润表中单独列示。

【例4－30】 甲保险公司与乙保险公司签订了一份再保险合同，约定将甲公司与丙公司签订的一份原保险合同的保险风险的一半转移给乙保险公司，即乙保险公司将承担未来保险事故发生时所付赔偿金的一半。同时将原保险合同保费收入的一半分给乙保险公司。原保险合同的保费收入总额为50 000元，保险金额为500 000元，保险期为一年，保费一次性支付。假设在保险期内，保险事故发生，定损后确定的赔付金额400 000元。则甲保险公司作为分保人，应该于收取保费时，记入保费收入50 000元，同时记录再保险合同费用25 000元，而不能仅记录25 000元的保费收入。在赔付时，记录赔付成本400 000元．同时记录应收再保险赔偿金200 000元，也不能以相互抵消后的净负债200 000元列示。

3. 会计科目的设置。为了正确反映和监督分出保险业务，再保险分出人通常设置“应收分保账款”、“应付分保账款”、“应收分保合同准备金”、“存入分保准备金”、“分出保费”、“摊回保险责任准备金”、“摊回赔付支出”、“摊回分保费用”等科目进行核算。

（1）“应收分保账款”科目。本科目核算保险公司从事再保险业务应收取的款项。本科目为资产类科目，其借方登记再保险业务发生应收取的款项，贷方登记再保险业务发生应收款项的减少，余额在借方，反映公司应收尚未收回的分保账款。本科目应按再保险分出人和再保险合同设置明细账。

（2）“应付分保账款”科目。本科目核算保险公司从事再保险业务应支付的款项。本科目为负债类科目，其贷方登记再保险业务发生应支付的款项，借方登记再保险业务发生应付款项的减少，余额在贷方，反映公司应付尚未支付的分保账款。本科目应按再保险分出人和再保险合同设置明细账。

（3）“应收分保合同准备金”科目。本科目核算再保险分出人从事再保险业务确认的应收分保未到期责任准备金。本科目为资产类科目，其借方登记按再保险合同约定计算确定的应收分保未到期责任准备金，贷方登记按规定调整减少、冲减及转销的金额，余额在借方，反映公司从事再保险业务应向再保险接受人收取的分保合同准备金。本科目应按再保险接受人和再保险合同设置明细账。

（4）“存入分保准备金”科目。本科目核算保险公司从事再保险业务按合同约定扣存再保险接受人的分保费形成的准备金。本科目为负债类科目，其借方登记扣存的分保准备金，贷方登记返还的分保准备金，余额在贷方，反映公司尚未返还的分保准备金。本科目应按再保险分入人设置明细账。

（5）“分出保费”科目。本科目核算再保险分出人向再保险接受人分出的保费。本科目为损益类科目，其借方登记分出的保费，贷方登记期末转入本年利润数额，结转后本科目无余额。本科目应按险种设置明细账。

（6）“摊回保险责任准备金”科目。本科目核算再保险分出人从事再保险业务向再保险接受人摊回保险责任准备金。本科目为损益类科目，其贷方登记向再保险接受人摊回保险责任准备金，借方登记期末转入本年利润数额，结转后本科目无余额。本科目应按保险责任准备金类别和险种设置明细账。

（7）“摊回赔付支出”科目。本科目核算再保险分出人向再保险接受人摊回的赔付支出。本科目为损益类科目，其贷方登记向再保险接受人摊回的赔付支出；借方登记期末转入本年利润数额，结转后本科目无余额。本科目应按险种设置明细账。

（8）“摊回分保费用”科目。本科目核算再保险分出人向再保险接受人摊回的分保费用。本科目为损益类科目，其贷方登记向再保险接受人摊回的分保费用，借方登记期末转入本年利润数额，结转后本科目无余额。本科目应按险种设置明细账。

4. 分出业务的账务处理。

（1）分出保费的核算。再保险分出人应当在确认原保险合同保费收入的当期，按照相关再保险合同的约定，计算确定分出保费。保险公司在确认原保险合同保费收入的当期，应按照再保险合同约定计算确定的分出保费的金额，借记“分出保费”科目，贷记“应付分保账款”科目。

（2）存入分保准备金的核算。因再保险分出人扣存分保准备金的交易具体体现在分保业务账单中，再保险分出人应当在发出分保业务账单时，将账单标明的扣存本期分保准备金确认为存入分保准备金；同时按照账单标明的返还上期扣存分保准备金转销相关存入分保准备金，并按期计算利息。分保准备金是再保险分出人从应付给再保险接受人的分保费中以一定比例的扣存，作为再保险接受人履行分保未了责任的保证金。①扣存本期分保准备金确认为存入分保准备金时，保险公司应按比例扣存的分保准备金金额借记“应付分保账款”，贷记“存入分保准备金”科目。②按照账单标明的返还上期扣存分保准备金时，保险公司应按照返还的分保准备金金额借记“存入分保准备金”科目，贷记“应付分保账款”科目。③按期计算存入分保准备金利息时，保险公司应按照相关利息金额借记“利息支出”科目，贷记“应付分保账款”科目。

（3）应收分保未到期责任准备金的核算。再保险分出人在确认非寿险原保险合同保费收入的当期，按相关再保险合同的约定，计算确认应收分保未到期责任准备金资产，并以该计算所得金额借记“应收分保未到期责任准备金”科目，并冲减提取未到期责任准备金，贷记“提取未到期责任准备金”科目。

（4）摊回保险责任准备金的核算。再保险分出人应当在提取原保险合同未决赔款准备金、寿险责任准备金、长期健康险责任准备金的当期，按照相关再保险合同的约定，计算应由分保接受人承担的相应准备金，计入当期损益，贷记“摊回未决赔款准备金”、“摊回寿险责任准备金”、“摊回长期健康险责任准备金”科目，同时确认相应各项各资产，借记“应收分保未决赔款准备金”、“应收分保寿险责任准备金”、“应收分保长期健康险责任准备金”科目。

（5）摊回的分保费用的核算。再保险分出人在确认原保险合同保费收入的当期，按照相关再保险合同的约定，计算确定应向再保险接受人摊回的分保费用，计入当期损益。摊回的分保费用是指分保业务账单中标明的应由再保险接受人负担的手续费、税款及杂项等费用份额。这些份额不应属于再保险分出人负担的，应予以摊回。摊回分保费用使再保险分出人与再保险接受人分别承担了各自应承担的费用份额，做到了收入与费用相配比。在确认原保险合同保费收入的当期，按照相关再保险合同的约定，计算确定应向再保险接受人摊回的分保费用，记在当期损益，贷记“摊回分保费用”科目，借记“应收分保账款”科目。

（6）摊回赔付支出的核算。再保险分出人在确定支付赔付款项金额或实际发生理赔费用而冲减原保险合同相应准备金余额的当期，冲减相应的应收分保准备金余额；同时，按照相关再保险合同的约定，计算确定应向再保险接受人摊回的赔付支出，计入当期损益。再保险接受人享有原保险合同带来的分保收入，也承担原保险合同带来的分保成本费用，体现了会计配比原则。按照相关再保险合同的约定，计算确定应向再保险接受人摊回的赔付支出，计入当期损益，贷记“摊回赔付支出”科目，借记“应收分保账款”科目。

（7）对损余物资和代位追偿款的核算。再保险分出人在取得和处置损余物资、确认和收到应收代位追偿款等而调整原保险合同赔付支出的当期，按照相关再保险合同的约定，计算确定摊回赔付支出的调整金额，计入当期损益，贷记“摊回赔付支出”科目，借记“应收分保账款”科目。即再保险分出人由于取得损余物资、收到代位追偿款而冲减赔付支出时，再保险接受人也要相应冲减赔付支出。

【例 4 - 31】丙保险公司签订的一份原保险合同的保险事故发生，引起的赔付成本为500万元，同时收到价值30万元的损余物资，应收代位追偿款为200万元，由于丙保险公司和丁保险公司签订了再保险合同，约定丁保险公司承担赔付责任的40%，上述情况发生后，丙保险公司应确认摊回赔付成本200万元。同时由于损余物资及代位追偿款的存在，应把丁保险公司享有的份额冲减摊回赔付成本，即冲减的金额为损余物资引起的12万元和代位追偿款引起的80万元，总计为92万元。冲减后的摊回赔付成本为108万元。

（8）对再保险合同提前解除的核算。在提前解除的当期，保险公司应根据相关再保险合同的约定，按照计算确定的分出保费的调整金额，借记“应付分保账款”科目，贷记“分出保费”科目；摊回分保费用调整金额，借记“摊回分保费用”科目，贷记“应收分保账款”科目；当转销相关应收分保准备金余额时，借记“摊回保险责任准备金”科目，贷记“应收分保合同准备金”科目。

（9）对纯益手续费的核算。根据相关再保险合同的约定，在能够计算确定应向再保险接受人收取的纯益手续费时，将该项纯益手续费作为摊回分保费用，计入当期损益，贷记“摊回分保费用”科目，借记“应收分保账款”科目。

纯益手续费只有再保险接受人实际上有“纯益”时才给付。其实质是对再保险分出人经营再保险业务的“额外”补偿。因此，纯益手续费与分保手续费性质类似，确认应取得的纯益手续费时应作为摊回分保费用核算。

（10）结算分保账款的核算。再保险分出人、再保险接受人收到或支付分保账款时，按相关应付分保账款金额，借记本科目贷记银行存款科目；按相关应收分保账款金额，借记银行存款科目贷记本科目。

（11）期末结转本年利润。期末再保险分出人应将损益类科目余额转入“本年利润”科目，结转后损益类科目无余额。

【例4－32】2009年6月30日，安正保险公司与申华公司签订一份保险合同，对申华公司仓库的一批存货进行投保，约定保险期限为1年，即至2010年6月30日，保险金额为5 000万元，保费为500万元，于合同生效当日一次性支付。经精算确定，安正保险公司未到期责任准备金的提取金额为200万元，同时安正保险公司与勤悦保险公司签订一份比例再保险合同，约定勤悦保险公司承担源于原保险合同的保险风险的40%，发生分保费用5万元。2009年8月15日，由于申华公司相邻的大华公司发生意外火灾，并殃及了申华公司的仓库，造成所投保的存货大部分毁损。经定损后确认存货毁损80%，金额为4 000万元，安正保险公司决定全额理赔4 000万元。2009年9月26日，安正保险公司按照上述理赔方案结案，同时收回毁损存货并享有对大华公司的代位追偿权。假设毁损存货残值为500万元，估计代位追偿款可收回2 000万元。而实际上2009年10月存货转让收入为600万元，2009年12月从大华公司收回补偿1 800万元。根据上述情况说明安正保险公司与勤悦保险公司再保险业务的会计处理。安正保险公司会计处理如下：

（1）2009年6月30日，按再保险合同确定分出保费及应收未到期责任准备金：

借：分出保费　　2 000 000
　　贷：应付分保账款——勤悦公司　　2 000 000

按再保险合同约定计算的相关应收分保未到期责任准备金：

借：应收分保未到期责任准备金——勤悦公司　　800 000
　　贷：提存未到期责任准备金　　800 000

按再保险合同约定计算确定的应向再保险接受人摊回的分保费用：

借：应收分保账款——勤悦公司　　20 000
　　贷：摊回分保费用　　20 000

（2）2009年8月15日，按再保险合同应收的未决赔款准备金：

借：应收分保未决赔款准备金——勤悦公司　　16 000 000
　　贷：摊回未决赔款准备金　　16 000 000

（3）2009年9月26日，结案赔付，并收回损余存货及代位追偿权：

①冲减应收的未决赔款准备金：

借：摊回未决赔款准备金　　16 000 000
　　贷：应收分保未决赔款准备金——勤悦公司　　16 000 000

②摊回赔付成本：

借：应收分保账款——勤悦公司　　16 000 000
　　贷：摊回赔付支出　　16 000 000

③收到损余物资：

借：摊回赔付支出　　2 000 000
　　贷：应收分保账款——勤悦公司　　2 000 000

④确认代位追偿款：

借：摊回赔付支出　　8 000 000
　　贷：应收分保账款——勤悦公司　　8 000 000

（4）2009年10月，处置损余物资。

借：摊回赔付支出　　400 000
　　贷：应收分保账款　　400 000

（5）2009年12月，收到代位追偿款。

借：应收分保账款　　800 000
　　贷：摊回赔付支出　　800 000

【例4－33】安正保险公司根据2009年第二季度发生的分保业务编制分保账单并寄送勤悦保险公司。分保账单内容如表4－2所示。

表 4－2　　××险 01 号合约安正保险公司业务年度

2009 年度勤悦保险公司

2009 年度第二季度（比例 100%）　　单位：人民币（元）

借方		贷方	
项　目	金　额	项　目	金　额
分保赔款	1 900 000	分保费	4 000 000
分保手续费	800 000	保费准备金返还	400 000
保费准备金扣存	500 000	保费准备金利息	20 000
应付你方余额	1 220 000	应收你方余额	
合　计	4 420 000	合　计	4 420 000
你方成分 10%	122 000		

安正保险公司应编制会计分录如下：

（1）计算确定分出保费时：

借：分出保费　　400 000
　　贷：应付分保账款　　400 000

（2）按账单标明返还上期扣存分保准备金时：

借：存入分保准备金　　40 000
　　贷：应付分保账款　　40 000

（3）计算存入分保准备金利息时：

借：利息支出　　2 000
　　贷：应付分保账款　　2 000

（4）摊回赔付支出时：

借：应收分保账款　　190 000
　　贷：摊回赔付支出　　190 000

（5）摊回分保费用时：

借：应收分保账款　　80 000
　　贷：摊回分保费用　　80 000

（6）扣存分保准备金时：

借：应付分保账款　　50 000
　　贷：存入分保准备金　　50 000

应付分保账款 392 000 元大于应收分保账款 270 000 元，差额为 122 000元。

（7）结算分保账款时：

借：应付分保账款　　392 000
　　贷：应收分保账款　　270 000
　　　　银行存款　　122 000

（二）分入业务的核算

分入业务的核算内容包括分保费收入的确认、发生的分保费用和赔付支出及分保准备金的核算。

1. 会计科目的设置。为了正确反映和监督分出保险业务，再保险分入人（接受人）通常应设置“分保费收入”、“分保费用”、“分保赔付支出”、“存出分保准备金”等科目进行核算。

(1)“分保费收入”科目。本科目核算公司接受分入分保业务向分保分出人收取的分保费。本科目为损益类科目，其贷方登记公司分入分保业务时，按分保业务账单中标明的分入保费金额；借方登记期末转入本年利润数额，结转后本科目无余额。本科目应按险种设置明细账。

(2)“分保费用”科目。本科目核算公司接受分保业务向再保险分出人支付的分保费用。本科目为损益类科目，其借方登记应承担的分保费用；贷方登记期末转入本年利润数额，结转后本科目无余额。本科目应按险种设置明细账。

(3)“分保赔付支出”科目。本科目核算公司接受分保业务向再保险分出人支付的分保赔款。本科目为损益类科目，其借方登记应承担的分保赔款；贷方登记转入本年利润数额，结转后本科目无余额。本科目应按险种设置明细账。

(4)“存出分保准备金”科目。本科目核算公司分入再保险业务按保险合同约定存出的分保准备金。本科目为资产类科目，其借方登记存出的分保准备金；贷方登记收回的分保准备金，余额在借方，反映公司存出的分保准备金数额。本科目应按再保险分出人设置明细账。

2. 分入业务的账务处理。

(1) 分保费收入的核算。再保险业务保费收入的确认与财产保险业务相同。再保险业务的特点是，分保合同一般于收到分保分出人发来的分保业务账单时生效，即收到分保业务账单时，分保业务接受人开始承担保险责任。由于分保业务账单标明了保费金额，此时收入金额是可以确定的；另外，由于再保险业务是保险公司之间开展的业务，分保业务接受人收回金额的可能性通常大于不能收回金额的可能性。可见，对于分保业务接受人而言，在收到分保业务账单时，通常可以认为确认保费收入的3个条件得到满足，因此，一般可以于此时确认保费收入。保险公司在收到分保分出人发来的分保业务账单时，按照确认的保费收入金额，贷记“分保费收入”科目，借记“应收分保账款”科目。期末，应将“分保费收入”科目余额转入“本年利润”科目，结转后该科目无余额。

【例 4－34】甲保险公司与乙保险公司签订火灾险分入再保险合同，甲保险公司接受分保额为保费 40 000 元的总保额的 20%。

甲保险公司应编制会计分录如下：

借：应收分保账款——乙保险公司　　8 000

　　贷：分保费收入　　8 000

“分保费收入”科目余额应于期末结账时转入“本年利润”科目，期末结转时：

借：分保费收入　　8 000

　　贷：本年利润　　8 000

（2）分保费用的核算。保险公司收到分保分出人发来的分保业务账单时，经审核无误后，按账单中标明的应向分保分出人支付手续费、税款及杂项等费用金额，借记“分保费用”科目，贷记“应付分保账款”科目。期末，应将“分保费用”科目余额转入“本年利润”科目，结转后该科目无余额。

（3）分保赔付支出的核算。分保赔付支出是指保险公司分入分保业务需向分保分出人支付应由其承担的赔款，分保赔款数额在保险公司收到的分保业务账单上列明。分保赔款的计算与分出保费相同。保险公司收到分保分出人发来的分保业务账单时，经审核无误后，按账单中标明的分保赔款数额，借记“分保赔付支出”科目，贷记“应付分保账款”科目。期末，应将“分保赔付支出”科目余额转入“本年利润”科目，结转后该科目无余额。

（4）存出分保准备金的核算。公司发生分保业务时，应按分保业务账单标明的扣存本期分保准备金的金额，借记“存出分保准备金”科目，贷记“应收分保账款”科目。同时，按分保业务账单标明的再保险分出人返还上期扣存分保准备金的金额，借记“应收分保账款”科目，贷记“存出分保准备金”科目。再保险接受人应当根据有关再保险合同的约定，按期计算存出分保准备金利息计入当期损益，借记“应收分保账款”科目，贷记“利息收入”科目。

（5）结算分保账款的核算。再保险分出人、再保险接受人收到或支付分保账款时，按相关应付分保账款金额，借记本科目，贷记“银行存款”科目；按相关应收分保账款金额，借记“银行存款”科目，贷记本科目。

（6）期末结转本年利润。期末再保险分出人应将损益类科目余额转入“本年利润”科目，结转后损益类科目无余额。

【例 4－35】甲保险公司根据 2010 年第二季度发生的分保业务编制分保账单并寄送乙保险公司。分保账单内容如表 4－3 所示。

表 4-3　　××险 01 号合约甲保险公司业务年度

2009 年度乙保险公司

2010 年度第二季度（比例 100%）　　单位：人民币（元）

借方		贷方	
项　目	金　额	项　目	金　额
分保赔款	8 000 000	分保费	40 000 000
分保手续费	12 000 000	保费准备金返还	12 000 000
保费准备金扣存	16 000 000	保费准备金利息	600 000
应付你方余额	16 600 000	应收你方余额	
合　计	52 600 000		52 600 000
你方成分 10%	1 660 000		

乙保险公司应编制会计分录如下：

（1）确定分保费收入时：

借：应收分保账款　　4 000 000
　　贷：分保费收入　　4 000 000

（2）保费准备金返还时：

借：应收分保账款　　1 200 000
　　贷：存出分保准备金　　1 200 000

（3）计算存出准备金利息时：

借：应收分保账款　　60 000
　　贷：利息收入　　60 000

（4）分保赔款时：

借：分保赔付支出　　800 000
　　贷：应付分保账款　　800 000

（5）确定分保手续费时：

借：分保费用　　1 200 000
　　贷：应付分保账款　　1 200 000

（6）保费准备金扣存时：

借：存出分保准备金　　1 600 000
　　贷：应收分保账款　　1 600 000

应收分保账款 3 660 000 元 > 应付分保账款 2 000 000 元，差额为 1 660 000元。

（7）结算分保账款时：

借：银行存款　　1 660 000
　　应付分保账款　　2 000 000
　　贷：应收分保账款　　3 660 000

【例 4－36】2009 年 12 月 22 日，安正保险公司与 A 保险公司签订一份成数再保险合同，接受 A 公司分出的原保险业务。合同约定的分保比例为 40%，分保手续费率为 35%。合同生效日为 2010 年 1 月 1 日，保险责任期间为 1 年。安正公司于 5 月 15 日收到 A 公司发来的第一季度的分保业务账单，账单标明的分保费为 2500 万元，分保手续费为 831 万元。若安正保险公司不具备预估确认条件，或预估金额与实际金额可能差异较大，则安正保险公司应于 2010 年 5 月 15 日收到分保业务账单时直接作如下会计处理：

借：应收分保账款——A 公司	25 000 000	
贷：分保费收入		25 000 000
借：分保费用	8 310 000	
贷：应付分保账款——A 公司		8 310 000

第五节　保险公司收入、费用及其利润的核算

一、保险公司收入的核算

保险公司收入的划分与一般企业收入的划分一样，包括主营业务收入、其他业务收入和营业外收入。由于保险公司保费收入、利息收入、投资收益、公允价值变动、汇兑损益等收入的相关内容在其他章节已作阐述，本部分主要介绍其他业务收入和营业外收入的相关核算内容。

（一）其他业务收入

保险公司的其他业务收入是指保险公司确认的与其经常性活动相关的其他业务活动形成的收入。具体包括租金收入、手续费收入、咨询服务费收入、代勘查收入、代保管收入、担保收入、账户管理费收入等。

为了对其他业务收入相关业务进行核算与监督，保险公司应设置“其他业务收入”科目。该科目应按其他业务收入的种类设置相关明细科目。某些保险公司将利息收入也纳入到本科目进行核算，但定期存款利息应计入“投资收益”科目。因该科目属于损益类（收入）科目，

所以在期末应将其贷方登记的相关发生额结转至“本年利润”科目的借方，结转后本科目无余额。

【例 4－37】 2010 年 1 月 1 日，A 保险公司将其自有的一栋写字楼以经营租赁方式出租给 B 公司，每月收取租金 100 000 元，并于当日签订了经营租赁协议。

A 保险公司应编制如下会计分录：

借：银行存款　　　　　　　　　　　　　100 000
　贷：其他业务收入——融资租赁收入　　　　　100 000

（二）营业外收入

保险公司的营业外收入是指与保险公司日常经营活动无直接关系的各项收入。具体包括非流动资产处置利得、非货币资产交换利得、债务重组利得、政府补助、盘盈利得、捐赠利得及罚款收入等。

为了对形成营业外收入相关业务进行核算与监督，保险公司应设置“营业外收入”科目。该科目应按营业外收入的种类设置相关明细科目。因该科目属于损益类（收入）科目，所以在期末应将其贷方登记的相关发生额结转至“本年利润”科目的借方，结转后本科目无余额。

【例 4－38】 2010 年 2 月 10 日，C 保险公司将其拥有的某项专利技术出售给 D 公司，取得收入 5 700 000 元，应交营业税 500 000 元。该项专利技术的成本为 15 000 000 元，已摊销金额为 10 000 000 元。同日，C 保险公司又将自用的一台复印机出售给 E 公司，取得相应净收益为 30 000 元。C 保险公司应编制如下会计分录：

借：银行存款　　　　　　　　　　　　5 700 000
　　累计摊销　　　　　　　　　　　　10 000 000
　　固定资产清理　　　　　　　　　　　30 000
　贷：无形资产——专利技术　　　　　　　　15 000 000
　　　应交税费——应交营业税　　　　　　　　500 000
　　　营业外收入——非流动资产处置利得　　　230 000

二、保险公司费用的核算

保险公司的费用，是指保险公司在日常经营保险业务活动中发生的、会导致所有者权益减少的、与向所有者分配利润无关的经济利益的总流出。费用中的营业税金及附加、所得税费用、资产减值损失及以前年度损益调整应遵照一般企业会计准则的核算规定进行处理，赔付支出、保单红利支出、退保金、分出保费、分保费用、营业税金及附加、利息支出、提取未到期责任准备金、提取保险责任准备金、资产减值损失在本章已作阐述。本部分将主要介绍手续费及佣金支出、业务及管理费、其他业务成本和营业外支出。

（一）手续费及佣金支出

手续费及佣金支出是指保险公司发生的与其经营活动相关的各项手续费及佣金等的支出。其中，手续费支出是指保险公司支付给受其委托并在授权范围内代为办理保险业务的保险中介机构的手续费。佣金支出是指保险公司向专门推销保险业务的个人代理人和经纪人公司支付的佣金。佣金可分为直接佣金和附加佣金。直接佣金是指公司按代理合同及相关规定，按代理销售收入和直接佣金率（或类似比率）计算得出的，直接支付给个人代理人的支出。附加佣金是指为满足个人代理人开展代理业务需要，而发生的直接用于个人代理人队伍建设及与其直接相关的保障支出、教育培训支出和委托报酬（包括津贴、补贴、奖励和业务推动支出等）。

为了对手续费及佣金支出相关业务进行核算与监督，设置“手续费及佣金支出”和“应付手续费及佣金”科目。“手续费及佣金支出”科目核算的是保险公司按规定支付给代理保险业务的代理人的手续费及佣金。该科目应按手续费及佣金支出的种类设置相关明细科目。因该科目属于损益类（费用）科目，所以在期末应将其借方登记的相关发生额结转至“本年利润”科目的借方，结转后本科目无余额。因代理其他公司业务而支付给个人代理人的费用支出以本科目进行核算。“应付手续费及佣金”科目核算的是保险公司因保险代理业务而发生的应付未付的手续费及佣金支出。该科目应按代理人设置相关明细科目。“应付手续费及佣金”科目属于负债类科目，其贷方登记发生的应付手续费及佣金，借方登记实际支付的应付手续费及佣金，余额出现在贷方，反映公司尚未支付的手续费及佣金。

手续费及佣金支出的核算方式为：（1）每月计提，实际发放时冲减已计提的应付金额；（2）月末计提当月累计应付未付手续费及佣金，次月初全额冲回，实际支付时计入当月手续费及佣金支出。此外，保险公司支付给个人代理人的佣金应每月合并一次计入应税收入，保险公司支付给个人代理人的所有实物奖励、旅游奖励、奖励性质的培训等非货币形式的奖励，也必须并入当月佣金收入，并按照税法规定代扣代缴个人所得税、营业税金及附加。

【例4-39】2010年3月31日，安正保险公司的代理公司（甲公司）将代收的财产保险费150 000元转来，并随同交付一张120 000元的银行转账支票，其余代收保险费将于下月交清，其中手续费率为5%。安正保险公司应编制如下会计分录：

（1）确认保费收入时：

借：银行存款　　120 000
　　应收保费——企业财产保险——甲公司　　30 000
　　贷：保费收入——企业财产保险　　150 000

（2）支付和计提应付手续费时：

借：手续费及佣金支出——手续费——企业财产保险　　7 500
　　贷：银行存款　　6 000
　　　　应付手续费及佣金——甲公司　　1 500

（3）下月甲公司交来保费时：

借：银行存款　　30 000
　　贷：应收保费——企业财产保险——甲公司　　30 000
借：应付手续费及佣金——甲公司　　1 500
　　贷：银行存款　　1 500

【例4-40】 2010年3月31日，安正保险公司根据直接佣金计提表计算应付个人代理人王华参加终身寿险保险费用5 000元，根据附加佣金计提表计算应付个人代理人王华参加养老保障及医疗、意外等保障的保险费1 500元，同时为其参加培训支付费用1 000元，以及给予其相应实物奖励500元。安正保险公司应编制如下会计分录：

（1）计提佣金时：

借：手续费及佣金支出——直接佣金——终身寿险　　5 000
　　　　　　　　　　——附加佣金——保障支出　　1 500
　　　　　　　　　　　　　　　　——教育培训支出　　1 000
　　　　　　　　　　　　　　　　——委托报酬　　500
　　贷：应付手续费及佣金——王华　　8 000

（2）实际支付佣金及发放奖励时：

借：应付手续费及佣金——王华　　8 000
　　贷：银行存款　　7 500
　　　　低值易耗品　　500

（二）业务及管理费

业务及管理费是指保险公司在保险业务经营及管理工作中发生的相关各项费用。具体内容可为：固定资产折旧费、无形资产摊销费、长期待摊费用摊销费、低值易耗品摊销费、业务宣传费、业务招待费、印刷费、邮电费、电子设备运转费、防预费、公杂费、邮电费、差旅费、水电费、会议费、外事费、职工工资、职工福利费、职工教育经费、工会经费、劳动保险费、劳动保护费、税金、提取保险保障费等。

为了对业务及管理费的相关业务进行核算与监督，保险公司应当设置"业务及管理费"科目。因该科目属于损益类（费用）科目，所以在期末应将其借方登记的相关发生额结转至"本年利润"科目的借方，结转后本科目无余额。该科目应按费用项目设置明细账。

【例4-41】安正保险公司购入一批空气清新剂并发放到各办公室，总价值1 500元，以银行转账方式支付。安正保险公司应编制如下会计分录：

借：业务及管理费——公杂费　　1 500
　　贷：银行存款　　1 500

【例4-42】2010年1月2日，安正保险公司购买了一项专利权，成本为4 800 000元，合同规定该项专利权的受益年限为10年，并以直线法对该项专利权进行摊销。安正保险公司在收益年限内对该项专利权每月应摊销的金额＝4 800 000÷10÷12＝40 000（元）。安正保险公司应编制如下会计分录：

借：业务及管理费——无形资产摊销　　40 000
　　贷：累计摊销　　40 000

【例4-43】安正保险公司非投资性财产保险7月份保费收入为50 000 000元，应按0.8%的比例提取保险保障基金。安正保险公司应提取的保险保障基金金额＝50 000 000×0.8%＝400 000（元）。安正保险公司应编制如下会计分录：

借：业务及管理费——提取保险保障基金　　400 000
　　贷：其他应付款　　400 000

（三）其他业务成本

其他业务成本是指保险公司确认的除主营业务活动以外的其他经营活动所发生的支出，包括出租固定资产、出租投资性房地产、出租无形资产、咨询服务、代理勘查等发生或结转的相关成本、费用。为了对其他业务成本相关业务进行核算与监督，保险公司应设置"其他业务成本"科目。该科目应按其他业务成本的种类设置相关明细科目。因该科目属于损益类（费用）科目，所以在期末应将其借方登记的相关发生额结转至"本年利润"科目的贷方，结转后本科目无余额。

【例4-44】安正保险公司为A公司代办勘查，取得勘查收入

30 000元，同时发生勘查支出10 000元，并按5%的营业税率计算应交的营业税金为1 500元。安正保险公司应编制如下会计分录：

借：银行存款　　30 000
　贷：其他业务收入——代勘查收入　　30 000
借：其他业务成本——代勘查支出　　11 500
　贷：银行存款　　10 000
　　应交税费——应交营业税　　1 500

【例4-45】安正保险公司将其自用的一栋办公楼出租给B公司，并将其确认为投资性房地产进行核算，以成本模式进行后续计量。该栋办公楼的成本2 400万元，使用寿命为20年，预计净残值为零，按直线法计提折旧。按照经营租赁合同，B公司每月支付给安正保险公司8万元租金。租赁期满18年后，安正保险公司将该栋办公楼出售给B公司，出售价款为1 500万元，B公司通过银行转账方式支付全部价款。安正保险公司应编制如下会计分录：

（1）每月计提折旧时：

每月计提的折旧额 =2 400 ÷20 ÷12 =10（万元）

借：其他业务成本——出租投资性房地产支出　　100 000
　贷：投资性房地产累计折旧　　100 000

（2）每月收取租金时：

借：银行存款　　80 000
　贷：其他业务收入——租金收入　　80 000

（3）出售时：

借：银行存款　　15 000 000
　贷：其他业务收入——出售投资性房地产收入 15 000 000

（4）结转成本时：

已计提的折旧：10 ×12 ×18 =2 160（万元）

借：其他业务成本——出售投资性房地产支出　　2 400 000
　投资性房地产累计折旧　　21 600 000
　贷：投资性房地产　　240 000 000

（四）营业外支出

营业外支出是指保险公司发生的与经营业务无直接关系的各项支出，具体包括非流动资产处置损失、非货币性资产交换损失、债务重组损失、公益性捐赠支出、非常损失及盘亏损失等。为了对营业外支出相关业务进行核算与监督，保险公司应设置“营业外支出”科目。该科目应按营业外支出项目设置相关明细科目。因该科目属于损益类（费用）科目，所以在期末应将其借方登记的相关发生额结转至“本年利润”科目的贷方，结转后本科目无余额。

【例4－46】C公司因资金周转困难，通过债务重组方式与安正保险公司达成如下协议：C公司欠安正保险公司的100万元保费及20万元分保账款，以银行转账支票支付保费80万元和分保账款10万元，剩余债务以一辆小汽车进行抵偿。该小汽车的原价28万元，市场评估价为20万元，评估价与公允价值相符合。经批准，该辆小汽车留作安正保险公司公务用车。安正保险公司编制如下会计分录：

（1）收到支票时：

借：银行存款　　900 000
　　贷：应收保费——C公司　　800 000
　　　　应收分保账款——C公司　　100 000

（2）收到抵债资产小汽车时：

借：抵债资产——小汽车　　280 000
　　营业外支出——债务重组损失　　20 000
　　贷：应收保费——C公司　　200 000
　　　　应收分保账款——C公司　　100 000

（3）经批准，将收回的小汽车留作公司公务车时：

借：固定资产——交通运输设备——小汽车　　280 000
　　贷：抵债资产——小汽车　　200 000
　　　　累计折旧　　80 000

三、保险公司利润的核算

保险公司利润的核算比照商业银行利润的相关核算方法。

第六节　保险公司财务会计报告

保险公司编制的财务会计报告要基于我国会计规范，并在特定项目上体现与一般企业的差异。

一、资产负债表

保险合同会计本身的会计主体是保险机构，业务特点明显区别于非金融机构。保险公司应当在资产负债表中单独列示与原保险合同有关的项目，各种负债性准备金，应单独列示，以反映保险风险及其赔偿能力，主要有：①未到期责任准备金；②未决赔款准备金：③寿险责任准备金；④长期健康险责任准备金。

（一）资产负债表的格式

我国保险公司在会计实务中更习惯于采用能使资产和权益的恒等关系一目了然的账户式资产负债表，而非上资产、下权益的报告式资产负债表。资产负债表的具体格式如表4－4所示。

表4－4　资产负债表

会保01表

编制单位：　年　月　日　单位：元

资　产	期末余额	年初余额	负债和所有者权益（或股东权益）	期末余额	年初余额
资产：			负债：		
货币资金			短期借款		
拆出资金			拆入资金		
交易性金融资产			交易性金融负债		
衍生金融资产			衍生金融负债		
买入返售金融资产			卖出回购金融资产		
应收利息			预收保费		
应收保费			应付手续费及佣金		
应收代位追偿款			应付分保账款		
应收分保账款			应付职工薪酬		
应收分保未到期责任准备金			应交税费		
应收分保未决赔款准备金			应付赔付款		
应收分保寿险责任准备金			应付保单红利		
应收分保长期健康险责任准备金			保户储金及投资款		
保户质押贷款			未到期责任准备金		
定期存款			未决赔款准备金		

续表

资　　产	期末余额	年初余额	负债和所有者权益（或股东权益）	期末余额	年初余额
资产：			负债：		
可供出售金融资产			寿险责任准备金		
持有至到期投资			长期健康险责任准备金		
长期股权投资			长期借款		
存出资本保证金			应付债券		
投资性房地产			独立账户负债		
固定资产			递延所得税负债		
无形资产			其他负债		
独立账户资产			负债合计		
递延所得税资产			所有者权益（或股东权益）		
其他资产			实收资本（或股本）		
			资本公积		
			减：库存股		
			盈余公积		
			一般风险准备		
			未分配利润		
			所有者权益（或股东权益）合计		
资 产 总 计			负债和所有者权益（或股东权益）总计		

（二）资产负债表的编制方法

1.“年初余额”栏的填列方法。资产负债表中左右两方的“年初余额”栏内的各项数字，应根据上年度资产负债表“期末余额”填列。如果本年度资产负债表规定的各个项目的名称和内容同上年度不相一致，应对上年度资产负债表各项目的名称和数字按照本年度的规定进行调整，之后按调整后的数字填入本年度资产负债表的“年初余额”栏内。

2.“期末余额”栏的填列方法。资产负债表中左右两方的“期末余额”栏内的各项数字，应该根据资产、负债、所有者权益科目的期末余额进行填列。各项目的具体内容和填列方法如下：

（1）资产类项目的填列。

①“货币资金”项目，反映保险公司期末持有的现金、银行存款中的活期存款部分和其他货币资金总额。本项目应根据“库存现金”及“银行存款——活期存款”明细科目的期末借方余额合计数填列。

②“拆出资金”项目，反映保险公司拆借给境内、境外其他金融机构的款项。本项目应根据“拆出资金”科目的期末余额填列。

③“交易性金融资产”项目，反映保险公司持有的以公允价值计量且其变动计入当期损益为交易目的所持有的债券投资、股票投资、基金投资、权证投资等金融资产。本项目应根据“交易性金融资产”科目的期末余额填列。

④“衍生金融资产”项目，反映保险公司衍生金融工具业务中的衍生金融工具的公允价值及其变动形成的衍生资产。本项目应根据“衍生金融资产”的科目余额填列。

⑤“买入返售金融资产”项目，反映保险公司按返售协议的约定先买入再按固定价格返售给卖出方的票据、证券、贷款等金融资产所融出的资产。本项目应根据“买入返售金融资产”科目的期末借方余额填列。

⑥“应收利息”项目，反映保险公司交易性金融资产、持有至到期投资、可供出售金融资产、发放贷款、拆除资金、买入返售金融资产等应收取的利息。本项目应根据“应收利息”科目的期末余额减去“坏账准备——应收利息”明细科目的期末余额填列。

⑦“应收保费”项目，反映保险公司原保险合同约定应向投保人收取但尚未收到的保险费。本项目应根据“应收保费”科目的期末余额填列。

⑧“应收代位追偿款”项目，反映保险公司按照原保险合同约定承担赔付保险金责任后确认的代位追偿款。本项目应根据“应收代位追偿款”科目的期末余额减去“坏账准备——应收代位追偿款”明细科目的期末余额填列。

⑨“应收分保账款”项目，反映保险公司从事在保险业务应收取的款项。本项目应根据“应收分保账款”科目的期末余额减去“坏账准备——应收分保账款”明细科目的期末余额填列。

⑩“应收分保未到期责任准备金”项目，反映再保险分出人从事再保险业务确认的应收分保未到期责任准备金。本项目应根据“应收分保合同准备金——应收分保未到期责任准备金”明细科目的期末余额减去“坏账准备——应收分保未到期责任准备金”明细科目的期末余额填列。

⑪“应收分保未决赔款准备金”项目，反映再保险分出人从事再保险业务应向再保险接受人摊回的未决赔款准备金。本项目应根据“应收分保合同准备金——应收分保未决赔款准备金”明细科目期末余额减去“坏账准备——应收分保未决赔款准备金”明细科目的期末余额填列。

⑫“应收分保寿险责任准备金”项目，反应再保险分出人从事再保险业务应向再保险接受人摊回的寿险责任准备金。本项目应根据“应收分保合同准备金——应收分保寿险责任准备金”明细科目期末余额减去“坏账准备——应收分保寿险责任准备金”明细科目的期末余额填列。

⑬“应收分保长期健康险责任准备金”项目，反应再保险分出人从事再保险业务应向再保险接受人摊回的长期健康险责任准备金。本项目应根据“应收分保合同准备金——应收分保长期健康险责任准备金”明细科目期末余额减去“坏账准备——应收分保长期健康险责任准备金”明细科目的期末余额填列。

⑭“保户质押贷款”项目，反映保险公司按规定向保户提供的贷款。本项目应根据“保户质押贷款”科目的期末余额减去“贷款损失准备”科目余额后的净额填列。

⑮“定期存款”项目，反映保险公司银行存款中三个月以上定期存款部分. 本项目应根据“银行存款——定期存款”明细科目的期末余额填列。

⑯“可供出售金融资产”项目，反映保险公司持有的供出售金融资产的公允价值。本项目应根据“可供出售金融资产”科目的期末余额减去“可供出售金融资产减值准备”科目期末余额后的金额填列。

⑰“持有至到期投资”项目，反映保险公司已表明有意且有能力持有至到期日的定期债券投资的摊余成本。本项目应根据“持有至到期投资”科目的期末余额减去“持有至到期投资减值准备”科目期末余额后的金额填列。

⑱“长期股权投资”项目，反映企业持有的对子公司、联营企业和合营企业的长期股权投资。本项目应根据“长期股权投资”科目的期末余额减去“长期股权投资减值准备”科目期末余额后的金额填列。

⑲“存出资本保证金”项目，反映保险公司按规定比例缴存的资本保证金。本项目应根据“存出资本保证金”科目的期末余额填列。

⑳“投资性房地产”项目，反映保险公司为赚取租金或资本增值，或是两者兼而有之所持有的房地产的成本。本项目应根据“投资性房地产”科目的期末余额减去“投资性房地产累计折旧（摊销）”及“投资性房地产减值准备”科目期末余额后的金额填列。

㉑“固定资产”项目，反映保险公司各种固定资产原价减去累计折旧和累计减值准备后的净额再加上固定资产清理的价值。本项目应根据“固定资产”科目的期末余额减去“累计折旧”及“固定资产减值准备”科目期末余额后的金额，以及“固定资产清理”科目期末余额

的合计数填列。

㉒“无形资产”项目，反映保险公司持有的无形资产，包括专利权、非专利权、商标权、著作权等。本项目应根据“无形资产”科目的期末余额减去“累计摊销”及“无形资产减值准备”科目期末余额后的金额填列。

㉓“独立账户资产”项目，反映保险公司对分拆核算的投资连结产品不属于风险保障部分确认的独立账户资产价值。本项目应根据“独立账户资产”科目期末余额填列。

㉔“递延所得税资产”项目，反映保险公司确认的可抵扣暂时性差异形成的递延所得税资产。本项目应根据“递延所得税资产”科目的期末余额填列。

㉕“其他资产”项目，反映保险公司“应收股利”、“预付赔付款”、“存出保证金”、“其他应收款”、“低值易耗品”、“在建工程”、“长期待摊费用”、“抵债资产”、“损余物资”等项目的内容。本项目应根据“应收股利”、“预付赔付款”、“存出保证金”、“其他应收款”、“低值易耗品”、“在建工程”、“长期待摊费用”、“抵债资产”、“损余物资”等科目的期末余额，减去“坏账准备”中有关其他应收款计提的坏账准备期末余额，以及“在建工程减值准备”、“抵债资产跌价准备”、“损余物资跌价准备”期末余额后的金额填列。

（2）负债类项目的填列。

①“短期借款”项目，反映保险公司向银行或其他金融机构等借入的期限在一年以下（含一年）的各种借款。本项目应根据“短期借款”科目的期末余额填列。

②“拆入资金”项目，反映保险公司从境内、境外金融机构拆入的款项。本项目应根据“拆入资金”科目的期末余额填列。

③“交易性金融负债”项目，反映保险公司持有的以公允价值计量且其变动计入当期损益的金融负债和指定为以公允价值计量且其变动计入当期损益的金融负债。本项目应根据“交易性金融负债”科目的期末余额填列。

④“衍生金融负债”项目，反映保险公司衍生金融工具业务中的衍生金融工具的公允价值及其变动形成的衍生负债。本项目应根据“衍生金融负债”的科目余额填列。

⑤“卖出回购金融资产款”项目，反映保险公司按回购协议的约定先卖出再按固定价格买入票据、证券、贷款等金融资产所融入的资金。本项目应根据“卖出回购金融资产款”科目的期末借方余额填列。

⑥“预收保费”项目，反映保险公司收到为满足保费收入条件的

保险费。本项目应根据“预收保费”科目的期末余额填列。如果“预收保费”科目所属明细科目期末有借方余额，应在资产负债表“应收保费”项目内填列。

⑦“应付手续费及佣金”项目，反映保险公司应支付但尚未支付的应付手续费及佣金。本项目应根据“应付手续费及佣金”科目的期末余额填列。

⑧“应付分保账款”项目，反映保险公司从事在保险业务应付未付的款项。本项目应根据“应付分保账款”科目的期末余额填列。

⑨“应付职工薪酬”项目，反映保险公司根据有关规定应付给职工的工资、职工福利、社会保险费、住房公积金、工会经费、职工教育经费、非货币性福利、辞退福利等各种薪酬。外商投资公司按照规定从净利润中提取的职工奖励及福利基金，也应在本项目内列示。本项目应根据“应付职工薪酬”科目的期末余额填列。

⑩“应交税费”项目，反映保险公司按照税法规定计算应交纳的各种税费，包括营业税、所得税、土地增值税、城市维护建设税、房产税、土地使用税、车船使用税、教育费附加等。公司代扣代缴的个人所得税和个人营业税等，也应在本项目内列示。公司所交纳的税金不需要预计应交数的，如印花税等，不在本项目内列示。本项目应根据“应交税费”科目的期末余额填列。该科目期末若为借方余额，则以“-”号表示。

⑪“应付赔付款”项目，反映保险公司应付但未付给保户的赔付款。本项目应根据“应付赔付款”科目的期末余额填列。

⑫“应付保单红利”项目，反映保险公司按原保险合同约定应付但未付给投保人的红利。本项目应根据“应付保单红利”科目的期末余额填列。

⑬“保户储金及投资款”项目，反映保险公司以储金本金增值作为保费收入的保险业务收到保户缴存的储金以及投资型保险业务的投资本金。本项目应根据“保户储金”科目及“保户投资款”科目的期末余额填列。

⑭“未到期责任准备金”项目，反映保险公司提取的非寿险原保险合同未到期责任准备金。本项目应根据“未到期责任准备金”科目的期末余额填列。

⑮“未决赔款准备金”项目，反映保险公司提取的原保险合同未决赔款准备金。本项目应根据“保险责任准备金——未决赔款准备金”明细科目的期末余额填列。

⑯“寿险责任准备金”项目，反映保险公司提取的原保险合同寿险责任准备金。本项目应根据“保险责任准备金——寿险责任准备金”

明细科目的期末余额填列。

⑰“长期健康险责任准备金”项目，反映保险公司提取的原保险合同长期健康险责任准备金。本项目应根据“保险责任准备金——长期健康险责任准备金”明细科目的期末余额填列。

⑱“长期借款”项目，反映保险公司向银行或其他金融机构借入的期限在一年以上（不含一年）的各项借款。本项目应根据“长期借款”科目的期末余额填列。

⑲“应付债券”项目，反映保险公司为筹集长期资金而发行的债券本金和利息。本项目根据“应付债券”科目的期末余额填列。

⑳“独立账户负债”项目，反映保险公司对分拆核算的投资连结产品不属于风险保障部分确认的独立账户负债。本项目应根据“独立账户负债”科目期末余额填列。

㉑“递延所得税负债”项目，反映保险公司确认的应纳税暂时性差异形成的递延所得税负债。本项目应根据“递延所得税负债”科目的期末余额填列。

㉒“其他负债”项目，反映保险公司“应付股利”、“应付利息”、“其他应付款”、“预收赔付款”、“存入保证金”、“预计负债”、“长期应付款”、“一年内到期的长期负债”等项目的内容。本项目应根据“应付股利”、“应付利息”、“其他应付款”、“预收赔付款”、“存入保证金”、“预计负债”、“长期应付款”等科目的期末余额，减去将于一年内（含一年）到期偿还后期余额填列。

（3）所有者权益项目的填列。

①“实收资本（或股本）”项目，反映保险公司各投资者实际投入的资本（股本）总额。本项目应根据“实收资本（或股本）”科目的期末余额填列。

②“资本公积”项目，反映保险公司收到投资者出自额超出其在注册资本或股本中所占的份额以及直接计入所有者权益的利得或损失。本项目应根据“资本公积”科目的期末余额填列。

③“库存股”项目，反映保险公司收购的尚未转让或注销的本公司股份金额。本项目应根据“库存股”科目的期末余额填列。

④“盈余公积”项目，反映保险公司从净利润提取的盈余公积。本项目应根据“盈余公积”科目的期末余额填列。

⑤“一般风险准备”项目，反映保险公司从净利润提取的一般风险准备。本项目应根据“一般风险准备”科目的期末余额填列。

⑥“未分配利润”项目，反映保险公司尚未分配的利润。本项目应根据“本年利润”和“利润分配”科目的期末余额分析填列，未弥补的亏损在本项目中以“－”号表示。

二、利润表

保险业务涉及利润核算的项目较多，要求保险公司在利润表中单独列示与保险业务有关的项目，主要有：①保费收入；②退保费；③提取未到期责任准备金；④已赚保费；⑤手续费支出；⑥赔付成本；⑦提取未决赔款准备金；⑧提取寿险责任准备金；⑨提取长期健康险责任准备金。

（一）利润表的格式

为了便于比较分析，充分反映利润的构成情况，并向报表使用者提供更为详细的分类信息，我国保险公司采用多步式利润表。具体格式如表4－5所示。

表4－5　　利　润　表

会保02表

编制单位：　　年　月　　单位：元

项　目	本期金额	上期金额
一、营业收入		
已赚保费		
保险业务收入		
其中：分保费收入		
减：分出保费		
提取未到期责任准备金		
投资收益（损失以“－”号填列）		
其中：对联营企业和合营企业的投资收益		
公允价值变动收益（损失以“－”号填列）		
汇兑收益（损失以“－”号填列）		
其他业务收入		
二、营业支出		
退保金		
赔付支出		
减：摊回赔付支出		
提取保险责任准备金		
减：摊回保险责任准备金		

续表

项　　目	本期金额	上期金额
二、营业支出		
保单红利支出		
分保费用		
营业税金及附加		
手续费及佣金支出		
业务及管理费		
减：摊回分保费用		
其他业务成本		
资产减值损失		
三、营业利润（亏损以“－”号填列）		
加：营业外收入		
减：营业外支出		
四、利润总额（亏损总额以“－”号填列）		
减：所得税费用		
五、净利润（净亏损以“－”号填列）		
六、每股收益：		
（一）基本每股收益		
（二）稀释每股收益		
七、其他综合收益		
八、综合收益总额		

（二）利润表的编制方法

1.“上期金额”栏的填列。利润表中“上期金额”栏内的各项数字，应根据上年该期利润表“本期金额”栏内所列数字填列。如果上年度利润表与本年度利润表的项目名称和内容不相一致，则按编报当年的编报口径对上年度利润表项目的名称和数字进行调整，填入“上期金额”栏内。

在编制中期财务报告时，“上期金额”栏内填列上年同期累计实际发生额；在编制年度财务会计报告时，“上期金额”栏内填列上年全年累计实际发生额。

2.“本期金额”栏的填列。利润表中“本期金额”栏内的各项数字反映的是各项目本期实际发生数，一般应根据损益类科目的发生额分析填列。各项目的具体内容和填列方法如下：

（1）“已赚保费”项目，反映保险公司本期可以用于当期赔付支出的保费收入。本项目应根据“保险业务收入”（包括“保费收入”和“分保费收入”）减去“分出保费”和“提取未到期责任准备金”科目金额后的金额填列。

（2）“保险业务收入”项目，反映保险公司保险人因原保险合同和再保险合同实现的保费收入和分保费收入，其中“分保费收入”为再保险合同实现的保费收入。本项目应根据“保费收入”和“分保费收入”科目发生额分析填列。

（3）“分出保费”项目，反映再保险分出人向再保险接受人分出的保费。本项目应根据“分出保费”科目发生额分析填列。

（4）“提取未到期责任准备金”项目，反映保险公司提取的非寿险原保险合同未到期责任准备金和再保险合同分保未到期责任准备金。本项目应根据“提取未到期责任准备金”科目发生额分析填列。

（5）“投资收益”项目，反应保险公司以各种方式对外投资所取得的净收益或净损失，具体包括长期股权投资取得的投资收益和处置损益，以公允价值模式计量的投资性房地产的租金收入和处置损益，处置交易性金融资产、交易性金融负债、可供出售金融资产实现的损益，以及持有直到其投资和买入返售金融资产在持有期间取得的投资收益和处置损益。定期存款的利息收入也应在此项目下列报。本项目应根据“投资收益”科目和“利息收入——定期存款”发生额分析填列。若为投资损失，则以“－”号填列。

（6）“公允价值变动收益”项目，反映保险公司在初始确认时划分为以公允价值计量且其变动计入当期损益的金融资产或金融负债（包括交易性金融资产或负债和直接指定为以公允价值计量且其变动计入当期损益的金融资产或金融负债），以及采用公允价值计量模式计量的投资性房地产、衍生工具和套期业务中公允价值变动形成的应计入当期损益的利得或损失。本项目应根据“公允价值变动收益”科目发生额分析填列。若为净损失，则以“－”号填列。

（7）“汇兑收益”项目，反映保险公司外币货币性项目因汇率变动而形成的收益或损失。本项目应根据“汇兑收益”科目发生额分析填列。若为汇兑损失，则以“－”号填列。

（8）“其他业务收入”项目，反映保险公司确认的与经常性活动相关的其他活动收入和利息收入（除定期存款的利息收入），第三方管理的收入也应在该项目下列报。本项目应根据“利息收入”、“其他业务收入”等科目发生额分析填列。

（9）“退保金”项目，反映寿险原保险合同提前解除时按照约定应当退还给投保人的保单现金价值。本项目应根据“退保金”科目发生额分析填列。

(10)“赔付支出”项目，反映保险公司支付的原保险合同和再保险合同赔付总成本。本项目应根据“赔付支出”科目发生额分析填列。

(11)“摊回赔付支出”项目，反映再保险分出人向再保险接受人摊回的赔付成本。具体内容包括再保险分出人应向再保险接受人摊回的赔款支出、满期给付、死伤医疗给付等。本项目应根据“摊回赔付支出”科目发生额分析填列。

(12)“提取保险责任准备金”项目，反映保险公司提取的原保险合同保险责任准备金，包括提取的未决赔款准备金、提取的寿险责任准备金、提取的长期健康险责任准备金。本项目应根据“提取保险责任准备金”科目发生额分析填列。

(13)“摊回保险责任准备金”项目，反映保险公司从事再保险业务应向保险接受人摊回的保险责任准备金，包括提取的未决赔款准备金、提取的寿险责任准备金、提取的长期健康险责任准备金。本项目应根据“摊回保险责任准备金”科目发生额分析填列。

(14)“保单红利支出”项目，反映保险公司按原保险合同约定支付给投保人的红利。本项目应根据“保单红利支出”科目发生额分析填列。

(15)“分保费”项目，反映再保险接受人向再保险分出人支付的分包费用。本项目应根据“分保费”科目发生额分析填列。

(16)“营业税金及附加”项目，反映保险公司经营活动发生的营业税、城市维护建设税和教育费附加等相关税费。本项目应根据“营业税金及附加”科目发生额分析填列。

(17)“手续费及佣金支出”项目，反映保险公司发生的与经营活动有关的各项手续费、佣金等支出。本项目应根据“手续费及佣金支出”科目发生额分析填列。

(18)“业务及管理费”项目，反映保险公司在业务经营及管理过程中所发生的各项费用，包括提取的保险保障基金。本项目应根据“业务及管理费”科目发生额分析填列。

(19)“摊回分保费用”项目，反映再保险分出人向再保险接受人摊回的分保费用。本项目应根据“摊回分保费用”科目发生额分析填列。

(20)“其他业务成本”项目，反映保险公司确认的与经常性活动相关的其他活动支出和利息支出。本项目应根据“利息支出”、“其他业务成本”等科目发生额分析填列。

(21)“资产减值损失”项目，反映保险公司计提各项资产减值准备所形成的所示。本项目应根据“资产减值损失”科目发生额分析填列。

(22)“营业外收入”项目，反映保险公司发生的与其经营活动无直接关系的各项净收入。本项目应根据“营业外收入”科目发生额分析填列。

(23)“营业外支出”项目，反映保险公司发生的与其经营活动无直接关系的各项净支出。本项目应根据“营业外支出”科目发生额分析填列。

(24)“所得税费用”项目，反映保险公司应当从当期利润总额中扣除的所得税费用。本项目应根据“所得税费用”科目发生额分析填列。

(25)“基本/稀释每股收益”项目，适用于普通股或潜在普通股已公开交易的公司，以及正处于发行普通股或潜在普通股过程中的公司。

三、现金流量表

(一) 现金流量表的格式

保险公司的现金流量表是由正表和补充资料两部分组成。其具体格式如表4-6、表4-7所示。

表4-6　现金流量表

会保03表

编制单位：　年　月　单位：元

项　目	本期金额	上期金额
一、经营活动产生的现金流量		
收到原保险合同保费取得的现金		
收到再保险业务现金净额		
保户储金及投资款净增加额		
收到其他与经营活动有关的现金		
经营活动现金流入小计		
支付原保险合同赔付款项的现金		
支付手续费及佣金的现金		
支付保单红利的现金		
支付给职工以及为职工支付的现金		
支付的各项税费		
支付其他与经营活动有关的现金		
经营活动现金流出小计		
经营活动产生的现金流量净额		
二、投资活动产生的现金流量		
收回投资收到的现金		

续表

项　目	本期金额	上期金额
二、投资活动产生的现金流量		
取得投资收益收到的现金		
收到其他与投资活动有关的现金		
投资活动现金流入小计		
投资支付的现金		
质押贷款净增加额		
购置固定资产、无形资产和其他长期资产支付的现金		
支付其他与投资活动有关的现金		
投资活动现金流出小计		
投资活动产生的现金流量净额		
三、筹资活动产生的现金流量		
吸收投资所收到的现金		
发行债券收到的现金		
收到其他与筹资活动有关的现金		
筹资活动现金流入小计		
偿还债务支付的现金		
分配股利、利润或偿付利息支付的现金		
支付其他与筹资活动有关的现金		
筹资活动现金流出小计		
筹资活动产生的现金流量净额		
四、汇率变动对现金及现金等价物的影响		
五、现金及现金等价物净增加额		
加：期初现金及现金等价物余额		
六、期末现金及现金等价物余额		

表4－7　　现金流量表补充资料

补充材料	本期金额	上期金额
1. 将净利润调节为经营活动现金流量		
净利润		
加：资产减值准备		
提取未到期责任准备金		
提取保险责任准备金		
固定资产折旧		
无形资产摊销		
长期待摊费用摊销		

续表

补充材料	本期金额	上期金额
1. 将净利润调节为经营活动现金流量		
处置固定资产、无形资产和其他长期资产的损失（收益以“－”号填列）		
固定资产报废损失（收益以“－”号填列）		
公允价值变动损失（收益以“－”号填列）		
利息支出（收入以“－”号填列）		
投资损失（收益以“－”号填列）		
递延所得税资产减少（增加以“－”号填列）		
递延所得税负债增加（减少以“－”号填列）		
存货的减少（增加以“－”号填列）		
经营性应收项目的减少（增加以“－”号填列）		
经营性应付项目的增加（减少以“－”号填列）		
其他		
经营活动产生的现金流量净额		
2. 不涉及现金收支的重大投资和筹资活动		
债务转为资本		
一年内到期的可转换公司债券		
融资租入固定资产		
3. 现金及现金等价物净变动情况		
现金的期末余额		
减：现金的期初余额		
加：现金等价物的期末余额		
减：现金等价物的期初余额		
现金及现金等价物净增加额		

（二）现金流量表的编制方法

保险公司现金流量表的编制，与一般企业现金流量表的编制基本相同。除以下项目外，保险公司现金流量表的其他项目应比照一般企业现金流量表编制方法进行处理：

1.“收到原保险合同保费取得的现金”项目。本项目反映保险公司本期收到的原保险合同保费取得的现金。包括本期收到的原保险保费收入、本期收到的前期应收原保险保费、本期预售的原保险保费和本期代其他企业收取的原保险保费，扣除本期保险合同提前解除以现金支付的退保费。本项目应根据“现金”、“银行存款”、“应收账款”、“预收账款”、“保费收入”等科目的记录分析填列。

2. “收到再保业务现金净额”项目。本项目反映保险公司本期从事再保业务实际收支的现金净额，包括本期收到的现金分保费收入、本期收到的前期分保业务往来和本期预收分包赔款和费用等。本项目可以根据“库存现金”、“银行存款”、“应收分保账款”、“应付分保账款”、“预收赔付款”、“保费收入”、“摊回赔付支付”、“摊回分保费用”、“分出保费”、“赔付支出”、“分保费用”、“预付赔付款”等科目的记录分析填列。

3. “保户储金及投资款净增加额”项目。本项目反映保险公司向投保人收取的以储金利息作为保费收入的储金，以及以投资收益作为保费收入的投资保障型保险业务的投资本金，减去保险公司向投保人返还的储金和投资本金后的净额。本项目可以根据“库存现金”、“银行存款”、“保户储金”、“应收保户储金”、“保户投资款”等科目的记录分析填列。

4. “支付原保险合同赔付款项的现金”项目。本项目反映保险公司以现金支付和预付给被保险人的赔付款和退保金。本项目应根据“库存现金”、“银行存款”、“赔付支出”、“退保金”、“预付赔付款”等科目的记录分析填列。

5. “支付手续费及佣金的现金”项目。本项目反映保险公司本期实际以现金支付给保险代理人和营销人员的手续费及佣金。本项目应根据“库存现金”、“银行存款”、“应付手续费及佣金”、“手续费及佣金支出”等科目的记录分析填列。

6. “支付保单红利”项目。本项目反映保险公司按合同约定以现金支付的保单红利。本项目可以根据“库存现金”、“银行存款”、“应付保单红利”、“保单红利支出”等科目的记录分析填列。

7. “质押贷款净增加额”项目。本项目反映保险公司本期发放保户质押贷款的现金净额。本项目可以根据“库存现金”、“银行存款”、“保户质押贷款”科目的期末余额和期初余额记录分析填列。

保险公司可以单独设置“处置损余物资收到的现金净额”和“代位追偿款收到的现金”等项目，或者在“收到的其他与经营活动有关的现金”项目中反映。

四、所有者权益变动表

（一）所有者权益变动表的格式

保险公司的所有者权益变动表格式如表 4 – 8 所示。

表 4-8

所有者权益变动表

会保04表

年　　度

编制单位：　　　　　　　　　　　　　　　　　　　　单位：元

项　目	本年金额							上年金额						
	实收资本（或股本）	资本公积	减：库存股	盈余公积	一般风险准备	未分配利润	所有者权益合计	实收资本（或股本）	资本公积	减：库存股	盈余公积	一般风险准备	未分配利润	所有者权益合计
一、上年年末余额														
加：会计政策变更														
前期差错更正														
二、本年年初余额														
三、本年增减变动金额（减少以“－”号填列）														
（一）净利润														
（二）直接计入所有者权益利得和损失														
1. 可供出售金融资产公允价值变动损益														
（1）计入所有者权益的金额														
（2）转入当期损益的金额														
2. 现金流量套期工具公允价值变动净额														
（1）计入所有者权益的金额														
（2）转入当期损益的金额														
（3）计入被套期项目初始确认金额中的金额														
3. 权益法下被投资单位其他所有者权益变动的影响														
4. 与计入所有者权益项目相关的所得税影响														

续表

项目	本年金额							上年金额						
	实收资本（或股本）	资本公积	减：库存股	盈余公积	一般风险准备	未分配利润	所有者权益合计	实收资本（或股本）	资本公积	减：库存股	盈余公积	一般风险准备	未分配利润	所有者权益合计
5. 其他														
上述（一）和（二）小计														
（三）所有者投资如何减少资本														
1. 所有者投入资本														
2. 股份支付计入所有者权益的金额														
3. 其他														
（四）利润分配														
1. 提取盈余公积														
2. 提取一般风险准备														
3. 对所有者（或股东）的分配														
4. 其他														
（五）所有者权益内部结转														
1. 资本公积转增资本（或股本）														
2. 盈余公积转增资本（或股本）														
3. 盈余公积弥补亏损														
4. 一般风险准备弥补亏损														
5. 其他														
四、本年年末余额														

（二）所有者权益变动表的编制方法

保险公司所有者权益变动表“上年金额”栏内的各项数字，应当根据上年度所有者权益变动表“本年金额”栏内所列数字填列。若上年度所有者权益变动表规定的各项目的名称和内容同本年度不相一致，则应当对上年度所有者权益变动表的各项目的名称和内容按本年度的规定进行调整，然后以调整后的数字填入所有者权益变动表“上年金额”栏内。

所有者权益变动表“本年金额”栏内各项数字一般应根据“实收资本（或股本）”、“资本公积”、“盈余公积”、“利润分配”、“一般风险准备”、“以前年度损益调整”科目的发生额分析填列。

保险公司所有者权益变动表中具体各项目的填列，应比照一般企业所有者权益变动表的编制方法进行处理。

五、附注

保险公司附注中相关内容的披露，除下列项目及披露格式存在特殊性外，其他项目均应遵照一般企业附注中披露的内容和顺序进行处理。

（一）报表重要项目的说明

公司对报表重要项目的说明，应当按照资产负债表、利润表、现金流量表、所有者权益变动表及其项目列示顺序，采用文字和数据描述相结合的方式进行披露。报表重要项目的明细金额合计，应当与报表项目金额相衔接。

1. 应收保费账龄结构的披露格式（见表4－9）。

表4－9　应收保费账龄结构的披露格式

账　龄	期末账面余额	年初账面余额
3个月以内（含3个月）		
3个月至1年（含1年）		
1年以上		
合　计		

2. 应收代位追偿款。

（1）应收代位追偿款披露格式（见表4－10）。

表4－10　　应收代位追偿款披露格式

账　　龄	期末账面余额	年初账面余额
3个月以内（含3个月）		
3个月至1年（含1年）		
1年以上		
合　　计		

（2）金额重大代位追偿款产生的原因和未确认的理由。

3. 定期存款的披露格式（见表4－11）。

表4－11　　定期存款的披露格式

到期期限	期末账面余额	年初账面余额
1个月至3个月（含3个月）		
3个月至1年（含1年）		
1年至2年（含2年）		
2年至3年（含3年）		
3年至4年（含4年）		
4年至5年（含5年）		
5年以上		
合　　计		

债券投资到期期限结构，比照上述格式进行披露。

4. 其他资产的披露格式（见表4－12）。

表4－12　　其他资产的披露格式

项　　目	期末账面余额	年初账面余额
应收股利		
损余物资		
……		
其他		
合　　计		

注：损余物资产生的原因、所处置损余物资的账面价值，实现的损益，应同时予以披露。

5. 保户储金（或保户投资款）的披露格式（见表4－13）。

表4－13　　保户储金（或保户投资款）的披露格式

到期期限	期末账面余额	年初账面余额
1年以内（含1年）		
1年至3年（含3年）		
3年至5年（含5年）		
5年以上		
合　计		

6. 保险合同准备金。

（1）保险合同准备金增减变动情况的披露格式（见表4－14）。

表4－14　　保险合同准备金增减变动情况的披露格式

项　目	年初账面余额	本期增加额	本期减少额				期末账面余额
			赔付款项	提前解除	其他	合计	
未到期责任准备金							
原保险合同							
再保险合同							
未决赔款准备金							
原保险合同							
再保险合同							
寿险责任准备金							
原保险合同							
再保险合同							
长期健康险责任准备金							
原保险合同							
再保险合同							
合　计							

（2）保险合同准备金未到期期限的披露格式（见表4－15）。

表 4-15　　保险合同准备金未到期期限的披露格式

项　目	期末账面余额		年初账面余额	
	1 年以下（含 1 年）	1 年以上	1 年以下（含 1 年）	1 年以上
未到期责任准备金				
原保险合同				
再保险合同				
未决赔款准备金				
原保险合同				
再保险合同				
寿险责任准备金				
原保险合同				
再保险合同				
长期健康险责任准备金				
原保险合同				
再保险合同				
合　计				

（3）原保险合同未决赔款准备金的披露格式（见表 4-16）。

表 4-16　　原保险合同未决赔款准备金的披露格式

未决赔款准备金	期末账面余额	年初账面余额
已发生已报案未决赔款准备金		
已发生未报案未决赔款准备金		
理赔费用准备金		
合　计		

7. 其他负债披露格式（见表 4-17）。

表 4-17　　其他负债披露格式

项　目	期末账面余额	年初账面余额
应付利息		
……		
合　计		

8. 公司应当分别就原保险合同和再保险合同披露提取未到期责任准备金的本期发生额和上期发生额。

9. 赔付支出。

（1）赔付支出按保险合同列示的披露格式（见表4－18）。

表4－18　　赔付支出按保险合同列示的披露格式

项　　目	本期发生额	上期发生额
原保险合同		
再保险合同		
合　　计		

（2）赔付支出按内容列示的披露格式（见表4－19）。

表4－19　　赔付支出按内容列示的披露格式

项　　目	本期发生额	上期发生额
赔付支出		
满期给付		
年金给付		
死伤医疗给付		
……		
合　　计		

10. 提取保险责任准备金。

（1）提取保险责任准备金保险合同列示的披露格式（见表4－20）。

表4－20　　提取保险责任准备金保险合同列示的披露格式

项　　目	本期发生额	上期发生额
提取未决赔款准备金		
原保险合同		
再保险合同		
提取寿险责任准备金		
原保险合同		
再保险合同		
提取长期健康险责任准备金		
原保险合同		
再保险合同		
合　　计		

（2）提取保险合同未决赔款准备金按构成内容列示的披露格式（见表4－21）。

表4－21　　提取保险合同未决赔款准备金按构成内容列示的披露格式

提取未决赔款准备金	本期发生额	上期发生额
已发生已报案未决赔款准备金		
已发生未报案未决赔款准备金		
理赔费用准备金		
合　计		

11. 摊回保险责任准备金的披露格式（见表4－22）。

表4－22　　摊回保险责任准备金的披露格式

项　目	本期发生额	上期发生额
摊回未决赔款准备金		
摊回寿险责任准备金		
摊回长期健康险责任准备金		
合　计		

（二）风险管理

1. 保险风险。

（1）风险管理的目标和减轻风险的政策：

①管理资产负债的技术，包括保持偿付能力的方法等；

②选择和接受可承保风险的政策，包括确定可接受风险的范围和水平等；

③评估和监控保险风险的方法，包括内部风险计量模式、敏感性分析等；

④限制和转移保险风险的方法，包括共同保险、再保险。

（2）保险风险的类型：

①保险风险的内容；

②减轻保险风险的因素及程度，包括再保险风险等；

③可能引起现金流量发生变动的因素。

（3）保险风险集中度：

①保险风险集中的险种；

②保险风险集中的地域。

（4）不考虑分出业务的索赔进展信息的披露格式（见表4-23）。

表4-23　　考虑分出业务的索赔进展信息的披露格式

项　目	前四年	前三年	前二年	前一年	本年	合计
本年末累计赔付款项估计额						
一年后累计赔付款项估计额						
两年后累计赔付款项估计额						
三年后累计赔付款项估计额						
四年后累计赔付款项估计额						
累计赔付款项估计额						
累计支付的赔付款项						
以前期间调整额						
尚未支付的赔付款项						

扣除分保业务后的索赔进展信息，比照上述的不考虑分出业务的索赔进展信息的披露格式进行披露。

（5）与保险合同有关的重大假设：

①重大假设，包括死亡率、发病率、退保率、投资收益率等；

②对假设具有重大影响的数据的来源；

③假设变动的影响及敏感性分析；

④影响假设不确定性的事项和程度；

⑤不同假设之间的关系；

⑥描述过去经验和当前情况；

⑦假设与可观察的市场价格或其他公开信息的符合程度。

2. 除风险以外的其他风险。

第五章 5

证券公司主要业务的核算

我国证券公司经营的证券限于资本证券，它表明持券人对资本具有所有权或债权，并可以据其获得一定收益的证券。主要包括股票、债券及其衍生品如基金证券、可转换债券等。我国证券公司可以经营下列部分或者全部业务：证券经纪；证券自营；证券承销与保荐；证券投资咨询；与证券交易、证券投资活动有关的财务顾问；证券资产管理；其他证券业务。按其主要内容可分为证券经纪业务、证券自营业务、证券承销业务和其他证券业务。

第一节 证券经纪业务的核算

证券经纪业务是指证券公司通过其设立的证券营业部接受客户委托，按照客户的要求，代理客户买卖证券的业务，包括代理买卖证券业务、代理兑付证券业务和代理保管证券业务。

一、会计科目的设置

在证券经纪业务中，代理买卖证券业务、代理兑付证券业务纳入账内核算，而代理保管证券业务是证券公司为方便客户开展的一项服务性项目，由于代理保管的有价证券不属于证券公司的财产，因此，证券公司对代理保管的有价证券纳入表外进行核算。证券经纪业务中主要涉及的表内会计科目如下。

1. “结算备付金”科目。该科目为资产类科目，用来核算证券公司为证券交易的资金清算与交收而存入指定清算代理机构的款项。企业向客户收取的结算手续费、向证券交易所支付的结算手续费，也在该科目核算。该科目按照清算代理机构设置明细账，分“自有”、“客户”等项目进行明细核算。该科目借方登记证券公司存入清算代理机构的款项；贷方登记从清算代理机构收回资金的数额；期末借方余额表示证券公司存入指定清算代理机构但尚未使用的款项余额。

2. “代理兑付证券”科目。该科目为资产类科目，用来核算证券公司接受委托代理兑付到期的证券。按照委托单位和证券种类进行明细核算。该科目借方登记已兑付的各类到期证券以及因委托单位未拨付或拨付不足证券兑付资金、客户兑付时垫付的资金；贷方登记国家或企业拨付的委托兑付证券资金，以及向委托单位交付已兑付的证券并收回垫付的资金；期末借方余额表示证券公司已兑付但尚未收到委托单位兑付资金的证券金额。

3. “代理买卖证券款”科目。该科目为负债类科目，用来核算证券公司接受客户委托，代理客户买卖股票、债券和基金等有价证券，而由客户交存的款项。公司代理客户认购新股的款项、代理客户领取的现金股利和债券利息，代理客户向证券交易所支付的配股款等也在该科目核算。该科目按照客户类别等进行明细核算。贷方登记收到客户交来的代理买卖证券及代理认购新股的款项等；借方登记证券公司代理客户买卖证券、代理客户认购新股、代理客户办理配股业务而减少的代理买卖证券款项，以及因客户提取存款而减少的代理买卖证券款项；期末贷方余额表示证券公司接受客户存放的代理买卖证券资金。

4. “代理兑付证券款”科目。该科目为负债类科目，用来核算证券公司接受委托代理兑付证券而收到的兑付资金。按照委托单位和证券种类进行明细核算。该科目贷方登记收到委托单位的兑付资金；借方登记代理兑付的资金；期末贷方余额表示证券公司已收到但尚未兑付的代理兑付证券款项。

5. “手续费及佣金收入”科目。该科目为损益类科目，用来核算证券公司在代理买卖证券业务、代理兑付证券业务、代理承销证券业务、代理保管证券业务中根据收入准则确认的手续费及佣金收入。该科目按照手续费及佣金收入的类别进行明细核算。当证券公司确认手续费及佣金收入时，应按其确认金额记入该科目的贷方；期末，将该科目的余额转入“本年利润”科目时，应借记该科目，结转后，“手续费及佣金收入”科目无余额。

6. “手续费及佣金支出”科目。该科目为损益类科目。用来核算证券公司发生的与其经营活动相关的各项手续费、佣金等支出。该科目按照支出类别进行明细核算。当证券公司发生与其经营活动相关的手续费、佣金等支出时，借记该科目；期末，将“手续费及佣金支出”科目余额转入“本年利润”科目时，应贷记该科目，结转后，该科目无余额。

二、代理买卖证券业务的核算

代理买卖证券业务是指证券公司接受客户委托，代理客户进行证券买卖的业务。证券公司代理客户买卖证券收到的款项，必须全额存入指定的商业银行，并在“银行存款”科目中单设明细科目进行核算，不能与本公司的存款混淆。公司在收到代理客户买卖证券款项的同时应当确认为一项负债，与客户进行相关的结算。公司代理客户买卖证券所取得的手续费，应当在与客户办理买卖证券款项清算时确认为手续费及佣金收入。

（一）资金专户的核算

1. 客户开设资金专户并交来款项以及日常存款时，证券公司应按照客户所交款项的金额，借记“银行存款——客户”科目，贷记“代理买卖证券款——客户”科目。当客户取款时，作相反的会计分录。

2. 证券公司为客户在证券交易所开设清算资金专户时，应按照存入清算资金专户的金额，借记“结算备付金——客户”科目，贷记“银行存款——客户”科目。

3. 证券公司代理客户领取现金股利或利息时，应按代领的现金股利或利息的金额，借记“结算备付金——客户”科目，贷记“代理买卖证券款——客户”科目。

4. 证券公司按规定向客户统一结息时，应按照已提利息部分，借记“应付利息——客户”科目，按照未提利息部分，借记“利息支出”科目，同时贷记“代理买卖证券款——客户”科目。

5. 客户结息销户时，首先应结清利息，证券公司应按需结清利息的金额，借记“应付利息——客户”科目，贷记“银行存款——客户”科目；客户提款销户时，证券公司应按客户资金专户余额，借记“代理买卖证券款——客户”科目，贷记“银行存款——客户”科目。

（二）代理认购新股的核算

1. 当证券公司发生代理客户认购新股业务，在收到客户交来认购款时，按照客户所交款项金额，借记“银行存款”科目，贷记“代理买卖证券款——客户”科目。

2. 当证券公司将款项划付证券交易所时，应按所划付金额，借记“结算备付金——客户”科目，贷记“银行存款”科目。

3. 客户办理申购手续，公司与证券交易所清算资金时，证券公司应按清算资金金额，借记“代理买卖证券款——客户”科目，贷记“结算备付金——客户”科目。

4. 证券交易所完成中签认定工作，将未中签资金退给客户时，证券公司应按所退回金额，借记“结算备付金——客户”科目，贷记“代理买卖证券款——客户”科目。

5. 证券公司将未中签的款项划回，应按划回金额，借记“银行存款”科目，贷记“结算备付金——客户”科目。

6. 证券公司将未中签的款项退给客户，应按退回金额，借记“代理买卖证券款——客户”科目，贷记“银行存款”科目。

【例 5－1】亚太证券公司代理客户认购新股，收到客户认购款项4 000万元，为客户办理申购手续。证券交易所完成中签认定工作，将未中签资金 3 960 万元退给客户。中签交付的认股款项为 40 万元，手续费率为 0.30%，由发行公司支付并已收到。亚太证券公司应编制如下会计分录：

（1）收到客户认购款项时：

借：银行存款　　40 000 000

　　贷：代理买卖证券款　　40 000 000

（2）将款项划付交易所时：

借：结算备付金——客户　　40 000 000

　　贷：银行存款　　40 000 000

（3）客户办理申购手续。在证券公司与证券交易所清算时：

借：代理买卖证券款　　400 000

贷：结算备付金——客户　　　　　　　　　400 000

（4）证券交易所完成中签认定工作，证券公司将未中签款项划回时：

借：银行存款　　　　　　　　　　39 600 000

贷：结算备付金——客户　　　　　　　　39 600 000

（5）证券公司将未中签的资金退给客户时：

借：代理买卖证券款　　　　　　　39 600 000

贷：银行存款　　　　　　　　　　　　39 600 000

（6）收到证券交易所转来发行公司支付的发行手续费时：

借：银行存款　　　　　　　　　　　　1 200

贷：手续费及佣金收入——代买卖证券手续费收入　1 200

（三）代理客户配股的核算

1. 采用当日向证券交易所解交配股款的，在客户提出配股要求时，证券公司应按照客户要求配股金额，借记“代理买卖证券款”科目，贷记“结算备付金——客户”科目。

2. 采用定期向证券交易所解交配股款的，在客户提出配股要求时，证券公司应按照客户要求配股金额，借记“代理买卖证券款”科目，贷记“其他应付款——应付客户配股款”科目。

3. 与证券交易所清算配股款时，证券公司应按配股金额，借记“其他应付款——应付客户配股款”科目，贷记“结算备付金——客户”科目。

（四）代理买卖证券的核算

证券公司接受客户委托，通过证券交易所代理买卖证券时，应当分别根据下列两种情况进行处理。

1. 当买入证券成交总额大于卖出证券成交总额时：应按清算日买卖证券成交价的差额，加上代扣代交的印花税等相关税费和应向客户收取的佣金等费用之和，借记“代理买卖证券款”科目，贷记“结算备付金——客户”、“银行存款”等科目；按公司应负担的交易费用，借记“手续费及佣金支出——代理买卖证券手续费支出”科目，按应向客户收取的佣金及手续费，贷记“手续费及佣金收入”科目，按其差额，借记“结算备付金——自有”、“银行存款”等科目。

【例5－2】深圳证券股份有限公司接受客户委托，通过证券交易所代理买卖证券，买进股票成交总额为80万元，卖出股票成交总额为60万元，买入证券成交总额多于卖出证券成交总额20万元。代扣代缴的交易税费为1 500元。应向客户收取的佣金为4 000元，证券公司应负担的交易费用为200元。深圳证券股份有限公司根据交易所传来的证券交易一级清算表、营业部出具的证券交易二级清算表、清算银行出具的资金清算单等凭证进行账务处理。深圳证券股份有限公司应编制如下会计分录：

借：代理买卖证券款

205 500（800 000 - 600 000 + 1 500 + 4 000）

贷：结算备付金——客户　205 500

同时：

借：手续费及佣金支出——代买卖证券手续费支出　200

结算备付金——自有　3 800

贷：手续费及佣金收入——代买卖证券手续费收入　4 000

2. 当卖出证券成交总额大于买入证券成交总额时：应按清算日买卖证券成交价的差额，减去代扣代缴的印花税等相关税费和应向客户收取的佣金等费用后的余额，借记“结算备付金——客户”科目，贷记“代理买卖证券款”等科目；按公司应负担的交易费用，借记“手续费及佣金支出——代理买卖证券手续费支出”科目，按应向客户收取的佣金及手续费，贷记“手续费及佣金收入——代理买卖证券手续费收入”科目，按其差额，借记“结算备付金——自有”、“银行存款”等科目。

【例5-3】 承【例5-2】若深圳证券股份有限公司的交易为净卖出20万元，其他数据不变，根据交易所传来的证券交易一级清算表、营业部出具的证券交易二级清算表、清算银行出具的资金清算单等凭证进行账务处理。

深圳证券股份有限公司应编制如下会计分录：

借：结算备付金——客户

194 500（200 000 - 1 500 - 4 000）

贷：代理买卖证券款　194 500

同时：

借：手续费及佣金支出——代理买卖证券手续费支出　200

结算备付金——自有　3 800

贷：手续费及佣金收入——代理买卖证券手续费收入

4 000

三、代理兑付证券业务的核算

代理兑付证券业务是证券公司接受国家或企业等证券发行单位的委

托，兑付到期证券，兑付结束后，将已兑付证券集中交给发行单位，同时向发行单位收取手续费的业务。代理兑付证券业务主要设置“代理兑付证券款”和“代理兑付证券”等科目进行核算。

（一）代理兑付无记名证券的核算

1. 证券公司收到委托单位划来的兑付资金时，应按照收到的兑付资金金额，借记“银行存款”科目，贷记“代理兑付证券款”科目。

2. 证券公司收到客户交来的实物债券时，按兑付金额（证券本息）支付资金金额，借记“代理兑付证券款”科目，贷记“银行存款”或“库存现金”科目。

3. 兑付期结束，证券公司将已兑付的证券集中交给委托单位时，按所交付证券金额，借记“代理兑付证券款”科目，贷记“代理兑付证券”科目。

（二）代理兑付记名证券的核算

1. 证券公司收到委托单位划来的兑付资金时，应按照收到兑付资金金额，借记“银行存款”科目，贷记“代理兑付证券款”科目。

2. 证券公司收到客户交来的证券时，应按兑付金额（证券本息）支付资金金额，借记“代理兑付证券款”科目，贷记“银行存款”科目。

（三）手续费收入的核算

1. 证券公司向委托单位单独收取代理兑付证券手续费的，应按照收取手续费的金额，借记“银行存款”或“结算备付金”等科目，贷记“手续费及佣金收入——代理兑付债券手续费收入”科目。

2. 委托单位将手续费与兑付资金一并划给证券公司的，则：

（1）当证券公司收到手续费与兑付现金时，应按实际收到的金额，借记“银行存款”或“结算备付金”等科目，按兑付资金金额，贷记“代理兑付证券款”科目，按收取手续费的金额，贷记“其他应付款——预收代理兑付证券手续费”科目。

（2）兑付证券业务完成后，确认手续费收入时，证券公司应按收取手续费的金额，借记“其他应付款——预收代理兑付证券手续费”科目，贷记“手续费及佣金收入——代理兑付债券手续费收入”科目。

【例5-4】深圳证券股份有限公司代理伟达公司兑付到期的无记名证券（实物券），6月1日收到伟达公司的兑付资金507.5万元，其中手续费7.5万元，至6月底共兑付证券500万元。深圳证券股份有限公司应编制如下会计分录：

（1）收到伟达公司兑付资金时：

借：银行存款　　5 075 000

　　贷：代理兑付证券款——伟达公司　　5 000 000

　　　　其他应付款——预收代理兑付证券手续费　　75 000

（2）兑付证券时：

借：代理兑付证券款——伟达公司　　5 000 000

　　贷：银行存款　　5 000 000

（3）兑付期结束，向伟达公司交回已兑付证券时：

借：代理兑付证券款——伟达公司　　5 000 000

　　贷：代理兑付证券——伟达公司　　5 000 000

同时，确认手续费收入，会计分录如下：

借：其他应付款——预收代理兑付手续费　　75 000

　　贷：手续费及佣金收入——代理兑付证券手续费　　75 000

【例5-5】深圳证券股份有限公司代理信达公司兑付到期的记名债券，6月1日收到信达公司划来兑付资金800万元，兑付期为半年，同时划来相关手续费5万元。深圳证券股份有限公司应编制如下会计分录：

（1）收到划来款项时：

借：银行存款　　8 050 000

　　贷：代理兑付证券　　8 000 000

　　　　其他应付款——预收代理兑付证券手续费　　50 000

（2）兑付期结束时：

借：其他应付款——预收代理兑付证券手续费　　50 000

　　贷：手续费及佣金收入——代理兑付债券手续费收入

　　　　50 000

四、代理保管证券业务的核算

代理保管证券业务是指证券公司接受客户委托，代客户保管证券收取手续费或免费代为保管。代理保管证券主要设置“代保管证券”这一表外科目进行记录。当证券公司收到代保管的证券时，在专设的备查

簿中记录代保管证券的情况；当保管服务完成时，冲销备查簿中登记的代保管证券。代保管证券收取的手续费，在提供保管服务完成时确认为手续费及佣金收入。

第二节 证券自营业务的核算

证券自营业务是指证券公司以自己的名义，使用公司自有资金和依法筹集的资金买卖证券以达到获利目的的业务，包括买入证券业务和卖出证券业务。

一、会计科目的设置

证券公司进行证券自营买入和卖出业务，主要设置以下几个会计科目进行核算：

1. “交易性金融资产”科目。该科目属于资产类性质，核算证券公司持有的为交易目的持有的债券投资、股票投资、基金投资、权证投资等交易性金融资产的公允价值。证券公司持有的直接指定为以公允价值计量且其变动计入当期损益的金融资产，也在该科目核算。该科目按照交易性金融资产的类别和品种，分“成本”、“公允价值变动”项目进行明细核算。该科目借方登记取得交易性金融资产的成本和公允价值的有利变动；贷方登记出售交易性金融资产时结转的成本以及公允价值的不利变动；期末借方余额反映证券公司持有的交易性金融资产的公允价值。

2. “可供出售会融资产”科目。该科目属于资产类性质，核算证券公司持有的可供出售金融资产的公允价值，包括划分为可供出售的股票投资、债券投资等金融资产。该科目按照可供出售金融资产类别或品种，分“成本”、“利息调整”、“应计利息”、“公允价值变动”等项目进行明细核算。该科目借方登记取得的可供出售金融资产的成本和公允价值的有利变动；贷方登记出售可供出售金融资产时结转的成本和公允价值的不利变动；期末借方余额反映证券公司持有的可供出售金融资产的公允价值。

3. “资产减值损失”科目。该科目属于损益类，核算证券公司根据资产减值等准则计提各项资产减值准备所形成的损失。应当按照资产减值损失的项目进行明细核算。证券公司根据资产减值等准则确定资产发生减值的，按应减记的金额，借记该科目，当相关资产的价值又得以恢复后，应在原已计提的减值准备金额内，按恢复增加的金额，贷记该科目；期末，应将该科目余额转入“本年利润”科目，结转后“资产减值损失”科目无余额。

二、买入自营证券的核算

1. 由于证券公司进行自营证券的买卖，需要通过清算代理机构进行结算，因此证券公司应当先将自有资金存入清算代理机构，存入时，按实际存入金额借记“结算备付金——自有”科目，贷记“银行存款”科目。当从清算代理机构收回资金时，做与存入时相反的会计处理。

2. 证券公司在进行自营证券交易时，应按照《企业会计准则第22号——金融工具确认和计量》的规定，根据持有证券的意图对其进行划分，一般可分为交易性金融资产和可供出售金融资产，两者的核算方法不同。

(1) 买入时划分为交易性金融资产的自营证券时，证券公司应按照买入证券的公允价值，借记“交易性金融资产——成本”科目，按发生的相关交易费用金额，借记“投资收益”科目，按照实际支付的金额，贷记“结算备付金——自有”科目。

(2) 买入时划分为可供出售金融资产的自营证券时，证券公司应按照买入证券的公允价值及所发生的相关交易费用之和，借记“可供出售金融资产”科目，按照实际支付的金额，贷记“结算备付金——自有”科目。

3. 如果取得自营证券（无论是划分为交易性金融资产还是可供出售金融资产）时支付的价款中包含已宣告但尚未发放的现金股利或债券利息时，这部分股利或利息应作为“应收股利”或“应收利息”单独核算。

4. 实际收到属于取得自营证券支付价款中包含的已宣告发放的现金股利或债券利息时，证券公司应按照所收到的现金股利或债券利息的金额，借记“结算备付金——自有”科目，贷记“应收股利”或“应收利息”科目。

5. 自营证券在持有期间收取现金股利或债券利息时，应作为投资收益核算，证券公司应按照收取现金股利或债券利息金额，借记“结算备付金——自有”科目，贷记“投资收益”科目。

6. 资产负债表日，交易性金融资产公允价值变动形成的利得或损失，应当计入当期损益。如果交易性金融资产的公允价值高于其账面余额的差额，证券公司应按此差额，借记“交易性金融资产——公允价值变动”科目，贷记“公允价值变动损益”科目。如果公允价值低于其账面余额，按其差额做相反的会计处理。

7. 资产负债表日，可供出售金融资产应当以公允价值计量，且公允价值变动计入资本公积。如果可供出售金额资产的公允价值高于其账面余额的，证券公司应按此差额，借记“可供出售金融资产——公允价值变动”科目，贷记“资本公积——其他资本公积”科目。如果公允价值低于其账面余额，按其差额做相反的会计处理。

【例5-6】深圳证券股份有限公司为进行自营证券业务而存入指定的清算代理机构款项6 000万元。深圳证券股份有限公司应编制如下会计分录：

借：结算备付金——自有	60 000 000	
贷：银行存款		60 000 000

【例5-7】2010年1月10日，深圳证券股份有限公司购入某钢铁公司股票20万股，作为交易性金融资产进行核算和管理。每股面值1元，每股成交价6元，共计120万元（其中包含已宣告但尚未发放的现金股利20万元）。同时，深圳证券股份有限公司支付了相关交易费用2 680元。

深圳证券股份有限公司应编制如下会计分录：

借：交易性金融资产——成本	1 000 000	
应收股利	200 000	
投资收益	2 680	
贷：结算备付金——自有		1 202 680

【例5-8】承【例5-7】深圳证券股份有限公司将购入的股票作为可供出售金融资产进行核算和管理。深圳证券股份有限公司应编制如下会计分录：

借：可供出售金融资产	1 002 680	
应收股利	200 000	
贷：结算备付金——自有		1 202 680

【例5-9】深圳证券股份有限公司持有A上市公司股票20万股。A公司于2010年3月15日宣告分派现金股利，每股0.1元。2010年3月20日，深圳证券股份有限公司收到A公司发放的现金股利2万元。深圳证券股份有限公司应编制如下会计分录：

（1）2010年3月15日，A公司宣告分派现金股利时：

借：应收股利——A 公司　　20 000
　贷：投资收益　　20 000

（2）2010 年 3 月 20 日，收到 A 公司发放的现金股利时：

借：结算备付金——自有　　20 000
　贷：应收股利——A 公司　　20 000

【例 5－10】2010 年 1 月 1 日，深圳证券股份有限公司以 102 万元（其中包含已宣告但尚未发放的现金股利 2 万元）购入 B 公司股票 100 万股，每股 1 元，另发生交易费用 1 万元。2010 年 6 月 30 日，该股票的每股市价为 1.5 元/股。2010 年 2 月 15 日，深圳股份有限公司收到 B 公司分派的现金股利。2010 年 12 月 31 日，该股票的每股市价为 1.3 元/股。深圳证券股份有限公司将购入的股票划分为交易性金融资产。深圳证券股份有限公司应编制如下会计分录：

（1）2010 年 1 月 1 日，购入股票时：

借：交易性金融资产——成本　　1 000 000
　　应收股利——B 公司　　20 000
　　投资收益　　10 000
　贷：银行存款　　1 030 000

（2）2010 年 2 月 15 日，收到现金股利时：

借：结算备付金——自有　　20 000
　贷：应收股利——B 公司　　20 000

（3）2010 年 6 月 30 日，股票价格上升时：

借：交易性金融资产——公允价值变动　　500 000
　贷：公允价值变动损益　　500 000

（4）2010 年 12 月 31 日，股票价格下降时：

借：公允价值变动损益　　200 000
　贷：交易性金融资产——公允价值变动　　200 000

三、卖出自营证券的核算

（一）出售交易性金融资产

处置交易性金融资产时，证券公司应按实际收到的价款，借记“结算备付金——自有”科目，按交易性金融资产的账面余额，贷记“交易性金融资产”科目，按出售交易性金融资产实际收到的价款与其账面余额之间的差额，借记（或贷记）“投资收益”科目；同时将原计入该交易性金融资产的公允价值变动累计额转出，计入投资损益，借记

（或贷记）“公允价值变动损益”科目，贷记（或借记）“投资收益”科目。

（二）出售可供出售金融资产

处置可供出售金融资产时，证券公司应按实际取得的价款，借记“结算备付金——自有”科目，按可供出售金融资产的账面余额，贷记“可供出售金融资产”科目；按出售可供出售金融资产实际收到的价款与其账面余额之间的差额，借记（或贷记）“投资收益”科目，同时，将原直接计入所有者权益的公允价值变动累计额对应处置部分的金额转出，计入投资损益，借记（或贷记）“资本公积——其他资本公积”科目，贷记（或借记）“投资收益”科目。

【例5－11】承【例5－10】2011年2月10日，深圳证券股份有限公司将持有的B公司的股票全部卖出，取得价款135万元。应编制如下会计分录：

借：结算备付金——自有　　1 350 000
　贷：交易性金融资产——成本　　1 000 000
　　　　　　　　　——公允价值变动　　300 000
　　投资收益　　50 000

同时，将计入公允价值变动损益的金额转入投资收益中。

借：公允价值变动损益　　300 000
　贷：投资收益　　300 000

四、自营证券卖出成本的核算

出售自营证券需要转出证券的账面余额，并且把记入“公允价值变动损益”和“资本公积（其他资本公积）”明细科目的金额转入投资收益。如果一笔证券买进后，又整笔卖出，上述的结转是比较容易的。但证券公司经营的自营证券种类很多，卖出与买进频繁且数量不可能相对应，因此采用实际成本结转时，就需选择适当的方法计算出应结转的账面余额。这些方法主要有先进先出法、加权平均计算法、个别计价法。这些方法各有利弊，但方法一经确定，不得随意变更，如有变更，应当在会计报表附注中予以说明。下面主要以先进先出法为例，介绍自营证券卖出成本的核算。采用先进先出法计算售出证券成本，就是以先购入的证券先出售这样一种证券实物流转假设为前提，对证券出售进行计价的一种方法。采用这种方法，先购入的证券成本在后购入的证券成本之前转出，据此确定出售证券和期末证券的成本。

【例5－12】在深圳证券股份有限公司的自营证券中，A股票被作为交易性金融资产进行核算和管理，年初结存的数量为120万股，成本为600万元，公允价值变动为4万元。本月7日购进40万股，支付实际价款200万元；17日购进40万股，支付价款230万元；本月27日售出130万股，获取价款850万元。出售130万股股票所结转的交易性金融资产的成本＝6 000 000＋2 000 000÷40×10＝6 500 000（元），深圳证券公司应编制如下会计分录：

借：结算备付金——自有　　8 500 000
　贷：交易性金融资产——成本　　6 500 000
　　　　　　　　　——公允价值变动　　40 000
　　投资收益　　1 960 000
借：公允价值变动损益　　40 000
　贷：投资收益　　40 000

【例5－13】承【例5－12】本月27日售出证券180万股，获取价款1 300万元，其他资料不变。出售180万股股票所结转的交易性金融资产的成本＝6 000 000＋2 000 000＋2 300 000÷40×20＝9 150 000（元），深圳证券公司应编制如下会计分录：

借：结算备付金——自有　　13 000 000
　贷：交易性金融资产——成本　　9 150 000
　　　　　　　　　——公允价值变动　　40 000
　　投资收益　　3 810 000
借：公允价值变动损益　　40 000
　贷：投资收益　　40 000

五、自营证券减值准备的核算

证券公司将为可供出售金融资产的自营证券发生减值的，按应减记的金额，借记“资产减值损失”科目，按应从所有者权益中转出原计入资本公积的累计损失金额，贷记“资本公积——其他资本公积”科目。按其差额，贷记“可供出售金融资产——公允价值变动”科目。对于已确认减值损失的可供出售金融资产在随后的会计期间内公允价值上升的，且客观上与确认原减值损失事项有关的，应在原已计提的减值准备金额内，按恢复增加的金额，借记“可供出售金融资产——公允价值变动”科目，贷记“资产减值损失”科目；但可供出售金融资产为股票等权益工具投资的（不含在活跃市场上没有报价，公允价值不能可靠计量的权益工具投资），借记“可供出售金融资产——公允价值变动”，贷记“资本公积——其他资本公积”科目。

第三节 证券承销业务的核算

证券承销业务是指证券公司在一级市场接受发行单位的委托。代为办理发售各类证券的业务。按承销方式不同有全额承购包销方式、余额承购包销方式、代销方式。

一、会计科目的设置

证券公司接受委托采用全额承购包销方式及采用余额承购包销方式承销的证券、承购的证券，应在收到证券时，将其进行分类。如划分为以公允价值计量且其变动计入当期损益的金融资产，应在“交易性金融资产”科目核算；如划分为可供出售金融资产，应在“可供出售金融资产”科目核算。证券承销业务除需设置以上两个会计科目以外，还需要设置“代理承销证券款”科目进行核算。

“代理承销证券款”为负债类性质科目。用来核算证券公司接受委托，采用余额承购包销方式或代销方式承销证券所形成的、应付证券发行人的承销资金。该科目应当按照委托单位和证券种类进行明细核算。贷方登记证券公司受托代理发行证券时的认购款项；借方登记证券公司向委托方（发行人）支付代发行的证券款项；期末贷方余额表示证券公司在代理发行期间尚未向委托单位支付代理承销证券的认购款项，但发行结束付清款项后该科目应无余额。

二、全额承购包销方式承销证券的核算

全额承购包销就是指证券公司与证券发行单位签订合同或协议，由公司按合同或协议确定的价格将证券从发行单位购进，并马上向发行单

位支付全部款项，然后再按市场条件转售给投资者。采用此种方式，证券公司向发行单位承购证券的价格可能低于或等于或高于证券面值，由双方在协议中确定，但发售价格由证券公司确定。发行单位原则上不得干预。这种证券承销方式可确保发行单位及时获得所需的资金，但对证券公司来说却要承担全部发行风险。

1. 当证券公司根据协议，按承购价格购入全部待发售证券并向委托发行单位支付全部证券款时，应按照承购价，借记“代理承销证券”科目，贷记“银行存款”科目。

2. 当证券公司将证券转售给投资者时，应按发行价格进行价款结算，借记“银行存款”科目，按已发行证券的承购价格结转代发行证券的成本，贷记“代理承销证券”科目，并按发行价格和结转的代发行证券的成本之间的差额，贷记“手续费及佣金收入——代理承销证券手续费收入”科目。

3. 发行期结束后，如有未售出的证券，应转为证券公司自有的金融资产进行核算，证券公司需根据金融资产的性质及本公司对该金融资产的持有意图与管理政策，分别将其划分为“交易性金融资产”或“可供出售金融资产”。证券公司应按照未出售的证券承购价，借记“交易性金融资产”或“可供出售金融资产”科目，贷记“代理承销证券”科目。

【例 5－14】 2010 年 1 月 2 日，华泰证券公司与尚明股份有限公司签订协议，采用全额承购包销方式承销该公司发行的股票 5 000 万元，股票每股面值为 1 元，共发行 5 000 万股，华泰证券公司承购价为 1.2 元，对外承销价为 1.28 元，发行期为 20 天，预计可以售完。若有未实现对外发行的股票，则华泰证券公司将其划分为交易性金融资产管理。华泰证券公司应编制如下会计分录：

（1）华泰证券公司付清全款，客户将股票交予华泰证券公司全额承购时：

借：代理承销证券　　60 000 000
　　贷：银行存款　　60 000 000

（2）在发行期内，华泰证券公司按承销价将 4 800 万股股票转售给投资者时：

借：银行存款　　61 440 000
　　贷：代理承销证券　　57 600 000
　　　　手续费及佣金收入——代理承销证券手续费收入
　　　　　　3 840 000

（3）期末，华泰证券公司将为实现对外出售的 200 万股股票按照承购价转作自身金融资产时：

借：交易性金融资产 2 400 000

贷：代理承销证券 2 400 000

三、余额承购包销方式承销证券的核算

余额承购包销是指证券公司与委托发行单位签订合同或协议，由证券公司代委托单位发行证券，证券发行期内未售出的证券，一般由证券公司认购。

（一）证券公司承销无记名证券的核算

1. 证券公司收到委托单位委托发行的证券时，应作为重要凭证保管，并在备查簿中记录代销证券的发行单位、承销价格、承销数量、承销期限等有关承销证券的情况，无需做会计分录。

2. 在证券承销期内出售证券时，证券公司应按承销价格计算的售出证券的金额，借记“银行存款”或“库存现金”科目，贷记“代理承销证券款”科目。

3. 承销期结束如有未发售完的证券，应按规定由证券公司按承销价格认购，证券公司应按认购金额，借记“交易性金融资产”或“可供出售金融资产”科目，贷记“代理承销证券款”科目。

4. 承销期结束后，证券公司应与发行单位按承销价格结算承销证券款项，借记“代理承销证券款”科目，按实际收取的手续费金额，贷记“手续费及佣金收入——代理承销证券手续费收入”科目，按照实际支付给委托单位的募集资金金额，贷记“银行存款”科目。

5. 冲销备查簿中登记的承销证券。

【例 5－15】深圳证券股份有限公司接受委托，采用余额承购包销方式代理江华公司发行面值 70 000 万元的企业债券，承销价为 70 000 万元。承销期结束，剩余 3 500 万元，根据协议，由深圳证券股份有限公司购入。在与江华公司进行清算时，深圳证券股份有限公司应收按实际承销价计算的 0.5% 的发行手续费，承销债券款项扣除发行费用后深圳证券股份有限公司以银行存款支付。深圳证券股份有限公司应编制如下会计分录：

（1）收到江华公司委托发行的债券时，只需在专设的备查账簿中登记承销债券的情况。

（2）以承销价格在约定的期限内售出 66 500 万元时：

借：银行存款 665 000 000

贷：代理承销债券款　　　　　　　　665 000 000

（3）未出售3 500万元债券按规定由公司按承销价认购时：

借：交易性金融资产（或可供出售金融资产等科目）

35 000 000

贷：代理承销证券款　　　　　　　　35 000 000

（4）承销期结束，公司将所筹集资金付给江华公司，并收取手续费时：

借：代理承销证券款　　　　　　　　700 000 000

贷：银行存款　　　　　　　　696 500 000

手续费及佣金收入——代理承销证券手续费收入

3 500 000

同时冲销备查账簿中登记的承销江华公司债券的记录。

（二）证券公司承销记名证券的核算

1. 证券公司通过证券交易所上网发行证券的，在证券上网发行日根据承销合同确认的证券发行总额，按承销价格，在备查簿中记录承销证券的情况。

2. 证券公司与证券交易所交割清算时，应按照网上发行数量和发行价格计算的发行款项扣除代垫委托单位上网费用的金额，借记“结算备付金”科目，按照代垫委托单位上网费用金额，借记“其他应收款——应收代垫委托单位上网费”科目，按照实际承销证券款项，贷记“代理承销证券款”科目。

3. 承销期结束，如有未销出的证券，按规定由证券公司按承销价格认购，证券公司应按认购金额，借记“交易性金融资产”或“供出售金融资产”科目，贷记“代理承销证券款”科目。

4. 承销期结束后，证券公司将承销证券款项交付委托单位时，应按承销证券款项金额，借记“代理承销证券款”科目，按收取承销手续费金额，贷记“其他应收款——应收代垫委托单位上网费”科目，按代垫上网费用金额，贷记“手续费及佣金收入——代理承销证券手续费收入”科目，按实际支付的承销证券款的金额，贷记“结算备付金——自有”科目。

5. 冲销备查簿中登记的承销证券。

【例5-16】华泰证券股份有限公司与江淮公司签订协议，代理销售其通过深圳证券交易所上网发行的股票300万元。承销期内，华泰证券股份有限公司为客户代垫了上网费3万元，发行期结束后，代理销售的股票全部对外售出，按合同规定在扣除代销手续费5万元后，将所募集的资金交给客户。

（1）在证券上网发行日，根据承销合同确认的证券发行总额，按承销价格，在备查簿中记录承销证券的相关情况。

（2）在网上发行结束后，与深圳证券交易所交割结算时：

借：结算备付金——自有　　2 970 000
　　其他应收款——应收代垫委托单位上网费　　30 000
　　贷：代理承销证券款　　3 000 000

（3）发行期结束后，公司将所筹集资金付给客户，并扣取手续费和代垫上网费时：

借：代理承销证券款　　3 000 000
　　贷：其他应收款——应收代垫委托单位上网费　　30 000
　　　　手续费及佣金收入——代理承销证券手续费收入　　50 000
　　　　结算备付金——自有　　2 920 000

（4）将清算资金全部划转发行人时：

借：结算备付金——自有　　2 920 000
　　贷：银行存款　　2 920 000

四、代销方式承销证券的核算

代销方式就是指证券公司受发行单位委托按照规定的条件，在约定的期限内，代为向社会销售证券，发行期结束，证券未按原定发行额售出，未售部分仍退回发行单位，代销证券的证券公司向委托人收取手续费，不承担任何发行风险，因此代销的佣金很低。用代销方式承销证券可以降低证券的发行成本。

证券公司采用代销方式承销证券时，收到代销证券、承销期内发售证券、承销期结束与发行单位结算承销证券款项及手续费的会计核算与采用余额包销方式承销证券相同，只是在承销期结束后，若有未售出的证券，应将其退还给委托单位，并冲销备查簿中登记的承销证券。

代销方式承销证券的核算方法与证券公司承销记名证券的核算方法相同。

第四节 其他证券业务的核算

其他证券业务是指证券公司经批准在国家许可的范围内进行的除经纪、自营和承销业务以外的如买入返售证券、卖出回购证券及受托资产管理等与证券业务有关的业务。

一、会计科目的设置

1. “买入返售金融资产”科目。该科目为资产类性质科目，核算证券公司按返售协议约定先买入再按固定价格返售的证券等金融资产所融出的资金。应当按照买入返售金融资产的类别和融资方进行明细核算。该科目借方登记证券公司根据返售协议买入返售证券实际支付的金额，贷方登记证券返售时转出的账面余额；期末借方余额反映证券公司已经买入尚未到期返售证券的摊余成本。

2. “卖出回购金融资产款”科目。该科目为负债类性质科目，用于核算证券公司按回购协议先卖出再按固定价格买入的证券等金融资产所融入的资金，应当按照卖出回购金融资产的类别和融资方进行明细核算。该科目贷方登记证券公司根据回购协议卖出证券实际收到的金额，借方登记证券回购时转出的账面余额；期末贷方余额反映证券公司尚未到期的卖出回购证券款。

3. “代理业务资产”科目。该科目为资产类性质科目。核算证券公司不承担风险的代理业务形成的资产，如受托理财业务进行的证券投资和受托贷款等。证券公司的代理买卖证券、代理承销证券、代理兑付证券不在该科目核算。该科目可按委托单位、资产管理类别（如定向、集合和专项资产管理业务）、贷款对象，分“成本”、“已实现未结算损益”等项目进行明细核算。该科目借方登记用代理业务资金购买证券的实际成本、卖出证券发生的亏损以及结转的投资收益，贷方登记结转已售证券的成本、卖出证券形成的收益以及结转的投资损失；期末借方余额反映证券公司代理业务资产的价值。

4. “代理业务负债”科目。该科目为负债类性质科目。核算证券公司不承担风险的代理业务收到的款项。证券公司的代理买卖证券款、代理承销证券款、代理兑付证券款，不在该科目核算。该科目可按委托单位、资产管理类别等进行明细核算。该科目贷方登记收到的代理业务款项和属于委托单位的投资收益，借方登记受托投资过程中应由委托单位负担的损失和按规定划转、核销或退还委托单位的代理业务资金；期末贷方余额反映证券公司收到的代理业务资金。

二、买入返售证券的核算

买入返售证券业务是指证券公司根据与客户的协议或合同规定，由其先买入客户的证券，在协议的期限到期后，再以协议规定的卖出价卖给原客户，以获取买入价和卖出价的差价收入。这实际上是以证券为依据向交易对方融通资金，而证券并不真正的转移。

1. 证券公司根据返售协议买入返售证券时，应按实际支付的款项和交易费用之和，借记"买入返售金融资产"科目，贷记"银行存款"或"结算备付金"科目。

2. 当返售证券宣布发放现金股利或在资产负债表日，计提买入返售证券利息收入时，证券公司应按返售证券宣布发放现金股利或利息收入金额，借记"应收股利"或"应收利息"科目，贷记"投资收益"或"利息收入"科目。

3. 当证券公司收到支付的买入返售证券的现金股利和利息时，应按收到的现金股利或利息收入金额，借记"银行存款"或"结算备付金"科目，贷记"应收股利"或"应收利息"科目。

4. 返售日，收到返售价款时，证券公司应按实际收到的金额，借记"银行存款"或"结算备付金"科目，按账面余额，贷记"买入返售金融资产"科目。

【例 5－17】深圳证券股份有限公司与客户签订协议，从深圳证券交易所买入 2009 年国债 100 万元，合同买入价为 105 元/百元，合同返售价为 110 元/百元，期限为 3 个月。深圳证券股份有限公司应编制如下会计分录：

（1）买入国债时：

借：买入返售金融资产	1 050 000	
贷：结算备付金		1 050 000

（2）3 个月后返售时：

借：结算备付金	1 100 000	
贷：买入返售金融资产		1 050 000
利息收入		50 000

三、卖出回购证券的核算

卖出回购证券业务是指证券公司根据与客户的协议或合同规定，证券公司先向该客户卖出证券，在协议的期限到期后，再以协议规定的买入价将证券从该客户手中买回，证券公司以卖出价与买入价的价差支出，获得资金的使用权。由于它是券商解决暂时性资金不足的一项措施，往往形成卖出价低于回购价，差额即为资金使用费，而证券并不真正转移。

1. 当证券公司根据回购协议卖出证券时，应按实际收到的金额，借记“银行存款”或“结算备付金”科目，贷记“卖出回购金融资产款”科目。

2. 资产负债表日，计提卖出回购证券利息费用时，应按计提回购证券利息费用的金额，借记“利息支出”科目，贷记“应付利息”科目。

3. 回购到期日按合同规定的价格将证券从对方回购时，证券公司应按卖出回购金融资产款的账面余额，借记“卖出回购金融资产款”科目，按应付利息的账面余额，借记“应付利息”科目，按尚未支付利息费用的金额，借记“利息支出”科目，按实际支付的金额，贷记“银行存款”或“结算备付金”科目。

【例5-18】华泰证券公司与客户签订合同，从深圳证券交易所卖给客户2009年国债100万元，合同卖出价为103元/百元，合同回购价为107元/百元，期限为6个月。华泰证券公司应编制如下会计分录：

（1）卖出时：

借：结算备付金	1 030 000	
贷：卖出回购金融资产款		1 030 000

（2）6个月后回购时：

借：卖出回购金融资产款	1 030 000	
利息支出	40 000	
贷：结算备付金		1 070 000

四、受托资产管理的核算

受托资产管理业务是指证券公司接受委托负责经营管理受托资产的业务。当公司受托经营管理资产时，应按实际受托资产的款项，同时确认一项资产和负债。合同到期，与委托单位结算收益或损失时，按合同规定的比例计算的应由证券公司享有的收益或承担的损失，确认为当期的收益或损失。

1. 证券公司按合同收到委托单位交来委托负责经营管理的款项时，应按收到的款项金额，借记“银行存款”或“结算备付金”科目，贷记“代理业务负债”科目。

2. 证券公司用受托资金购买证券时，按支付的价款，借记“代理业务资产——成本”科目，贷记“结算备付金——客户”科目。

3. 证券公司将购入的证券卖出时，按实际收到的价款，借记“结算备付金——客户”科目，按卖出证券的成本，贷记“代理业务资产——成本”科目，按卖出证券收到的款项和成本之间的差额，借记（或贷记）“代理业务资产——已实现未结算损益”科目。

4. 证券公司在合同到期与委托单位结算损益时，若为收益，则按已实现未结算收益，借记“代理业务资产——已实现未结算损益”科目，按合同规定归属于委托单位的收益金额，贷记“代理业务负债”科目，按证券公司应享有的收益金额，贷记“手续费及佣金收入”科目；若为亏损，则按委托单位应承担的损失金额，借记“代理业务负债”科目，按证券公司应承担的损失金额，借记“手续费及佣金支出”科目，按已实现的未结算损失，贷记“代理业务资产——已实现未结算损益”科目。

5. 到期退还委托经营管理的资金及损益时，证券公司应按退还金额，借记“代理业务负债”科目，贷记“银行存款”或“结算备付金”科目。

【例 5－19】华泰证券公司接受大华公司委托为其进行资产管理。2010 年 6 月 1 日，华泰证券公司收到大华公司汇入资金 180 万元。6 月 10 日，华泰证券公司用委托资金购买股票，实际成本为 100 万元。7 月 10 日将购入股票出售，扣除佣金和印花税等相关税费后，实际收入为 110 万元。7 月底合同到期双方进行结算，根据合同规定，华泰证券公司获得投资收益的 20%，大华公司获得投资收益的 80%，并将委托资金和收益退还给大华公司。华泰证券公司应编制如下会计分录：

（1）6 月 1 日，收到大华公司汇款时：

借：银行存款——大华公司　　1 800 000

　贷：代理业务负债——大华公司　　1 800 000

（2）6 月 10 日，用大华公司委托资金购买股票时：

借：代理业务资产——大华公司（成本）　　1 000 000

　贷：结算备付金——大华公司　　1 000 000

（3）7 月 10 日，出售股票时：

借：结算备付金——大华公司　　　　　　1 100 000
　贷：代理业务资产——大华公司（成本）　1 000 000
　　　代理业务资产——大华公司（已实现未结算损益）
　　　　　　　　　　　　　　　　　　　　100 000

（4）7 月底，合同到期与大华公司结算时：

借：代理业务资产——大华公司（已实现未结算损益）
　　　　　　　　　　　　　　　　　　100 000
　贷：手续费及佣金收入——受托资产管理业务收入 20 000
　　　代理业务负债——大华公司　　　　　　80 000

（5）合同到期，退还大华公司资金及收益时：

借：代理业务负债——大华公司　　　　　1 880 000
　贷：银行存款——大华公司　　　　　　1 880 000

第五节　证券公司财务会计报告

证券公司编制的财务会计报告要基于我国会计规范，并在特定项目上体现与一般企业的差异。

一、资产负债表

因证券公司与一般工商企业的核算主体以及在经营内容上存在着一定的差异，所以导致其资产、负债、所有者权益的构成项目也不同于一般工商企业。

（一）资产负债表的格式

我国证券公司在会计实务中更习惯于采用能使资产和权益的恒等关系一目了然的账户式资产负债表，而非上资产、下权益的报告式资产负债表。资产负债表的具体格式如表 5－1 所示。

表 5－1　　资产负债表

会证 01 表

编制单位：　　　　年　　月　　日　　　　单位：元

资　产	期末余额	年初余额	负债和所有者权益（或股东权益）	期末余额	年初余额
资产：			负债：		
货币资金			短期借款		
其中：客户资金存款			其中：质押借款		
结算备付金			拆入资金		
其中：客户备付金			交易性金融负债		
拆出资金			衍生金融负债		
交易性金融资产			卖出回购金融资产款		
衍生金融资产			代理买卖证券款		
买入返售金融资产			代理承销证券款		
应收利息			应付职工薪酬		
存出保证金			应交税费		
可供出售金融资产			应付利息		
持有至到期投资			预计负债		
长期股权投资			长期借款		
投资性房地产			应付债券		
固定资产			递延所得税负债		
无形资产			其他负债		
其中：交易席位费			负债合计		
递延所得税资产			所有者权益（或股东权益）：		
其他资产			实收资本（或股本）		
			资本公积		
			减：库存股		
			盈余公积		
			一般风险准备		
			未分配利润		
			所有者权益（或股东权益）合计		
资 产 总 计			负债和所有者权益（或股东权益）总计		

（二）资产负债表的编制方法

1.“年初余额”栏的填列方法。资产负债表中左右两方的“年初余额”栏内的各项数字，应根据上年度资产负债表“期末余额”填列。如果本年度资产负债表规定的各个项目的名称和内容同上年度不相一致，应对上年度资产负债表各项目的名称和数字按照本年度的规定进行调整，之后按调整后的数字填入本年度资产负债表的“年初余额”栏内。

2.“期末余额”栏的填列方法。资产负债表中左右两方的“期末余额”栏内的各项数字，应该根据资产、负债、所有者权益科目的期末余额进行填列。

证券公司资产负债表各项目的填列方法应比照保险公司资产负债表的填列方法进行填列。

二、利润表

（一）利润表的格式

为了便于比较分析，充分反映利润的构成情况，并向报表使用者提供更为详细的分类信息，目前我国证券公司采用多步式利润表。具体格式如表5－2所示。

表5－2 **利　润　表**

会证02表

编制单位：　　　　年　　月　　　　单位：元

项　目	本期金额	上期金额
一、营业收入		
手续费及佣金净收入		
其中：代理买卖证券业务净收入		
证券承销业务净收入		
受托客户资产管理业务净收入		
利息净收入		
投资收益（损失以“－”号填列）		

续表

项 目	本期金额	上期金额
其中：对联营企业和合营企业的投资收益		
公允价值变动收益（损失以“－”号填列）		
汇兑收益（损失以“－”号填列）		
其他业务收入		
二、营业支出		
营业税金及附加		
业务及管理费		
资产减值损失		
其他业务成本		
三、营业利润（亏损以“－”号填列）		
加：营业外收入		
减：营业外支出		
四、利润总额（亏损总额以“－”号填列）		
减：所得税费用		
五、净利润（净亏损以“－”号填列）		
六、每股收益：		
（一）基本每股收益		
（二）稀释每股收益		

（二）利润表的编制方法

利润表中的“本期金额”栏反映各项目本期的实际发生数，应根据本期实际发生额进行填列。利润表中“上期金额”栏内的各项目数字反映上期的实际发生额，应根据上期利润表“本期金额”栏内所列相关数字填列。

在编制证券公司年度利润表时，“本期金额”为报表年度全年累计实际发生额。“上期金额”为上年度全年的累计实际发生额，如果上年度利润表与本年度利润表的项目名称和内容不相一致，则按编报当年的编报口径对上年度利润表项目的名称和数字进行调整，填入“上期金额”栏内。

证券公司利润表中的各项目的填列，除以下项目外，其他各项目和栏目，应比照商业银行利润表的填列方法进行处理填列：

1. “营业收入”项目，应根据“手续费及佣金净收入”、“利息净收入”、“投资收益”、“公允价值变动收益”、“汇兑收益”、“其他业务收入”等项目的合计金额填列。

2. “手续费及佣金净收入”项目，应根据“手续费及佣金收入”、“手续费及佣金支出”等科目的发生额分析计算填列。其中，“代理买卖证券业务净收入”、“证券承销业务净收入”、“委托客户资产管理业务净收入”等应在本项目下单独反映。

三、现金流量表

（一）现金流量表的格式

证券公司现金流量表是由正表以及补充资料两部分组成。其具体格式如表 5－3、表 5－4 所示。

表 5－3　　现 金 流 量 表

会证 03 表

编制单位：　　年　　月　　单位：元

项　目	本期金额	上期金额
一、经营活动产生的现金流量：		
处置交易性金融资产净增加额		
收取利息、手续费及佣金的现金		
拆入资金净增加额		
回购业务资金净增加额		
收到其他与经营活动有关的现金		
经营活动现金流入小计		
支付利息、手续费及佣金的现金		
支付给职工以及为职工支付的现金		
支付的各项税费		
支付其他与经营活动有关的现金		

续表

项　目	本期金额	上期金额
经营活动现金流出小计		
经营活动产生的现金流量净额		
二、投资活动产生的现金流量：		
收回投资收到的现金		
取得投资收益收到的现金		
收到其他与投资活动有关的现金		
投资活动现金流入小计		
投资支付的现金		
购建固定资产、无形资产和其他长期资产支付的现金		
支付其他与投资活动有关的现金		
投资活动现金流出小计		
投资活动产生的现金流量净额		
三、筹资活动产生的现金流量：		
吸收投资收到的现金		
发行债券收到的现金		
收到其他与筹资活动有关的现金		
筹资活动现金流入小计		
偿还债务支付的现金		
分配股利、利润或偿付利息支付的现金		
支付其他与筹资活动有关的现金		
筹资活动现金流出小计		
筹资活动产生的现金流量净额		
四、汇率变动对现金及现金等价物的影响		
五、现金及现金等价物净增加额		
加：期初现金及现金等价物余额		
六、期末现金及现金等价物余额		

表 5－4　　现金流量表补充资料

补充材料	本期金额	上期金额
1. 将净利润调节为经营活动现金流量		
净利润		
加：资产减值准备		
固定资产折旧、油气资产折耗、生产性生物资产折旧		
无形资产摊销		
长期待摊费用摊销		
处置固定资产、无形资产和其他长期资产的损失（收益以“－”号填列）		
固定资产报废损失（收益以“－”号填列）		
公允价值变动损失（收益以“－”号填列）		
财务费用（收益以“－”号填列）		
投资损失（收益以“－”号填列）		
递延所得税资产减少（增加以“－”号填列）		
递延所得税负债增加（减少以“－”号填列）		
存货的减少（增加以“－”号填列）		
经营性应收项目的减少（增加以“－”号填列）		
经营性应付项目的增加（减少以“－”号填列）		
其他		
经营活动产生的现金流量净额		
2. 不涉及现金收支的重大投资和筹资活动		
债务转为资本		
一年内到期的可转换公司债券		
融资租入固定资产		
3. 现金及现金等价物净变动情况		
现金的期末余额		
减：现金的期初余额		
加：现金等价物的期末余额		
减：现金等价物的期初余额		
现金及现金等价物净增加额		

（二）现金流量表的编制方法

证券公司现金流量表的编制，与一般企业现金流量表的编制基本相同。除以下项目外，证券公司现金流量表的其他项目应比照一般企业现金流量表编制方法进行处理：

1."处置交易性金融资产净增加额"项目。本项目反映证券公司本期自行买卖交易性金融资产所取得的现金净增加额。本项目可以根据"交易性金融资产"等科目的记录分析填列。本项目如为负数，应在经营活动现金流出类项目中单独列示。

2."拆入资金净增加额"项目。本项目反映证券公司本期从境内外金融机构拆入款项所取得的现金，减去拆借给境内外金融机构款项而支付的现金后的净额。本项目可以根据"拆入资金"、"拆出资金"等科目的记录分析填列。本项目如为负数，应在经营活动现金流出类项目中列示。

3."回购业务资金净增加额"项目。本项目反映证券公司本期按回购协议卖出票据、证券、贷款等金融资产所融入的现金，减去按返售协议约定先买入再按固定价格返售给卖出方的票据、证券、贷款等金融资产所融出的现金后的现金增加额。本项目可以根据"买入返售金融资产"、"卖出回购金融资产款"等科目的记录分析填列。本项目如为负数，应在经营活动现金流出类项目中单独列示。证券公司可以根据需要将本项目分为"买入返售证券收到的现金净额"、"卖出回购证券支付的现金净额"等项目列示。

证券公司还可以根据需要单独设置"代理买卖业务的现金净额"、"代理兑付债券的现金净额"等项目，以反映证券公司从事代理业务产生的现金流量。

四、所有者权益变动表

（一）所有者权益变动表的格式

证券公司编制所有者权益变动表的具体格式如表 5－5 所示。

表 5-5

所有者权益变动表

会证 04 表

年　度

编制单位：　　　　　　　　　　　　单位：元

项　目	本年金额							上年金额						
	实收资本（或股本）	资本公积	减：库存股	盈余公积	一般风险准备	未分配利润	所有者权益合计	实收资本（或股本）	资本公积	减：库存股	盈余公积	一般风险准备	未分配利润	所有者权益合计
一、上年年末余额														
加：会计政策变更														
前期差错更正														
二、本年年初余额														
三、本年增减变动金额（减少以“-”号填列）														
（一）净利润														
（二）直接计入所有者权益利得和损失														
1. 可供出售金融资产公允价值变动损益														
（1）计入所有者权益的金额														
（2）转入当期损益的金额														
2. 现金流量套期工具公允价值变动净额														
（1）计入所有者权益的金额														
（2）转入当期损益的金额														
（3）计入被套期项目初始确认金额中的金额														
3. 权益法下被投资单位其他所有者权益变动的影响														
4. 与计入所有者权益项目相关的所得税影响														

续表

项目	本年金额							上年金额						
	实收资本（或股本）	资本公积	减：库存股	盈余公积	一般风险准备	未分配利润	所有者权益合计	实收资本（或股本）	资本公积	减：库存股	盈余公积	一般风险准备	未分配利润	所有者权益合计
5. 其他														
上述（一）和（二）小计														
（三）所有者投资如何减少资本														
1. 所有者投入资本														
2. 股份支付计入所有者权益的金额														
3. 其他														
（四）利润分配														
1. 提取盈余公积														
2. 提取一般风险准备														
3. 对所有者（或股东）的分配														
4. 其他														
（五）所有者权益内部结转														
1. 资本公积转增资本（或股本）														
2. 盈余公积转增资本（或股本）														
3. 盈余公积弥补亏损														
4. 一般风险准备弥补亏损														
5. 其他														
四、本年年末余额														

（二）所有者权益变动表的编制方法

证券公司所有者权益变动表“上年金额”栏内的各项数字，应当根据上年度所有者权益变动表“本年金额”栏内所列数字填列。若上年度所有者权益变动表规定的各项目的名称和内容同本年度不相一致，则应当对上年度所有者权益变动表的各项目的名称和内容按本年度的规定进行调整，然后以调整后的数字填入所有者权益变动表“上年金额”栏内。

所有者权益变动表“本年金额”栏内各项数字一般应根据“实收资本（或股本）”、“资本公积”、“盈余公积”、“利润分配”、“一般风险准备”、“以前年度损益调整”科目的发生额分析填列。

证券公司所有者权益变动表中具体各项目的填列，应比照一般企业所有者权益变动表的编制方法进行处理。

五、附注

证券公司附注中相关内容的披露，除下列项目及披露格式存在特殊性外，其他项目均应遵照一般企业附注中披露的内容和顺序进行处理。

（一）报表重要项目的说明

1. 货币资金的披露格式（见表5－6）。

表5－6　　　　货币资金的披露格式

项　　目	期末账面余额	年初账面余额
库存现金		
银行存款		
其中：公司自有		
经济业务客户		
结算备付金		
其中：公司自有		
经济业务客户		
其他货币资金		
其中：新股申购款		
合　　计		

2. 买入返售金融资产除比照商业银行进行披露外，还应按交易对手披露信息（见表5－7）。

表5－7　　买入返售金额资产按交易对手披露的信息

项　　目	期末账面余额	年初账面余额
同业		
其他非银行金融机构		
合　　计		

3. 存出保证金的披露格式（见表5－8）。

表5－8　　存出保证金的披露格式

项　　目	期末账面余额	年初账面余额
交易保证金		
履约保证金		
合　　计		

4. 企业应当披露代理承销证券的方式（全额包销、余额包销、代销）、承销证券的种类情况。

5. 企业应当披露代理兑付债券的方式、种类、记名证券或无记名证券情况。

6. 交易席位费的披露格式（见表5－9）。

表5－9　　交易席位费的披露格式

项　　目	年初账面余额	本期增加额	本期减少额	期末账面余额
一、原价合计				
1. 上海证券交易所				
其中：A股				
B股				
2. 深圳证券交易所				
其中：A股				
B股				
二、累计摊销额合计				
1. 上海证券交易所				
其中：A股				
B股				
2. 深圳证券交易所				

续表

项　　目	年初账面余额	本期增加额	本期减少额	期末账面余额
其中：A股				
B股				
三、交易席位费账面价值合计				
1. 上海证券交易所				
其中：A股				
B股				
2. 深圳证券交易所				
其中：A股				
B股				

7. 其他资产的披露格式（见表5－10）。

表5－10　　**其他资产的披露格式**

项　　目	期末账面余额	年初账面余额
应收股利		
其他应收款		
……		
其他		
合　　计		

8. 卖出回购金融资产款除比照商业银行进行披露外，还应按交易对手披露信息（见表5－11）。

表5－11　　**卖出回购金融资产款按交易对手披露的信息**

项　　目	期末账面余额	年初账面余额
同业		
其他非银行金融机构		
合　　计		

9. 代理买卖证券款的披露格式（见表5－12）。

表5－12　　**代理买卖证券款的披露格式**

项　　目	期末账面余额	年初账面余额
个人客户		
法人客户		
……		
合　　计		

10. 代理承销证券款的披露格式（见表5－13）。

表5－13　　代理承销证券款的披露格式

项　　目	期末账面余额	年初账面余额
股票		
债券		
其中：国债		
金融债券		
企业债券		
其他有价证券		
合　　计		

11. 代理兑付证券款的披露格式（见表5－14）。

表5－14　　代理兑付证券款的披露格式

项　　目	年初账面余额	本期收到兑付资金	本期已兑付债券	本期结转手续费收入	期末账面余额
国债					
企业债券					
金融债券					
其他债券					
合　　计					

12. 其他负债的披露格式（见表5－15）。

表5－15　　其他负债的披露格式

项　　目	期末账面余额	年初账面余额
应付股利		
其他应付款		
……		
合　　计		

13. 受托客户资产管理业务的披露格式（见表5－16）。

表 5 – 16　　受托客户资产管理业务的披露格式

资产项目	期末余额	年初余额	负债项目	期末余额	年初余额
受托管理资金存款			受托管理资金		
客户结算备付金			应付款项		
应收款项					
受托投资					
其中：投资成本					
已实现未结算损益					
合　计					

14. 手续费及佣金净收入的披露格式（见表 5 – 17）。

表 5 – 17　　手续费及佣金净收入的披露格式

项　目	本期发生额	上期发生额
手续费及佣金收入		
——证券承销业务		
——证券经纪业务		
——受托客户资产管理业务		
——代理兑付证券		
——代理报关证券		
——其他		
手续费及佣金支出		
——证券经纪业务手续费支出		
——佣金支出		
手续费及佣金净收入		

15. 受托客户资产管理手续费及佣金收入的披露格式（见表 5 – 18）。

表 5 – 18　　受托客户资产管理手续费及佣金收入的披露格式

项　目	本期发生额	上期发生额
定向资产管理业务		
专项资产管理业务		
集合资产管理业务（按项目列示）		
……		
合　计		

16. 分部报告。

（1）主要报告形式是业务分布的披露格式（见表5－19）。

表5－19　　主要报告形式是业务分布的披露格式

项　目	××业务		××业务		…	其他		抵消		合计	
	本期	上期	本期	上期		本期	上期	本期	上期	本期	上期
一、营业收入											
手续费及佣金净收入 其中：分部间手续费及佣金净收入											
其他收入											
二、营业费用											
三、营业利润（亏损）											
四、资产总额											
五、负债总额											
六、补充信息											
1. 折旧和摊销费用											
2. 资本性支出											
3. 折旧和摊销以外的非现金费用											

（2）在主要报告形式的基础上，对于次要报告形式，企业还应披露对外交易收入、分部资产总额。

17. 以上项目以外的其他项目，应当比照商业银行进行披露。

（二）风险管理

1. 风险管理政策和组织架构。

（1）风险管理政策，主要包括对各种风险的来源、正是风险治理组织和科学的监督流程及定期复核制度，以及在严格职责分离、监督和控制基础上每个相关业务部门、高级管理人员和风险管理职能部门之间的沟通和协作等。

（2）风险治理组织架构，主要包括各风险管理委员会和相关职能部门的设立和运转情况。

2. 信用风险。除比照商业银行披露必要的信用风险信息外，还应按行业、地区和交易对手的信用评级等分别披露信用风险信息。

3. 流动风险。除比照商业银行披露必要的流动风险信息外，还应披露进行流动性风险管理拟采取的主要措施。

4. 市场风险。按照《企业会计准则第 37 号——金融工具列报》的第 25 条至第 45 条相关规定进行披露。

6

第六章

其他非银行金融机构业务的核算

金融系统内除了银行、保险公司、证券公司外还有其他金融机构，本章阐述租赁公司、信托投资公司、基金管理公司业务的会计实务。

第一节　租赁公司业务的核算

现代租赁的主要形式是融资租赁，即当企业需要添置设备时，向选定的租赁公司提出办理租赁业务的申请，经租赁公司审查同意受理后，由租赁公司出资购买承租企业所需的设备，再租赁给承租企业使用。承租企业用所租设备投产产生的效益，按合同规定分期偿还租赁公司的租金。租约期满，承租企业还清全部租金后，即获得该项设备的所有权。这种形式对我国快速有效地引进国内外的先进技术设备、融通国外资金、解决企业设备陈旧过时及资金短缺等难题发挥了重要作用。融资租赁是租赁公司的主要业务，对此类业务的核算构成了本节的内容。

一、租赁公司业务种类

（一）租赁种类的识别

1. 融资租赁和经营租赁的内涵。

（1）融资租赁是指实质上转移了与资产所有权有关的全部风险和报酬的租赁。其所有权最终可能转移，也可能不转移。“风险”是指由于资产闲置或技术陈旧而发生的损失以及由于经营状况变化致使有关收益发生的变动。“报酬”是指在资产有效使用年限内直接使用它而获得的收益，资产本身的增值以及处置所实现的收益。

（2）经营租赁是指除融资租赁以外的其他租赁。即承租方为生产经营过程中的短期需要或季节性需要向出租人短期租赁某类资产的租赁。采用经营租赁形式，承租人的目的只是想获得资产在短期内的使用权，而不是想取得资产的所有权，通常在租赁期届满后，将租赁资产退还给出租人。

2. 租赁种类的识别标准。在租赁业务中，风险和报酬的转移与所有权的转移并不一定是同时的。租赁期届满后，如果承租人购买了租赁资产，则租赁资产所有权转移给承租人，否则，租赁资产所有权一般不转移给承租人。在判断租赁类型时，不应以租赁资产所有权是否转移给承租人为标准。符合下列一项或数项标准的，应当认定为融资租赁：

（1）在租赁期届满时，租赁资产的所有权转移给承租人。这种情况通常是指在租赁合同中已经约定，或者根据其他条件在租赁开始日做出合理判断，租赁期届满时出租人能够将资产的所有权转移给承租人。

（2）承租人有购买租赁资产的选择权，所订立的购买价款预计将远低于行使选择权时租赁资产的公允价值（购价 ÷ 购买时租赁资产的公允价值≤5%），因而在租赁开始日就可以合理确定承租人将会行使这种选择权。

（3）即使资产的所有权不转移，但租赁期占租赁资产使用寿命的大部分。其中，“大部分”通常掌握在租赁期占租赁资产使用寿命的75%以上（包括75%）。但在开始租赁前，已使用年限占可使用年限的比例高于75%时，则不能使用该标准。

（4）承租人在租赁开始日的最低租赁付款额现值几乎相当于租赁开始日租赁资产公允价值，出租人在租赁开始日的最低租赁收款额现值几乎相当于租赁开始日租赁资产公允价值。其中，“几乎相当于”通常掌握在90%以上（包括90%）。即对承租人来说，租赁开始日最低租赁付款额的现值≥租赁开始日租赁资产公允价值×90%；对出租人来说，租赁开始日最低租赁收款额现值≥租赁开始日租赁资产公允价值×90%。但在开始租赁前，已使用年限占可使用年限的比例高于75%时，则不能使用该标准。

(5) 租赁资产性质特殊，如果不做较大改造，只有承租人才能使用。该条标准主要说明租赁资产主要是由出租人为满足承租人的持定要求而专门定购或建造的，该项资产具有专购、专用性质，即具有排他性。只能供此项交易中的承租人使用，若不做较大修整，其他企业无法使用。

（二）其他租赁形式

在融资租赁和经营租赁的大种类下，具体的租赁形式分为直接租赁、转租赁、回租租赁、杠杆租赁等。

1. 直接租赁。直接租赁是融资租赁业务中比较普通的一种形式，租赁公司以自有资金或筹集的资金向国内外厂商购进承租人所需的设备，然后出租给承租人使用。直接租赁在具体实施中，可由租赁公司根据租赁市场的实际情况直接向生产厂商选购设备，然后由承租人再向租赁公司选租自己所需的设备。也可以不直接向生产厂商购买，而是由承租人根据自己的实际需要，直接与生产厂商进行接触，洽谈并签订购买合同，然后将合同转让给出租人，由出租人出资购买承租人选定的设备。世界上许多发达国家绝大部分租赁公司普遍采用直接租赁的做法，我国的一些资金力量雄厚的大租赁公司也采用此法。

2. 转租赁。转租赁又称再租赁，是租赁公司既作为出租人又作为承租人，先以承租人的身份租入用户所需设备，再以出租人身份将没备租给用户使用。

转租赁对同一设备做两笔租赁业务，签订两次租赁合同，分别建立租赁关系。期间租赁公司一方面以承租人身份向出租公司支付租金，另一方面又以出租人身份向最终承租人收取租金，所以最终承租人在转租赁中支付的租金一般要高于直接租赁的租金，转租赁中支付的租金包括向出租公司缴付的租金和向转租赁公司缴付的业务手续费两部分。

转租赁业务多用于引进国外先进设备的情况，国内租赁公司向国外租赁机构承租设备后转租给国内的承租人使用。

3. 回租租赁。回租租赁是承租人将自己拥有的设备先按一定的价格卖给出租人，取得资金用于其他用途，然后再将原设备租回使用。回租租赁业务通常用于不动产租赁，它是一种紧急融资方式，承租企业将原有的固定资产中很大一部分转化为流动资产，增加企业流动资金，改变企业营运资金不足状况，同时又保留了原有设备的使用权。这种业务有利于企业调整产品结构，促进产品升级换代。

4. 杠杆租赁。杠杆租赁又称平衡租赁，是由融资租赁派生的一种特殊形式。出租人一般只需自筹解决购置设备所需款项的20%~40%即可在经济上拥有设备的所有权，并以代购设备作为抵押，以转让收取租金的权利作为担保，从银行、保险公司、信托投资公司等金融机构获得购买设备的60%至80%的贷款。杠杆租赁还可以使出租人享受100%的加速折旧或投资减税的优惠，同时，出租人还可以把这些优惠的好处通过降低租金的方式间接地转移给承租人。所以，杠杆租赁的租赁费用一般低于其他形式。由于金融机构广泛参与，此租赁形式主要适用于价值高、经济寿命在10年以上的资本密集型设备，如：飞机、船舶、邮电通信系统、成套设备等。杠杆租赁推动了租赁业的快速发展。

二、租赁公司主要业务的核算

由于本章的核算主体是租赁公司，所以一般情况下，租赁公司担当出租人角色，因此，本章的会计核算主要指出租人会计。

（一）融资租赁业务的会计核算

1. 主要会计科目的设置。

（1）“融资租赁资产”科目。该科目为资产类性质科目，核算租赁公司为开展融资租赁业务取得资产的成本。可按承租人、租赁资产类别和项目进行明细核算。当租赁公司购入和以其他方式取得融资租赁资产时，借记本科目；在租赁开始日，按融资租赁资产的公允价值（最低租赁收款额与未担保余值的现值之和），贷记本科目。本科目期末借方余额，反映租赁公司融资租赁资产的成本。

（2）“长期应收款”科目。该科目为资产类性质科目，核算租赁公司采用融资租赁方式租出资产产生的应收款项等，可按债务人进行明细核算。出租人融资租赁产生的应收租赁款，在租赁期开始日，应按租赁开始日最低租赁收款额与初始直接费用之和，借记本科目；以后各期收到租金时，贷记本科目。本科目的期末借方余额，反映租赁公司尚未收回的长期应收款。

（3）“未担保余值”科目。该科目为资产类性质科目，核算租赁公司采用融资租赁方式租出资产的未担保余值。可按承租人、租赁资产类别和项目进行明细核算。未担保余值发生减值的，可单独设置“未担保余值减值准备”科目。

出租人在租赁期开始日，在确认应收租赁款的同时，按未担保余值，借记本科目；租赁期限届满，承租人行使了优惠购买选择权，且租赁资产存在未担保余值的，按未担保余值借记“租赁收入”，贷记本科目；承租人未行使优惠购买选择权的，企业（租赁）收到承租人交还租赁资产。存在未担保余值的，借记“融资租赁资产”，贷记本科目。

资产负债表日，确定未担保余额发生减值的，按应减记的金额，借记“资产减值损失”科目，贷记“未担保余值减值准备”科目。未担保余值价值以后又得以恢复的，应在原已计提的未担保余值减值准备金额内，按恢复增加的金额，借记“未担保余值减值准备”科目，贷记“资产减值损失”科目。本科目借方余额。反映租赁公司融资租出资产的未担保余值。

(4)“未实现融资收益”科目。该科目为资产类性质科目，核算租赁公司分期计入租赁收入的未实现融资收益。可按未实现融资收益项目进行明细核算。出租人在租赁期开始日，应按租赁开始日最低租赁收款额与初始直接费用之和，借记“长期应收款”科目，按未担保余值，借记“未担保余值”科目，按融资租赁资产的公允价值（最低租赁收款额的现值和未担保余值的现值之和），贷记“融资租赁资产”科目，按融资租赁资产的公允价值与账面价值的差额，借记“营业外支出”科目或贷记“营业外收入”科目，按发生的直接费用，贷记“银行存款”等科目，按其差额，贷记本科目。

按实际利率法计算确定的融资收入，借记本科目，贷记“租赁收入”科目。本科目期末贷方余额，反映租赁公司尚未转入当期收益的未实现融资收益。

(5)“租赁收入——融资租赁收入”科目。该科目为损益类性质科目，核算租赁公司确认的租赁收入。可按租赁资产类别进行明细核算。租赁公司确认的租赁收入，借记“未实现融资收益”等科目，贷记本科目；取得或有租金，借记“银行存款”等科目，贷记本科目。期末，应将本科目余额转入“本年利润”科目，结转后本科目无余额。

2. 出租人的基本账务处理。

(1) 租赁期开始日，租赁债权的确认。租赁期开始日，出租人将租赁资产租给承租人时，应按最低租赁收款额与初始直接费用之和的金额，借记“长期应收款——应收融资租赁款”科目，按未担保余值金额，借记“未担保余值”科目，按最低租赁收款额的现值和未担保余值的现值之和的金额，贷记“融资租赁资产”科目，按支付的初始直接费用的金额，贷记“银行存款”等科目，按应收融资租赁款、未担保余值之和与其现值的差额，贷记“未实现融资收益”科目，最终将借贷差额，借记（或贷记）“营业外支出”或“营业外收入”科目。

（2）未实现融资收益的分配。根据租赁准则的规定，未实现融资收益应当在租赁期内各个期间进行分配，确认为各期的租赁收入。分配时，出租人应当采用实际利率法计算当期应当确认的租赁收入。出租人每期收到租金时，应按收到的租金金额，借记“银行存款”科目，贷记“长期应收款——应收融资租赁款”科目。同时，每期确认租赁收入时，借记“未实现融资收益”科目，贷记“租赁收入”科目。

【例6－1】2007年12月29日，东方租赁有限公司与大华公司签订了一份租赁合同。合同主要条款如下：

（1）租赁标的物：程控生产线。

（2）租赁期开始日：租赁物运抵大华公司生产车间之日（即2008年1月1日）。

（3）租赁期：从租赁期开始日算起36个月（即从2008年1月1日至2010年12月31日）。

（4）租金支付方式：自租赁期开始日起每年年末支付租金100万元。

（5）该生产线在2008年1月1日的公允价值为260万元。

（6）租赁合同规定的年利率为8%。

（7）该生产线为全新设备，估计使用年限为5年。

（8）2009年和2010年两年，大华公司每年按该生产线生产的产品的年销售收入的1%向东方租赁有限公司支付经营分享收入。

东方租赁有限公司的有关资料如下：

（1）该程控生产线账面价值为260万元。

（2）发生初始直接费用为10万元。

（3）采用实际利率法确认本期应分配的未实现融资收益。

（4）2009年和2010年大华公司实现产品销售收入为1000万元和1500万元。根据合同规定，这两年应向该公司支付的经营分享收入分别为10万元和15万元。

（5）2010年12月31日，从大华公司收回该生产线。

东方租赁有限公司的账务处理如下：

（1）租赁期开始日的账务处理。

第一步，判断租赁类型。本例中租赁期3年占租赁资产尚可使用年限（5年）的60%，未满足融资租赁的第三条标准；另外，最低租赁收款额的现值为270万元（计算过程见后），大于租赁资产原账面价值的90%，即234万元（260万元×90%），满足融资租赁的第四条标准。因此，东方租赁有限公司应将该项租赁确认为融资租赁。

第二步，计算内含报酬率。因本例不存在与承租人和出租人均无关、但在财务上有能力担保的第三方对出租人担保的资产余值，所以最低租赁收款额等于最低租赁付款额，即租金×租赁期数+承租人担保余值=100×3+0=300（万元），因此有100×（P/A，R，3,）=260+10=270（万元）（租赁资产的公允价值+初始直接费用）。

利用插值法，可知：

年金系数	利率
2.7232	5%
2.7	R
2.6730	6%

R=5.46%即内含报酬率为5.46%

第三步，计算租赁开始日最低租赁收款额及其现值和未实现融资收益。

最低租赁收款额=最低租赁付款额=100×3=300（万元）

最低租赁收款额现值=100×（P/A，5.46%，3）=270（万元）

未实现融资收益=最低租赁收款额-最低租赁收款额现值=300-270=30（万元）

第四步，账务处理如下：

2008年1月1日，租出程控生产线时：

借：长期应收款——应收融资租赁款　3 000 000

　贷：融资租赁资产　2 600 000

　　银行存款　100 000

　　未实现融资收益　300 000

（2）未实现融资收益分配的账务处理。

第一步，计算租赁期内各期应分摊的融资收益（表6-1）。

表6-1　**未确认融资收益分配表**（按实际利率法）

2008年1月1日　单位：元

日　期	租金	确认的融资收入	租赁投资净额减少额	租赁投资净额余额
③	②	③=期初⑤×5.46%	④=②-③	期末⑤=期初⑤-④
2008年1月1日				2 700 000
2008年12月31日	1 000 000	147 420	852 580	1 847 420
2009年12月31日	1 000 000	100 869.13	899 130.87	948 289.13
2010年12月31日	1 000 000	51 710.87 *	948 289.13	0
合　计	3 000 000	300 000	2 700 000	

*尾差调整：51 710.87=1 000 000-948 289.13

第二步，账务处理。

2008 年 12 月 31 日，收到第一期租金时：

借：银行存款 1 000 000

贷：长期应收款——应收融资租赁款 1 000 000

2008 年 1 月—12 月，每月确认融资收入时：

借：未实现融资收益 （147 420 ÷ 12） 12 285

贷：租赁收入 12 285

2009 年 12 月 31 日，收到第二期租金时：

借：银行存款 1 000 000

贷：长期应收款——应收融资租赁款 1 000 000

2009 年 1 月—12 月，每月确认融资收入时：

借：未实现融资收益 （100 869. 13 ÷ 12） 8 405. 76

贷：租赁收入 8 405. 76

2010 年 12 月 31 日，收到第三期租金时：

借：银行存款 1 000 000

贷：长期应收款——应收融资租赁款 1 000 000

2010 年 1 月—12 月，每月确认融资收入时：

借：未实现融资收益 （51 710. 87 ÷ 12） 4 309. 24

贷：租赁收入 4 309. 24

（3）或有租金的账务处理。

2009 年 12 月 31 日，根据合同规定向大华公司收取经营分享收入 10 万元时：

借：应收账款——大华公司 100 000

贷：租赁收入 100 000

2010 年 12 月 31 日，根据合同规定向大华公司收取经营分享收入 15 万元时：

借：应收账款——大华公司 150 000

贷：租赁收入 150 000

（4）租赁期满时：

出租人不用作相关会计处理，只需作相应备查登记即可。

（二）经营租赁业务的会计核算

对于租赁公司而言，经营租赁应进行的主要会计处理为：（1）出租人应当按资产的性质，将用作经营租赁的资产包括在资产负债表中的相关项目内。例如，若是固定资产则用“固定资产”科目进行核算。（2）对于经营租赁的租金，出租人应当在租赁期内各个期间按照直线法确认为当期损益，其他方法更为合理的，也可以采用其他方法。当确认租金收入时，借记“应收账款”科目，贷记“租赁收入”科目，实际收到租金时，借记“银行存款”科目，贷记“应收账款”科目。(3) 出租人发生的初始直接费用，应当计入当期损益，发生时借记“业务及管理费用”科目，贷记“银行存款”科目。(4) 对于经营租赁资产中的固定资产，出租人应当采用类似资产的折旧政策计提折旧，计提时借记“业务及管理费用”科目，贷记“累计折旧”科目；对于其他经营租赁资产，应当采用系统合理的方法进行摊销。(5) 若有或有租金应当在实际发生时计入当期损益。

【例 6-2】2008 年 1 月 1 日，东方租赁股份有限公司租给长城公司办公设备一台。租赁期为 3 年。设备价值为 150 万元，预计使用年限为 10 年。租赁合同规定，租赁期开始日（2008 年 1 月 1 日）长城公司一次性预付东方租赁股份有限公司租金 15 万元。第一年年末支付租金 15 万元，第二年年末支付租金 20 万元，第三年年末支付租金 25 万元。租赁期满东方租赁股份有限公司收回设备，三年租金总额为 75 万元（假定长城公司和东方租赁股份有限公司均在年末确认租金费用和租金收入，不存在租金逾期支付的情况）。此项租赁没有满足融资租赁的任何一条标准，应作为经营租赁处理。确认租金收入时，不能依据各期实际收到的租金收入确认，而应采取直线法分摊确认各期的租金收入。此项租赁租金收入总额为 75 万元，所以按直线法，每年应分摊的租金收入为 25 万元。

东方租赁股份有限公司的会计分录如下：

2008 年 1 月 1 日：

借：银行存款　　　　150 000
　　贷：应收账款　　　　150 000

2008 年 12 月 31 日：

借：银行存款　　　　150 000
　　应收账款　　　　100 000
　　贷：租赁收入　　　　250 000

2009 年 12 月 31 日：

借：银行存款　　　　200 000
　　应收账款　　　　50 000
　　贷：租赁收入　　　　250 000

2010 年 12 月 31 日：

借：银行存款　　　　250 000
　　贷：租赁收入　　　　250 000

第二节 信托投资公司业务的核算

信托有“信用”与“委托”双重含义。它是以信用接受委托，按照委托人的意愿以自己的名义，为受益人的利益或者特定目的，对委托人的资产进行管理或者处分的行为。信托有广义和狭义之分，广义的信托包括商品信托和金融信托。狭义的信托仅指金融信托。本节所讲的信托为金融信托，是指信托投资公司以其信用接受客户委托，按照客户的要求，对其拥有所有权的资金财产代为经营、运用和管理的业务。它是一种具有融资和融物以及财产管理相结合的金融性质的信托业务。

一、信托业务的种类

在金融信托范围内，从信托公司业务核算的角度，信托业务可以划分为信托类业务、代理类业务及其他业务。

1. 信托类业务是指财产所有人作为委托人将财产委托给可信任的受托人，并要求后者按契约中的信托目的，对信托财产做有效的管理运用，或做妥善的处理。这类业务主要包括资金信托、有价证券信托、不动产信托和动产信托四类。

2. 代理类业务是信托投资公司接受客户的委托．以代理人的身份，代办客户指定的经济事项的业务。在代理业务中，信托投资公司一般只发挥财务管理职能和信用服务职能，并不要求委托人转移其财产所有权。代理业务与信托业务相比，信托业务中的受托人拥有广泛的权限，而代理业务中代理人的权限则比较狭窄，仅以委托人所授事项为限；信托业务中受托人所负责任较大，而代理业务中代理人的责任则较小；信托业务中的委托人一般不对受托人进行监督，而代理业务中代理人则必须接受委托人的监督。信托投资公司经营的代理业务主要有：代理收付业务、代理清偿债权债务业务、代理有价证券业务、代理保管业务、代理保险业务、担保签证业务等。

3. 其他业务是指信托投资公司除上述业务外还可以从事的租赁、咨询等业务。

二、信托投资公司主要业务核算

（一）信托存、贷款业务的会计处理

信托存、贷款业务是按银行信贷原则、信托条件可以自主安排运用的一项业务。在信托业务中，委托人将资金存入金融信托机构后，对其使用不作具体要求，只提出原则性的使用方向，而信托人可以自主地代为营运。但委托机构要提出最低收益率的要求，信托机构的收益为信托贷款的利息，信托机构要承担经营风险。

1. 信托存款的会计处理。信托存款是在特定的资金来源范围内，由金融机构办理的存款。信托存款的资金来源一般是那些游离于生产和流通环节之外的非经营性资金，而且，委托人对其有自主支配权，并非生产和流通领域的暂时闲置资金和预算内资金。例如，财政部门可以有偿使用的预算外资金，各企业主管部门可自主支配和有偿使用的资金，劳动保险机构的劳保基金，科研单位的科研基金，各种学会、基金会的基金等。信托存款一般为定期1年以上的定期存款。

（1）当信托投资公司接受客户委托，收到客户存入信托存款时，应按照客户信托存款金额，借记“银行存款”、“存放中央银行款”、“吸收存款”等科目，贷记“代理业务负债——××单位信托存款户”科目。

（2）在存款期内根据权责发生制原则定期计提存款利息时，信托投资公司应按照计提的存款利息金额，借记“利息支出——信托存款利息支出户”科目，贷记“应付利息——××单位户”科目。

（3）信托存款到期，客户来提取存款时，信托投资公司应按照客户存款本金，借记“代理业务负债——××单位信托存款户”科目，按已计提的利息金额，借记“应付利息——××单位户”科目，按已计提但尚未支付的利息金额，借记“利息支出——信托存款利息支出户”科目，按客户存款本息和，贷记“银行存款”科目。

（4）信托存款尚未到期的，客户如急需用款，也可以提前支取存款，但按活期存款利率计付利息。

【例6-3】2009年3月1日，南方信托投资公司收到大华公司存入的信托存款1 000万元，存期为1年，年利率为3%，采用利随本清的结算方式，2010年3月1日大华公司前来支取本金。

南方信托投资公司应编制如下会计分录：

（1）2009年3月1日，接受大华公司存款时：

借：银行存款　　　　　　　　　　　　　　　　10 000 000

　　贷：代理业务负债——大华公司信托存款户　　10 000 000

（2）存款期内，南方信托投资公司按月计提存款利息时：

南方信托投资公司每月

应计提的存款利息金额＝10 000 000×3%÷12

＝25 000（元）

借：利息支出——信托存款利息支出户　　　　　　25 000

　　贷：应付利息——大华公司单位户　　　　　　25 000

（3）2010年3月1日，大华公司前来取款时：

借：代理业务负债——大华公司信托存款户　　10 000 000

　　应付利息——大华公司单位户　　　　　　　300 000

　　贷：银行存款　　　　　　　　　　　　　10 300 000

2. 信托贷款的会计处理。经信托投资公司审核，发放贷款时，应借记“贷款——××单位信托贷款户”，贷记“银行存款”科目，按季向借款单位收取信托贷款利息时，应借记“银行存款（或应收利息）”、贷记“利息收入”科目；信托贷款到期，收取本金时，应借记“银行存款”，贷记“贷款——××单位信托贷款户”科目。如贷款到期，借款人无力归还贷款的，应转作逾期贷款，并按规定比例计收罚息。

（二）委托存、贷款业务的会计处理

1. 委托存款的会计处理。委托存款是信托机构吸收的、由委托人存入的、用于发放给指定对象、项目、用途的资金。

当信托投资公司接受客户委托，收到客户存入的委托存款时，应借记“银行存款”科目，贷记“代理业务负债——××单位委托存款户”科目。信托投资公司按银行同期活期存款利率按季给委托存款计提利息时，计息的基数应为委托存款与委托贷款余额的轧差数，应借记“利息支出——委托存款利息支出户”科目，贷记“代理业务负债——××单位委托存款户”科目。委托人对于委托存款随时可以支取，但对已发放委托贷款的，在收回贷款之前不能支取。因此，对于委托存款的支取只限于委托存款大于委托贷款的部分，或者是在委托贷款收回之后，支取委托存款在会计上应借记“代理业务负债——××单位委托存款户”科目，贷记“银行存款”科目。

2. 委托贷款的会计处理。委托贷款是信托投资公司按照委托人指定的对象、项目、用途、期限、金额、利率而发放的贷款。委托贷款的发放必须有与之对应的委托存款作为资金来源，并且贷款额不能超过存款额。

信托投资公司按委托人的委托发放委托贷款时，应借记“代理业务资产”科目，贷记“银行存款”科目。

信托机构按委托人的要求发放贷款应收取手续费作为收入。手续费率要根据银行承担责任大小，按贷款额的一定比例确定。一般来说，如果信托机构不负责到期收回贷款，手续费率低些，并且是在发放贷款时向委托人收取。如果信托机构负责到期收回贷款，则手续费率要高些，一般是按一定比例的存贷利差向借款人收取。委托贷款的利息一般由委托单位确定，或者由委托单位和用款单位协商确定，由信托机构负责按季收取，在委托贷款到期时付给委托单位。如在发放贷款时向委托人收取手续费，则应通过委托人在银行的存款账户收取。会计上应借记“银行存款”科目，贷记“手续费及佣金收入”科目。如果按存贷利差收取手续费，则是在按季计算贷款利息时一并收取，会计上应借记“银行存款”科目，贷记“应付账款——应付委托贷款利息户”和“手续费及佣金收入”科目。委托贷款到期，由信托投资公司负责收回贷款，会计上应借记“银行存款”科目，贷记“代理业务资产”科目；如果协议规定在贷款收回后终止委托行为，则应将委托存款及利息划转给委托人，会计上应借记“代理业务负债——××单位委托存款户”和“应付账款——应付委托贷款利息户”科目，贷记“银行存款”科目。

（三）信托投资与委托投资的会计处理

1. 信托投资的会计处理。信托投资是指信托投资公司以投资者身份，直接参与企业的投资及其经营成果的分配，并承担相应的经济责任的业务。其资金主要来源于信托投资公司的自有资金及未指定使用对象和范围的信托存款。信托投资核算可分为交易性金融资产核算和可供出售金融资产核算两大类。

（1）交易性金融资产的会计处理。信托投资公司对外投资取得交易性金融资产的，按其公允价值借记“交易性金融资产——成本”、“投资收益——交易费用”、“应收利息（已到付息期但尚未领取的利息）”或“应收股利（已宣告但尚未发放的现金股利）”科目，贷记“银行存款”科目。交易性金融资产持有期间被投资单位宣告发放的现金股利，或在资产负债表日按分期付息、一次还本债券投资的票面利率计算的利息，会计核算上应借记“应收股利（或应收利息）”科目，贷记“投资收益”科目；资产负债表日，交易性金融资产的公允价值高于其账面价值的差额，借记“交易性金融资产——公允价值变动”科目，贷记“公允价值变动损益”科目。公允价值低于其账面价值的差额的，做相反的会计分录。

信托投资公司出售交易性金融资产时，应借记“银行存款（实际收到的金额）”科目，贷记“交易性金融资产（账面价值）”科目，按借贷方的差额，借记或贷记“投资收益”科目，同时将原计入该金融资产的公允价值变动转出，贷记或借记“公允价值变动损益”科目，贷记或借记“投资收益”科目。

（2）可供出售金融资产的会计处理。信托投资公司取得可供出售的金融资产为股票投资的，应借记“可供出售金融资产——成本（公允价值与交易费用之和）”、“应收股利（支付的价款中包含的已宣告但尚未发放的现金股利）”科目，贷记“银行存款”科目。

信托投资公司取得可供出售的金融资产为债券投资的，应借记“可供出售金融资产——成本（面值）”、“应收利息（支付的价款中包含的已到期但尚未领取的利息）”，贷记“银行存款”；按借贷方差额，借记或贷记“可供出售金融资产——利息调整”科目。

资产负债表日，可供出售债券为分期付息、一次还本债券投资的，应按票面利率计算确定的应收未收利息，借记“应收利息”科目，贷记“投资收益（可供出售债券的摊余成本和实际利率计算确定的利息收入）”科目；按借贷方差额，借记或贷记“可供出售金融资产——利息调整”科目。

可供出售债券为一次还本付息的，应于资产负债表日按票面利率计算确定的应收未收利息，借记“可供出售金融资产——应计利息”科目，贷记“投资收益（可供出售债券的摊余成本和实际利率计算确定的利息收入）”科目；按借贷方差额，借记或贷记“可供出售金融资产——利息调整”科目。

资产负债表日，可供出售金融资产的公允价值高于其账面余额的差额，借记“可供出售金融资产——公允价值变动”科目，贷记“资本公积——其他资本公积”科目；公允价值低于其账面余额的差额，做相反的会计分录。

确定可供出售金融资产发生减值时，借记“资产减值损失（减记的金额）”科目，贷记“资本公积——其他资本公积（从资本公积中转出原计入资本公积的累积损失金额）”科目；按借贷方差额，借记或贷记“可供出售金融资产——公允价值变动”。对于已确认减值损失的可供出售的金融资产，在随后的会计期间内公允价值已上升且客观上与确认原减值损失事项有关的，应按照原确认的减值损失，借记“可供出售金融资产——公允价值变动”，贷记“资产减值损失”科目。

出售可供出售的金融资产，应按实际收到的金额，借记“银行存款”科目，贷记“可供出售金融资产——成本”、“可供出售金融资产——公允价值变动”、“可供出售金融资产——利息调整”、“可供出售金融资产——应计利息”科目。按应从所有者权益中转出的公允价值累积变动额，借记或贷记“资本公积——其他资本公积”科目，按其差额贷记或借记“投资收益”科目。

2. 委托投资的会计处理。委托投资是信托机构接受企业的委托资金，按其指定的对象、范围和用途进行投资，信托机构受托监督投资资金的使用、被投资企业经营状况及利润分配等。委托投资的收益全部归委托人所有，信托机构一般只收取一定比例的手续费，投资的风险也由委托人承担。

信托投资公司接受委托，收到委托资金并对外投资时，应借记“银行存款”，贷记“代理业务负债——××单位委托存款户”科目；借记“代理业务资产——委托投资——××投资单位户”科目，贷记“银行存款”科目。委托投资的资金分得的红利划到信托投资机构的银行账户，并转入委托人的委托存款账户时，应借记“银行存款”科目，贷记“代理业务负债——××单位委托存款户”科目。开办委托投资业务，信托投资公司收取手续费时，应借记“银行存款”科目，贷记“手续费及佣金收入”科目。

第三节　基金管理公司业务的核算

基金管理公司就是集中众多投资者的资金，交由专业的机构，对股票、债券等证券进行投资，以谋求投资风险尽可能降低和投资收益最大化的一种非银行金融机构。证券投资基金是一种代理理财金融工具，它由基金公司或基金管理公司向投资者发行受益凭证，将大众手中的零散资金积聚起来，委托专业人员管理，并委托符合法定条件的金融机构充当所募集资金的托管人。基金经理人通过投资组合努力降低投资风险，谋求资金增值，投资者承担基金投资的收益与风险，并向基金经理人和托管人支付相关管理费及托管费。

一、证券投资基金的分类

（一）按基金交易方式不同可分为封闭式基金和开放式基金

封闭式基金是指基金发起人在设立基金时，限定了基金的发行总额，在初次发行达到了预定的发行计划后，基金即宣告成立，并进行封闭，是在封闭期内基金单位总数固定不变的一种基金。其中，基金的封闭期是指基金的存续期，即基金从成立之日起到结束之日止的整个期间。封闭式基金可以在证券交易所或者柜台市场公开转让，其转让价格由市场供求决定。价格波动较大。

开放式基金与封闭式基金相对应，基金发行总额不固定，基金单位可以根据基金发展需要而追加发行，而投资者也可根据市场状况和自己的投资决策决定退回或增加购买该基金单位份额。开放式基金不在证券交易所上市，投资者可以在国家规定的营业场所，依据基金单位净值申购或者赎回一定数量的基金单位，基金的规模也就随着投资者的买卖而变化。由于开放式基金随时可能发生基金的赎回，开放式基金必须保持足够的现金或者国家债券，以备支付赎金，所以与封闭式基金相比较而言，开放式基金进行长期投资会受到一定的限制。

（二）按组织形态可分为契约型基金和公司型基金

契约型基金，也称为信托型基金，是指通过信托契约的形式向投资者发行受益凭证募集资金而组建的投资基金。一般由基金管理人（基金管理公司）、基金托管人（商业银行）和基金受益人（投资者）三方签订信托契约，基金管理人负责基金信托资产的经营与管理操作，基金托管人负责基金信托资产的保管和处置。投资成果由基金受益人享有。与公司型基金相比，契约型基金是一种不具备法人资格的虚拟公司，如代理投资机构，其不能向银行借款来扩大基金运营规模。

公司型基金是依据公司法组成，通过发行基金股份将集中起来的资金投资于各种有价证券。公司型基金本身就是投资公司，是具有法人资格的经济实体。基金持有人既是基金投资者又是公司股东，按照公司章程规定，享有公司一定的权利，履行相应的义务。投资公司成立后，通常委托特定的基金管理公司进行投资的经营、操作，基金资产的保管委托另一金融机构，两者权责分明，即基金管理公司只负责经营，保管机构只负责资产保管。

（三）按投资对象可分为股票基金、债券基金、货币市场基金、期货基金、期权基金、指数基金、认股权证基金等

股票基金是指以股票作为投资对象的投资基金，包括普通股基金和优先股基金。优先股基金是一种可以获得稳定收益、风险较小的股票基金，其投资对象以各公司发行的优先股为主，收益主要来自于股利收

入；普通股基金以追求资本利得和长期资本增值为投资目标。风险要比优先股基金高。股票基金是最主要的基金品种，其主要功能是将大众投资者的小额资金集中起来，投资于不同的股票组合。根据股票基金所投资的股票内容不同，可将股票基金划归为积极成长型基金、成长型基金和成长及收入型基金。

债券基金是指以债券为投资对象的基金债券是一种获利稳定、风险较小的、长短皆宜的有价证券，因此投资于债券的基金可以保证投资者获得稳定的投资收益，而且面临的风险小：一般情况下债券基金会定期派息。基金回报率比较稳定，但是债券基金风险较低，其回报率往往也比较低。

货币市场基金是指在货币市场上，以短期有价证券作为投资对象的一种基金。该基金主要投资于短期货币工具如国库券、政府短期债券、商业票据、银行可转让存单等。由于货币市场是一个低风险、流动性高的市场，因此货币市场基金具有收益高、流动性强、购买限额低、资本安全性高的特点。期货基金是指以各类期货市场为主要投资对象的一种基金。期货投资是一种高收益、高风险的投资，具有较强的投机性，这使得期货基金具有可以以较小的投资获得较高的收益，同时风险也较大的特点。

期权基金是指将以前分配股利的股票期权作为投资对象的基金。所谓期权是指一种合约，合约持有人在特定到期日以前用特定的价格买卖投资标的，当该投资标的市价不利时，可以放弃履行合约，在取得这项权利前，须付给合约的买方一笔权利金。期权基金风险较小，其投资目的是为获得最大的当期收入。

指数基金是指以某种证券市场的价格指数作为投资对象的投资基金。

认股权证基金是指以认股权证作为投资对象的投资基金。

除上述三种分类外还有按照基金投资风险及按照区域对基金进行的分类。

二、证券投资基金的当事人

尽管按不同划分标准可以把基金细分为多种类别，但一般来说都涉及基金发起人、基金持有人、基金管理人、基金托管人和基金承销人等几个方面的当事人。

基金发起人是以基金的设立和组建为目的，采取必要的措施和步骤来设立和组建基金的法人。契约型基金的发起人在基金成立后一般成为该基金的管理人，或组建一家专门的基金管理公司来管理该基金，发起人则成为该基金管理公司的主要股东。在公司型基金中，发起人是基金管理公司的主体，它发行股票筹措资金，股东就是基金持有人。并非任何法人都可以发起设立基金，我国《证券投资基金管理暂行办法》规定了申请设立基金应当具备的条件，同时基金的设立必须经中国证券监督管理委员会审查批准。

基金持有人，又称为基金投资人或基金受益人，是基金单位或基金受益凭证的持有人，可以是自然人，也可以是法人。基金持有人是基金资产的最终所有人，其权利包括本金授偿权、收益分配权及参与持有人大会行使表决权。基金持有人大会由全体基金单位持有人或委托代表参加，主要讨论有关基金持有人利益的重大事项，如修改基金契约、提前终止基金、更换基金托管人、更换基金管理人、延长基金期限、变更基金类型以及召集人认为要提交基金持有人大会讨论的其他事项。

基金管理人是指其具有专业的投资知识与经验，根据法律、法规及基金章程或基金契约的规定，经营管理基金资产，谋求基金资产的不断增值，以使基金持有人收益最大化的机构。在我国，基金设立后一般委托基金管理公司进行管理。基金管理公司是适应契约型基金的操作而产生的基金经营机构。基金管理公司的主要发起人应当是依法设立的证券公司或信托投资公司，其他市场信誉较好、运作规范的机构也可以作为发起人参与基金管理公司的设立，基金管理公司可以采取有限责任公司的形式，也可以采取股份有限公司的组织形式。

基金托管人包括基金资产的保管人与名义持有人，一般由商业银行等金融机构担任。为了保障广大投资者的权益，防止基金资产被挪作他用，基金组织必须实行经营与保管严格分开的原则。根据这一原则，基金管理公司只负责基金的日常管理和操作，对投资者提供基金买卖和咨询服务，下达投资决策指令。基金托管人必须将其托管的基金资产与托管人的自有资产严格分开，对不同基金分别设置账户，实行分账管理，根据基金管理公司的指令对基金资产进行处理。

基金承销人是基金管理人的代理人，代表基金管理人与基金持有人进行基金单位的买卖活动。基金承销人一般由商业银行、证券公司、信托投资公司或保险公司来担任，也可以由基金管理人进行直接销售。在我国，封闭式基金的发行一般仍由证券公司作为发行协调人，基金获准上市交易后，也由证券公司代理基金的买卖、交割和收益分配。

三、基金管理公司主要业务的核算

（一）证券投资基金发行及增减变动的会计处理

1. 证券投资基金发起人要发起设立或扩募基金，必须向证监会提出申请，经批准后才能办理基金发行，当发行封闭式基金时，应按照实际收到的金额，借记“银行存款”科目，按基金单位发行总额，贷记“实收基金”科目，按借贷差额，贷记“其他业务收入”科目；当发行开放式基金时，应按照实际收到的金额，借记“银行存款”科目，贷记“实收基金”科目。

【例6-4】博文证券投资基金管理公司发行10亿份基金单位，基金单位发行价为1.05元，支付费用1 000万元。博文证券投资管理公司应编制如下会计分录：

借：银行存款　　1 040 000 000

　　贷：实收基金　　1 000 000 000

　　　　其他业务收入——基金发行费收入　　40 000 000

2. 开放式基金申购时，基金管理公司应计算基金单位资产净值、申购费用、净申购金额和申购份数。

（1）在申购确认日，基金管理公司应按照基金申购款的金额，借记“应收申购款”科目；按申购款中基金单位发行总额，贷记“实收基金”科目；按申购款中含有的未实现利得金额，贷记“未实现利得”科目，按申购款中含有的未分配收益金额，贷记“损益平准金”科目。

（2）在与证券交易所交割时，基金管理公司应按照基金申购款的金额，借记“银行存款”，贷记“应收申购款”科目。

3. 开放式基金赎回时，基金管理公司应计算赎回总额、赎回费用和赎回金额。

（1）在基金赎回确认日，基金管理公司应按赎回款中含有的实收基金金额，借记“实收基金”科目，按赎回款中含有的未分配收益金额，借记“损益平准金”科目，按赎回款中含有的未实现利得金额，借记“未实现利得”科目，按应付投资人赎回款金额，贷记“应付赎回款”科目，按赎回费中属于基金所有的部分，贷记“其他收入——赎回费”科目，按赎回费中属于销售机构所有的部分，贷记“应付赎回费”科目。

（2）款项交割时，基金管理公司应按应付赎回款的金额，借记“应付赎回款”科目，贷记“银行存款”科目。

【例6－5】2010年6月1日，投资者申请赎回博文证券基金管理公司的开放式基金60万份，当日该基金单位资产净值为1.0027元，赎回费率为0.5%，应付给代为办理赎回业务的A商业银行500元，同时按照契约规定，结转未实现利得1 625.45元，损益平准金－5.45元。博文证券基金管理公司会计处理如下：

第一步，计算投资者赎回总额和扣除费用之后的赎回金额。

（1）赎回总额＝赎回份数×赎回当日基金单位资产净值
＝600 000×1.0027＝601 620（元）

（2）赎回费用＝赎回总额×赎回费率
＝601 620×0.5%＝3 008.1（元）

（3）赎回金额＝赎回总额－赎回费用
＝601 620－3 008.1＝598 611.9（元）

第二步，会计分录。

（1）基金赎回确认日，确认赎回时：

借：实收基金	600 000	
未实现利得	1 625.45	
损益平准金	－5.45	
贷：应付赎回款		598 611.9
其他收入——赎回费		2 508.1
应付赎回费——A银行		500

（2）赎回款项交割时：

借：应付赎回款	598 611.9	
贷：银行存款		598 611.9

（二）证券投资基金投资业务的会计处理

1. 股票投资的会计处理。

（1）当购入股票时，基金管理公司应按照交易日股票的公允价值，借记“股票投资——成本”科目，按应付相关费用金额，借记“交易费用”科目，按应付的证券清算款金额，贷记“证券清算款”科目，按应付的交易费用金额，贷记“应付交易费用”科目；当资金交割时，基金管理公司应按实际交割的证券清算款的金额，借记“证券清算款”科目，贷记“银行存款”、“结算备付金”等科目。

（2）当卖出股票时，在交易日，基金管理公司应按应收取的证券清算款的金额，借记“证券清算款”科目，按应付相关费用金额，借记“交易费用”科目，按结转的股票投资成本、估值增值或减值金额，贷记“股票投资（成本或估值增值）”科目，按应付的交易费用金额，贷记“应付交易费用”科目，按借贷差额，借记（或贷记）“投资收益（股票投资收益）”科目；同时，将原计入该卖出股票的公允价值变动损益转出，借记（或贷记）“公允价值变动损益”科目，贷记（或借记）“投资收益”科目；当资金交割时，基金管理公司应按实际交收的证券清算款，借记“银行存款”、“结算备付金”等科目，贷记“证券清算款”科目。

（3）当基金管理公司在持有上市公司股票期间，上市公司宣告分配现金股利时，应于除权除息日按上市公司所分配的现金股利金额，借记“应收股利”科目，贷记“投资收益（股利收益）”科目；当实际收到现金股利时，基金管理公司应按实际收到的现金股利金额，借记“银行存款”、“结算备付金”等科目，贷记“应收股利”科目。

（4）基金管理公司因持有股票而获得股票股利时，不能反映公司股票投资资产或收入增加，只能在备查簿上登记股票数量，不做任何会计处理。

（5）基金管理公司因持有股票而享受的配股权，从配股除权日起到配股确认日止，按市价与配股价的差额估值，若为估值增值，则按当日与上一日所估价值的差额，借记“股票投资——估值增值”科目，贷记“公允价值变动损益”科目；若为估值减值，则按当日与上一日所估价值的差额，借记“公允价值变动损益”科目，贷记“股票投资——估值减值”科目。

【例6－6】2010年1月1日，博文基金管理公司购入宏信公司股票100万股，购入价格为8元/股，发生各项交易费用为84 250元。2010年4月5日，宏信公司宣告分派现金股利，每10股0.15元，2010年4月15日，博文基金管理公司收到宏信公司发放的现金股利1 500元。2010年6月30日，宏信公司股票的收盘价为8.5元/股。2010年12月31日，博文基金管理公司将持有的宏信公司的100万股股票以每股10元的价格出售。本例中的印花税率为0.2%，假定在2010年6月30日至2010年12月31日之间，宏信公司的股票公允价值未发生任何变动。博文基金管理公司的会计处理如下：

（1）2010年1月1日，购入股票时：

借：股票投资——成本	8 000 000	
交易费用	84 250	
贷：证券清算款——宏信公司		7 915 750
应付交易费用		168 500

2010年1月2日，资金交割并支付交易费用时：

借：应付交易费用	168 500	
贷：银行存款		168 500

借：证券清算款——宏信公司　　　　7 915 750

　　贷：结算备付金——宏信公司　　　　7 915 750

（2）2010 年 4 月 5 日，宏信公司宣告分派现金股利时：

借：应收股利　　　　1 500

　　贷：投资收益　　　　1 500

2010 年 4 月 15 日，收到宏信公司发放现金股利时：

借：结算备付金　　　　1 500

　　贷：应收股利　　　　1 500

（3）2010 年 6 月 30 日，宏信公司股票价值上涨时：

宏信公司股票估值增值金额 = 1 000 000 × 8.5 − 1 000 000 × 8

= 500 000（元）

借：股票投资（估值增值）　　　　500 000

　　贷：公允价值变动损益　　　　500 000

（4）2010 年 12 月 31 日，卖出股票时：

应收取的证券清算款 = 1 000 000 × 10 − 1 000 000 × 10 × 0.2%

= 9 980 000（元）

借：证券清算款——宏信公司　　　　9 980 000

　　公允价值变动损益　　　　500 000

　　贷：股票投资——成本　　　　8 000 000

　　　　　　　　——估值增值　　　　500 000

　　　　投资收益（股票投资收益）　　　　1 980 000

资金交割日：

借：结算备付金　　　　9 980 000

　　贷：证券清算款——宏信公司　　　　9 980 000

2. 债券投资的会计处理。

（1）当基金管理公司买入债券时，在交易日，应按债券的公允价值，借记“债券投资”科目，按债券起息日或上次除息日至购买日止的利息金额，借记“应收利息”科目，按应付的相关费用，借记“交易费用”科目，按应支付的金额，贷记“证券清算款”科目，按应支付的交易费用金额，贷记“应付交易费用”科目；当资金交割时，基金管理公司应按实际交割的证券清算款的金额，借记“证券清算款”科目，贷记“银行存款”、“结算备付金”等科目。

（2）当基金管理公司卖出债券时，在交易日，应按应收或实收的金额，借记“证券清算款”科目，按应付的相关费用，借记“交易费用”科目，按结转的债券投资成本、估值增值或减值，贷记“债券投资——成本或估值增值（或减值）”科目，按应收或实收价款中包含的应收利息金额，贷记“应收利息”科目，按应付的交易费用金额，贷记“应付交易费用”等科目，按借贷差额，贷记（或借记）“投资收益——债券投资收益”科目。同时，将原计入卖出债券的公允价值变动损益转出，借记（或贷记）“公允价值变动损益”科目，贷记（或借记）“投资收益——债券投资收益”科目；在资金交割时，按实际交收的证券清算款，借记“银行存款”、“结算备付金”等科目，贷记“证券清算款”科目。

（3）持有债券期间，每日确认利息收入，基金管理公司应按债券投资的票面利率计算利息，借记“应收利息”科目，贷记“利息收入——债券利息收入”科目。贴息债视同到期一次性还本付息的附息债，根据其发行价、到期价和发行期限按直线法推算内含票面利率后，确认利息收入。若票面利率与实际利率出现较大的差异，则应按实际利率计算利息收入。

（4）对证券投资估值增、减值的会计处理。若为估值增值，则按当日（不含应收利息）与上一日所估值的差额，借记“公允价值变动损益”科目，贷记“债券投资——估值增值”科目；若为估值减值，则按当日（不含应收利息）与上一日所估值的差额，借记“债券投资——估值增值”科目，贷记“公允价值变动损益”科目。

【例6－7】2010年1月1日，博文基金管理公司购入宏信公司发行的债券，债券面值为100万元，票面利率为5%（假定该债券的公允价值与面值相同，票面利率与实际利率相同），发生各项交易费用为50 000元。到期一次性归还本金和最后一次利息。博文基金管理公司实际支付价款110万元。2010年4月5日，该债券的公允价值上升至115万元。2010年12月31日，博文基金管理公司将持有的宏信公司债券出售，取得价款120万元。本例中的印花税率为0.2%。假定按半年计提利息，并且不考虑其他因素。博文基金管理公司的会计处理如下：

（1）2010年1月1日购入债券时：

借：债券投资　　1 100 000
　　交易费用　　50 000
　　贷：证券清算款——宏信公司　　1 097 800
　　　　应付交易费用　　52 200

资产交割日，资金交割及支付交易费用时：

借：应付交易费用　　52 200
　　贷：银行存款　　52 200

借：证券清算款——宏信公司　　1 097 800
　　贷：结算备付金——宏信公司　　1 097 800

（2）2010年4月5日，该债券的公允价值上升时：

宏信公司债券估值增值金额＝1 150 000－1 100 000＝50 000（元）

借：债券投资——估值增值　　50 000
　　贷：公允价值变动损益　　50 000

(3) 2010 年 6 月 30 日，计提半年利息时：

计提利息金额 = 1 000 000 × 5% ÷ 2 = 25 000（元）

借：应收利息　　25 000
　　贷：利息收入——债券利息收入　　25 000

(4) 2010 年 12 月 31 日，卖出债券时：

应收取的证券清算款 = 1 200 000 − 1 200 000 × 0.2%
　　= 1 197 600（元）

借：证券清算款——宏信公司　　1 197 600
　　公允价值变动损益　　50 000
　　贷：债券投资——成本　　1 100 000
　　　　　　　　——估值增值　　50 000
　　　　投资收益（债券投资收益）　　97 600

资金交割日：

借：结算备付金　　1 197 600
　　贷：证券清算款——宏信公司　　1 197 600

（三）企业年金基金的会计处理

1. 为了核算企业年金基金收到缴费等业务，企业年金基金应当设置“企业年金基金”、“银行存款”等科目。“企业年金基金”科目核算企业年金基金资产的来源和运用，应按个人账户结余、企业账户结余、净收益、个人账户转入、个人账户转出，以及支付受益人待遇等设置相应明细科目，本科目期末贷方余额，反映企业年金基金净值。企业年金基金银行账户主要有资金账户、证券账户等。资金账户包括银行存款账户、结算备付金账户等，其中银行存款账户又包括受托财产托管账户、委托投资资产托管账户；证券账户包括证券交易所证券账户和全国银行间市场债券托管账户等。

收到企业及职工个人缴费时，按实际收到的金额，借记“银行存款”科目，贷记“企业年金基金——个人账户结余”、“企业年金基金——企业账户结余”科目。

【例 6-8】 2009 年，兴盛公司每月缴存年金基金 90 000 元（截至 2009 年 12 月 31 日，已收到 1—11 月份年金基金缴款 990 000 元）。

借：银行存款　　990 000
　　应收账款——应收年金缴费　　90 000
　　贷：企业年金基金——企业账户结余　　1 080 000

【例6－9】2009年1月5日，某企业年金基金收到缴费350万元，其中企业缴费200万元、职工个人缴费150万元，存入企业年金账户，实收金额与提供的缴费总额账单核对无误。按该企业年金计划约定，在企业缴费200万元中，归属个人账户金额为110万元，另90万元的权益归属条件尚未实现。该企业年金基金账务处理如下：

借：银行存款　　3 500 000

贷：企业年金基金——个人账户结余（个人缴费）　　1 500 000

——个人账户结余（企业缴费）　　1 100 000

——企业账户结余（企业缴费）　　900 000

企业年金基金收到缴费后，如需账户管理人核对后确认，可先通过“其他应付款——企业年金基金供款”科目核算，确认后再转入“企业年金基金”科目。

2. 企业年金基金投资运营的账务处理。

（1）初始取得投资时的账务处理。企业年金基金初始取得投资的交易日，以支付的价款（不含支付的价款中所包含的已到付息期但尚未领取的利息或已宣告但尚未发放的现金股利、基金红利）计入投资的成本，借记“交易性金融资产——成本”，按发生的交易费用及相关税费直接计入当期损益，借记“交易费用”科目，按支付的价款中所包含的已到付息期但尚未领取的利息或已宣告但尚未发放的现金股利、红利，借记“应收利息”、“应收股利”或“应收红利”科目，贷记“证券清算款”、“银行存款”等科目。资金交收日，按实际清算的金额，借记“证券清算款”科目，贷记“结算备付金”、“银行存款”等科目。

【例6－10】2007年4月1日，兴盛公司的委托投资管理人用兴盛公司所交的年金购买东方公司股票150 000股，每股2.5元，手续费0.2%；购买股票投资基金80 000元，手续费0.2%；按面值购买5年期国债400 000元，利率6%；按面值购买4年期企业债券150 000元，票面利率9%。账务处理如下：

借：交易性金融资产——股票　　375 000

——基金　　80 000

——国债　　400 000

——公司债券　　150 000

贷：银行存款　　1 005 000

借：手续费及佣金支出

（（375 000 + 80 000） ×0.2%）910

　　贷：银行存款　　910

【例 6－11】2007 年 4 月 1 日，某企业年金基金通过证券交易所以 10 元的价格购入 A 公司股票 10 万股，成交金额 100 万元，另发生券商佣金、印花税等 2 万元。该企业年金基金账务处理如下：

交易日（T 日，即 4 月 1 日）与证券登记结算机构清算应付证券款时：

借：交易性金融资产——成本（A 股票）　　1 000 000

　　交易费用　　20 000

　　贷：证券清算款　　1 020 000

资金交收日（T+1 日，即 4 月 2 日）与证券登记结算机构交收资金时：

借：证券清算款　　1 020 000

　　贷：结算备付金　　1 020 000

（2）估值日的账务处理。企业年金基金的投资应当按日估值，或至少按周进行估值。也就是说，每个工作日结束时，或者每周四或周五工作日结束时为估值日。估值日对投资进行估值时，应当以估值日的公允价值计量。公允价值与上一估值日公允价值的差额，计入当期损益，并以此调整原账面价值。借记或贷记“交易性金融资产——公允价值变动”，贷记或借记“公允价值变动损益”。

【例 6－12】2007 年 4 月 12 日，企业年金基金持有的 A 股票证券交易所收盘价为每股 11 元。在估值日和资产负债表日，企业年金基金持有的上市流通的债券、基金、股票等交易性金融资产，以其估值日在证券交易所挂牌的市价（平均价或收盘价）估值；估值日无交易的以最近交易日的市价估值。

估值日公允价值与上一估值日公允价值的差额 = （11 − 10） ×100 000
= 100 000（元）

该企业年金基金账务处理如下：

借：交易性金融资产——公允价值变动（A 股票）

100 000

　　贷：公允价值变动损益　　100 000

【例 6－13】2006 年 7 月 30 日，根据东方公司股票分红计划，每股分配现金红利 0.6 元。8 月 20 日，该红利到达托管账户。

借：应收股利　　60 000

　　贷：企业年金基金　　60 000

借：银行存款　　60 000

贷：应收股利　　　　　　　　　　　　　　　　　　60 000

3. 投资处置的账务处理。企业年金基金的投资处置时，应在交易日按照卖出投资所取得的价款与其账面价值（买入价）的差额，确定为投资损益。

出售债券、基金、股票等证券时，应按出售成交日确认投资处置收益。卖出股票成交日，按应收金额，借记“证券清算款”科目，按买入时原账面价值（初始买价），贷记“交易性金融资产——成本”科目，按出售股票成交价总额与原账面价值（初始买价）的差额，作为投资处置收益金额，贷记或借记“投资收益”科目。同时，将原计入该投资的公允价值变动转出，借记或贷记“公允价值变动损益”科目，贷记或借记“投资收益”科目。

因债券、基金、股票的交易比较频繁，出售债券、基金、股票等证券时，其投资成本应一并结转。出售证券成本的计算方法可采用加权平均法、移动加权平均法、先进先出法等，成本计算方法一经确定，不得随意变更。

7

第七章

金融资产的核算

本章按照会计准则单独介绍金融资产的会计处理方法，包括金融资产的取得、金融资产减值、金融资产转移及金融工具披露。

第一节　金融资产（短期）取得

金融企业最具特色的金融资产是“贷款和应收账款”和“可供出售金融资产”，处理上有别于常规业务核算。

一、贷款和应收款项

本章贷款和应收款项比银行贷款范围要大，包括其他金融机构贷款性质的金融资产。

（一）概念

贷款和应收款项，是指在活跃市场中没有报价、回收金额固定或可确定的非衍生金融资产。比如金融企业发放的贷款和其他债权，但又不限于银行发放的贷款和其他债权。非银行金融企业扭亏增盈的现金和银行存款、销售商品或提供劳务形成的应收款项、企业持有的其他企业的债权（不包括在活跃市场上有报价的债务工具）等，只要符合贷款和应收款项的定义，都可以划分为这一类。

划分为贷款和应收款项类的金融资产，与划分为持有至到期投资的金融资产，其主要差别在于前者不是在活跃市场上有报价的金融资产，并不像持有至到期投资那样在出售或重分类方面受到较多限制。如果某债务工具投资在活跃市场上没有报价，则企业不能将其划分为持有至到期投资。

（二）贷款和应收款项的会计处理

贷款和应收款项的会计处理原则，与持有至到期投资大体相同。

1. 金融企业按当前市场条件发放的贷款，应按发放贷款的本金与相关交易费用之和作为初始确认金融。一般企业对外销售商品或提供劳务形成的应收债权，通常应按贷款或应收的协议价款作为初始确认金额。

2. 贷款持有期间所确认的利息收入，应当根据实际利率计算。实际利率应在取得贷款时确定，在该贷款预期存续期间或适用的更短期间内保持不变。实际利率与合同利率差别较小的，也可按合同利率计算利息收入。

3. 企业收回或处置贷款和应收款项时，应将取得的价款与该项贷款和应收款项账面价值之间的差额计入当期损益。

（三）实务举例

【例 7－1】 2010 年 1 月 1 日，工商银行向某客户发放一笔贷款 1 亿元，期限 2 年，合同利率 10%，按季计、结息。假定该贷款发放无交易费用，实际利率与合同利率相同，每半年对贷款进行减值测试一次。

（1）发放贷款

借：贷款——本金　　　　　　　100 000 000

　贷：吸收存款　　　　　　　　　100 000 000

（2）2010 年 1 月 31 日、6 月 30 日、9 月 30 日和 12 月 31 日，分别确认贷款利息 2 500 000 元。

借：应收利息　　　　　　　　2 500 000

　贷：利息收入　　　　　　　　　2 500 000

借：存放中央银行款项（或吸收存款） 2 500 000
  贷：应收利息 2 500 000

(3) 2010 年 12 月 31 日，综合分析与该贷款有关的因素，发现该项贷款存在减值迹象，采用单项计提准备的方式确认减值损失10 000 000 元。

借：资产减值损失 10 000 000
  贷：贷款损失准备 10 000 000
借：贷款——已减值 100 000 000
  贷：贷款——本金 1 00 000 000

此时，贷款的摊余成本 = 100 000 000 - 10 000 000
= 90 000 000（元）

(4) 2011 年 3 月 31 日，从客户收到利息 1 000 000 元，且预期 2011 年底第二季度末和第三季末很可能收不到利息。

借：存放中央银行款项（或吸收存款） 1 000 000
  贷：贷款——已减值 1 000 000

按实际利率法以摊余成本为基础应确认的利息收入 = 90 000 000 × 10% /4
= 2 250 000（元）

借：贷款损失准备 2 250 000
  贷：利息收入 2 250 000

此时，贷款的摊余成本 = 90 000 000 - 1 000 000 + 2 250 000
= 91 250 000（元）

(5) 2011 年 4 月 1 日，经协商，工商银行从客户取得一项房地产（固定资产）充作抵债资产，该房地产的公允价值为 85 000 000 元，自此银行与客户的债权债务关系了结；相关手续办理过程中发生税费 200 000元。工商银行拟将其处置，不转作自用固定资产；在实际处置前暂时对外出租。

借：抵债资产 85 000 000
  营业外支出 6 450 000
  贷款损失准备 7 750 000
  贷：贷款——已减值 99 000 000
    应交税费 200 000

(6) 2011 年 6 月 30 日，从租户处收到上述房地产的租金 800 000 元。当日，该房地产的可变现净值为 84 000 000 元。

借：存放中央银行款项 800 000
  贷：其他业务收入 800 000

确认抵债资产跌价准备 = 85 000 000 - 84 000 000 = 1 000 000（元）

借：资产减值损失　　1 000 000

　　贷：抵债资产跌价准备工作　　1 000 000

（7）2011 年 12 月 31 日，从租户处收到上述房地产租金 1 600 000 元。工商银行当年为该项房地产发生维修费用 200 000 元，并不打算再出租。该房地产的可变现净值为 83 000 000 元。

确认抵债资产租金等：

借：存放中央银行款项　　1 600 000

　　贷：其他业务收入　　1 600 000

确认发生的维修费用 200 000 元：

借：其他业务成本　　200 000

　　贷：存放中央银行款项等　　200 000

确认抵债资产跌价准备 = 84 000 000 − 83 000 000 = 1 000 000（元）

借：资产减值损失　　1 000 000

　　贷：抵债资产跌价准备　　1 000 000

（8）2012 年 1 月 1 日，工商银行将该房地产处置，取得价款 83 000 000元，发生相关税费 1 500 000 元。

确认抵债资产处理：

借：存放中央银行款项　　83 000 000

　　抵债资产跌价准备　　2 000 000

　　营业外支出　　1 500 000

　　贷：抵债资产　　85 000 000

　　　　应交税费　　1 500 000

二、可供出售金融资产

可供出售金融资产是短期投资资产的一种，主要指投资后价值变动不计入损益的短期证券类投资。

（一）可供出售金融资产概述

可供出售金融资产，是指初始确认时即被指定为可供出售的非衍生金融资产，以及除下列各类资产以外的金融资产：①贷款和应收款项；②持有至到期投资；③以公允价值计量且其变动计入当期损益的金融资产。例如，企业购入的在活跃市场上有报价的股票、债券和基金等，没有划分为以公允价值计量且其变动计入当期损益的金融资产或持有至到期投资等金融资产的，可归为此类。

对于在活跃市场上有报价的金融资产，既可能划分为以公允价值计量且其变动计入当期损益的金融资产，也可能划分为可供出售金融资产；如果该金融资产属于有固定到期日、回收金额固定或可确定的金融资产，则该金融资产还可能划分为持有至到期投资。某项金融资产具体应分为哪一类，主要取决于企业管理层的风险管理、投资决策等因素。金融资产的分类应是管理层意图的如实表达。

（二）可供出售金融资产的会计处理

可供出售金融资产的会计处理，与以公允价值计量且其变动计入当期损益的金融资产的会计处理有类似之处，但也有不同：①初始确认时，都应按公允价值计量，但对于可供出售金融资产，相关交易费用应计入初始入账金额；②资产负债表日，都应按公允价值计量，但对于可供出售金融资产，公允价值变动不是计入当期损益，而通常应计入所有者权益。

企业在对可供出售金融资产进行会计处理时，还应注意以下方面：

1. 企业取得可供出售金融资产支付的价款中包含的已到付息期但尚未领取的债券利息或已宣告但尚未发放的现金股利，应单独确认为应收项目。

可供出售金融资产持有期间取得的利息或现金股利，应当计入投资收益。在资产负债表日的可供出售金融资产应当以公允价值计量，且公允价值变动计入资本公积（其他资本公积）。

2. 可供出售金融资产发生的减值损失，应计入当期损益；如果可供出售金融资产是外币货币性金融资产，则其形成的汇兑差额也应计入当期损益。采用实际利率法计算的可供出售金融资产的利息，应当计入当期损益；可供出售权益工具投资的现金股利，应当在被投资单位宣告发放时计入当期损益。

3. 处置可供出售金融资产时，应将取得的价款与该金融资产账面价值之间的差额，计入投资损益；同时，将原直接计入所有者权益的公允价值变动累计额对应处置部分的金额转出，计入投资损益。

【例7－2】 2010年7月13日，上达投资信托公司从二级市场购入股票1 00万股，每股市价15元，手续费30 000元；初始确认时，该股票划分为可供出售金融资产。上达投资信托公司至2010年12月31日仍持有该股票，该股票当时的市价为16元。2011年2月1日，上达投资信托公司将该股票售出，售价为每股13元，另支付交易费用30 000元。

假定不考虑其他因素，上达投资信托公司的账务处理如下：

（1）2010年7月13日，购入股票：

借：可供出售金融资产——成本　　15 030 000

　　贷：银行存款　　15 030 000

（2）2010 年 12 月 31 日，确认股票价格变动：

借：可供出售金融资产——公允价值变动　　970 000

　　贷：资本公积——其他资本公积　　970 000

（3）2011 年 2 月 1 日，出售股票：

借：银行存款　　12 970 000

　　资本公积——其他资本公积　　970 000

　　投资收益　　2 060 000

　　贷：可供出售金融资产——成本　　15 030 000

　　　　　　　　　　　　——公允价值变动　　970 000

【例 7－3】 2011 年 1 月 1 日，相德保险公司支付价款 1 028. 244 元购入某公司发行的 3 年期公司债券，该公司债券的票面总金额为 1 000元，票面年利率 4%，实际年利率为 3%，利息每年年末支付，本金到期支付。相德保险公司将该公司债券划分为可供出售金融资产。2011 年 12 月 31 日，该债券的市场价格为 1 000. 094 元。假定无交易费用和其他因素的影响，相德保险公司的账务处理如下：

（1）2011 年 1 月 1 日，购入债券：

借：可供出售金融资产——成本　　1 000

　　　　　　　　　　——利息调整　　28. 244

　　贷：银行存款　　1 028. 244

（2）2011 年 12 月 31 日，收到债券利息、确认公允价值变动：

实际利息＝1 028. 244×3%＝30. 84732≈30. 85（元）

年末摊余成本＝1 028. 244＋30. 85－40＝1 019. 094（元）

借：应收利息　　40

　　贷：投资收益　　30. 85

　　　　可供出售金融资产——利息调整　　9. 15

借：银行存款　　40

　　贷：应收利息　　40

借：资本公积——其他资本公积

　　　　　　19（＝1 019. 094－1 000. 094）

　　贷：可供出售金融资产——公允价值变动　　19

第二节　金融资产减值

在金融资产账面价值高于可收回金额的情况下可做减值处理，但是金融资产不同类别对可收回金额的确定依据是不同的。

一、金融资产减值的确认

企业应当在资产负债表日对以公允价值计量且其变动计入当期损益的金融资产以外的金融资产的账面价值进行检查，有客观证据表明该金融资产发生减值的，应当计提减值准备。表明金融资产发生减值的客观证据，是指金融资产初始确认后实际发生的、对该金融资产的预计未来现金流量有影响，且企业能够对该影响进行可靠计量的事项。金融资产发生减值的客观证据，包括下列各项：

1. 发行方或债务人发生严重财务困难；

2. 债务人违反了合同条款，如偿付利息或本金发生违约或逾期等；

3. 债权人出于经济或法律等方面因素的考虑，对发生财务困难的债务人作出让步；

4. 债务人很可能倒闭或进行其他财务重组；

5. 因发行方发生重大财务困难，该金融资产无法在活跃市场继续交易；

6. 无法辨认一组金融资产中的某项资产的现金流量是否已经减少，但根据公开的数据对其进行总体评价后发现，该组金融资产自初始确认以来的预计未来现金流量确已减少且可计量，如该组金融资产的债务人支付能力逐步恶化，或债务人所在国家或地区失业率提高、担保物在其所在地区的价格明显下降、所处行业不景气等；

7. 债务人经营所处的技术、市场、经济或法律环境等发生重大不利变化，使权益工具投资人可能无法收回投资成本；

8. 权益工具投资的公允价值发生严重或非暂时性下跌；

9. 其他表明金融资产发生减值的客观证据。

二、金融资产减值的会计处理

对单项金额重大的金融资产应当单独进行减值测试，如有客观证据表明其已发生减值，应当确认减值损失，计入当期损益。对单项金额不重大的金融资产，可以单独进行减值测试，或包括在具有类似信用风险特征的金融资产组合中进行减值测试。

单独测试未发生减值的金融资产（包括单项金额重大和不重大的金融资产），应当包括在具有类似信用风险特征的金融资产组合中再进行减值测试。已单项确认减值损失的金融资产，不应包括在具有类似信用风险特征的金融资产组合中进行减值测试。

1. 以摊余成本计量的金融资产发生减值时，应当将该金融资产的账面价值减记至预计未来现金流量（不包括尚未发生的未来信用损失）现值，减记的金额确认为资产减值损失，计入当期损益。

预计未来现金流量现值，应当按照该金融资产的原实际利率折现确定，并考虑相关担保物的价值（取得和出售该担保物发生的费用应当予以扣除）。原实际利率是初始确认该金融资产时计算确定的实际利率。对于浮动利率贷款、应收款项或持有至到期投资，在计算未来现金流量现值时可采用合同规定的现行实际利率作为折现率。

短期应收款项的预计未来现金流量与其现值相差很小的，在确定相关减值损失时，可不对其预计未来现金流量进行折现。

以下以商业银行贷款和一般企业应收款项减值损失的确认和计量说明金融资产减值的确认和计量。持有至到期投资减值损失的确认和计量比照办理。

（1）商业银行进行贷款减值测试时，可以根据自身管理水平和业务特点，确定单项金额重大贷款的标准，例如，可以将本金大于或等于一定金额的贷款作为单项金额重大的贷款，此标准以下的贷款属于单项金额非重大的贷款。单项金额重大贷款的标准一经确定，不能随意变更。对于单项金额重大的贷款，应先单独进行减值测试，有客观证据表明其发生了减值的，应当计算资产负债表日的未来现金流量现值（通常以初始确认时确定的实际利率作为折现率），将该现值低于其账面价值的差额确认为贷款减值损失。采用组合方式进行减值测试的贷款，商业银行可以根据自身风险管理模式和数据支持程度，选择合理的方法确认和计量减值损失，例如，“迁移模型法”、“滚动率模型法”等。

（2）非商业银行对应收款项进行减值测试，应根据本单位的实际情况分为单项金额重大和非重大的应收款项。对于单项金额重大的应收款项，应当单独进行减值测试，确认减值损失，计提坏账准备。对于单项金额非重大的应收款项以及单独测试后未发生减值的单项金额重大的应收款项，可以采用组合方式进行减值测试。通常情况下，可以将这些应收款项按类似信用风险特征划分为若干组合，再按这些应收款项组合在资产负债表日余额的一定比例，计算确定减值损失，计提坏账准备。企业应当根据以前年度与之相同或相类似的、具有类似信用风险特征的应收款项组合的实际损失率为基础，结合实时情况确定本期各项组合计提坏账准备的比例。

对以摊余成本计量的金融资产确认减值损失后，如有客观证据表明该金融资产价值已恢复，且客观上与确认该损失后发生的事项有关（如债务人的信用评级已提高等），原确认的减值损失应当予以转回，计入当期损益。但是，该转回后的账面价值不应当超过假定不计提减值准备情况下该金融资产在转回日的摊余成本。

2. 在活跃市场中没有报价且其公允价值不能可靠计量的权益工具投资，或与该权益工具挂钩并须通过交付该权益工具结算的衍生金融资产发生减值时，应当将该权益工具投资或衍生金融资产的账面价值，与按照类似金融资产当时市场收益率对未来现金流量折现确定的现值之间的差额，确认为减值损失，计入当期损益。

3. 可供出售金融资产发生减值时，即使该金融资产没有终止确认，原直接计入所有者权益的因公允价值下降形成的累计损失也应当予以转出，计入当期损益。该转出的累计损失为可供出售金融资产的初始取得成本扣除已收回本金和已摊销金额、当前公允价值和原已计入损益的减值损失后的余额。

分析判断可供出售金融资产是否发生减值，应当注重该金融资产公允价值是否持续下降。通常情况下，如果可供出售金融资产的公允价值发生较大幅度下降（例如达到或超过20%），或在综合考虑各种相关因素后，预期这种下降趋势属于非暂时性的（例如达到或超过6个月的情形），可以认定该可供出售金融资产已发生减值，应当确认减值损失。可供出售金融资产发生减值的，在确认减值损失时，应当将原直接计入所有者权益的因公允价值下降形成的累计损失一并转出，计入减值损失。

对于已确认减值损失的可供出售债务工具，在随后的会计期间公允价值已上升且客观上与确认原减值损失确认后发生的事项有关的，原确认的减值损失应当予以转回，计入当期损益。

可供出售权益工具投资发生的减值损失，不得通过损益转回。同时，在活跃市场中没有报价且其公允价值不能可靠计量的权益工具投资，或与该权益工具挂钩并须通过交付该权益工具结算的衍生金融资产发生的减值损失，不得转回。

4. 金融资产发生减值后，利息收入应当按照确定减值损失时对未来现金流量进行折现采用的折现率作为利率计算确认。

三、会计实务举例

【例 7-4】 高海银行1年前向客户A发放了一笔3年期贷款，划分为贷款和应收款项，且属金额重大者。今年，由于外部新技术冲击，客户A的产品市场销路不畅，存在严重财务困难，故不能按期及时偿还高海银行的贷款本金和利息。为此，客户A提出与高海银行调整贷款条款，以便顺利渡过财务难关。高海银行同意了客户A提出的要求。以下是五种可供选择的贷款条款调整方案：

1. 客户A在贷款原到期日后5年内偿还贷款的全部本金，但不包括按原条款应计的利息；
2. 在原到期日，客户A偿还贷款的全部本金，但不包括按原条款应计的利息；
3. 在原到期日，客户A偿还贷款的全部本金，以及低于原贷款应计的利息；
4. 客户A在原到期日后5年内偿还贷款的全部本金，以及原贷款期间应计的利息，但贷款展期期间不支付任何利息；
5. 客户A在原到期日后5年内偿还贷款的全部本金、原贷款期间和展期期间应计的利息。

在上述五种可供选择的贷款条款调整方案下，哪一种需要在今年末确认减值损失？

不难看出，在上述方案1—4下，贷款未来现金流量现值一定小于当前账面价值，因此，高海银行采用方案1—4中的任何一种，都需要在调整贷款日确认和计量贷款减值损失。对于方案5，虽然客户A偿付贷款本金和利息的时间发生变化，但高海银行仍能收到延迟支付的利息。在这种情况下，如果按贷款发放时确定的实际利率计算，贷款未来现金流入（本金和利息）现值将与当前账面价值相等。因此，不需要确认和计量贷款减值损失。

【例 7-5】 2005年1月1日，帕德银行以“折价”方式向B企业发放一笔5年期贷款5 000万元（实际发放给B企业的款项为4 900万元），合同年利率为10%。帕德银行将其划分为贷款和应收款项，初始确认该贷款时确定的实际利率为10.53%。

2007年12月31日，有客观证据表明B企业发生严重财务困难，帕德银行据此认定对B企业的贷款发生了减值，并预期2008年12月31日将收到利息500万元，但2009年12月31日仅收到本金2 500万元。

2007年12月31日帕德银行对B企业应确认的减值损失按该日确认减值损失前的摊余成本与未来现金流量现值之间的差额确定（小数点后数据四舍五入）。

（1）2007年12月31日未确认减值损失前，帕德银行对B企业贷款的摊余成本计算如下：

2005年1月1日，对B企业贷款的摊余成本＝49 000 000（元）

2005年12月31日，对B企业贷款的摊余成本

＝49 000 000＋49 000 000×10.53%－5 000 000＝49 159 700（元）

2006年12月31日，对B企业贷款的摊余成本

＝49 159 700×（1＋10.53%）－5 000 000≈49 336 216（元）

2007年12月31日，对B企业贷款（确认减值损失前）的摊余成本

＝49 336 216×（1＋10.53%）－5 000 000≈49 531 320（元）

（2）2007年12月31日，帕德银行预计从对B企业贷款将收到现金流量的现值计算如下：

$5\ 000\ 000\times(1+10.53\%)^{-1}+25\ 000\ 000\times(1+10.53\%)^{-2}$

≈24 987 147（元）

（3）2007年12月31日，帕德银行应确认的贷款减值损失

＝49 531 320－24 987 147＝24 544 173（元）

【例7－6】 2006年1月1日，萧衍银行向A客户发放了一笔贷款1 500万元。贷款合同年利率为10%，期限6年，借款人到期一次偿还本金。假定该贷款的实际利率为10%，利息按年收取。其他有关账务处理如下（小数点后数据四舍五入）：

（1）2006年，萧衍银行及时从A公司收到贷款利息：

2006年1月1日，发放贷款：

借：贷款——本金　　15 000 000

　　贷：吸收存款　　15 000 000

2006年12月31日，确认并收到贷款利息：

借：应收利息　　1 500 000

　　贷：利息收入　　1 500 000

借：存放同业　　1 500 000

　　贷：应收利息　　1 500 000

（2）2007年12月31日，因A公司经营出现异常，萧衍银行预计难以及时收到利息。萧衍银行根据当前掌握的资料，对贷款合同现金流量重新作了估计。具体如表7－1、表7－2所示。

表 7－1　　　　贷款合同现金流量　　　　单位：元

时间	未折现金额	折现系数	现值
2008 年 12 月 31 日	1 500 000	0.9091	1 363 650
2009 年 12 月 31 日	1 500 000	0.8264	1 239 600
2010 年 12 月 31 日	1 500 000	0.7513	1 126 950
2011 年 12 月 31 日	16 500 000	0.6830	11 269 500
小计	21 000 000	—	14 999 700

表 7－2　　　　新预计的现金流量　　　　单位：元

时间	未折现金额	折现系数	现值
2008 年 12 月 31 日	0	0.9091	0
2009 年 12 月 31 日	10 000 000	0.8264	8 264 000
2010 年 12 月 31 日	2 000 000	0.7513	1 502 600
2011 年 12 月 31 日	0	0.6830	0
小计	12 000 000	—	9 766 600

2007 年 12 月 31 日，萧衍银行应确认的贷款减值损失
＝未确认减值损失前的摊余成本－新预计未来现金流量现值
＝（贷款本金＋应收未收利息）－新预计未来现金流量现值
＝16 500 000－9 766 600＝6 733 400（元）

相关的账务处理如下：

借：资产减值损失　　6 733 400
　贷：贷款损失准备　　6 733 400
借：贷款——已减值　　16 500 000
　贷：贷款——本金　　15 000 000
　　　应收利息　　1 500 000

（3）2008 年 12 月 31 日，萧衍银行预期原先的现金流量估计不会改变：

确认减值损失的回转＝9 766 600×10%＝976 660（元）

相关的账务处理如下：

借：贷款损失准备　　976 660
　贷：利息收入　　976 660

据此，2008 年 12 月 31 日贷款的摊余成本＝9 766 600＋976 660
＝10 743 260（元）

（4）2009 年 12 月 31 日，萧衍银行预期原先的现金流量估计不会改变，但 2008 年当年实际收到的现金为 9 000 000 元。相关的账务处理如下：

借：贷款损失准备　　　　　　　　　　　　1 074 326
　　贷：利息收入　　　　　　　　　　　　　　1 074 326
借：存放同业　　　　　　　　　　　　　　9 000 000
　　贷：贷款——已减值　　　　　　　　　　　9 000 000
借：资产减值损失　　　　　　　　　　　　999 386
　　贷：贷款损失准备　　　　　　　　　　　　999 386

2009 年 12 月 31 日计提贷款损失准备前，贷款的摊余成本 = 10 743 260 + 1 074 326 - 9 000 000 = 2 817 586（元）。由于萧衍银行对 2010 年及 2011 年的现金流入预期不变，因此，应调整的贷款损失准备 = 2 817 586 - 1 818 200 = 999 386（元）。相关计算如表 2 - 6 所示。

表 7 - 3　　现值计算　　金额单位：元

时间	未折现金额	折现系数	现值
2010 年 12 月 31 日	2 000 000	0.9091	1 818 200
2011 年 12 月 31 日	0	0.8264	0
小计	2 000 000		1 818 200

（5）2010 年 12 月 31 日，萧衍银预期原先的现金流量估计发生改变，预计 2011 年将收回现金 1 500 000 元；当年实际收到的现金为 1 000 000元。相关账务处理如下：

借：贷款损失准备　　　　　　　　　　　　181 820
　　贷：利息收入　　　　　　　　　　　　　　181 820
借：存放同业　　　　　　　　　　　　　　1 000 000
　　贷：贷款——已减值　　　　　　　　　　　1 000 000
借：贷款损失准备　　　　　　　　　　　　363 630
　　贷：资产减值损失　　　　　　　　　　　　363 630

2010 年 12 月 31 日计提贷款损失准备前，贷款的摊余成本 = 1 818 200 + 181 820 - 1 000 000 = 1 000 020（元）。因此，应调整的贷款损失准备 = 1 000 020 - 1 363 650 = - 363 630（元）。其中，1 363 650 元系 2011 年将收回现金 1 500 000 元按折现系数 0.9091 进行折现后的结果。

（6）2011 年 12 月 31 日，萧衍银行将贷款结算，实际收到现金 2 000 000元。相关账务处理如下：

借：贷款损失准备　　　　　　　　　　　　136 365
　　贷：利息收入　　　　　　　　　　　　　　136 365
借：存放同业　　　　　　　　　　　　　　2 000 000
　　贷款损失准备　　　　　　　　　　　　　4 999 985

贷：贷款——已减值　　　　　　　　　　6 500 000
　　资产减值损失　　　　　　　　　　　　499 985

第三节　金融资产转移

随着资产证券化、信托、债券买断式回购等创新融资业务的快速发展，金融资产转移已成为会计实务中亟待解决的问题。

一、金融资产转移会计要点

金融资产转移，是指企业将金融资产让与或交付给该金融资产发行方以外的另一方的行为。转出金融资产的一方为转出方，转入金融资产的一方为转入方。金融资产转移中，转入方只应是发行方以外的第三方，而不应是金融资产的发行方。金融资产转移，既可以是单项金融资产的转移，也可以是一组具有类似风险特征的金融资产的转移。例如，商业银行将信贷资产信托给受托机构进行资产证券化；又如，非银行金融机构将销售产品形成的应收账款采用附加追索权出售方式卖给商业银行等。

金融资产转移的会计处理上，首先必须确认金融资产发生了转移，才能在会计上对被转移的金融资产进行相应的终止确认，并对金融资产转移的损益情况进行相应的会计处理。金融资产转移的实质，是包含在该项金融资产上的风险和报酬的转移。

由于金融资产转移的形式多种多样，风险和报酬转移的实质也各不相同，因此，需要区别不同的情况，对金融资产转移进行相应的会计处理。

总之，金融资产转移准则的重点主要包括金融资产转移的确认条件、金融资产转移的类型和终止确认条件；金融资产整体转移和部分转移损益的计量依据；难点是金融资产转移及金融资产的终止确认。

此外，企业对金融资产转入方形成控制权的，除按金融资产转移准则进行会计处理外，还应当按照合并财务报表会计的规定，将转入方纳入合并财务报表范围。

企业对转入方具有控制权，指有权决定转入方的财务和经营政策，并能据此从转入方的业务活动中获取利益。

二、金融资产转移的确认

（一）金融资产转移确认的条件

企业金融资产转移包括下列两种情形：（1）企业将收取金融资产现金流量的权利转移给另一方，例如附追索权的贷款转移、企业应收账款的融资交易等。（2）企业将金融资产转移给另一方，但保留收取金融资产现金流量的权利，并承担将收取的现金流量支付给最终收款方的义务。

在上述第二种情况下，还必须同时满足下列三项条件，才能确认为金融资产转移：

第一，企业从该金融资产收到对等的现金流量时，才有义务将其支付给最终收款方。其间，企业发生短期垫付款，但企业有权全额收回该垫付款并按照市场上同期银行贷款利率计收利息的，视同满足本条件。

第二，企业不能出售该金融资产或作为担保物。根据合同约定，企业不能将该金融资产进行出售或用于担保，但作为对最终收款方支付现金流量的担保除外。

第三，企业有义务将收取的现金流量及时支付给最终收款方。企业无权将该现金流量进行再投资，但按照合同约定，在相邻两次支付间隔期内将所收到的现金流量进行现金或现金等价物投资的除外。企业按照合同约定进行再投资的，应当将投资收益按照合同约定支付给最终收款方。

例如，银行住房抵押贷款证券化即将住房贷款在信托公司设立信托，由信托公司发信托受益权凭证。银行向购房者发放住房贷款，同时要求借款人必须以房地产商品作为抵押物，银行再将贷款出售给信托公司，设立特殊目的的信托公司发信托受益权凭证。在这一过程中，银行将信贷资产转移给特殊目的的信托，但保留收取金融资产现金流量的权利并承担将收取的现金流量支付给投资人（最终收款方）的义务。业务过程符合金融资产转移概念要求：第一，银行不向投资人垫款。当银行从该信贷资产收到对等的现金流量时，才有义务将其支付给投资人（最终收款方）。第二，银行无权出售该信贷资产或质押物。第三，银行有义务将收取的现金及时支付给投资人（最终收款方）。所以，当银行将贷款出售给信托公司时就可以确认金融资产的转移。

（二）金融资产部分转移

企业应当将金融资产转移区分为金融资产整体转移和部分转移，并分别按照金融资产转移准则有关规定处理。金融资产部分转移包括下列三种情形：

1. 将金融资产所产生现金流量中特定的可辨认部分进行的转移，如企业将一组类似贷款的应收利息转让，但没有转让本金的现金流量的权利。此时，可以认为该金融资产的部分（利息现金流量部分）发生了转移。

2. 将金融资产所产生全部现金流量的一定比例进行的转移，如企业将一组类似贷款的本金和应收利息合计的80%进行转让。此时，可以认为该金融工具所产生的全部现金流量的80%发生了转移。

3. 将金融资产所产生现金流量中特定的可辨认部分的一定比例进行的转移，如企业将一组类似贷款的应收利息的80%进行了转让，这80%的利息适用于部分转移规定。

（三）被转移金融资产的终止确认条件

终止确认，是指将金融资产或金融负债，从企业的账上和资产负债表内予以转销。

企业已将金融资产所有权上几乎所有的风险和报酬转移给转入方的，应当终止确认该金融资产；保留了金融资产所有权上几乎所有的风险和报酬的，不应当终止确认该金融资产。企业应当通过比较转移前后该金融资产未来现金流量净现值及现金流量时间分布的波动使其面临的风险，来判断是否已经将金融资产所有权上几乎所有的风险和报酬转移给了转入方：

1. 企业面临的风险因金融资产转移发生实质性改变的，表明该企业已将金融资产所有权上几乎所有的风险和报酬转移给了转入方，应当终止确认该金融资产。

以下例子表明企业已将金融资产所有权上几乎所有的风险和报酬转移给了转入方，应当终止确认相关金融资产：①企业以不附追索权的方式出售金融资产；②企业将金融资产出售，同时与买入方签订协议，在约定期限结束时按当日该金融资产的公允价值回购；③企业将金融资产出售的，同时与买入方签订看跌期权合约（即买入方有权将该金融资产返售给企业），但从合约条款判断，该看跌期权是一项重大价外期权（即期权合约的条款设计，使得金融资产的买入方极小可能会到期行权）。

2. 企业面临的风险没有因金融资产转移发生实质性改变的，表明该企业仍保留了金融资产所有权上几乎所有的风险和报酬，不应当终止确认该金融资产。

以下例子表明企业保留了金融资产所有权上几乎所有的风险和报酬，不应当终止确认相关金融资产：①企业采用附追索权的方式出售金融资产；②企业将金融资产出售，同时与买入方签订协议，在约定期限结束时按固定价格将该金融资产回购；③企业将金融资产出售的，同时与买入方签订看跌期权合约（即买入方有权将该金融资产返售给企业），但从合约条款判断，该看跌期权是一项重大价内期权（即期权合约的条款设计，使得金融资产的买入方很可能会到期行权）；④企业（银行）将信贷资产整体出售，同时保证对金融资产买入方可能发生的信用损失进行全额补偿。

企业需要通过计算判断是否已将金融资产所有权上几乎所有的风险和报酬转移给了转入方的，在计算金融资产未来现金流量净现值时，应当考虑所有合理、可能的现金流量波动，并采用适当的现行市场利率作为折现率。

3. 企业既没有转移也没有保留金融资产所有权上几乎所有的风险和报酬的（即不属于本上文所指情形的），应当按其继续涉入的程度进行处理：①放弃了对该金融资产控制的，表明企业不再涉入，应当终止确认该金融资产。②未放弃对该金融资产控制的，应当按照其继续涉入所转移金融资产的程度确认有关金融资产，并确认有关负债。

继续涉入所转移金融资产的程度，是指该金融资产价值变动使企业面临的风险水平。

企业在判断是否已放弃对所转移金融资产的控制时，应当注重转入方出售该金融资产的实际能力。转入方能够单独将转入的金融资产整体出售给与其不存在关联方关系的第三方，且没有额外条件对此项出售加以限制的，说明转入方有出售该金融资产的实际能力，同时表明企业（转出方）已放弃对该金融资产的控制，从而应终止确认所转移的金融资产。

转入方是否能够将转入的金融资产整体出售给与其不存在关联方关系的第三方，应当关注该金融资产是否存在活跃市场。如果不存在活跃市场，即使合同约定转入方有权处置金融资产，也不表明转入方有“实际能力”。

转入方是否能够单独且没有额外条件对出售所转入金融资产加以限制（是否可以自由地处置所转入金融资产），主要关注是否存在与出售密切相关的约束性条款。例如，转入方出售转入的金融资产时附有一项看涨期权，且该看涨期权又是重大价内期权，以至于可以认定转入方将来很可能会行权。在这种情况下，不表明转入方有出售所转入金融资产的实际能力。

4. 在判断金融资产转移是否满足金融资产终止确认条件时，应当注重金融资产转移的实质。

在附回购协议的金融资产出售中，转出方将予回购的资产与售出的金融资产相同或实质上相同、回购价格固定或是原售价加上合理回报的，不应当终止确认所出售的金融资产，如采用买断式回购、质押式回购交易卖出债券等。

转出方在金融资产转移后只保留了优先按照公允价值回购该金融资产的权利的（在转入待售该金融资产的情况下），应当终止确认所转移的金融资产。

在采用保留次级权益或提供信用担保等进行信用增级的金融资产转移中，转出方只保留了所转移金融资产所有权上的部分（非几乎所有）风险和报酬且能控制所转移金融资产的，应当按照其继续涉入所转移金融资产的程度确认相关资产和负债。

三、金融资产转移的会计处理程序

（一）金融资产整体转移

金融资产整体转移满足终止确认条件的，应当终止确认金融资产，同时，将下列两项金额的差额计入当期损益：

第一，所转移金融资产的账面价值；

第二，因转移而收到的对价，与原直接计入所有者权益的公允价值变动累计额（涉及转移的金融资产为可供出售金融资产的情形）之和。

原直接计入所有者权益的公允价值变动累计额，是指所转移的金融资产（可供出售金融资产）转移前直接计入所有者权益的公允价值变动累计利得或损失。可供出售的金融资产终止确认时，原直接计入所有者权益下的公允价值变动所形成的利得或损失，应转为当期损益。因此，金融资产转移时，所应确认的损益包含了两方面的内容：由公允价值变动而形成的损益和转移交易的损益。在计算转移交易损益时，应将公允价值变动而形成的损益，从账面交易损益中扣除。因此，上述金融资产整体转移形成的损益，其计算公式可整理如下：

金融资产整体转移形成的损益 = 所转移金融资产的账面价值 - 因转移收到的对价 - 原直接计入所有者权益的公允价值变动累计利得（如为累计损失，应为加项）

因金融资产转移获得了新金融资产或承担了新金融负债的，应当在转移日按照公允价值确认该金融资产或金融负债（包括看涨期权、看跌期权、担保负债、远期合同、互换等），并将该金融资产扣除金融负债后的净额作为上述对价的组成部分。

企业与金融资产转入方签订服务合同提供相关服务的（包括收取该金融资产的现金流量，并将所收取的现金流量交付给指定的资金保管机构等），应当就该服务合同确认一项服务资产或服务负债。服务负债应当按照公允价值进行初始计量，并作为上述对价的组成部分。

经过上述两方面因素的调整后，因金融资产转换而收到的对价的计算公式整理如下：

因转移收到的对价 = 因转移交易收到的价款 + 新获得金融资产的公允价 值 + 因转移获得服务资产的公允价值 - 新承担金融负债的公允价值 - 因转移承担服务负债的公允价值

【例 7－7】来宝信托公司持有 A 公司少量股票，这些股票属于可供出售金融资产。购买价共计 24 000 元，2006 年 12 月 31 日股票公允价为 30 000 元。会计上按公允价值调整了账面价值，已确认的所有者权益的公允价值变动累计利得是 6 000 元。2007 年 1 月 1 日，来宝信托公司公司出售了该股票，售价 30 100 元。会计处理如下：

购入时：

借：可供出售金融资产	24 000	
贷：银行存款		24 000

2006 年 12 月 31 日，期末调账：

借：可供出售金融资产	6 000	
贷：资本公积		6 000

2007 年 1 月 1 日出售时：

借：银行存款	30 100	
资本公积	6 000	
贷：可供出售金融资产		30 000
投资收益		6 100

（二）金融资产部分转移的会计处理

金融资产部分转移满足终止确认条件的，应当将所转移金融资产整体的账面价值，在终止确认部分和未终止确认部分之间，按照各自的相对公允价值进行分摊。终止确认部分金融资产同时，应将下列两项金额的差额计入当期损益：

第一，终止确认部分的账面价值；

第二，终止确认部分的对价，与原直接计入所有者权益的公允价值变动累计额中对应终止确认部分的金额（涉及转移的金融资产为可供出售金融资产的情形）之和。

原直接计入所有者权益的公允价值变动累计额中对应终止确认部分的金额，应当按照金融资产终止确认部分和未终止确认部分的相对公允价值，对该累计额进行分摊后确定。

将所转移金融资产整体的账面价值按相对公允价值在终止确认部分和未终止确认部分之间进行分摊时，所保留的服务资产应当视同未终止确认金融资产的一部分。未终止确认部分的公允价值按照下列要求确定：

第一，企业出售过与未终止确认部分类似的金融资产，或发生过与未终止确认部分有关的其他市场交易的，应当按照最近实际交易价格确定。

第二，未终止确认部分在活跃市场上没有报价，且最近市场上也没有与其有关的实际交易价格的，应当按照所转移金融资产整体的公允价值扣除终止确认部分的对价后的余额确定。该金融资产整体的公允价值确实难以合理确定的，按照金融资产整体的账面价值扣除终止确认部分的对价后的余额确定。

企业仍保留与所转移金融资产所有权上几乎所有的风险和报酬的，应当继续确认所转移金融资产整体，并将收到的对价确认为一项金融负债。例如，企业将国债卖出后又承诺将以固定价格买回，因卖出国债所收到的款项应单独确认为一项金融负债。由于此类金融资产转移实质上具有融资性质，因此，该金融资产与确认的相关金融负债不得相互抵消。在随后的会计期间，企业应当继续确认该金融资产产生的收入和该金融负债产生的费用。所转移的金融资产以摊余成本计量的，确认的相关负债不得直接指定为以公允价值计量且其变动计入当期损益的金融负债。

企业既没有转移也没有保留金融资产所有权上几乎所有的风险和报酬，且未放弃对该金融资产控制的，企业应当按照继续涉入所转移金融资产的程度确认一项金融资产，同时确认一项金融负债。按照继续涉入程度确认的相关资产和负债，应当充分反映保留的权利和承担的义务。

【例7-8】 达胜财务公司以利率10%贷出可提前清偿贷款100 000元，贷款年限9年，达胜财务公司把90%的本金和8%的利息出售给大和公司，并继续为贷款提供服务。合同规定，对达胜财务公司提供服务的补偿是尚未出售的2%利息。相关公允价值为：现金收入91 000元，服务性资产9 000元，保留的10%利息10 000元（参见表7-4）。

表 7－4　　公司简化合并日资产负债表

	公允价值	占公允价值的比例	分配的账面价值
已出售的贷款	91 000	83%	83 000
服务性资产	9 000	8%	8 000
保留的 10% 利息	10 000	9%	9 000
合计	110 000	100%	100 000

已出售的贷款实质上转移了其风险和报酬，满足终止确认的条件，终止确认部分的账面价值为 83 000 元。

出售贷款时：

借：银行存款　　91 000

　贷：贷款　　83 000

　　其他业务收入　　8 000

（三）关于金融资产转移涉及财务担保方式

通过对所转移金融资产提供财务担保方式继续涉入的，应当在转移日按照金融资产的账面价值和财务担保金额两者之中的较低者，确认继续涉入形成的资产，同时按照财务担保金额和财务担保合同的公允价值（提供担保收的费用）之和确认继续涉入形成的负债。其中，财务担保金额，是指企业所收到的对价中，将被要求偿还的最高金额。

在随后的会计期间，财务担保合同的初始确认金额应当在该财务担保合同期间内按照时间比例摊销，确认为各期收入。因担保形成的资产的账面价值，应当在资产负债表日进行减值测试。

（四）关于金融资产转移涉及期权

企业因卖出一项看跌期权或持有一项看涨期权，使所转移金融资产不符合终止确认条件，且按照摊余成本计量该金融资产的，应当在转移日按照收到的对价确认继续涉入形成的负债。

所转移金融资产在期权到期日的摊余成本和继续涉入形成的负债初始交易确认金额之间的差额，应当采用实际利率法摊销，计入当期损益；同时，调整继续涉入所形成负债的账面价值。相关期权行权的，应当在行权时，将继续涉入形成负债的账面价值与行权价格之间的差额计入当期损益。

1. 持有看涨期权。企业因持有一项看涨期权使所转移金融资产不满足终止确认条件，且按照公允价值计量该金融资产的，应当在转移日仍按照公允价值确认所转移金融资产，同时按照下列规定计量继续涉入形成的负债：

第一，该期权是价内或平价期权的，应当按照期权的行权价格扣除期权的时间价值后的余额，计量继续涉入形成的负债。

第二，该期权是价外期权的，应当按照所转移金融资产的公允价值扣除期权的时间价值后的余额，计量继续涉入形成的负债。

【例 7-9】 申益公司转让了一项金融资产，转让日该金融资产的公允价值是 45 000 元，期权的行权价格为49 000元，期权的时间价值为 3 000 元，则相关负债的账面价值为 42 000 元（45 000 - 3 000），被转让资产的账面价值是 45 000 元（等于该转让资产的公允价值）。

2. 卖出看跌期权。企业因卖出一项看跌期权使所转移金融资产不满足终止确认条件，且按照公允价值计量该金融资产的，应当在转移日按照该金融资产的公允价值和该期权行权价格之间的较低者，确认继续涉入形成的资产；同时，按照该期权的行权价格与时间价值之和，确认继续涉入形成的负债。

【例 7-10】 维仪公司转让了一项金融资产，转让日该金融资产的公允价值是 15 000 元，期权的行权价格为 12 000 元，期权的时间价值为 300 元，转让日被转让资产的账面价值是 12 000 元（该金融资产的公允价值和该期权行权价格之间的较低者），则相关负债的账面价值为 12 300 元（12 000 + 300）。

3. 同时涉及看涨期权和看跌期权。企业因卖出一项看跌期权和购入一项看涨期权（即上下期权）使所转移金融资产不满足终止确认条件，且按照公允价值计量该金融资产的，应当在转移日仍按照公允价值确认所转移金融资产；同时，按照下列规定计量继续涉入形成的负债：

第一，该看涨期权是价内或平价期权的，应当按照看涨期权的行权价格和看跌期权的公允价值之和，扣除看涨期权的时间价值后的金额，计量继续涉入形成的负债。

第二，该看涨期权是价外期权的，应当按照所转移金融资产的公允价值总额和看跌期权的公允价值之和，扣除看涨期权的时间价值后的金额，计量继续涉入形成的负债。

【例 7-11】 佳艺公司转让了某项以公允价计量的金融资产同时购入了一项行权价格为 7 500 元的买入期权，并签入了一项行权价格为 5 000元的卖出期权。设在转让日该金融资产的公允价值为 6 000 元，卖出期权和买入期权的时间价值分别为 250 元和 400 元。此时，公司应该确认一项 6 000 元的金融资产（按该资产的公允价值）和一项 5 850 元的负债（6 000 + 250 - 400）。

（五）关于金融资产转移涉及非现金担保物

企业向金融资产转入方提供了非现金担保物（如债务工具或权益工具投资等）的，企业和转入方应当按照下列规定进行处理：

1. 转入方按照合同或惯例有权出售该担保物或将其再作为担保物的，企业应当将该非现金担保物在资产负债表中重新归类，并单独列示。

2. 转入方已将该担保物出售的，转入方应当就归还担保物义务，按照公允价值确认一项负债。

3. 企业违约，丧失了赎回担保物权利的，应当终止确认该担保物；转入方应当按照公允价值将该担保物确认为一项资产。转入方已出售该担保物的，转入方应当终止确认归还担保物的义务。

4. 除上述第三项所涉及的情况外，企业应当继续将担保物确认为一项资产。

（六）涉及的一般会计规则

企业应当对因继续涉入所转移金融资产形成的有关资产确认相关收入，对继续涉入形成的有关负债确认相关费用，继续涉入所形成的相关资产和负债不应当相互抵消。企业仅继续涉入所转移金融资产一部分的，应当比照金融资产部分转移的规定处理。

【例7-12】 甲银行持有一组住房抵押贷款，借款方可提前偿付。2008年1月1日，该组贷款的本金和摊余成本均为10 000万元，票面年利率和实际年利率均为10%。经批准，甲银行拟将该组贷款转移给某信托机构（以下简称受让方）进行证券化。有关资料如下：

2008年1月1日，甲银行与受让方签订协议，将该组贷款转移给受让方，并办理有关手续。甲银行收到款项9 115万元，同时保留以下权利：（1）收取本金10 000万元以及这部分本金按10%的利率所计算确定利息的权利；（2）收取以9 000万元为本金、以0.5%为利率所计算确定利息（超额利差）的权利。受让方取得收取该组贷款本金中的9 000万元以及这部分本金按9.5%的利率收取利息的权利。根据双方签订的协议，如果该组贷款被提前偿付，则偿付金额按1:9的比例在甲银行和受让方之间进行分配。但是，如该组贷款发生违约，则违约金额从甲银行拥有的10 000万元贷款本金中扣除，直到扣完为止。

2008年1月1日，该组贷款的公允价值为10 100万元，0.5%的超额利差的公允价值为40万元。甲银行的分析及会计处理如下：

1. 甲银行转移了该组贷款所有权相关的部分重大风险和报酬（如

重大提前偿付风险)，但由于设立了次级权益（即内部信用增级)，因而也保留了所有相关的部分重大风险和报酬，并且能够对留存的该部分权益实施控制。根据金融资产转让准则，甲银行应采用继续涉入法对该金融资产转移交易进行会计处理。

2. 甲银行收到的 9 115 万元对价，由两部分构成：一部分是转移的 90% 贷款及相关利息的对价，即 9 090 万元（10 100 万 ×90%)；另一部分是因为使保留的权利次级化所取得的对价 25 万元。此外，由于超额利差的公允价值为 40 万元，从而甲银行的该项金融资产转移交易的信用增级相关的对价为 65 万元。

假定甲银行无法取得所转移该组贷款的 90% 和 10% 部分各自的公允价值，则甲银行所转移该组贷款的 90% 部分形成的利得或损失计算如表 7 – 5 所示。

表 7 – 5　　利得或损失计算表　　单位：元

项目	估计公允价值	百分比	分摊后的账面价值
已转移部分	90 900 000	90%	90 000 000
未转移部分	10 100 000	10%	10 000 000
合计	101 000 000	100%	100 000 000

甲银行该项金融资产转移形成的利得 = 90 900 000 – 90 000 000
= 900 000（元）

（1）甲银行仍保留贷款部分的账面价值为 1 000 万元。

（2）甲银行因继续涉入而确认资产的金额，按双方协议约定的、因信用增级使甲银行不能收到的现金流入最大值 1 000 万元；另外，超额利差形成的资产 40 万元本质上也是继续涉入形成的资产。

因继续涉入而确认负债的金额，按因信用增级使甲银行不能收到的现金流入最大值 1 000 万元和信用增级的公允价值总额 65 万元，两项合计为 1 065 万元。

据此，甲银行在金融资产转移日应作如下账务处理：

借：存放同业　　91 150 000
　　继续涉入资产——次级权益　　10 000 000
　　　　　　　　——超额账户　　400 000
　贷：贷款　　90 000 000
　　　继续涉入负债　　10 650 000
　　　其他业务收入　　900 000

（3）金融资金产转移后，甲银行应根据收入确认原则，采用实际利率法将信用增级取得的对价 65 万元分期予以确认。此外，还应在资产负债表日对已确认资产确认可能发生减值损失。比如，在2008年12月31日，已转移贷款发生信用损失300万元，则甲银行应作如下账务处理：

借：资产减值损失　　3 000 000
　　贷：贷款损失准备——次级权益　　3 000 000
借：继续涉入负债　　3 000 000
　　贷：继续涉入资产——次级权益　　3 000 000

第四节　金融资产信息披露——以金融工具为例

金融工具披露，是指企业在附注中披露已确认和未确认金融工具的有关信息。金融企业所披露的金融工具信息很有代表性，有助于财务报告使用者就金融工具对企业财务状况和经营成果影响的重要程度作出合理评价。金融工具报表列报规定已经包含在第九章常规报表内，不在本节阐述。

一、金融工具一般信息披露要求

1. 企业应当披露编制财务报告对金融工具所采用的重要会计政策、计量基础等信息，主要包括：

（1）对于指定为以公允价值计量且其变动计入当期损益的金融资产或金融负债，应当披露下列信息：指定的依据；指定的金融资产或金融负债的性质；指定后如何消除或明显减少原来由于该金融资产或金融负债的计量基础不同所导致的相关利得或损失在确认或计量方面不一致的情况，以及是否符合企业正式书面文件载明的风险管理或投资策略的说明。

（2）指定金融资产为可供出售金融资产的条件。

（3）确定金融资产已发生减值的客观依据以及计算确定金融资产减值损失所使用的具体方法。

（4）金融资产和金融负债的利得和损失的计量基础。

（5）金融资产和金融负债终止确认条件。

（6）其他与金融工具相关的会计政策。

需要指出的是：

①风险投资机构、共同基金以及类似主体持有的、在初始确认时按照《企业会计准则第22号——确认和计量》的规定指定为以公允价值计量且其变动计入当期损益的金融资产或者划为交易性金融资产的投资，应当按照金融工具列报准则规定进行列报。

②企业如发行了一项既含负债成分又含权益成分的工具，且该项工具嵌入了多重衍生特征（相关价值是联动的），比如可赎回的可转换债务工具，则应披露体现在其中的这些特征。

【例7-13】 某金融企业20×7年年报对指定为以公允价值计量且其变动计入当期损益的金融资产或金融负债有关的会计政策作了如下披露：

附注：指定为以公允价值计量且其变动计入当期损益的金融工具：符合以下一项或一项以上标准的金融工具（不包括为交易目的所持有的金融工具）划分为此类，公司管理层也将其用这类指定：

——公司的该项指定可以消除或明显减少由于金融资产或金融负债的计量基础不同所导致的相关利得或损失在确认或计量方面不一致的情况。按照此标准，公司所指定金融工具主要包括：

①长期债券。若干已发行的固定利率长期债券及次级债券的应付利息，已与“收固定/付浮动”利率互换的利息“匹配”，并在公司利率风险管理策略正式书面文件中说明。如果这些债券仍以摊余成本计量，则会因为相关的衍生工具以公允价值计量且其变动计入当期损益而产生“会计不匹配”的现象。通过这项指定，公司将按公允价值对这些债券进行后续计量，且公允价值变动计入当期损益。

②投资合同项下的金融资产及金融负债。这些金融资产和金融负债均以公允价值为基础进行管理，且内部报告给管理层时相关的管理数据也以公允价值为基础。在投资联结合同项下对客户负债的计量，按联结合同项下资金所购资产的公允价值来确定，对客户负债的公允价值变动计入当期损益；而在投资联结合同以外的其他投资合同项下对客户的负债却以摊余成本计量。如果对与客户负债相关的资产不直接指定，则这些资产将划分为可供出售金融资产，从而其公允价值变动计入所有者权益。总体上看，难以真实地反映对客户负债与相关资产的风险对冲关系。因此，公司将投资合同项下的金融资产和金融负债指定为以公允价值计量且其变动计入当期损益，以使相关公允价值变动计入当期损益，且于利润表中在同一项目下列示。

公司风险管理或投资策略的正式书面文件已载明，该金融资产组合、该金融负债组合或该金融资产和金融负债组合，以公允价值为基础进行管理、评价并向关键管理人员报告。根据此项标准，为履行公司保险合同项下的负债而持有的某些金融资产是此类被指定金融工具的主要项目。公司有正式、书面的风险管理和投资策略文件明确以公允价值为基础管理这些金融资产的报告也会报告给管理层。而且，采用公允价值计量这些金融资产与这些保险业务适用的监管规则下的监管报告要求是一致的。

公司对上述指定，一经作出，将不会撤销。

2. 企业将单项或一组贷款或应收款项指定为以公允价值计量且其变动计入当期损益的金融资产的，应当披露下列信息：

（1）资产负债表日该贷款或应收款项使企业面临的最大信用风险敞口金额，以及相关信用衍生工具或类似工具分散该项信用风险的金额。其中，信用风险是指金融工具的一方不能履行义务，造成另一方发生财务损失的风险。

（2）该贷款或应收款项本期因信用风险变化引起的公允价值变动额和累计变动额，相关信用衍生工具或类似工具本期公允价值变动额以及自该贷款或应收款项指定以来的累计变动额。需要注意的是，因信用风险变化导致的上述贷款或应收款项金额变动的确定方法应予以披露；如企业认为所披露的金额变动信息未能体现出这些金融资产的公允价值变化，则应披露得出此结论的原因并阐述哪些因素是相关的。

【例 7－14】 某商业银行对指定为以公允价值计量且其变动计入当期损益的贷款和垫款有关的信息披露如下（金额单位：万元）：

对于指定为以公允价值计量且其变动计入当期损益的贷款和垫款：

——截至 20×7 年 12 月 31 日使企业面临的最大信用风险敞口 3 696 300

——信用风险引起的公允价值累计变动额

在实务中，将贷款和应收款指定为以公允价值计量且其变动计入当期损益的金融资产比较少见。

3. 企业将某项金融负债指定为以公允价值计量且其变动计入当期损益的金融负债的，应当披露下列信息：

（1）该金融负债本期因相关信用风险变化引起的公允价值变动额和累计变动额。应注意的是，这些因信用风险导致的变动值的确定方法应予以披露；如企业认为所披露的金额变动信息未能体现这些金融负债的公允价值变化，则应披露得出此结论的原因，并阐述哪些因素是相关的。

（2）该项金融负债的账面价值与到期日按合同约定应支付金额之间的差额。

【例 7－15】 某商业银行对指定为以公允价值计量且其变动计入当期损益的金融负债有关的信息披露如表 7－6 所示。

表 7－6　　信息披露表　　单位：万元

项目	公允价值指定的金融负债20×7年公允价值变动额	因相关信用风险变化引起累计变动额
(1) 投资合同项下对客户负的负债	104 356	123 119
(2) 发行的普通债券	1 236 358	1 034 610
(3) 发行的次级债券	3 693 000	3 000 600
合计	5 033 714	4 158 329

20×7年12月31日，指定为以公允价值计量且其变动计入当期损益的金融负债的账面价值超过到期日按合同约定应支付金额58 300万元。

4. 企业应当披露每类金融资产减值损失的详细信息，包括前后两期可比的金融资产减值准备期初余额、本期计提数、本期转回数、期末余额之间的调节信息等。

【例7－16】 某国内上市商业银行对客户贷款及垫款相关减值损失准备进行如下披露（见表7－7至表7－9）。

（1）减值损失准备变动情况。

表 7－7　　减值损失准备变动情况　　单位：万元

项　目	2006 年度	2007 年度
1月1日	208 000	55 860
本年/期计提	9 500	6 100
贷款和垫款因折现值上升导致转回	(19 000)	(500)
本年/期转出	(3 500)	(400)
本年/期核销	(58 000)	(6 300)
收回以前年度已核销贷款及垫款	2 110	650
其他因素导致的转回		
——因出售已减值贷款及垫款	(100 000)	—
——因出售同一家被投资公司发放的贷款和垫款	(350)	—
12月31	55 860	55 410

（2）2006年度客户贷款及垫款准备。

表 7－8　　2006 年度客户贷款及垫款准备　　单价：万元

项目	2006年12月31日				
	以组合方式评估减值损失准备的贷款和垫款	已减值贷款及垫款			已减值贷款和垫款占贷款及垫款总额的百分比
		其减值损失准备按组合方式评估	其减值损失准备按个别方式评估	总 额	

续表

发放给下列客户的贷款及垫款总额：					
——金融机构	2 000	—	—	2 000	—
——非金融机构	1 900 000	52 000	33 000	1 985 000	4.28%
合　计	1 902 000	52 000	33 000	1 987 000	4.28%
减：					
对应下列客户的贷款及垫款的减值损失准备：					
——金融机构	(20)	—	—	(20)	
——非金融机构客户	(20 000)	(13 800)	(22 040)	(55 840)	
合　计	(20 020)	(13 800)	(22 040)	(55 860)	
发放给下列客户的贷款及垫款净额：					
——金融机构	1 980	—	—	1 980	
——非金融机构客户	1 880 000	38 200	10 960	1 929 160	
合　计	1 881 980	38 200	10 960	1 931 140	

（3）2007年度客户贷款及垫款准备。

表7－9　**2007年度客户贷款及垫款准备**　单价：万元

项目	2007年12月31日 已减值贷款及垫款 以组合方式评估减值损失准备的贷款和垫款	其减值损失准备按组合方式评估	其减值损失准备按个别方式评估	总额	已减值贷款和垫款占贷款及垫款总额的百分比
发放给下列客户的贷款及垫款总额：					
——金融机构	600	—	—	600	
——非金融机构	2 100 000	53 000	33 000	2 186 000	3.93%
合　计	2 100 600	53 000	33 000	2 186 600	3.93%
减：					
对应下列客户的贷款及垫款的减值损失准备：					
——金融机构	(10)	—	—	(10)	
——非金融机构客户	(19 490)	(14 100)	(21 810)	(55 400)	
合　计	(19 500)	(14 100)	(21 810)	(55 410)	
发放给下列客户的贷款及垫款净额：					
——金融机构	590	—	—	590	
——非金融机构客户	2 080 510	38 900	11 190	2 130 600	
合　计	2 081 100	38 900	11 190	2 131 190	

5. 企业在披露金融资产或金融负责的公允价值信息时，除非这些金融资产或金融负债是账面价值与公允价值相差很小的短期金融资产或金融负债，或者是在活跃市场中没有报价的权益工具投资，以及与该权益工具挂钩并须通过交付该权益工具结算的衍生工具，否则应当按照每类金融资产和金融负债披露下列公允价值信息：

（1）确定公允价值所采用的方法，包括全部或部分直接参考活跃市场中的报价或采用估值技术等。采用估值技术的，按照各类金融资产或金融负债分别披露相关估值假设，包括提前还款率、预计信用损失率、利率等。

（2）公允价值是否全部或部分采用估值技术确定，而该估值技术没有以相同金融工具的当前公开交易价格和易于获得的市场数据作为估值假设。这种估值技术对估值假设具有重大敏感性的，披露这一事实及改变估值假设可能产生的影响，同时披露采用这种估值技术确定的公允价值的本期变动额计入当期损益的数额。

企业在判断估值技术对估值假设是否具有重大敏感性时，应当综合考虑净利润、资产总额、负债总额、所有者权益总额（适用于公允价值变动计入所有者权益的情形）等因素。

金融资产和金融负债的公允价值应当以总额为基础披露（在资产负债表中金融资产和金融负债按净额列示的除外），且披露方式应当有利于财务报告使用者比较金融资产和金融负债的公允价值和账面价值。

企业在作上述披露时，对于不存在活跃市场的金融资产或金融负债，其计量不是以实际交易价格为基础，而是采用更公允的相同金融工具的公开交易价格或估值结果计量的，应当按照金融资产或金融负债的类别披露下列信息：①在损益中确认原实际交易价格与公允价值之间形成的差异所采用的会计政策。②该项差异的期初和期末余额。

【例 7－17】 某商业银行在附注中对金融工具的公允价值作了如下披露：

（1）金融工具的公允价值。表 7－10 列示了金融工具的公允价值，包括了那些在资产负债表中不以公允价值计量的金融工具。同时，在该表后，对相关公允价值的确定原则和方法进行说明。

表 7－10　　金融工具的公允价值

单位：万元

项目	2009 年 12 月 31 日			2008 年 12 月 31 日		
	账面价值	公允价值	未实现利得（损失）	账面价值	公允价值	未实现利得（损失）
资产						
现金及存放同业款项	540	504	0	600	600	0
存放中央银行款项	3 360	3 360	0	3 540	3 540	0

续表

项目	2009年12月31日			2008年12月31日		
	账面价值	公允价值	未实现利得（损失）	账面价值	公允价值	未实现利得（损失）
拆出资金	30 030	30 020	(10)	22 020	22 020	0
交易性金融资产	49 930	49 930	0	38 950	38 950	0
衍生金融资产	33 380	33 380	0	15 900	15 900	0
买入返售金融资产	40 440	40 450	10	35 710	35 710	0
应收利息	3 010	3 010	0	2 830	2 830	0
客户贷款及垫款	97 000	97 060	60	93 220	93 360	140
可供出售金融资产	33 380	33 380	0	28 460	28 460	0
持有至到期投资	120	120	0	70	70	0
负债						
同业存放款项	12 430	12 430	0	12 000	1 200	0
向中央银行借款	7 730	7 730	0	6 150	6 150	0
拆入资金	3 030	3 030	0	2 390	2 390	0
交易性金融负债	18 860	18 860	0	17 100	17 100	0
衍生金融负债	96 300	96 300	0	69 300	69 300	0
负债						
卖出回购证券款	47 850	47 850	0	42 260	42 260	0
吸收存款	45 150	45 150	0	37 610	37 610	0
应付职工薪酬	33 770	33 770	0	30 370	30 370	0
应交税费	11 740	11 740	0	6 580	6 580	0
应付利息	1 330	1 330	0	1 630	1 630	0
应付债券	36 860	36 990	(130)	34 530	34 640	(110)
小计			(70)			30
税前在所有者权益中反映的未实现利得（损失） （1）可供出售金融资产		110			100	
（2）一般指定为现金流量套期的衍生工具		(90)			(40)	
未在利润表中确认的未实现利得和损失		(50)			90	

说明：公允价值是指在公平交易中，熟悉情况的交易双方自愿进行资产交换或者清偿金额。对于活跃市场中的金融工具，本银行将市场价格或者市场利率作为其公允价值最好的证据，以此确定其公允价值。

但是，本银行持续拥有或发行的某些金融资产或金融负债不存在市场价格或市场利率。对此，本银行采用现值或其他估值技术来确定这些金融资金产或金融负债的公允价值，无论是采用现值还是其他估值技术，均考虑了资产负债的市场情况。

估值技术通常应用于场外交易（OTC）的衍生工具、未上市的交易资产或负债组合以及未上市的可供出售金融资产。本银行最常用的定价模型和技术包括：以现值为基础的远期定价和互换模型、期权定价模型（如 Black - Scholes 模型或以其为基础的创新模型等）、信用模型（如违约率模型或信用价差模型等）。

本银行使用这些技术估值，显著地受到模型选择和内在假设的影响，如未来现金流量的数额和流入时间、拆现率、波动性和信用风险等。

本银行用于确定表 7 - 10 所列示金融资产和金融公允价值的方法和重要假定是：①交易性金融资产和金融负责（包括已作为抵押品的交易性金融资产或金融负债）、被指定为以公允价值计量且其变动计入当期的金融资产和金融负债、衍生工具以及为了交易而发生的其他交易或事项，参照其公开市场确定其公允价值。如果不存在公开市场报价，则其公允价值应以定价模型或其他被普遍认可的技术确定。对于这些项目，其公允价值与账面价值相等。②可供出售金融资产参照其公开市场报价确定公允价值。如不存在公开市场报价，应以定价模型或其他被普遍认可的技术确定。公允价值等于这些项目的账面价值。③活期存款和没有具体到期日的储蓄账户的公允价值，假定为在资产负债表日如存款人要求支取即应付的金额。通知存款的公允价值，不低于存款人要求支取时应付金额从可支取的第一天起进行折现的现值。④浮动利率金融工具的公允价值与其账面价值大致相等。因此，仅就浮动利率贷款而言，其公允价值不反映其信用质量的变化，原因是其减值损失的影响已通过为其确认的贷款（信用）损失准备单独作了确认。⑤以摊余成本计量的固定利率贷款和抵押贷款的公允价值，通过比较这些贷款发放时的市场利率与在当前市场情况下发放类似贷款所能获得的利率确定。贷款组合中的各项贷款的信用质量变动在确定该贷款组合的公允价值没有考虑，原因是其减值损失的影响已通过为其确认的贷款（信用）损失准备单独作了确认。

需要进一步说明的是：

第一，本银行在进行上述公允价值披露时，如相关金融资产或金融负债附有利息，其应计利息包括在金融工具账面价值中。

第二，本银行一致地运用了上述技术和假定确定金融资产和金融负债的公允价值。但是，由于其他机构在运用估值技术估计金融资产和金融负债的公允价值时，也可以会采用不同的方法和假定。因此，所披露的公允价值信息，在不同的金融机构之间不具有完全的可比性。

第三，表7-10没有反映非金融资产和负债（如固定资产、商誉、预付和非应计利息等）的公允价值。

第四，本银行的几乎所有延期信贷承诺均采用浮动利率。相应地，本银行不存在由这些承诺有关的利率波动形成的公允价值变动重大风险。

第五，本银行的固定利率、发行的中长期票据和中长期债券的公允价值变动风险，大部分由衍生工具套期。其中，衍生工具要是利率互换，具体说明见附注×1（略）。没有具体到期日的资产负债头寸中内含的利率风险，也运用衍生工具作了套期，具体以银行管理层对其平均现金流量和重定价方式的判断为基础。

用作套期工具的衍生工具在资产负债表日以公允价值计量，具体金额见表7-10。当固定利率金融工具的利率风险在公允价值套期中以衍生工具套期时，该固定利率金融工具或套期的那部分在资产负债表中仅以与利率风险有关的公允价值反映，没有考虑信用风险因素，具体说明见附注×2（略）。相关公允价值变动计入当期损益。指定为现金流量套期的衍生工具的会计处理说明见附注×3（略），相关公允价值变动计入所有者权益至本报告期末，尚未转出计入当期损益。

（2）以公开市场价格估值技术确定公允价值（结果见表7-11）。

①对于交易性证券和挂牌交易或以其他方式在活跃市场上交易的可供出售金融资产、在交易所交易的衍生工具以及其他在活跃市场上挂牌其他金融工具，其公允价值直接根据其挂牌的交易价格确定。

②对于那些公开市场价格不能直接取得的金融工具，其公允价值运用估值技术或者模型确定，其中所使用的假定以资产负债表日可获得的可观察到的市场价格或市场利率为基础。绝大多数OTC衍生工具、许多尚未上市的工具以及其他没有在活跃市场上交易的项目，其公允价值都是按这种方法确定的。

③对于小部分金融工具，其公允价值不能根据活跃市场的公开报价或间接地运用可观察到的市场价格或市场利率为假定的估值技术或模型确定。通常情况下，因私募方式取得的未上市证券投资就属于这类金融工具；另外，一些复杂或结构化的金融工具，也属于这类金融工具。对于这些金融工具，其公允价值间接地运用估值技术或模型估计，所使用的假设或参数根据当前市场条件进行合理的推定后确定。

表 7-11　　以公开市场价格估值技术确定公允价值　　单位：万元

项目	2009 年 12 月 31 日				2008 年 12 月 31 日			
	公开市场价格	估值技术——可观察到的市场变量	估值技术——不可观察到的市场变量	合计	公开市场价格	估值技术——可观察到的市场变量	估值技术——不可观察到的市场变量	合计
交易性金融资产	27 320	22 520	90	49 930	22 840	16 010	100	38 950
衍生金融资产	1 360	31 340	680	33 380	13 600	6 460	8 400	28 460
可供出售金融资产	13 000	15 000	5 380	33 380	13 600	6 460	8 400	28 460
资产合计	41 680	68 860	6 150	116 690	39 840	31 520	11 950	83 310
交易性金融负债	17 120	1 740	0	18 860	16 130	970	0	17 100
衍生金融负债	26 000	50 200	20 100	96 300	980	21 010	2 380	30 370
负债合计	43 120	51 940	20 100	115 160	17 110	34 560	2 380	54 050

（3）公允价值对重大假设改为合理可能替代假设的敏感性。

①本银行资金产负债表中以公允价值计量的金融资产和金融负债的公允价值，有些完全是按活跃市场上公开市场价格或市场利率确定的，也有一些全部或部分是根据将非可观察到的市场价格或市场利率为基础的假设运用于估值技术或模型确定的。用于后者所指情形中的模型，在确定使用之前，经过了严格的内部确认程序。

②估值技术可能会存在不确定性，其源于所选择用的特定模型、所使用参数数值的大小、所使用的市场不可观察数据的范围，也可能源于影响估值的其他因素，比如流动性。为充分反映这种不确定性，应进行估值调整，并将调整金额从根据模型或其他估值技术确定的公允价值中扣除。

③根据本银行运用的控制及程序性保护措施，管理层认为，在资产负债表中列示的、运用模型或其他估值技术确定的公允价值，以及在利润表中列示的该公允价值变动具有合理性，而且是资产负债表日本银行做出的最佳估计。

④将合理可能的替代假设运用于估值模型会产生潜在影响，其定量情况为：

A. 2009 年 12 月 31 日：

使用不利假设，公允价值减少最大金额为 109 400 万元；

使用有利假设，公允价值增加最大金额为 117 600 万元。

B. 2008 年 12 月 31 日：

使用不利假设，公允价值减少最大金额为 27 900 万元；

使用有利假设，公允价值增加最大金额为92 700万元。

本银行在确定合理可能的替代假设时运用了相当多的职业判断。对于以模型为基础的估值，本银行通过提高（针对不利假设）或降低（针对有利假设）适用的置信水平使合理可能的替代假设的估值技术与确定调整所使用的技术保持一致。改变假设时，假定不同金融工具与模型之间的相关影响非常小。

（4）运用估值技术确定的、其变动计入当期损益的公允价值本期发生的变动。

本银行2009年12月31日和2008年12月31日的交易净收益总额分别是799 600万元和490 200万元，其代表了在不同经营活动中交易的一系列工具的净经营成果（包括外币折算形成的汇兑损益），既有已实现的部分，也有未实现的部分。未实现的收益根据公允价值变动确定，既包括根据活跃市场中的公开市场价格或市场利率确定的公允价值，也包括使用估值技术等其他方式确定的公允价值。

交易净收益中包括的未实现部分为截至2009年12月31日，根据估值技术确定的公允价值的变动形成的净损失228 600万元。其中所指估值技术既有相对简单的运用可观察到的市场数据的简单模型，也有较为复杂的、要求运用假定或基于市场情况变动的会计变量的模型。

截至2008年12月31日，采用估值技术确定的公允价值变动形成的净损失是712 300万元。确定此项金额是估值技术与2008年12月31日当时采用的技术有所不同；当时采用的技术经过修正后用于2009年12月31日，并因此也修正了2008年12月31日估计的价值。但是，原于2008年12月31日运用估值技术确定的价值在编制2009年度比较数据时没有追溯调整。

交易净收益通常形成于涉及多项金融工具的交易，也可能产生于套期活动或其他风险管理活动。其中，在风险管理活动中，某项交易的不同部分可能会采用的不同的估值技术来定价。因此，采用估值技术确定的公允价值的变动，只是交易净收益的一部分。在多数情况下，这些金额会被其他金融工具或交易的公允价值变动抵消，而这些金融工具或交易的公允价值系根据活跃市场上的公开市场价格或市场利率确定，有些还是已实现的金额。这些收益金额（包括未实现交易形成的汇兑损益）在2009年12月31日和2008年12月31日分别是1 028 200万元和1 202 500万元。

企业披露公允价值信息时，应当注意区分公允价值计量层级：一是同类资产或负债在活跃市场上（未经调整）的报价，即第一层级；二是直接（比如取自价格）或间接（比如根据价格推算的）可观察到的除市场报价以外的有关资产或负债的输入值（不可观察输入值），即第二层级。

公允价值计量中的层级取决于对计量整体具有重大意义的最低层级的输入值。基于此考虑，输入值的重要管理方式应从公允价值计量整体角度考虑。如果公允价值计量使用可观察到的输入值，且要求基于不可观察到的输入值进行重大调整，那么该计量应属第三层级计量的结果。为从整体上评估特定输入值的重要程度，需要考虑对资产或负债特定相关的因素。对于在资产负债表中已确认的公允价值计量结果，企业应就每类金融工具披露如下内容：

①公允价值计量中的层级。

②在第一层级与第二层级之间发生的重大转换及其相关原因；转入的层级与转出的层级应分别进行披露。在此，对这种转换间的重要性的判断应当基于对利得或损失、总资产或总负债的影响程度。

③对于第三层级的公允价值计量，要披露如何从期初余额变动到期末余额，同时要单独披露归属于以下因素引起的变化：

A. 本期确认并计入当期损益的利得或损失总额，对于本报告期末仍持有的资产和仍的负债本期确认并计入当期损益的利得或损失，其金额大小也应予披露；

B. 本期确认并计入其他综合收益的利得或损失总额；

C. 购买、销售、发行和结算（每类变化应予单独披露）；

D. 转入或转出第三层级（比如，由于市场数据的可观察性发生变化），以及发生该转换的原因；对于重要的转换，转入与转出第三层级应当单独披露。

④对于第三层级的公允价值计量，如果将其中一个或一个以上输入值更改成合理、可替代的假设会对公允价值造成重大改变，那么企业应披露这一情况及该改变所构成的影响。企业应披露这些改变是如何影响计算的。对于改变是否重大的判断应基于对利得或损失、总资产或总负债的影响管理程度；如公允价值变化确认并计入其他综合收益中，在评价时还要考虑对权益总额的影响程度予以评价。

6. 企业应披露金融工具的其他一般信息，包括金融资产与金融负债的公允价值、金融资产转移、套期保值、担保物、金融工具有关的收入、费用、利得或损失等方面的信息。

二、金融工具风险信息披露要求

1. 总体要求。

企业应披露金融工具风险的描述性信息，同时还应披露金融工具风险的数量信息。

(1) 描述性信息。

①风险敞口及其形成原因;

②风险管理目标、政策和过程以及计量风险的方法。

上述描述性信息在本期发生改变的，应当作相应说明。

(2) 数量信息。

①资产负债表日风险敞口总括数据。企业在提供该数据时，应当以内部提供给关键管理人员的相关信息为基础。企业运用多种方法管理风险的，应当说明哪种方法能提供最相关和可靠的信息。

②信用风险、流动性风险、市场风险等方面的数量信息。

③资产负债表日风险集中信息。风险集中信息应当包括管理层如何确定风险集中点的说明、确定各风险集中参考因素（包括交易对手、地理区域、货币种类、市场类型等)、各风险集中点相关的风险敞口金额。

上述数量信息不能代表企业本期风险敞口的情况的，应当进一步提供相关信息。

此外，有两点需要说明:

(1) 企业应当披露期末时企业暴露于风险之中的金融工具相关风险的性质及程度。

(2) 金融风险应当在账务报表中披露，或者从账务报表指向其他报表，比如管理层评论或风险报告，无论何种方式，所使用的术语及其时间含义应相互一致。如没有互相衔接一致或相互参照的信息，账务报表是不完整的。

2. 信用风险信息。

(1) 企业应当披露与每类金融工具信用风险有关的下列信息:

①在不考虑可利用的担保物或其他信用增级（如不符合相互抵消条件的净额结算协议等）的情况下，最能代表企业资产负债表日最大信用风险敞口的金额，以及可利用担保物或其他信用增级的信息。

②尚未逾期和发生减值的金融资产的信用质量信息。未逾期金融资产指本金和利息都没有逾期的金融资产。

③原已逾期或发生减值但相关合同条款已重新商定过的金融资产的账面价值。假如这些金融资产在企业资产负债表日又出现逾期，就作为已逾期金融资产披露。

(2) 最能代表企业资产负债表日最大信用风险敞口的金融资产金额，应当是金融资产的账面余额扣除下列两项金额后的余额：①满足金融资产和金融负债相互抵消条件、已抵消的金额；②已对该金融资产确认的减值损失。

【例 7-18】 某商业银行在不考虑可利用的担保物或其他信用增级的情况下，最能代表其资产负债表日最大信用风险敞口的金额如表

7－12所示。

表 7－12　　　资产负债表日最大信用风险敞口的金额　　　单位：万元

项　目	金额
拆放同业	94 510
买入返售资产	34 560
交易性金融资产	121 300
和为公允价值变动计入当期的金融资产	3 300
衍生金融资产	30 000
可供出售金融资产	345 678
持有至到期投资	67 890
客户贷款及垫款	12 390 210
其他资产（背书和承兑等）	9 360
账务担保和其他信用相关的或有负债	9 966
贷款承诺和其他信用相关的承诺	3 036
20×7 年 12 月 31 日合计	13 109 810

（1）企业应当按照类别披露已逾期或发生减值的金融资产的下列信息：

①资产负债表日已逾期但未减值的金融资产的期限分析。

②资产负债表日单项确定为已发生减值的金融资产信息，以及判断该金融资产发生减值所考虑的因素。

已逾期金融资产指本金或利息逾期 1 天或以上的金融资产。已发生减值金融资产指单独进行减值测试后确定的已发生减值的金融资产。

③企业持有的、与各类金融资产对应的担保物和其他信用增级对应的资产及其公允价值。相关公允价值确实难以估计的，应当予以说明。

（2）企业本期因债务人违约面临处置担保物或其他信用增级对应的资产所取得的金融资产或非金融资产满足资产确认条件的，应当披露下列信息：

①所取得资产的性质和账面价值。

②这些资产不易转换为现金的，应当披露处置这些资产或拟将其用于日常经营的计划等。

3. 流动性风险信息。

（1）企业应当披露金融资产和金融负债剩余到期日所作的到期期限分析，以及管理这些金融资产和金融负债流动风险的方法。流动风险，是指企业在履行与金融负债有关的义务时遇到资金短缺的风险。具体而言，对于金融负债的流动性风险披露，应当按照以下要求进行：

①对于非衍生金融负债（包括财务担保合同），到期期限分析应包括剩余合同到期期限。对于具体有嵌入衍生工具的混合金融工具，也应当按照非衍生金融负债到期期限分析的披露要求进披露。在披露财务担保合同形成的某些金融负债的到期期限分析时，担保合同的最大金额应分配到可能支付担保金额的最早期间。

②对于衍生金融负债，如果其合同到期期限对于理解现金流量时间分布是关键性的，到期期限分析应包括剩余合同到期期限。例如，对于浮动利率资产或负债的现金流量套期中剩余五年的利率掉期；再如，对于所有的贷款承诺等。

③企业在披露如何管理流动性风险时，可能考虑的其他因素也应披露。这些因素包括但不限于以下方面，即：企业是否有确定的借款便利或其他授信额度；是否在央行有存款以备流动性之需；是否有资产或筹资来源方面的重大流动性集中情况（即资金来源可能单一）；是否就管理流动性风险建立了内部控制程序和应急方案；是否有协议约定必要时追加高质量担保物（如为衍生交易追加保证金）；是否约定交易结算遵循“总结算协议”等。

（2）企业在披露金融资产和金融负债到期期限分析时，应当运用职业判断确定适当的时间段。列入各时间段内的金融资产和金融负债金额，应当是未经折现的合同现金流量。例如，扣除融资费用前的融资租赁负债总额、通过支付现金方式购买金融资产的远期协议中的约定的价格、“付浮动—收固定”且以净现金结算的利率掉期形成的净额、预期以总额为基础交换的衍生金融工具合同金额（如货币互换）、贷款承诺总额等。这些未折现的现金流量不同于资产负债表所涵括的金额。

企业可以但不限于按下列时间段进行到期期分析：①1个月内（含本数，下同）；②1个月至3个月以内；③3个月至1年以内；④1年至5年以内；⑤5年以上。

（3）债权人可以选择收回债权时间的，债务人应当将相应的金融负债列入债权人要求收回债权的最早时间段内。债务人应付债务金额不固定的，应当根据资产负债表日的情况确定用于到期期限分析的金额。债务人承诺分期支付金融负债的，债权人应当把每期将收取的款项列入相应的最早时间段内；债务人应当把每期将支付的款项列入相应的最早时间段内。债权要吸收的活期以及其他具有活期性质的存款，应当列入最早的时间段内。

【例7-19】 某商业银行在2007年年报中对流动性风险作了如下披露：

流动性风险是指本银行在履行与金融负债有关的义务时遇到资金短缺的风险。流动性风险主要源于资产和负债的金额和到期日错配。

本银行流动性风险管理的目的是保证在任何时候都有足够的资金来源，以满足偿还到期存款和其他金融负债的需要，同时满足客户提取贷款的要求和利用新的投资机会。

本银行在资产流动性管理方面鼓励资产组合多样化及保持足够流动性较强的资产，在负债流动性管理方面是保持负债水平的稳定性，增加核心存款。

本银行根据中国人民银行的要求限定贷款和存款之比不超过75%。此外，于2007年12月31日，本银行境内机构按照中国人民银行要求缴存7.5%人民币存款准备金以及3%的外币存款准备金。

表7－13反映了本银行资产负债到期日的结构情况。到期日期间是指于资产负债表日起至合同规定的到期日之间的剩余到期期间。表中，客户贷款只有在其本金逾期时才视为逾期；同时对分期还款客户贷款，只有实际逾期的部分才列为逾期类，其余尚未到期的贷款部分仍按剩余期限列示。

4. 市场风险信息。

金融工具的市场风险，是指金融工具的公允价值或未来现金流量因市场价格变动而发生波动的风险，包括外汇风险、利率风险和其他价格风险。其中，外汇风险，是指金融工具的公允价值或未来现金流量因外汇汇率变动而发生波动的风险；利率风险，是指金融工具的公允价值或未来现金因市场利率变动而发生波动的风险；其他价格风险，是指外汇风险和利率风险以外的市场风险。

（1）企业应当披露与敏感性分析有关的下列信息：

①资产负债表日所面临的各类市场风险的敏感性分析。该项披露应当反映资产负债表日相关风险变量发生合理、可能的变动时，将对企业当期损益或所有者权益产生的影响。

②本期敏感性分析所使用的方法和假设。该方法和假设与前一期不同的，应当披露发生改变的原因。

（2）企业采用风险价值法或类似方法进行敏感性分析能够反映风险变量之间（如利率和汇率之间等）的关联且企业已采用风险价值法或类似方法进行敏感性分析能够反映风险变量之间（如利率和汇率之间等）的关联性，且企业已采用该种方法管理财务风险的，可不按照上述要求进行披露，但应当披露下列信息：

①用于该种敏感性分析的方法、选用的主要参数和假设。

②所使用方法的目的，以及使用该种方法不能充分反映机关金融资产和金融负债公允价值的可能性。

③如果按上述①或②对敏感性分析的披露不能反映金融工具内在市场风险的，企业应当披露这一事实及其原因。

表 7 – 13　　银行资产负债到期日的结构分析　　单位：万元

项目	逾期	即期偿还	1 个月以内	1 个月至 3 个月以内	3 个月至 1 年以内	1 年至 5 年以内	5 年以上	无期限	合计
资产：									
现金及存放同业款项	—	302 600	2 600	800	300	—	—	152 860	459 160
存放中央银行款项	—	—		26 715 900	—	—	—	—	26 715 900
贵金属	—	2 859 600		—	—	—	—	—	2 859 600
拆放同业	7 400	29 700	32 818 900	8 160 100	1 627 400	24 600	1 600	—	42 669 700
买入返售资产	1 300	34 500	—	—	—	—	—	—	35 800
交易性金融资产	—	110 400	230 500	144 700	1 197 600	—	—	—	1 683 200
指定为公允价值计量且其变动计入当期限损益的金融资产	—	—	—	—	—	5 987 300	—	2 541 600	8 528 900
衍生金融资产	—	400	731 900	58 900	154 600	142 400	226 200	—	1 314 400
可供出售金融资产	—	—	652 500	1 479 100	4 051 00	25 724 200	10 240 300	10 000	38 511 200
持有至到期投资	—	—	1 253 200	1 489 700	1 836 000	13 064 500	3 874 100	—	21 517 500
客户贷款及垫款	14 250 500	4 100 300	13 856 100	20 165 100	66 514 500	41 897 400	31 402 200	—	192 186 100
投资性房地产	—	—	—	—	—	—	—	583 700	583 700
长期股权投资	—	—	—	—	—	62 700	72 800	2 345	137 845
固定资产和在建工程	—	—	—	—	—	—	6 661 400	—	6 661 400
递延所得税资产	—	—	—	—	700	1 410 400	—	—	1 411 100

续表

项目	逾期	即期偿还	1个月以内	1个月至3个月以内	3个月至1年以内	1年至5年以内	5年以上	无期限	合计
其他资产	60 600	360 700	1336 400	174 700	2 582 800	360 700	768 400	98 980	5 743 280
资产合计	14 319 800	7 798 200	50 882 100	58 389 000	74 319 000	88 674 200	53 247 000	3 389 485	351 018 785
负债									
同业存入款项	—	9 497 600	18 800	1 700	—	—	—	—	9 518 100
向中央银行借款	—	2 385 900	729 500	856 000	3 740 100	—	—	—	7 711 500
同业拆入	—	143 700	7 846 100	1 768 800	1 418 200	4 026 200	512 300	—	15 715 300
卖出回购款项	300	14 567	—	—	—	—	—	—	14 867
交易性金融负债	—	—	2 056 600	783 100	494 000	83 900	923 000	—	4 340 600
衍生金融负债	—	1 000	33 210	34 560	38 090	23 456	90 000	—	220 316
客户存款	—	14 310 020	458 200	37 326 600	56 749 000	21 063 200	194 600	—	130 101 620
应交税金及附加	—	—	—	—	494 000	—	—	—	494 000
应付职工薪酬	—	—	3 300	6 500	28 600	126 400	202 100	—	366 900
应付债券	—	—	—	—	299 600	—	82 800	—	382 400
递延所得税负债	—	—	—	—	113 200	81 900	—	—	195 100
其他负债	3 240	369 611	567 800	3 200	45 600	8 900	10 000	—	1 008 351
负债合计	3 540	26 722 398	11 713 510	40 780 460	63 420 390	25 413 956	2 014 800	0	170 069 054
流动性缺口净额	14 316 260	-18 924 198	39 168590	17 608 540	10 898 610	63 260 244	51 232 200	3 389 485	180 949 731

第八章 8

金融企业收入、成本费用及利润的核算

金融企业日常运营过程中要发生经营收入和支出，期末还有核算成本和利润，本章不太照顾某种金融机构的特征，以常规的处理方式为核心，描述金融企业收入、成本和费用、利润及利润分配的核算过程。

第一节　金融企业收入的核算

金融企业收入是指金融企业在日常经营活动中形成的、会导致所有者权益增加的、与所有者投入资本无关的经济利益的总流入。其中，日常经营活动是指金融企业为完成其经营目标所从事的经常性活动以及与之相关的活动，例如商业银行对外贷款、租赁公司出租资产、保险公司签发保单等，均属于金融企业的日常经营活动。

一、金融企业收入的特征与内容

（一）收入的特征

1. 收入是从金融企业的日常活动中产生，而不是从偶发的交易或事项中产生的。金融企业直接从对外提供金融产品和劳务中获得收入，这种收入与企业的业务经营活动密切相关（如银行的利息收入来源于银行为其客户提供贷款业务的正常活动）。因此，凡与金融企业的业务经营活动没有紧密联系的收入（如处置同定资产等非正常活动获得的收入），一般不得作为金融企业的收入来处理，这是对金融企业收入进行划分和归类的基本准则。

2. 收入只包括本金融企业经济利益的流入，不包括为第三方或者为客户代收的款项，如金融企业办理委托贷款业务向借款企业收取的利息，应归属为委托方的收入，而不是金融企业的利息收入。代收的款项，一方面增加金融企业的资产，另一方面增加金融企业的负债，根据"资产 = 负债 + 所有者权益"的公式，它并不增加金融企业的所有者权益，因此也不属于金融企业的经济利益，不能作为金融企业的收入。

3. 收入是金融企业取得经营利润的主要来源，能增加金融企业的所有者权益。具体可能表现为金融企业资产的增加，如增加银行存款、应收手续费等；也可能表现为金融企业负债的减少，如以手续费收入抵偿债务等；或两者兼而有之。如手续费收入的款项中部分抵债，部分收取现金。收入的这一特征，既反映其经济属性，同时也表明了它在金融企业经营活动中的重要地位。

收入与收益和利得密切相关。收益是收入和利得的总称，是金融企业在一个特定会计期间内增加的除所有者投资以外的经济利益。与收入概念相对应，金融企业不经过经营过程就取得的或未曾预期获得的收益称为利得。利得是金融企业偶发性交易事项的结果，如固定资产处置形成的收益、金融企业接受政府的补贴，以及因其他企业违约收取的违约金等。在利润表中，收入一般以发生额反映，利得一般以净额反映。区分收入和利得的概念和反映形式，有助于报表的使用者正确评价金融企业收益的质量，也有助于规范金融企业的收入行为。

由上可知，凡不是通过金融企业对外提供金融产品或劳务所获得的收益，或增加的资本、递减的债务，都不得划在收入的范围内核算。金融企业应根据收入的性质，按照收入确认的条件，合理地确认和计量各项收入。

（二）收入的内容

金融企业的业务具有一定的特殊性和多样性。按照收入所反映的内容，可以把收入分为利息收入、金融企业往来收入、手续费及佣金收入、保费收入、投资收益、证券发行差价收入、证券自营差价收入、买入返售证券收入、汇兑收益和其他业务收入等。

二、收入的确认条件

金融企业收入的确认与其他企业一样必须坚持权责发生制原则、配比原则，同时《企业会计准则》规定金融企业和一般企业一样必须在满足以下条件时才能确认收入。

1. 与交易相关的经济利益能够流入金融企业。只有当与交易相关的经济利益能够流入金融企业时，才能够确认收入。金融企业应当根据客户的信用状况、以往的经验、双方达成的协议和其他方面的信息来判断经济利益是否能够流入，如果流入的可能性不大，即使满足其他条件也不应当确认与该交易相关的收入。

2. 收入的金额能够可靠地计量。能够可靠地计量是金融企业收入确认的基本前提，当收入的金额能够可靠地计量时金融企业才能进行确认。如果取得的利益不能用货币金额可靠计量则不能确认。

三、收入的核算

为了全面反映和监督金融企业营业收入情况，根据其业务经营范围设置了相关的收入类科目，主要有“利息收入”、“金融企业往来收入”、“手续费及佣金收入”、“保费收入”、“汇兑收益”和“其他业务收入”、“让渡资产使用权收入”等。

（一）利息收入

利息收入是金融企业发放各项贷款取得的利息收入（不包括金融机构往来的利息收入），通过“利息收入”科目进行核算。金融企业发放的贷款，应按期计提利息并确认利息收入。发放贷款到期（含展期，下同）90天及以上尚未收回的，其应计利息停止计入当期利息收入，转做表外核算；已计提的贷款应收利息在贷款本金到期 90 天后仍未收回的，或者应收利息逾期 90 天后仍未收回的冲减已经计入损益的利息收入，转做表外核算。对利息收入的账务处理应根据不同的情况进行核算。

贷款利息收入的核算具体如下：

1. 计息日按规定应收利息或实际收到利息的核算。应根据利息结算清单或其他有关凭证据以转账。其账务处理为：借记“单位活期存款或有关科目——××户”科目，贷记“利息收入——××利息收入户”科目。

2. 会计期末利息的核算。根据权责发生制的原则，在会计期末对已发生但尚未收取的利息要定期结算列为当期损益。本期应收的利息，应确认为收入的实现（无论当期是否实际收到利息），并计入当期损益。按月或按季计提应收利息时，其账务处理为：借记“应收利息”科目，贷记“利息收入——××利息收入户”科目。

实际收到利息时，冲减已计提的应收利息。其账务处理为：借记“单位活期存款或有关科目——××户”科目，贷记“应收利息”科目。

3. 应收利息超过规定的期限转入表外的核算。贷款本金或利息超过 90 天的相应的应收利息应转作表外核算，不再计入当期损益。对于已经计入损益的应收利息应冲减利息收入。其账务处理为：借记“利息收入——××利息收入户”科目，贷记“应收利息”科目。

【例 8-1】 开户银行于 2010 年 7 月 3 日发放给新阳公司一笔短期贷款，金额为 18 万元，假定月利率为 3.1‰，期限 6 个月，则：

（1）2010 年 9 月 20 日银行按季结息时，账务处理如下：

180 000 × 3 × 3.1‰ = 1 674（元）

借：应收利息——新阳公司　　　　1 674

　　贷：利息收入——贷款利息收入　　　　1 674

（2）2010 年 10 月 3 日实际结算利息时，账务处理如下：

借：吸收存款——单位活期存款——新阳公司　　1 674

　　贷：应收利息——新阳公司　　　　1 674

每个结息日和实际利息的扣收日都作上述分录。

（3）如果该笔贷款本金和全部利息不能按期归还，并逾期超过 90 天，则利息部分作如下分录：

借：利息收入　　（1 674 元 + 1 674 元）3 348

　　贷：应收利息——应收新阳公司单位利息户　　3 348

　　　　同时登记表外科目 应收利息——新阳公司单位利息户

　　　　　　　　　　　　　　　　3 348

（二）金融企业往来收入

金融企业往来收入是商业银行在经营过程中，与中央银行、其他商业银行和非银行金融机构之间，以及与同系统其他行处之间由于存入款项、资金拆借和资金账务往来而发生的利息收入、存贷款利差收入和下级行处上缴的管理费收入，均通过“金融企业往来收入”科目核算。

1. 存放中央银行款项利息收入。存放在中央银行的各项存款取得的利息收入，根据有关凭证编制借贷方记账凭证办理转账，其账务处理为：借记“存放中央银行款项”科目，贷记“金融机构往来收入——存放中央银行款项利息收入”科目。

2. 存放同业款项利息收入。存放同业款项利息收入，根据有关凭证编制借贷方记账凭证办理转账，其账务处理为：借记“存放同业款项”科目，贷记“金融机构往来收入——存放同业款项利息收入”科目。

3. 拆放同业款项利息收入。拆放同业系统和其他金融机构的资金取得利息收入，根据通知或划款凭证编制借贷方记账凭证办理转账，账务处理为：借记“同业有关科目”科目，贷记“金融机构往来收入——拆放同业款项利息收入”科目。

（三）手续费及佣金收入

手续费及佣金收入是金融企业在为客户办理各项业务所收取的手续费。包括支付结算手续费、结售汇手续费、委托贷款手续费、咨询业务手续费、担保业务和其他代理业务的手续费。

1. 支付结算手续费。金融企业办理支付结算业务应按规定的范围和标准向客户收取手续费。手续费采取当时计收和定期汇总计收两种方法。其账务处理为：借记“吸收存款——单位活期存款——××单位”科目，贷记“手续费收入——结算业务手续费”科目。

2. 结售汇手续费。金融企业在办理贸易和非贸易项目外汇结算中，根据具体的业务向客户收取的手续费。其账务处理为：首先，借记“吸收存款——单位活期存款——××单位”科目，贷记“外汇买卖”科目；然后，借记“外汇买卖”科目，贷记“存放国外同业或有关科目”和“手续费收入——结售汇手续费”科目。

3. 委托贷款手续费。委托贷款手续费是金融企业受委托方委托，按委托方指定的对象和条件发放贷款后按一定比例收取的手续费。金融企业收到委托贷款利息分成而得的手续费，计入手续费收入，其账务处理为：借记“代收委托贷款利息——委托人代收利息户”科目，贷记“手续费收入——委托贷款手续费收入”科目。

（四）保费收入

保费收入包括原保费收入和分保费收入，是保险公司主要收入项目。保险公司应设置“保费收入”科目进行核算。

公司确认的原保险合同保费收入，借记“应收保费”、“预收保费”、“银行存款”、“库存现金”科目，贷记本科目。非寿险原保险合同提前解除的，按原保险合同约定计算确定的应退还投保人的金额，借记本科目，贷记“银行存款”、“库存现金”科目。确认的再保险合同分保费收入，借记“应收分保账款”科目，贷记本科目。本科目属损益类科目，贷方登记取得的保费数额，借方登记期末结转“本年利润”的数额，期末结转后，本科目无余额。本科目应按投保人设置明细账。其账务处理为：借记“应收保费”、“预收保费”、“银行存款”、“库存现金”等科目，贷记“保费收入”科目。

（五）汇兑收益

汇兑收益是指金融企业在从事外汇交易、外币兑换业务中，因不同期限、不同货币之间，以及国际之间的利率、汇率水平的差异而获得的收入。汇兑收益科目应根据外汇买卖的币种设置明细账进行核算，其账务处理为：借记“外汇买卖”科目，贷记“汇兑收益——××币种”科目。

（六）其他业务收入

其他业务收入是指金融企业除主营业务以外取得的营业收入。由于目前我国金融企业实行的是分业经营、分业管理，金融企业在核算其业务收入时应依据自身业务特点，区分主营业务和非主营业务收入进行核算。主营业务以外取得的营业收入通过“其他业务收入”科目进行核算。“其他业务收入”科目的账务处理应根据不同的情况设置明细账进行核算。其账务处理为：借记“××科目”科目，贷记“其他业务收入”科目。

（七）让渡资产使用权收入

让渡资产使用权收入主要包括：（1）利息收入，主要是指金融企业对外贷款形成的利息收入，以及同业之间发生往来形成的利息收入等。(2) 使用费收入，主要是指企业转让无形资产（如商标权、专利权、专营权、软件、版权）等资产的使用权形成的使用费收入。

1. 让渡资产使用权收入的确认。让渡资产使用权收入同时满足下列条件的，才能予以确认：

(1) 相关的经济利益很可能流入企业。相关的经济利益很可能流入企业，是指让渡资产使用权收入金额收回的可能性大于不能收回的可能性。企业在确定让渡资产使用权收入金额能否收回时，应当根据对方企业的信誉和生产经营情况、双方就结算方式和期限等达成的合同或协议条款等因素，综合进行判断。如果企业估计让渡资产使用权收入金额收回的可能性不大，就不应确认收入。

(2) 收入的金额能够可靠地计量。收入的金额能够可靠地计量，是指让渡资产使用权收入的金额能够合理地估计。如果让渡资产使用权收入的金额不能够合理地估计，则不应确认收入。

2. 让渡资产使用权收入的计量。企业应在资产负责表日，按照他人使用本企业货币资金的时间和实际利率计算确定利息收入金额。按计算确定的利息收入金额，借记“应收利息”、“银行存款”等科目，贷记“利息收入”、“其他业务收入”等科目。

【例 8-2】 甲商业银行于 2010 年 10 月 1 日向乙公司发放一笔贷款 200 万元，期限为 1 年，年利率为 5%，甲银行发放贷款时没有发生交易费用，该项贷款合同利率与实际利率相同。假定甲商业银行按年编制财务报表，不考虑其他因素。甲商业银行的账务处理如下：

(1) 2010 年 10 月 1 日对外贷款时：

借：贷款　　2 000 000

　　贷：吸收存款　　2 000 000

(2) 2010 年 12 月 31 日确认利息收入时：

借：应收利息　　(2 000 000 × 5% ÷ 4) 25 000

　　贷：利息收入　　25 000

第二节　金融企业成本费用的核算

金融企业开展业务必然会发生相应的成本和费用支出，准确地组织成本和费用的核算，将收入与费用进行适当的配比既是对外进行报告的需要，也是金融企业加强内部成本控制的要求。

一、成本费用概述

金融企业的成本是指金融企业在从事业务经营过程中与业务经营有关的耗费与支出，金融企业在从事业务经营过程中，不仅大量吸收资金支付利息，而且需要支付业务经营和管理人员的工资等项费用，同时耗费一定的物品，所有这些耗费以货币价值形式表现出来，共同构成了成本和费用。金融企业的成本反映的是金融企业为经营而必须耗费的货币支出，是计算金融企业经营成果的基础。

（一）成本费用确认的基本原则

费用本质上是经济资源的耗费，但并非所有的经济资源的耗费都可以作为费用。因为费用的发生都是为了取得收入，因此费用的确认应当与收入的确认相联系，费用的确认必须坚持以下基本原则：

1. 划分收益性支出与资本性支出原则。金融企业的成本核算，应当严格区分本期成本与下期成本的界限、成本支出与营业外支出的界限、收益性支出与资本性支出的界限。如果某项支出的效益涉及几个会计年度，则该项支出应该予以资本化，不能作为当期的费用；相反如果某项支出的效益仅涉及本会计年度，则应作为本期的费用。正确地划分资本性支出与收益性支出，可以保证正确地计量资产的价值和计算各期的劳务成本和期间费用。

2. 权责发生制原则。金融企业会计制度规定，凡是当期已经发生或应当负担的费用，无论款项是否支付，都应当作为当期的费用；凡是不属于当期的费用，即使当期款项已经支付也不能作为当期的费用。权责发生制原则界定了确认费用的时点。

3. 配比原则。金融企业应当注重费用支出与经济效益的配比，实行费用支出的归口、分级管理和预算控制，确定必要的费用支出范围、标准和报销审批程序。按照配比原则凡是为了当期取得收入而发生的费用，都应当确认为当期的费用。相反，不以取得收入为目的的支出都不能作为费用。当收入已经实现，某些业务已经发生，则应当在确认收入的同时确认相关的成本和费用。如果收入要到未来才能够实现，则相关的费用要递延分配于未来实际受益期间。因此要根据与收入的相关程度，确定哪些资产的耗费或负债的增加应当从本期收入中抵减。如果耗费不能产生一定的收入，则应作为损失处理，不能作为费用。

（二）金融企业成本费用的内容

金融企业成本费用是指与业务经营直接有联系的营业支出。主要包括利息支出、金融企业往来支出、手续费及佣金支出、卖出回购证券支出、汇兑损失、赔款支出、业务及管理费用等。

（三）成本核算的特殊要求

金融企业属于严格管控企业，更要强化企业的成本费用控制。

1. 费用支出约束，对业务宣传费、业务招待费、差旅费、会议费、通信费、维修费、出国经费、董事会经费等实行重点监控。金融企业的业务宣传费、委托代办手续费、业务招待费一律按规定据实列支，不得预提。

2. 准确地划分本期营业成本、营业费用和下期营业成本、营业费用，不得任意预提和摊销费用来调节利润。

3. 要严格按照财务制度的规定如实反映成本支出，不得随意摊提费用和擅自提高开支标准，扩大开支范围，以便正确地计算本期损益，保证经营成果的真实性。

4. 划清成本界限，正确计算成本。在成本核算中必须划清以下界限：一是本期成本与下期成本的界限，不得提前或者延后列支；二是划清成本支出与营业外支出的界限，不属于成本开支范围的不得列入成本，属于成本开支范围的也不得作为营业外支出。

5. 金融企业的成本核算，应当以季（月）、年为计算期。同一计算期内，核算成本和营业收入的起止日期、计算范围和口径应当一致。

6. 除国家规定的专用账户外，金融企业每一独立核算单位分币种只能设立一个费用存款专户。除税金及附加、折旧、资产摊销、准备金和坏账损失以外的各项费用，都应当从费用专户中开支。

二、金融企业成本费用的核算

为了全面反映和监督金融企业营业成本费用发生情况，金融企业设置了相关的成本费用类科目，主要有“利息支出”、“金融企业往来支出”、“手续费及佣金支出”、“赔款支出”、“提取保险责任准备金”、“投资损失”、“汇兑损失”、“营业税金及附加”、“业务及管理费用”、“资产减值损失”等。主要科目核算如下：

（一）利息支出

利息支出是金融企业以负债方式筹集资金所发生的利息费用。负债筹资的方式包括吸收存款、发行金融债券、办理票据的转贴现和再贴现，这些债务都需要支付利息。利息支出是金融企业营业成本中最重要的项目之一。以上利息支出都在“利息支出”科目下核算，可以根据不同的利息支出种类设置明细账。

1. 存款利息。单位存款利息一般采用定期结息的方式于结息日转入存款人的活期存款账户，其账务处理为：借记“利息支出——××利息支出户”科目，贷记“单位活期存款——××单位”科目。

单位定期存款利息是在到期时一次还本付息，但按照权责发生制的原则要在会计期末对已经发生尚未支付的利息进行计提，期末计提利息的账务处理为：借记“利息支出——××利息支出户”科目，贷记“应付利息——××单位”科目。

存款到期时转入相关账户，其账务处理为：借记“应付利息——××单位”科目，贷记“单位活期存款——××单位”科目。

储蓄存款利息支出按照同样的方法核算，转入活期储蓄存款或者定期储蓄存款账户。

2. 债券利息。金融企业发行的金融债券应根据不同的计息和利息的支付方式定期提取利息记入当期的损益。提取利息的账务处理为：借记“利息支出（非资本化部分）”和“在建工程（资本化部分）”科目，贷记“应付利息——××单位（分期付息债券）”或“应付债券——应计利息（到期付息债券）”科目。

（二）金融企业往来支出

金融企业往来支出是商业银行在经营过程中，与中央银行、其他商业银行和非银行金融机构之间，以及与同系统其他行处之间由于存入款项、资金拆借和资金账务往来而发生的利息支出，包括借入中央银行款项的利息支出、同业拆入、同业存放款项、系统内存放款项的利息支出。以上支出均通过“金融企业往来支出”科目核算，同时按照不同的支出项目设置明细账核算。

发生金融企业往来支出时，按照业务发生的凭证，其账务处理为：借记“金融企业往来支出——××支出户”科目，贷记“存放中央银行款项（存放同业款项、辖内往来）”科目。

（三）手续费及佣金支出

金融企业根据经营情况支付必要的佣金、手续费等支出，应当签订合同，明确支出标准和执行责任。除对个人代理人外，不得以现金支付手续费。

手续费支出是指金融企业委托其他单位代办业务需要支付的手续费，如银行卡手续费支出、票据交换手续费支出、其他业务手续费支出等。"手续费及佣金支出"科目按照手续费的种类设置明细账。手续费可以转账支付，也可以用现金支付，支付手续费时的账务处理为：借记"手续费及佣金支出——××支出户"科目，贷记"库存现金"、"存放中央银行款项"、"存放同业款项"等科目。

（四）业务及管理费用

1. 固定资产折旧和无形资产的摊销。固定资产折旧费是商业银行根据不同种类的固定资产的特点所确定的折旧率定期提取的折旧。其账务处理为：借记"业务及管理费用——折旧费"科目，贷记"累计折旧"科目。

固定资产发生减值需提取减值准备的账务处理为：借记"资产减值损失——固定资产减值准备"科目，贷记"固定资产减值准备"科目。

有限寿命的无形资产需要在一定的期限内摊销，原理与固定资产的折旧相同，当期所摊销的无形资产的成本的账务处理为：借记"业务及管理费用——无形资产摊销"科目，贷记"累计摊销"科目。

寿命不确定或者无限寿命的无形资产不需要摊销，只需要定期进行减值测试，如果发生减值则需要提取减值准备，提取的减值准备计入当期损益。无形资产提取减值准备的账务处理为：借记"资产减值损失——无形资产减值准备"科目，贷记"无形资产减值准备"科目。

2. 业务宣传费。业务宣传费是金融企业在开展业务宣传活动中所支付的费用，所发生的业务宣传费根据相应的凭证转账，其账务处理为：借记"业务及管理费用——业务宣传费"科目，贷记"银行存款"或"库存现金"科目。

3. 职工工资和相关费用。金融企业根据有关法律、法规和政策的规定，为职工缴纳的基本医疗保险、基本养老保险、失业保险和工伤保险等社会保险费用，应当据实列入成本（费用）。

参加基本医疗保险、基本养老保险且按时足额缴费的商业银行，具有持续盈利能力和支付能力的，可以根据有关法律、法规的规定，为职工建立补充医疗保险和补充养老保险（企业年金），相关费用应当按照国家有关规定列支。

职工工资和相关费用指在职职工工资、奖金、津贴和补贴。职工工资的核算通过“应付职工薪酬”科目核算，每月月初按照规定的开支渠道，将本月应发放的工资按照不同的开支项目进行分配，编制“工资分配表”，根据工资分配表编制记账凭证办理转账，其账务处理为：借记“业务及管理费用——职工工资”和“在建工程”科目，贷记“应付职工薪酬”科目。

同时需要按照工资总额的2%和1.5%拨交工会经费和提取职工教育经费，其账务处理为：借记“业务及管理费用”科目，贷记“应付职工薪酬”科目。

4. 税金。在业务及管理费用中列支的税金包括房产税、车船使用税、土地使用税和印花税，期末计算前三项税金时，其账务处理为：借记“业务及管理费用——税金”科目，贷记“应交税费——应交房产税”、“应交税费——应交车船使用税”、“应交税费——应交土地使用税”科目。

金融企业在发生印花税应税行为后应自行贴足印花税票的方式纳税，因此不需要与税务机关结算，无须通过应交税金科目核算，而是直接通过银行存款科目，其账务处理为：借记“业务及管理费用——印花税”科目，贷记“银行存款”科目。

5. 汇兑损失。汇兑损失是指金融企业在进行外汇买卖和外币兑换时因汇率变动而发生的损失。汇兑损失科目应该按照外汇买卖的币种进行明细核算。发生汇兑损失时，其账务处理为：借记“汇兑损失”科目，贷记“外汇买卖”科目。

第三节　金融企业利润及利润分配的核算

一、利润的含义及其组成

利润是金融企业在一定会计期间的经营成果。

（一）营业利润

营业利润是金融企业主要的利润来源，是金融企业日常经营活动产生的利润，也是利润总额的重要组成部分。金融企业营业利润是营业收入减去营业支出后的净额。

（二）利润总额

利润总额是营业利润加上营业外收入，减去营业外支出后的金额。营业外收入和支出应当分别核算，在利润表中分别反映。

（三）所得税费用

所得税是金融企业按照规定确认的应当计入当期损益的所得税费用。

（四）净利润

净利润，又称为税后利润，是指利润总额减去所得税费用后的净额。

以上各项目的关系用公式表示如下：

1. 商业银行的营业利润组成。

营业利润 = 营业收入 - 营业支出

营业收入 = 利息净收入 + 手续费及佣金净收入 + 汇兑收益 + 投资收益 + 公允价值变动收益 + 其他业务收入

营业支出 = 业务及管理费 + 营业税金及附加 + 资产减值损失 + 其他业务成本

2. 保险公司的营业利润组成。

营业利润 = 营业收入 - 营业支出

营业收入 = 已赚保费 + 汇兑收益 + 投资收益 + 公允价值变动收益 + 其他业务收入

已赚保费 = 保费收入 - 分出保费 - 提取未到期责任准备金

营业支出 = 退保金 + 赔付支出 - 摊回赔付支出 + 提取保险责任准备金 - 摊回保险责任准备金 + 保单红利支出 + 分保费用 - 摊回分保费用 + 业务及管理费 + 营业税金及附加 + 资产减值损失 + 其他业务成本

3. 证券公司的营业利润组成。

营业利润 = 营业收入 - 营业支出

营业收入 = 利息净收入 + 手续费及佣金净收入 + 汇兑收益 + 投资收益 + 公允价值变动收益 + 其他业务收入

营业支出 = 业务管理费 + 营业税金及附加 + 资产减值损失 + 其他业务成本

利润总额 = 营业利润 + 营业外收入 - 营业外支出

净利润 = 利润总额 - 所得税费用

净利润集中反映当期的经营成果，是衡量金融企业经营管理水平高低的重要综合指标。经过上述计算，如果利润总额为正数，则表示盈利；如为负数，则表示亏损。

二、利润组成部分的核算

（一）营业税金及附加

营业税金及附加包括营业税、城市维护建设税和教育费附加。营业税是金融企业依其营业额和规定的税率交纳的税金。金融企业的营业额主要包括利息收入、手续费及佣金收入、保费收入和其他业务收入等。营业税的计算公式为：

应交营业税额 = 营业额 × 营业税税率

目前金融企业的营业税税率一般为5%。在交纳营业税的基础上，金融企业还应交纳城市维护建设税和教育费附加，城市维护建设税和教育费附加是根据当期应交纳营业税额为计税依据。其计算公式为：

城市维护建设税应纳税额 = 应交营业税额 × 适用税率

根据纳税人所在地不同，市区、县城或者镇，适用税率分别为7%、5%，纳税人不在市区、县城或者镇的适用税率为1%。

教育费附加 = 应交营业税额 × 征收比率

教育费附加的征收比率为3%，有些地区还增加地方税。

为了核算营业税金及附加，应设置“营业税金及附加”科目，该科目是损益类科目，借方登记发生的营业税金及附加，贷方登记结转本年利润的数额，结转后本科目无余额。发生营业税金及附加时，其账务处理为：借记“营业税金及附加”科目；贷记“应交税费——应交营业税（或城市维护建设税）”、“应交税费——应交教育费附加”科目。

缴纳时账务处理为：借记“应交税费——应交营业税（或城市维护建设税）”、“应交税费——应交教育费附加”科目；贷记“存放中央银行款项”科目。

期末结转利润时，应将“营业税金及附加”科目的余额转入“本年利润”科目。其账务处理为：借记“本年利润”科目；贷记“营业税金及附加”科目。

（二）投资收益

投资收益包括金融企业进行投资获得的利润、股利和利息收入。金融企业依据合同、协议的规定到期收回或因被投资企业清算而收回的投资额与账面价值的差额，如为净收益计入投资收益；如为净损失冲减投资风险准备金，不足冲减部分，计入当期损益。

（三）营业外收支

营业外收支是金融企业发生的与其经营业务无直接关系的各项收入和支出，应分别设置“营业外收入”和“营业外支出”科目进行核算，两个科目属于损益类科目，按照内容分别设置明细科目，期末转入“本年利润”科目。

1. 营业外收入。营业外收入是与金融企业经营无直接关系的各项收入，具体包括固定资产盘盈、处置固定资产净收益、出纳长款收入、处置抵债资产净收益、罚款收入等。

（1）固定资产盘盈和出售净收益。发现固定资产盘盈时，按照重置完全价值和估计折旧报经批准以后列为营业外收入。其账务处理为：借记“待处理财产损溢”科目，贷记“营业外收入——固定资产盘盈”科目。

出售固定资产净收益是指因固定资产不需用或不适用时将其出售所得到的净收益，即出售所得价款减去固定资产账面净值和清理费用和税金后的差额。当银行发生固定资产出售净收益时，将净收益金额从“固定资产清理”科目转入“营业外收入”，其账务处理为：借记“固定资产清理”科目，贷记“营业外收入——固定资产出售净收益”科目。

【例 8－3】 建设银行某支行年末盘点财产时，清理固定资产汽车1辆，发生固定资产净收益 30 000 元，会计分录如下：

借：待处理财产损溢　　　30 000

　贷：营业外收入　　　　30 000

（2）出纳长款收入

出纳发生长款收入时，应及时查明原因，如果当天无法查明，经会计主管批准，填制现金收入传票，先做以下处理：借记“库存现金”

科目；贷记“其他应付款——待处理出纳长款”科目。

经过查找，但是无法退还的，经过一定的批准手续，列为营业外收入，其账务处理为：借记“其他应付款——待处理出纳长款”科目，贷记“营业外收入——出纳长款收入”科目。

（3）罚没、罚款收入。罚没、罚款收入是由于客户在有关方面违反合同和结算规定而向其收取的罚款收入。金融企业在收取罚款时的账务处理为：借记“库存现金”或“吸收存款——单位活期存款”科目，贷记“营业外收入——罚款收入”科目。

（4）无法支付的应付款项。金融企业在办理业务的过程中偶然发生无法支付的应付款项时，经过批准后转为营业外收入，其账务处理为：借记“有关科目”科目，贷记“营业外收入——无法支付的应付款项”科目。

2. 营业外支出。营业外支出是金融企业发生的与经营业务无关的支出，包括固定资产盘亏、处置固定资产净损失、处置无形资产净损失、处置抵债资产损失、债务重组损失、罚款支出、非常损失和捐赠支出等。

（1）固定资产盘亏、损毁、报废和出售净损失。固定资产盘亏首先要通过“待处理财产损溢”科目核算，发生固定资产盘亏时，按照原价扣除累计折旧后的余额入账，经过批准后列为营业外支出，其账务处理为：借记“营业外支出——固定资产盘亏”科目，贷记“待处理财产损溢——待处理固定资产损溢”科目。

固定资产损毁净损失是按照原价扣除累计折旧后、过失人的赔偿和保险公司赔偿后的差额；固定资产报废损失是固定资产的清理收入减去清理费用和账面净值后的差额；固定资产出售净损失是固定资产出售收入减去清理费用和账面净值后的差额。发生固定资产的清理、报废和损毁净损失后，“固定资产清理”科目为借方余额，结转固定资产清理损失时，其账务处理为：借记“营业外支出——固定资产清理损失”科目，贷记“固定资产清理”科目。

（2）出纳短款。在出纳工作中发生短款，应组织力量查找原因，在当天未能查明原因和未找回时，经过一定的审批手续，填制现金付出传票，做出账务处理，其账务处理为：借记“其他应收款——应收出纳短款”科目，贷记“库存现金”科目。

经查确属责任事故又无法找回时，按照规定的审批权限，转为损失。其账务处理为：借记“营业外支出——出纳短款”科目，贷记“其他应收款——应收出纳短款”科目。

（3）非常损失。非常损失是指非正常的出乎意料的灾害造成的各项资产净损失，即被毁坏的各项资产的净值扣除保险公司的赔偿和废料残值的差额。损失发生后，经过批准应将扣除废料残值和保险赔偿后的余额作为营业外支出，其账务处理为：借记“营业外支出——非常损失”科目，贷记“待处理财产损溢——待处理流动资产损溢等”科目。

（4）捐赠支出。金融企业发生的公益性救济性捐赠应作为当期的营业外支出，其账务处理为：借记“营业外支出——捐赠支出”科目，贷记“库存现金”或“银行存款”科目。

（5）违约和赔偿支出。违约和赔偿支出是金融企业因未履行经济合同而向对方支付的赔偿金、违约金、罚息等惩罚性支出。发生违约和赔偿支出时，其账务处理为：借记“营业外支出——违约赔偿金”科目，贷记“银行存款”等科目。

（四）资产减值损失

根据会计准则和企业会计制度的规定，金融企业应当定期检查各项资产，根据谨慎性原则的要求，合理预计各项资产可能发生的损失，并计提资产减值准备。根据现行的会计制度的要求，金融企业应当提取以下资产减值准备：坏账准备、贷款损失准备、固定资产减值准备、长期股权投资减值准备、可供出售金融资产减值准备、持有至到期金融资产减值准备、无形资产减值准备、抵债资产减值准备和在建工程减值准备。

金融企业应当合理计提资产减值准备，但不得设立秘密准备。如果有确凿证据显示金融企业设立了秘密准备，应当作为重大会计差错予以更正，并在会计报表附注中说明事项的性质、调整金额，以及差错对金融企业当期财务状况和经营成果的影响。

金融企业设置“资产减值损失”科目，核算金融企业根据资产减值准则计提的各项资产减值准备所形成的损失。该科目应按照资产减值损失项目进行明细核算。

金融企业根据资产减值准则确定资产发生减值的，按应减记的金额进行账务处理，其账务处理为：借记“资产减值损失”科目，贷记“坏账准备”、“固定资产减值准备”、“长期股权投资减值准备”等科目。

（五）所得税费用

金融企业发生年度亏损的，可以用下一年度的税前利润弥补；下一年度的税前利润不足以弥补的，可以逐年延续弥补；延续弥补期超过法定税前弥补期限的，可以用缴纳所得税后的利润弥补。

由于税法和会计制度对收入和费用的确认标准不同，会计利润和应纳税所得之间会存在差异，两者之间的差异可以分为两类：暂时性差异和永久性差异，对于暂时性差异有两种不同的会计处理方法，应付税款法和纳税影响会计法。我国会计准则规定只能采用纳税影响会计法下的资产负债表债务法进行核算。

纳税影响会计法确认暂时性差异对所得税费用的影响金额，按照当期的应纳税额和暂时性差异对所得税影响的合计确认为当期的所得税费用。在纳税影响会计法下暂时性差异对当期所得税的影响金额被递延到以后各期。企业采用纳税影响会计法，所得税被视为企业取得收益时发生的一项费用，并随同有关的收入和费用计入同一会计期间，以达到收入和费用配比的目的。暂时性差异对所得税的影响金额反映在利润表中的所得税费用和资产负债表中的递延税款余额中。

在确认当期的所得税费用、递延税款和应交税金后，其账务处理为：借记“所得税费用”和“递延所得税资产（或者递延所得税负债，计入贷方）”科目，贷记“应交税金——应交所得税”科目。转回以前各期所确认的递延税款的资产时，其账务处理为：借记“所得税费用”科目，贷记“递延所得税资产”科目。转回递延所得税负债时，其账务处理为：借记“递延所得税负债”科目，贷记“所得税费用”科目。期末贷记“所得税费用”科目，借记“本年利润”科目，以核算净利润。

（六）期末利润的结转

金融企业应于会计期末将实现的利润或亏损通过“本年利润”科目进行核算。将各项收入类科目的余额转入“本年利润”科目的贷方；将各项成本费用类科目的余额转入“本年利润”科目的借方，如果该科目的期末余额在贷方表示盈利，借方余额则表示亏损。

期末结转收入类科目时，其账务处理为：借记“利息收入”、“手续费收入”、“保费收入”、“汇兑收益”、“公允价值变动损益”、“营业外收入”、“其他业务收入”、“投资收益”等科目，贷记“本年利润”科目。

期末结转成本和费用类科目时，其账务处理为：借记“本年利润”科目，贷记“利息支出”、“手续费支出”、“提取未到期责任准备金”、“赔付支出”、“汇兑损益”、“营业外支出”、“营业税金及附加”、“所得税”等科目。

期末将本年利润科目的余额转入“利润分配——未分配利润”科目，如果“本年利润”科目的余额在贷方，则其账务处理为：借记

“本年利润”科目，贷记“利润分配——未分配利润”科目。如果是借方余额则结转的会计分录相反。

三、利润分配的核算

利润分配是将金融企业所实现的税后利润，按照有关法规和投资协议所确认的比例，由金融企业的股东大会或类似权力机构决定当期利润分配方案。在董事会或者类似权力机构向股东大会或类似权力机构提出利润分配方案后，由股东大会或类似权力机构批准通过后实施。在股东大会或类似权力机构召开会议前应按照董事会或类似权力机构提请表决的分配方案列入报告年度的利润分配表，如果最终通过的方案与提请表决的分配方案不一致，其差额应调整报告年度会计报表有关项目的年初数。

（一）利润分配的顺序和原则

金融企业本年实现净利润（减弥补亏损，下同），应当按照提取法定盈余公积金、提取一般准备金、向投资者分配利润的顺序进行分配。

法定盈余公积金按照本年实现净利润的10%提取，法定盈余公积金累计达到注册资本的50%时，可不再提取。

金融企业还应当于每年年终根据承担风险和损失的资产余额的一定比例提取一般准备金，用于弥补尚未识别的可能性损失。

以前年度未分配的利润，并入本年实现净利润向投资者分配。金融企业应当按照以下顺序向投资者分配利润：

1. 支付优先股股利；
2. 提取任意盈余公积金；
3. 支付普通股股利；
4. 转作资本（股本）。

资本充足率、偿付能力充足率、净资本负债率未达到有关法律、行政法规规定标准的，不得向投资者分配利润。

任意盈余公积金按照公司章程或者股东大会决议提取和使用。

经股东大会决议，金融企业可以用法定盈余公积金和任意盈余公积金弥补亏损或者转增资本。法定盈余公积金转为资本时，所留存的该项公积金不得少于转增前金融企业注册资本的25%。

（二）利润分配的核算

金融企业在期末将“本年利润”账户的余额转入“利润分配——未分配利润”账户，按照规定的顺序分配利润。

1. 提取盈余公积。从税后利润中提取盈余公积时的账务处理为：借记“利润分配——提取法定盈余公积”和“利润分配——提取任意盈余公积”科目，贷记“盈余公积——法定盈余公积”和“盈余公积——任意盈余公积”科目。

2. 提取一般风险准备金。金融企业提取一般风险准备金作为利润分配处理，同时一般风险准备金记入所有者权益。其账务处理为：借记“利润分配——提取一般风险准备金”科目，贷记“一般风险准备金”科目。

3. 向投资者分配利润。金融企业按照董事会或其他权力机构制定的利润分配方案向投资者分配利润时的账务处理为：借记“利润分配——应付利润（或应付股利）”科目，贷记“应付利润（或应付股利）”科目。

最后将当期的利润分配转入未分配利润科目，其账务处理为：借记“利润分配——未分配利润”科目，贷记“利润分配——提取法定盈余公积”、“利润分配——提取任意盈余公积”、“利润分配——提取一般准备金”、“利润分配——应付利润（或应付股利）”科目。如果未分配利润科目有贷方余额即为当期的未分配利润，留待以后年度进行利润分配。

【例 8－4】 某股份商业银行年终结账后，实现净利润为 400 万元。经股东大会批准，按净利润金额的 10% 计提法定盈余公积，按净利润金额的 20% 计提任意盈余公积。编制会计分录如下：

借：利润分配——计提盈余公积	1 200 000	
贷：利润分配——法定盈余公积		400 000
——任意盈余公积		800 000

【例 8－5】 某商业银行以盈余公积 600 万元弥补因经济危机产生的亏损。会计分录如下：

借：盈余公积	6 000 000	
贷：利润分配		6 000 000

第九章 9

金融企业财务会计报告

财务会计报告是指企业对外提供的反映企业某一特定日期财务状况和某一会计期间经营成果、现金流量等会计信息的文件。金融企业需要按照规定定期对外报告经营成果、财务状况和现金流量信息，为外部信息的使用者提供决策所需要的信息。一般包括"四表一注"，即资产负债表、利润表、所有者权益（或股东权益）变动表、现金流量表和附注。本书相关章节已经对财务信息披露有所涉及，特别是如保险公司、证券公司等信息披露已经很详细，其他一般披露要求见本文附录《金融企业会计制度》，本章只以财务报表为核心做一般化阐述。

第一节 财务会计报告概述

财务会计报告的核心是财务报表。财务报表是会计核算的最终成果，也是金融企业对外提供信息的主要手段。金融企业必须定期编制财务会计报表，金融企业的财务会计报表是根据日常会计核算资料，按照一定的格式和内容要求定期编制，总括反映经营成果、财务状况和现金流量状况的文件，是金融企业对外传递信息的主要手段，也是投资者、政府管理当局和其他利益相关人员进行决策的重要信息来源。

一、财务会计报告体系

财务会计报告按照编制时间可以分为年度、半年度、季度和月度财务会计报告。除年度报告以外，半年度、季度和月度报表统称为中期财务会计报告。年度财务会计报告的会计期间是指公历每年的1月1日至12月31日；半年度会计报告的会计期间是指公历每年的1月1日至6月30日或7月1日至12月31日；季度会计报告的会计期间是指公历每一季度，即公历每年的1月1日至3月31日、4月1日至6月30日、7月1日至9月30日、10月1日至12月31日；月度财务会计报告的会计期间是指公历每月1日至该月最后1日。年度、半年度财务会计报告应当包括：财务报表、财务报表附注、财务情况说明书，而季度和月度报告则相对简单，一般只包括财务报表。我国已上市金融企业的年度报告必须经过会计师事务所的审计，而中期报告则无此强制性要求。财务情况说明书至少应当对下列情况做出说明：企业生产经营的基本情况；利润实现和分配情况；资金增减和周转情况；对企业财务状况、经营成果和现金流量有重大影响的其他事项。

二、财务会计报告编制要求

财务会计报告作为对外提供信息的主要工具，为了保证提供信息的真实可靠，金融企业在编制财务会计报告时必须遵循以下要求：

1. 财务会计报告必须真实完整。真实性是一项基本的会计原则，金融企业的财务会计报告必须坚持真实性原则。为了保证财务报告的真实性，在编制财务报告之前，要认真核对账簿、表册和财产物资，保证账账、账实、账表、账据、账款和内外账相符。同时财务会计报告必须完整，不得遗漏对报告使用人决策有重大影响的会计信息。金融企业的财务会计报告包括财务报表、财务报表附注、财务情况说明书，必须按照规定编制，对决策有重大影响的信息，无法用数字反映的，必须在财务报表附注中说明。

2. 口径必须一致。可比性是会计核算的一项基本原则，为了保证会计信息的可比性，金融企业的会计报告应当按照国家统一的会计准则规定的编制基础、依据、编制原则和方法编制，确保会计信息的可比性。

3. 及时编制财务会计报告。及时性是会计信息有用性的基本要求，再有用的信息如果不能及时提供，也就失去了其应有的价值。月度财务报告应当在月度终了6天内提供；季度财务报告应当在季度终了15天内提供；半年度会计报告应当在年度中期结束后60天内提供；而年度财务会计报告应当于年度终了后4个月内提供。

第二节　财务报表的编制

财务报表是金融企业财务会计报告的核心，它通过有固定格式的表格文件向会计信息的使用者提供所需的信息。金融企业向外提供的会计报表包括：资产负债表；利润表；现金流量表；利润分配表；所有者权益变动表；分部报表；信托资产管理会计报表；其他有关附表。本节只介绍资产负债表、利润表、所有者权益（股东权益）变动表和现金流量表及其附注。

一、资产负债表

资产负债表是反映金融企业在某一特定日期的资产、负债和所有者权益的财务报表。

（一）资产负债表的性质和作用

资产负债表是根据“资产=负债+所有者权益”的基本会计等式，按照一定的要求编制而成的。反映金融企业资产、负债、所有者权益财务状况的会计报表。资产，是指过去的交易、事项形成并由企业拥有或者控制的资源，该资源预期会给企业带来经济利益。负债，是指过去的交易、事项形成的现时义务，履行该义务预期会导致经济利益流出企业。所有者权益，是指所有者在企业资产中享有的经济利益，其金额为资产减去负债后的余额。

通过资产负债表有关方面可以了解金融企业资产、负债、所有者权益的构成及其合理性；了解金融企业资产、负债的流动性；了解财务弹性，即金融企业应付意外情况如意外灾害、意外机会等的能力。

（二）资产负债表内容及格式

资产负债表的格式按照报表项目的排列方式不同，可以分为报告式与账户式两种。

报告式资产负债表，又称为垂直式资产负债表，按照“资产 - 负债 = 所有者权益”的等式垂直排列，先列示资产，然后是负债，最后是所有者权益的排列方式。账户式资产负债表又称为水平式资产负债表，按照“资产 = 负债 - 所有者权益”等式分左右双方排列，左边列示资产，右边列示负债和所有者权益。我国商业银行资产负债表采用账户式，具体格式内容如表 9 - 1 所示。

表 9 - 1　　资 产 负 债 表　　会商银 01

编制单位：　　年　月　日　　单位：元

资产	期末	年初	负债及所有者权益	期末	期初
资产：			负债：		
现金及存放中央银行款项			向中央银行借款		
存放同业款项			同业及其他金融机构存放款项		
贵金属			拆入资金		
拆出资金			交易性金融负债		
交易性金融资产			衍生金融负债		
衍生金融资产			卖出回笼金融资产款		
买入返售金融资产			吸收存款		
应收利息			应付职工薪酬		
发放贷款及垫款			成交税费		
可供出售金融资产			应付利息		
持有至到期投资			预计负债		
长期股权投资			应付债券		
投资性房地产			递延所得税负债		
固定资产			其他负债		
无形资产			负债合计		
递延所得税资产			所有者权益（或股东权益）		
其他资产			实收资本（或股本）		
			资本公积		
			盈余公积		
			一般风险准备		
			未分配利润		
资产总计			所有者权益（或股东权益）总计		

在资产负债表上，资产应当按照其流动性分类分项列示，包括流动资产、固定资产、无形资产及其他资产。金融企业的各项资产有特殊性的，按照其性质分类分项列示。

在资产负债表上，负债应当按照其流动性分类分项列示，包括流动负债、长期负债等。金融企业的各项负债有特殊性的，按照其性质分类分项列示。

在资产负债表上，所有者权益应当按照实收资本（或者股本）、资本公积、盈余公积、未分配利润等项目分项列示。

（三）资产负债表项目及填列方法

1. 资产负债表“年初余额”栏内各项数字，应根据上年年末资产负债表“期末余额”栏内所列数字填列。如果本年度资产负债表规定的各个项目的名称和内容同上年度不相一致，应对上年年末资产负债表各项目的名称和数字按照本年度的规定进行调整，填入资产负债表“年初余额”栏内。

2. 资产负债表各项目的内容和期末余额填列方法（以商业银行为例）。

（1）“现金及存放中央银行款项”项目，反映商业银行库存现金和存放在中央银行的往来款项和各项准备金存款，本项目根据“现金”、“银行存款”、“存放中央银行准备金”和“存放中央银行财政性存款”科目的期末余额合计填列。

（2）“存放同业款项”项目，反映商业银行与同业之间资金往来业务而存放于境内、境外银行和非银行金融机构的资金。本项目应根据“存放同业款项”科目的期末余额和“法定存款准备金”的借方余额填列。

（3）“贵金属”项目，反映商业银行在国家允许的范围内买入的黄金、白银等贵金属。本项目应根据“贵金属”科目的期末余额填列，反映的是“贵金属”成本或者市价（成本与市价孰低法计价）。

（4）“拆出资金”项目，反映商业银行与其他商业银行之间进行的资金拆借减去“贷款损失准备”所属明细科目后的余额，反映银行拆借给境内外其他金融机构的款项。本项目根据“拆放同业”、“拆放金融性公司”和“同业透支”等科目的期末余额填列。

（5）“交易性金融资产”项目，根据商业银行的“交易性金融资产”科目的余额填列，反映商业银行为短期获利目的而持有的债券投资、股票投资、基金投资等交易性金融资产的公允价值。

（6）“衍生金融资产”项目根据衍生工具、套期工具、被套期项目中属于衍生金融资产的部分，应根据“衍生工具”、“套期工具”、“被套期项目”等科目的借方余额计算填列。如果衍生金融工具科目的余额在贷方则填入“衍生金融负债”项目。

（7）“买入返售金融资产”项目，根据“买入返售金融资产”科目的期末余额填列。反映商业银行与交易对手签订返售协议先买入再按照固定价格返售的票据、证券和贷款等金融资产的摊余成本，如果提取了坏账准备，还应该减去“坏账准备”科目所属相关明细科目的期末余额。

（8）“应收利息”项目，根据“应收利息”科目的余额填列，反映商业银行所持有的交易金融资产、持有至到期投资、可供出售金融资产、发放贷款、存入中央银行款项、拆出资金、买入返售金融资产应收取而尚未收到的利息，根据应收利息科目的余额填列。

（9）“发放贷款和垫款”项目，反映商业银行发放的各类贷款和信用证、银行承兑汇票业务而垫付的款项减去“贷款损失准备”所属明细科目后的余额，本项目应根据“贴现”、“短期贷款”、“单位短期透支”、“国际贸易融资”、“短期个人消费贷款”、“银行卡透支”、“垫款”、“中长期贷款”、“中长期房地产贷款”、“个人住房贷款”、“中长期个人消费贷款”、“质押贷款”、“应收进出口押汇”、“贷款损失准备”、“开出信用证”、“逾期贷款”等科目余额计算填列。

（10）“可供出售金融资产”项目，反映商业银行持有的可供出售金融资产的公允价值，根据“可供出售金融资产”科目的余额减去“可供出售资产减值准备”后的金额填列。

（11）“持有至到期投资”项目，反映商业银行准备并且有能力持有至到期的投资的摊余成本，期末根据“持有至到期投资”科目余额减去“持有至到期投资减值准备”的余额计算填列。

（12）“长期股权投资”项目，反映商业银行持有的按照成本法和权益法核算的长期股权投资，应根据“长期股权投资”科目的余额减去“长期股权投资减值准备”科目的余额计算填列。

（13）“固定资产”项目，根据“固定资产”账户的余额减去“累计折旧”账户余额后填列，反映商业银行所有自用的各种固定资产，包括使用的、未使用的固定资产的净值。如果固定资产发生减值，还要减去“固定资产减值准备”的余额。

（14）“在建工程”项目，反映尚未完工的在建工程，本项目根据“在建工程”科目余额减去“在建工程减值准备”，“在建工程”账户的期末余额反映商业银行期末各项未完工程的实际支出和尚未使用的工程物资的实际成本。

（15）“无形资产”项目，反映商业银行各项无形资产的原价扣除摊销后的净额。本项目应根据“无形资产”科目的期末余额减去“无形资产减值准备”科目的余额计算填列。

(16)“递延所得税资产”项目，反映商业银行按照资产负债表债务法确认的可抵扣暂时性差异产生的所得税资产，根据“递延所得税资产”科目的余额填列。

(17)“其他资产”项目，反映商业银行除以上资产以外的存出保证金、应收股利、其他应收款等资产减去相应的减值准备，本项目应根据有关科目的期末余额填列。

(18)“向中央银行借款”项目，反映商业银行尚未归还的中央银行借款余额，根据“向中央银行借款”科目的余额填列。

(19)“同业及其他金融机构存放款项”项目，反映商业银行吸收的同业和其他金融机构的存款的余额，直接根据“同业存款”、“同业定期存款”、“法定存款准备金”的贷方余额和“联行存放款项”等科目余额填列。

(20)“拆入资金”项目，反映商业银行为了弥补头寸的不足而从境内外金融机构拆入的资金余额。本项目应根据“同业拆入”和“金融性公司拆入”或“拆入资金”科目的期末余额填列。

(21)“交易性金融负债”项目，反映商业银行承担的交易性金融负债的公允价值，直接根据“交易性金融负债”科目的余额填列。

(22)“衍生金融负债”项目，根据“衍生金融工具”科目的贷方余额填列，如果“衍生金融工具”科目的余额在借方则填入“衍生金融资产”项目。

(23)“卖出回购金融资产款”项目，反映商业银行与其他企业按合同或协议，卖给企业一批金融资产，到一定日期后，再买回该批资产。卖出金融资产时收到的款项在本项目反映。本项目应根据“卖出回购金融资产款”科目的期末余额填列。

(24)“吸收存款”项目，反映商业银行吸收的各类存款的余额，包括吸收的单位存款、居民储蓄存款和财政性存款。期末根据“单位活期存款”、“单位定期存款”、“活期储蓄存款”、”银行卡存款”、“定期储蓄存款”和“财政性存款”科目的有关明细科目的期末余额计算填列。

(25)“应付职工薪酬”项目，反映商业银行应支付给职工的各种薪酬。包括工资、福利、补贴、解除劳动关系的补偿和以现金结算的股份支付，根据“应付职工薪酬”科目的余额填列。

(26)“应交税费”项目，反映商业银行根据税法的规定计算应交纳的各种税费，包括营业税、所得税、土地增值税、城市维护建设税、房产税、土地使用税、教育费附加和车船使用税等。本项目应根据

“应交税费”科目余额填列。

(27)“应付利息”项目，反映商业银行按照合同约定应支付的利息，包括吸收存款、分期付息到期还本的长期借款和金融债券的利息，直接根据应付利息科目余额填列。

(28)“应付债券”项目，反映商业银行发行在外的债券余额，包括长期债券和短期债券。根据“应付债券”以及商业银行为弥补资本不足而发行的“长期次级债券”科目余额直接填列。

(29)“递延所得税负债”项目，放映商业银行确认的应纳税暂时性差异产生的所得税负债，根据“递延所得税负债”科目余额填列。

(30)“其他负债”项目，根据“本票”、“外汇买卖”（轧差后贷方余额)、“应解汇款”、”汇出汇款”等科目的余额计算填列。

(31)“实收资本（或股本)”项目，反映商业银行实际收到的资本（或股本）总额。本项目应根据“实收资本”科目及各明细科目的期末余额分析填列。

(32)“资本公积”项目和“盈余公积”项目，分别反映商业银行的资本公积和盈余公积的期末余额。本项目根据“资本公积”科目和“盈余公积”科目的期末余额填列。

(33)“库存股”项目，反映商业银行为减少注册资本、激励高级管理人员和与其他企业合并而回购尚未注销的本公司股份，根据“库存股”科目的借方余额填列。

(34)“一般风险准备”项目，反映商业银行根据金融监管规定提取的一般准备金的余额，其作用是为了弥补尚未识别的风险，根据“贷款损失准备——一般准备金”账户的余额分析填列。

(35)“未分配利润”项目，反映商业银行盈利尚未分配的部分。本项目根据“本年利润”科目和“利润分配”科目的余额计算填列。未弥补的亏损应在本项目内用“-”号表示。

二、利润表

利润表是反映会计主体在某一时期经营结果的财务报表，即会计主体经营成果的财务报表。

（一）利润表内容及格式

利润表通过将本期的收入与相应的成本与费用配比来核算当期的经营成果，我国企业会计制度规定利润表的结构为多步式利润表，主要分为以下几个部分：第一部分是反映主要经营业务的构成情况，包括利息净收入、手续费净收入、投资收益、公允价值变动损益、汇兑收益和其他业务收入；

第二部分是营业支出，反映金融企业开展业务的成本和费用支出，包括营业税金及附加、业务及管理费、资产减值损失和其他业务成本；第三部分是营业外收支；第四部分是利润总额和净利润（见表9-2）。

表9-2　　　　利　润　表　　　　会商银02表

编制单位：　　　　年　月　　　　单位：元

项　目	本期金额	上期金额
一、营业收入		
利息净收入		
利息收入		
利息支出		
手续费及佣金净收入		
手续费及佣金收入		
手续费及佣金支出		
投资收益（损失以“-”号填列）		
其中：对联营企业和合营企业的投资收益		
公允价值变动收益（损失以“-”号填列）		
汇兑收益（损失以“-”号填列）		
其他业务收入		
二、营业支出		
营业税金及附加		
业务及管理费		
资产减值损失		
其他业务成本		
三、营业利润（亏损以“-”号填列）		
加：营业外收入		
减：营业外支出		
四、利润总额（亏损总额以“-”号填列）		
减：所得税费用		
五、净利润（净亏损以“-”号填列）		
六、每股收益：		
（一）基本每股收益		
（二）稀释每股收益		
七、其他综合收益		
八、综合收益		

（二）利润表的编制

1. 利润表反映金融企业本期利润（亏损）的实现情况。编制利润表是为了向外部的使用者提供金融企业经营成果的信息。利润表同时也是金融企业管理者和监管机构考核金融企业利润（亏损）计划的执行结果，分析盈亏增减变化的原因的工具。

2. 利润表各项目均需填列“本期金额”和“上期金额”两栏。“本期金额”栏反映各项目本期实际发生数，“上期金额”栏反映上年同期实际发生数。如果上年度利润表与本年度利润表的项目名称和内容不相一致，应对上年度报表项目的名称和数字按本年度的规定进行调整，填入本年度利润表“上期金额”栏。

3. 利润表各项目的内容和填列方法（以商业银行为例）。

（1）“营业收入”项目，反映商业银行取得经营业务各种收入的总额，本项目根据“利息净收入”、“手续费及佣金净收入”、“投资收益”、“公允价值变动损益”、“其他营业收入”、“汇兑收益”等项目汇总计算填列。

（2）“利息收入”项目，反映商业银行取得的利息收入，包括发放的各类贷款（银团贷款、贸易融资、贴现和转贴现融出资金、协议透支、信用卡透支、转贷款、垫款等）、与其他金融机构（中央银行、同业等）之间发生资金往来业务、买入返售金融资产和债券投资等实现的利息收入等。本项目应根据“利息收入”、“金融机构往来收入”等科目期末结转利润科目的数额填列。

（3）“利息支出”项目，反映商业银行各项借款和吸收存款的利息支出。包括吸收的各种存款（单位存款、个人存款、信用卡存款、特种存款、转贷款资金等）、与其他金融机构（中央银行、同业等）之间发生资金往来业务、卖出回购金融资产和发行债券等产生的利息支出。本项目根据“利息支出”、“金融企业往来支出”等科目期末结转利润科目的数额填列。“利息收入”与“利息支出”的差额填入利息净收入项目。

（4）“手续费及佣金收入”项目，反映商业银行办理包括办理结算业务、咨询业务、担保业务、代保管等代理业务以及办理受托贷款及投资业务等取得的手续费及佣金，如结算手续费收入、佣金收入、业务代办手续费收入、基金托管收入、咨询服务收入、担保收入、受托贷款手续费收入、代保管收入，代理买卖证券、代理承销证券、代理兑付证券、代理保管证券、代理保险业务等代理业务以及其他相关服务实现的手续费及佣金收入等。本项目根据“手续费收入”和“佣金收入”科目期末结转利润科目的数额填列。

（5）“手续费及佣金支出”项目，反映商业银行委托其他企业代办业务而支付的手续费、佣金等支出。本项目根据“手续费支出”和“佣金支出”科目期末结转利润科目的数额填列。“手续费及佣金收入”和“手续费及佣金支出”科目的差额填入”手续费及佣金净收入”项目。

（6）“投资收益”项目，反映商业银行对外投资，按合同或协议规定分回的投资利润、股利收入、债券投资的债息收入等。本项目应根据“投资收益”科目结转利润科目的数额填列。如为损失则以“－”号列示。

（7）“公允价值变动损益”项目，反映商业银行所持有交易性金融资产、交易性金融负债以及采用公允价值模式计量的投资性房地产、衍生工具、套期保值业务等公允价值变动形成的应计入当期损益的利得或损失。商业银行指定为以公允价值计量且其变动计入当期损益的金融资产或金融负债公允价值变动形成的应计入当期损益的利得或损失也在本项目反映。“公允价值变动损益”项目根据公允价值变动损益余额填列。

（8）“汇兑收益”项目，反映商业银行进行外汇买卖或外币兑换等业务而发生的汇兑收益。本项目应根据“汇兑收益”科目期末结转利润科目的数额填列，损失以“－”号填列。

（9）“其他业务收入”项目，反映商业银行的其他营业收入，如买入返售证券的差价收入、咨询服务收入、证券销售差价收入、证券发行差价收入等。本项目根据“买入返售证券的差价收入”、“证券销售差价”、“证券发行差价收入”科目期末结转利润科目的数额填列。“证券销售差价收入”项目。反映商业银行经营证券买卖业务，买入证券与卖出证券的差价收入。本项目应根据科目期末结转利润科目的数额填列。“证券发行差价收入”项目，反映商业银行代理客户发行证券，承购价与包销价之间的差价收入。本项目应根据科目期末结转利润科目的数额填列。

（10）“营业支出”项目，反映商业银行各项营业支出的总额。本项目根据“利息支出”、“商业银行往来支出”、“手续费支出”、“营业费用”、“汇兑损失”、“其他营业支出”、“汇兑收益”、“投资收益”等项目汇总计算填列。

（11）“营业税金及附加”项目，反映商业银行按规定缴纳应由经营收入负担的各种税金及附加费，包括营业税、城市维护建设税、教育费附加等。本项目应根据“营业税金及附加”科目期末结转利润科目的数额填列。

（12）“业务及管理费用”项目，反映商业银行为经营业务而发生的各种业务费用、管理费用以及其他有关的营业费用。本项目根据“营业费用”科目期末结转利润科目的数额填列。

（13）“资产减值损失”项目，反映商业银行计入损益的资产减值准备。不包括可供出售金融资产所提取的资产减值准备。新准则对商业银行应收款项、抵债物资、在建工程、采用成本计量的投资性房地产、长期股权投资、持有至到期投资、固定资产、无形资产、贷款等资产发生的减值都在本项目反映，而金融企业会计制度则根据不同的资产的减值分别计入不同的项目，目的是便于使用者了解当期资产减值对损益的影响。

（14）“其他营业成本”项目，反映商业银行确认的除营业收入以外的其他经营活动所发生的支出，如卖出回购证券的差价支出等，本项目根据“其他营业支出”科目期末结转利润科目的数额填列。

（15）“营业利润”项目，反映商业银行当期的经营利润，发生经营亏损也在本项目，用“-”号表示。本项目应根据“营业收入”项目抵减“营业支出”项目后填列。

（16）“营业外收入”项日反映商业银行发生的各项营业外收入。主要包括非流动资产处置利得、非货币性资产交换利得、债务重组利得、与收益相关的政府补助、盘盈利得、接受捐赠利得等。

（17）“营业外支出”项目，反映商业银行发生的各项营业外支出，包括非流动资产处置损失、非货币性资产交换损失、债务重组损失、公益性捐赠支出、非常损失、盘亏损失等。“营业外收入”和“营业外支出”两个项目应严格区分营业和非营业的界限，不能将营业收入和支出列入营业外收入和支出。这两个项目根据“营业外收入”和“营业外支出”科目期末结转利润科目的数额填列。营业外收支各明细项目，还应在本表补充资料内详细列示。

（18）“利润总额”项目，反映商业银行当期实现的全部利润（或亏损）总额。如为亏损，则以“-”号在本项目内填列。本项目应根据“营业利润”项目加上“营业外收入”项目减去“营业外支出”项目计算填列。

（19）“所得税费用”项目，反映商业银行根据所得税准则确认的应从当期利润总额中扣除的所得税费用，本项目应根据”所得税费用”科目填列。

（20）“净利润”项目，反映商业银行的税后利润，本项目应根据“利润总额”项目，减去“所得税费用”项目计算填列。

（21）“每股收益”项目，包括“基本每股收益”和“稀释每股收益”，对发行普通股的股份制商业银行应计算本项目。基本每股收益等于归属于普通股股东的当期净利润除以发行在外普通股加权平均数。

（22）“其他综合收益”项目，反映企业根据会计准则规定直接计入所有者权益的各项利得和损失扣除所得税后的净额。

（23）“综合收益”项目，反映企业净利润与其他综合收益的合计金额。

三、所有者权益变动表

所有者权益变动表是反映会计主体当期所有者权益变动及其影响因素的财务报表。

（一）所有者权益变动表的内容和结构

所有者权益变动表是综合反映构成所有者权益各组成部分当期增减变动情况的报表，包括会计政策变更和前期会计差错更正对期初余额的影响，当期损益对所有者权益的影响，直接计入权益的利得和损失对所有者权益的影响，所有者当期投入和减少资本的影响以及利润分配对所有者权益的影响，同时反映所有者权益内部结构的变化，具体结构见表9－3。

表9－3　　所有者权益变动表　　会商银03表

编制单位：　　所有者权益变动表　　单位：万元

____年

项目	本年金额						上年金额					
	股本	资本公积	减：库存股	盈余公积	未分配利润	所有者权益合计	股本	资本公积	减：库存股	盈余公积	未分配利润	所有者权益合计
一、上年年末余额												
加：会计政策变更												
前期差错更正												
二、本年年初余额												
三、本年增减变动金额（减少以“－”号填列）												
（一）净利润												
（二）直接计入所有者权益的利得和损失												
1. 可供出售金融资产公允价值变动净额												
2. 现金流量套期工具公允价值变动净额												
3. 权益法下被投资单位其他所有者权益变动的影响												
4. 与计入所有者权益项目相关的所得税影响												
5. 其他												
上述（一）和（二）小计												

续表

项目	本年金额						上年金额					
	股本	资本公积	减：库存股	盈余公积	未分配利润	所有者权益合计	股本	资本公积	减：库存股	盈余公积	未分配利润	所有者权益合计
（三）所有者投入和减少资本												
1. 所有者投入资本												
2. 股份支付计入所有者权益的金额												
3. 其他												
（四）利润分配												
1. 提取盈余公积												
2. 对所有者（或股东）的分配												
3. 其他												
（五）所有者权益内部结转												
1. 资本公积转增资本（或股本）												
2. 盈余公积转增资本（或股本）												
3. 盈余公积弥补亏损												
4. 其他												
四、本年年末余额												

（二）编制方法（以商业银行为例）

1. 本表“上年年末余额”项目，反映商业银行上年资产负债表中股本（实收资本）、资本公积、盈余公积、未分配利润的年末余额。

“会计政策变更”和“前期会计差错更正”项目，分别反映商业银行采用追溯调整法处理的会计政策变更的累积影响金额和采用追溯调整法处理的会计差错更正的累积影响金额。为了反映会计政策变更和会计差错更正的影响，商业银行应当在上期期末所有者权益余额的基础上进行调整得到本期期初的所有者权益，根据“盈余公积”、“利润分配”、“以前年度损益调整”等科目的发生额分析填列。

2. “本年增减变动额”项目的内容。

（1）“净利润”项目，反映商业银行当年实现的净利润（或亏损）金额。对应填列在“未分配利润”一栏。本项目的数字应与“利润表”上“净利润”项目的“本年累计数”一致。

（2）“直接计入所有者权益的利得和损失”项目，反映商业银行当期直接计入所有者权益的利得和损失，其中：

“可供出售金融资产公允价值变动净额”项目，反映商业银行持有的可供出售金融资产公允价值变动金额，并对应填在“资本公积”栏，其中转入当期损益的金额填入“未分配利润”栏。

“现金流量套期工具公允价值变动净额”项目，反映商业银行现金流量套期工具的公允价值变动计入权益的金额，并对应填在“资本公积”栏，其中转入当期损益的金额填入“未分配利润”栏。

“权益法下被投资单位其他所有者权益变动的影响”，反映商业银行对权益法核算的长期股权投资，在被投资单位除了实现净利润外其他所有者权益变动中应该享有的份额，并对应填在“资本公积”栏。

“与计入所有者权益项目相关的所得税影响”项目，反映商业银行按照企业会计准则第 18 号——所得税规定应计入所有者权益项目的所得税影响余额，并对应填在“资本公积”栏。

（3）“所有者投入和减少资本”项目反映所有者当年投入和（或）减少的资本，其中：

“所有者投入资本”项目，反映所有者投资所形成的股本和股本溢价并对应填在“股本”（或者“实收资本”）和“资本公积”栏。

“股份支付计入所有者权益的金额”，反映商业银行处于等待期内的权益结算的股份支付当年计入资本公积的金额，对应填在“资本公积”栏。

（4）“利润分配”项目下的各项目，反映商业银行当期对股东（投资者）分配的股利（利润）和按照规定提取的盈余公积金额，并对应填在“未分配利润”和“盈余公积”栏。其中：

“提取盈余公积”项目，反映企业提取的盈余公积。对应填在“盈余公积”栏。

“对股东（所有者）的分配”项目，反映企业应付给股东（所有者）的利润，对应填在“未分配利润”栏。

“提取的一般准备”项目，反映企业当期提取的一般准备金。对应填在“一般风险准备”栏。

（5）“所有者权益内部结转”下的各项目，反映不影响当年所有者权益总额的所有者权益年度各项目之间的相互结转，包括资本公积转增资本（股本）、盈余公积转增资本（股本）、盈余公积弥补亏损等，其中：

“资本公积转增资本（股本）”项目，反映企业用资本公积转增资本（股本）的金额。

“盈余公积转增资本（股本）”项目，反映企业用盈余公积转增资本（股本）的金额。

“盈余公积弥补亏损”项目，反映企业用盈余公积弥补亏损的金额。

四、现金流量表

现金流量表是反映金融企业在一定的会计期间内的经营活动、投资活动和筹资活动所产生的现金流入和流出情况的报表。由于利润表是建立在权责发生制基础上不能反映金融企业的现金流量状况，而现金流量表是严格建立在收付实现制基础上来反映现金和现金等价物的变动情况，可以为投资者预测金融企业未来现金流量提供必要的信息。

现金是指库存现金和随时能够用于支付的存款，现金等价物是指持有期限短、流动性强，易于转换为已知金额的现金和价值变动较小的投资。对于商业银行来说现金和现金等价物一般包括现金和银行存款、存放境内外同业的活期和3个月内到期的款项、存放中央银行的备付金。

（一）现金流量表内容及格式

现金流量表要求按照不同的业务分别反映现金的流入、流出和净流量。一般分为经营业务、投资业务和筹资业务三大类业务来反映每一类业务的现金流量。

现金流量表的正表要求用直接法编制，同时要求在附表中用间接法来反映现金的变动。具体格式见表9－4。

表9－4　　现金流量表　　会商银04表

年　月　　单位：元

项　　目	本期金额	上期金额
一、经营活动产生的现金流量：		
客户存款和同业存放款项净增加额		
向中央银行借款净增加额		
向其他金融机构拆入资金净增加额		
收取利息、手续费及佣金的现金		
收到其他与经营活动有关的现金		
经营活动现金流入小计		
客户贷款及垫款净增加额		
存放中央银行和同业款项净增加额		
支付手续费及佣金的现金		
支付给职工以及为职工支付的现金		

续表

项　　目	本期金额	上期金额
支付的各项税费		
支付其他与经营活动有关的现金		
经营活动现金流出小计		
经营活动产生的现金流量净额		
二、投资活动产生的现金流量：		
收同投资收到的现金		
取得投资收益受到的现金		
受到其他与投资活动有关的现金		
投资活动现金流入小计		
投资支付的现金		
购建固定资产、无形资产和其他长期资产支付的现金		
支付其他与投资活动有关的现金		
投资活动现金流出小计		
投资活动产生的现金流量净额		
三、筹资活动产生的现金流量：		
吸收投资收到的现金		
发行债券收到的现金		
收到其他与筹资活动有关的现金		
筹资活动现金流入小计		
偿还债务支付的现金		
分配股利、利润或偿付利息、支付的现金		
支付其他与筹资活动有关的现金		
筹资活动现金流出小计		
筹资活动产生的现金流量净额		
四、汇率变动对现金及现金等价物的影响		
五、现金及现金等价物净增加额		
加：期初现金及现金等价物余额		
六、期末现金及现金等价物余额		
补充资料	本期金额	上期金额
一、将净利润调节为经营活动现金流量：		
净利润		
加：资产减值准备		
固定资产折旧		
无形资产摊销		

续表

补充资料	本期金额	上期金额
长期待摊费用摊销		
处置固定资产、无形资产和其他长期资产的损失（收益以“－”号填列）		
固定资产报废损失（收益以“－”号填列）		
公允价值变动损失（收益以“－”号填列）		
财务费用（收益以“－”号填列）		
投资损失（收益以“－”号填列）		
递延所得税资产减少（增加以“－”号填列）		
递延所得税负债增加（减少以“－”号填列）		
经营性应收项目的减少（增加以“－”号填列）		
经营性应付项目的增加（减少以“－”号填列）		
已减值贷款利息冲转		
经营活动产生的现金流量净额		
二、不涉及现金收支的重大投资和筹资活动：		
债务转为资本		
一年内到期的可转换公司债券		
融资租入固定资产		
三、现金及现金等价物净变动情况：		
现金的期末余额		
减：现金的期初余额		
加：现金等价物的期末余额		
减：现金等价物的期初余额		
现金及现金等价物净增加额		

（二）现金流量表编制方法（以商业银行为例）

1. 经营活动产生的现金流量。

（1）“客户存款和同业存放款项净增加额”项目，反映商业银行本期吸收的境内外金融机构以及非同业存放以外的各种存款的增加额，本项目可以根据“吸收存款”、“同业存放”、“其他金融机构存放”等科目的记录分析填列。商业银行也可以根据实际情况将本项目分解成更为详细的项目反映。

（2）“向中央银行借款净增加额”项目，反映商业银行本期向中央银行借入款项的净增加额，根据“向中央银行借款”科目记录分析填列。

（3）“向其他金融机构拆入资金净增加额”项目，反映商业银行向境内外金融机构拆入款项所取得现金减去拆借给境内外金融机构款项而支付的现金后的增加额。本项目根据“拆入资金”和“拆出资金”科目的记录分析填列。

（4）“收取利息、手续费及佣金的现金”项目，反映商业银行本期收到的利息、手续费及佣金减去支付的利息、手续费及佣金的净额，本项目可以根据“利息收入、手续费及佣金收入”、“应收利息”等科目的记录分析填列。

（5）“收到其他与经营活动有关的现金”项目，反映商业银行收到的其他与经营活动有关的现金。

以上各项（1—5项）合计填列入经营活动现金流入小计项目。

（6）“客户贷款及垫款净增加额”项目，反映商业银行本期发放的各种贷款、办理商业票据贴现、转贴现融入及融出资金等业务的净增加额，本项目可以根据“贷款”、“贴现资产”、“贴现负债”科目的记录分析填列。

（7）“存放中央银行和同业款项净增加额”项目，反映商业银行本期存放于中央银行及境内外金融机构的款项净增加额。本项目根据“存放中央银行款项”、“存放同业”等科目的记录分析填列。

（8）“支付手续费及佣金的现金”项目，反映商业银行支付的利息、手续费及佣金，本项目可以根据“手续费及佣金支出”等科目的记录分析填列。

（9）“支付给职工以及为职工支付的现金”项目，反映商业银行为职工支付的各种费用，包括工资、养老金、医疗保险、失业保险以及工伤保险、解除劳动关系的补偿及其他福利费，本项目根据“现金”、“银行存款”、“应付职工薪酬”等科目的记录分析填列。

（10）“支付的各项税费”项目，反映商业银行按照规定支付的各种税费，包括本期发生本期支付的税费、本期支付以前各期发生的税费和预交的税费。包括营业税、印花税、房产税、土地增值税、所得税和教育费附加等。本项目根据“银行存款”、“应付税费”等科目的记录分析填列。

（11）“支付其他与经营活动有关的现金”项目，反映商业银行支付的其他与经营活动有关的现金。

以上各项（6－11项）合计填列入经营活动现金流出小计项目。经营活动现金流入小计与经营活动现金流出小计相减后得到经营活动的现金流量净额。

2. 投资活动产生的现金流量。

（1）“收回投资收到的现金”项目，反映商业银行出售、转让或者到期收回除现金等价物以外的“持有至到期投资”、“投资性房地产”、“固定资产”、“处置公司及其他营业单位收到的现金”净额。银行也可以根据实际情况将本项目细分。本项目可以根据“持有至到期投资”、“投资性房地产”、“固定资产”、“长期股权投资”、“现金”、“银行存款”等科目记录分析填列。

（2）“取得投资收益收到的现金”项目，反映商业银行因股权投资而分得的现金股利，以及因股权投资和其他投资以现金方式实际分得的利润。本项目应根据“应收股利”、“应收利息”、“投资收益”、“现金”、“银行存款”等科目记录分析填列。

（3）“投资支付的现金”项目，反映商业银行因对外投资而支付的现金，根据“长期股权投资”、“持有至到期投资”、“现金”、“银行存款”等科目记录分析填列。

（4）“购建固定资产、无形资产和其他长期资产支付的现金”项目，反映商业银行购买建造固定资产、取得无形资产和其他长期资产而支付的现金及税款，根据“固定资产”、“在建工程”、“无形资产”、“现金”、“银行存款”等科目的记录分析填列。

3. 筹资活动产生的现金流量。

（1）“吸收投资收到的现金”项目，反映商业银行因发行股票方式筹集资金实际收列的款项净额，其中发行过程中由银行直接支付的审计费用、资询费用等直接费用在收到的款项中扣除。根据“实收资本（或股本）”、“资本公积”、“无形资产”、”现金”、“银行存款”等科目记录分析填列。

（2）“发行债券收到的现金”项目，反映商业银行因发行债券方式筹集资金实际收到的款项净额，其中发行过程中由银行直接支付的审计费用、咨询费用等直接费用在收到的款项中扣除。根据“应付债券”、“现金”、“银行存款”等科目记录分析填列。

（3）“偿还债务支付的现金”项目，反映商业银行偿还长期债务本金而支付的现金，根据“应付债券”、“现金”、“银行存款”等科目记录分析填列。

（4）“分配股利、利润或偿付利息支付的现金”项目，反映商业银行因分配股利、利润或偿付债券利息支付的现金，根据“应付债券”、“应付股利”、“现金”、“银行存款”等科目记录分析填列。

第十章 10

金融企业的内部控制

企业在日益复杂的市场经济活动中，时刻面临着诸多无法预见的风险。美国次贷危机引发的全球性金融危机使人们越来越清醒地意识到：市场经济越发展，企业内部控制越重要。在市场经济条件下，提高企业经营管理水平、维护企业生存和促进发展的重要途径之一就是加强内部控制制度建设、健全内部会计控制体系。本章分为金融企业内部控制的基本框架和商业银行的内控实务两部分。

第一节　金融企业的内部控制框架

为了加强和规范企业内部控制，提高企业经营管理水平和风险防范能力，促进企业可持续发展，维护社会主义市场秩序和社会公众利益，我国先后发布了涉及企业内部控制的一系列规范，建立了我国企业内部控制的基本框架。

一、内部控制规范

早在10年前，内部控制属于财务会计内容的观念即被认可，我国财政部于2001年6月颁布了《内部会计控制规范——基本规范（试行）》。正式的内部控制规范要从2008年6月28日，财政部、证监会、审计署、银监会、保监会联合发布的《企业内部控制基本规范》（以下简称《基本规范》）开始算起。

《基本规范》自2009年7月1日起先在上市公司范围内施行，并鼓励非上市的其他大、中型企业执行，其他企业参照实行。继颁布《基本规范》之后，财政部、证监会、审计署、银监会、保监会于2010年4月26日联合发布了《企业内部控制配套指引》，其中包括18项《企业内部控制应用指引》、《企业内部控制评价指引》和《企业内部控制审计指引》。《配套指引》对《基本规范》进一步细化，该指引的制定发布，标志着"以防范风险和控制舞弊为中心、以控制标准和评价标准为主体，结构合理、层次分明、衔接有序、方法科学、体系完备"的企业内部控制规范体系建设标准的形成。《配套指引》自2011年1月1日起在境内外同时上市的公司施行，自2012年1月1日起在上海证券交易所、深圳证券交易所主板上市公司施行；在此基础上，择机在中小板和创业板上市公司施行。鼓励非上市大、中型企业提前执行。

《应用指引》针对组织结构、发展战略、人力资源、社会责任、企业文化、资金活动、采购业务、资金管理、销售业务、研究与开发、工程项目、担保业务、业务外包、财务报告、全面预算、合同管理、内部信息传递、信息系统共18项企业主要业务的内控领域或内控手段，提出了建议性的应用指引，为企业以及外部审核人，建立与评价内控体系提供了参照性标准。

《评价指引》为企业对内部控制的有效性进行全面评价，形成评价结论、出具评价报告提供指引。该评价指引明确内部控制评价应围绕内部环境、风险评估、控制活动、信息与沟通、内部监督等要素，企业应当确定评价的具体内容及对内部控制设计与运行情况进行全面评价。同时，指引中对内部控制评价的内容、程序、缺陷的认定、评价报告、工作底稿要求、评估基准日等方面作出了规定。

《审计指引》为会计师事务所对特定基准日与财务报告相关内部控制设计与执行有效性进行审计提供指引。它明确注册会计师应对财务报告内部控制的有效性发表审计意见，并对内部控制审计过程中注意到的非财务报告内部控制的重大缺陷予以披露。同时，就审计计划工作、审计实施、如何评价控制缺陷、审计期后事项、审计报告内容和方法以及审计工作底稿作了规定。

《基本规范》和《配套指引》的发布体现了中国经济与全球经济的接轨和整合，是中国在公司治理方面具有里程碑意义的事件。随着中国企业的做大做强，公司治理和监督机制的需求日益增加，企业对内、外部风险需要更有力的控制。《基本规范》为中国企业建立内部控制体系提供了一个标准的框架，在理念、实施和制度层面为企业提供了基础。

二、企业内部控制要素、实施要求

内部控制是由企业董事会、监事会、经理层和全体员工实施的、旨在实现控制目标的过程。企业内部控制目标是合理保证企业经营管理合法合规、资产安全、财务报告及相关信息真实完整，提高经营效率和效果，促进企业实现发展战略。促进上述目标的实现须涉及企业的各个领域。其中，合法性是控制的底线，保全性、真实完整性和效率性是分别对资产、信息、经营提出的控制要求，而发展战略表明企业所具有的战略性，是指企业在对现实及未来的状况和发展趋势进行分析预测的前提下，围绕主营业务制定根本性、长期性的战略规划。

（一）内部控制基本要素与控制措施

企业建立与实施内部控制应当遵循的原则是全面性原则，即内部控制应当贯彻决策、执行和监督全过程，覆盖企业及所属单位的各种业务和事项；重要性原则，即内部控制应当在全面控制的基础上，关注重要业务和高风险领域；制衡性原则，即内部控制应该在治理机构、机构设置及权责分配、业务流程等方面形成相互制约、相互监督，同时兼顾运营效率；适应性原则，即内部控制应当与企业经营规模、业务范围、竞争状况、业务状况和风险水平等相适应，并随着情况的变化及时加以调整；成本效益原则，即内部控制应当权衡实施成本与预期效益，以适当的成本实现有效控制。

1. 内部控制基本要素。基本要素是构建内部控制标准的结构框架，是构成内部控制体系的核心内容，我国企业建立与健全内部控制至少应包括以下五个基本要素：

（1）内部环境。内部环境是企业实施内部控制的基础，一般包括治理结构、机构设置与权责分配、内部审计、人力资源政策和企业文化政策等。

（2）风险评估。风险评估是企业及时识别、系统分析经营活动中与实现内部控制目标相关的风险，合理确定风险应对策略。

（3）控制活动。控制活动是企业根据风险评估结果，采用相应的控制措施，将风险控制在可承受度之内。

（4）信息与沟通。信息与沟通是企业及时、准确地收集和传递与控制相关的信息，确保信息在企业内部各环节之间、企业与外部之间进行有效沟通。

（5）内部监督。内部监督是企业对内部控制建立与实施情况进行监督检查，评价内部控制的有效性，发现内部控制缺陷时，应当及时加以改进。

2. 内部控制基本措施。企业实施内部控制的实践中有不相容职务分离控制、授权审批控制和会计系统控制等基本措施。

（1）不相容职务分离控制。所谓不相容职务是指那些如果由一个人担任既可能发生错误和舞弊行为，又可能掩盖其错误和舞弊行为的职务。不相容职务分离控制要求企业全面、系统地分析和梳理业务流程中所涉及的不相容职务，实施相应的分离措施，形成各司其职、各负其责、相互制约的工作机制。不相容职务分离的核心是“内部牵制”，因此，单位在设计、建立内部控制制度时，首先应确立哪些岗位和职务是不相容的；其次要明确规定各个机构和岗位的职责权限，使不相容岗位和职务之间能够相互监督和制约，形成有效的制衡机制。

（2）授权审批控制。授权审批控制要求企业根据常规授权和特别授权的规定，明确各岗位办理业务和事项的权限范围、审批程序和相应责任等内容。授权审批控制在企业日常工作中主要表现为审核批准制度，即要求企业各部门和岗位按照规定的授权和程序，对相关经济业务和事项的真实性、合规性、合理性以及有关资料的完整性进行复核与审查，通过签署意见并签字与签章，做出批准、不予批准或其他处理决定。为此，企业应当编制常规授权的权限指引，规范特别授权范围、权限、程序和责任，严格控制特别授权。

（3）会计系统控制。会计系统控制要求企业严格执行国家统一的会计准则和会计制度，加强会计基础工作，明确会计凭证、会计账簿和财务报告的处理程序，规范会计政策的选用标准和审批程序，建立完善会计档案保管和会计工作的交接办法，实行会计人员岗位责任制，充分发挥会计的监督职能，保证会计资料的真实完整。

（二）内部控制实施要求

企业应按照如下总体要求来实施内部控制。

1. 制定并组织实施内部控制制度。企业应当根据有关法律、法规、基本规范及其配套方法，制定本企业内部控制制度并组织实施。

2. 运用信息技术促进内部控制流程。企业应当运用信息技术加强内部控制，建立与经营管理相适应的信息系统，促进内部控制流程与信息系统的有机结合，实现对业务和事项的自动控制，减少或消除人为操纵因素。

3. 建立内部控制激励约束机制。企业应当建立内部控制实施的激励约束机制，将各责任单位和全体员工实施内部控制的情况纳入绩效考评体系，促进内部控制的有效实施。

4. 监督检查内部控制实施情况。国务院有关部门根据法律、法规、基本规范及其配套办法，明确贯彻实施《基本规范》的具体要求，对企业建立与实施内部控制的情况进行监督检查。

5. 对企业内部控制有效性进行审计。接受企业委托从事内部控制审计的会计师事务所，应当根据《基本规范》及其配套办法和相关准则，对企业内部控制的有效性进行审计，出具审计报告。

三、企业内部会计控制

内部会计控制源远流长，它伴随着内部控制的产生而产生。信息技术、资本市场和金融市场的大力发展促使利益相关者更加关注能为市场参与主体提供科学决策依据的企业经济信息，在所有信息中，应用价值最高的当属准确真实的财务会计信息，而内部会计控制恰恰是保证该类信息可靠性的有效工具。同时，为了减少欺诈案件的发生，维护正常的市场秩序，国家已相继出台了一系列内部会计控制的政策法规，要求企业和其他组织建立内部会计控制规范及制度。

（一）内部会计控制内容

为了提高会计信息质量，保护资产的安全、完整，确保有关法律法规和规章制度的贯彻执行等而制定和实施的一系列控制方法、措施和程序。其基本内容为：

1. 货币资金内部会计控制。企业的货币资金包括现金、银行存款和其他货币资金。货币资金被喻为企业的“血液”，具有很强的流动性和变现能力。货币资金的特殊性决定了其具有较高的损失风险，是重要的控制环节。对货币资金收支和保管业务建立严格的授权批准制度，办理货币资金业务的不相容岗位应当分离，相关机构和人员应当相互制约，确保货币资金的安全。

2. 实物资产内部会计控制。实物资产主要包括企业生产所需的原材料、用于销售的产品、厂房设备等有形资产。实物资产的内部会计控制主要应该保护资产的安全、完整，建立实物资产管理的岗位责任制度，对实物资产的验收入库、领用、发出、盘点、保管及处置等关键环节进行控制，防止各种实物资产被盗、损毁或流失。

3. 对外投资内部会计控制。企业对外投资主要包括对交易性金融资产、长期股权投资、持有至到期投资以及其他投资。对外投资业务具有较大不确定性，发生投入资本损失的可能性较大。建立规范的对外投资决策机制和程序，通过实行重大投资决策集体审议联签等责任制度，加强投资项目立项、评估、决策、实施、投资处置等环节的会计控制，严格控制投资风险。

4. 工程项目内部会计控制。工程项目主要包括重大基础设施的建设和技术改造、研发工程。企业工程项目具有支出额较大、建设周期较长的特点，需要投入很多的人力、财力，往往对企业的发展产生深远影响，是重要的控制环节。要建立规范的工程项目决策程序，明确相关机构和人员的职责权限，建立工程项目投资决策的责任制度，加强工程项目的预算、招投标、质量管理等环节的会计控制，防范决策失误及工程发包、承包、施工、验收等过程中的舞弊行为。

5. 采购与付款内部会计控制。企业的采购与付款业务主要有两个方面：一是生产经营性的采购付款；二是日常管理性采购付款。该业务关系到企业生产管理的顺利进行，受到生产计划、财务预算、管理需要等多部门、多因素的影响。要合理设置采购与付款业务的机构和岗位，建立和完善采购与付款的会计控制程序，加强请购、审批、合同订立、采购、验收、付款等环节的会计控制，减少采购环节的漏洞和采购风险。

6. 筹资活动内部会计控制。企业的筹资活动主要是为了解决自有资金不能适应规模发展需要的矛盾。筹资业务关系到企业使用资金的成本和效益，力争发挥财务杠杆的最大功效，同时若采用债务筹资的方式，还应考虑财务风险的程度。加强对筹资活动的会计控制，合理确定筹资规模和筹资结构、选择筹资方式，降低资本成本，防范和控制财务风险，确保筹措资金的合理、有效使用。

7. 销售和收款内部会计控制。销售和收款是保证企业生产的商品、劳务内在价值实现的重要活动，关系到企业资金的回收和再生产的继续进行。一方面要保证产品、服务的顺利销售，过多的存货积压会导致企业资产价值的减少；另一方面要减少销售收入的收回风险，账面收入不是企业的真正财富。因此在制定商品或劳务的定价原则、信用标准和条件、收款方式等销售政策时，要充分发挥会计机构和人员的作用，加强合同订立、商品发出和账款回收的会计控制，避免或减少坏账损失。

8. 成本费用内部会计控制。成本费用主要包括产品和劳务成本、期间费用以及其他的资源耗费，它们是为了获得收益而付出的代价，对企业最终的经营成果有重大影响。要建立成本费用控制系统，做好成本费用管理的各项基础工作，制定成本费用标准，分解成本费用指标，考核成本费用指标的完成情况，落实奖罚措施，降低成本费用，提高经济效益。

9. 担保内部会计控制。担保业务主要是运用企业的自身资产为其他企业或自己的关联企业进行保证，以使对方获得资金的活动。加强对担保业务的会计控制，严格控制担保行为，建立担保决策程序和责任制度，明确担保原则、担保标准和条件、担保责任等相关内容，加强对担保合同订立的管理，及时了解和掌握被担保人的经营和财务状况，防范潜在风险，避免或减少可能发生的损失。

（二）内部会计控制方法

企业实施内部会计控制，实务中各业态、企业有不同方法，就较通用的方法而言，至少应包括如下内容：

1. 不相容职务相互分离控制。不相容职务包括授权批准、业务经办、会计记录、财产保管、稽核检查等。企业须按照不相容职务相分离原则，合理设置工作岗位，明确职责权限，以达到相互制衡。

2. 授权审批控制。要求企业确定授权审批程序，保证权力与责任相匹配，既要设计出合理的授权审批控制措施，又要保证其贯彻实施。

3. 会计系统控制。会计系统控制是内部会计控制的核心。企业应依据我国《会计法》和其他国家统一的会计准则、会计制度，制定适合本单位的会计政策，明确会计凭证、会计账簿和会计报告的处理程序，建立和完善会计档案保管和会计工作交接办法，实行会计人员的岗位责任制，充分发挥会计的监督职能。

4. 预算控制。预算控制是以会计信息和经营活动为基础的事前控制或标准控制，它能够促进企业内部资源的有效配置，及时发现资源使用和既定目标的差异，降低使用资源、资金的风险，提高企业的经营效率。实施预算控制要求企业加强预算编制、执行、分析、考核等环节的管理，明确预算项目，建立预算标准，规范预算的编制、审定、下达和执行程序，及时分析和控制预算差异，确保预算的执行。

5. 财产保全控制。限制未经授权人员直接接触财产，通过定期盘点、财产记录、账实核对和财产保险等措施确保财产安全。

6. 风险控制。要求企业树立风险意识，建立有效的风险管理系统，通过风险预警、风险识别、风险评估、风险分析及风险报告等措施，全面防范财务风险和经营风险。

7. 内部报告控制。内部报告是企业管理者编制的各种报告，内部报告控制要求企业建立和完善内部报告制度，全面反映经济活动情况，及时提供业务活动中的重要信息，增强内部管理的时效性和针对性。

8. 电子信息技术控制。运用电子信息技术构建内部会计控制系统，减少人为操纵因素，确保内部会计控制的有效实施；同时要加强对会计电子信息系统的开发与维护。

第二节　商业银行内部控制实务

商业银行内部控制规范性管理始于1996年，该年中国人民银行专门成立了金融机构内部控制问题调研小组，在全国范围内组织人力对2 000余个金融机构的内部控制状况进行了彻底的调查，在此基础上借鉴国际上的一些做法和经验，于1997年5月发布了《加强金融机构内部控制的指导原则》（以下简称《原则》），同年12月发布《关于进一步完善和加强金融机构内部控制建设的若干意见》。这两个文件的发布极大地推动了我国商业银行内部控制制度的建立。随着金融体制改革的进一步深入和中国加入WTO带来的冲击，我国商业银行内部控制面临越来越多的挑战，《原则》的不适应性也逐步表现出来。为此，2002年9月7日，中国人民银行发布了《商业银行内部控制指引》（以下简称《指引》）以取代《原则》。《指引》的发布标志着我国银行业内部控制的实践进入了一个崭新的阶段。商业银行内部主要分为控制环境、风险评估、控制活动、信息与沟通、内部监督与审计五项内容。

一、商业银行内部控制环境

控制环境是指影响内部控制作用发挥的各种因素。这些因素既包括存在于商业银行内部的因素，也包括存在于商业银行以外的各种因素，如国内外的经济环境、国家的财政金融政策、中央银行的监督理念、社会信用大环境等。前者称为狭义的内部控制环境，加上后者称为广义的内部控制环境。本书的研究对象是狭义的内部控制环境。

COSO 报告指出，控制环境确定了一个组织的基调，影响着组织内部人员的控制意识。内部控制环境包含组织结构、权力和责任的分配、管理哲学和经营风格与战略的发展、人力资源政策和实务、企业文化与沟通和社会责任。控制环境是其他内部控制要素的基础，是推动企业发展的动力。

中国人民银行《指引》在阐述商业银行内部控制环境时指出：(1) 商业银行应当建立良好的公司治理以及分工合理、职责明确、报告关系清楚的组织结构，为内部控制的有效性提供必要的前提条件。(2) 商业银行董事会和高级管理层应当充分认识到自身对内部控制所承担的责任。董事会负责审批银行的总体经营战略和重大政策，确定商业银行可以接受的风险水平，批准各项业务的政策、制度和程序，提名高级管理层，对内部控制的有效性进行监督；董事会应当就内部控制的有效性定期与管理层进行讨论，及时审查管理层、审计机构和监管部门提供的内部控制评估报告，督促管理层落实整改措施。高级管理层负责执行董事会批准的各项战略、政策、制度和程序，负责建立授权和责任明确、报告关系清楚的组织结构，建立识别、计量和管理风险的程序，并建立和实施健全、有效的内部控制，采取措施纠正内部控制存在的问题。监事会在实施财务监督的同时，负责对商业银行遵守法律规定的情况以及董事会、管理层履行职责的情况进行监督，要求董事会、管理层纠正损害银行利益的各种行为。(3) 商业银行应当建立科学、有效的激励约束机制，培育良好的企业精神和健康的内部控制文化，从而创造全体员工均充分了解且能够履行其职责的环境。

为了建立有效的内部控制系统，必须从我国商业银行的实际情况出发，按照现代企业制度的内在要求，借鉴国内外的实践经验，完善我国国有商业银行的公司治理结构。

二、商业银行风险评估

(一) 商业银行风险的分类

商业银行风险是指商业银行在经营过程中，由于不确定因素的影响，从而导致银行蒙受经济损失或获取额外收益的机会与可能性。根据不同的标准，商业银行风险可以划分为不同类型，不同类型的商业银行风险也各有不同的特征。对商业银行的风险进行分类，有利于加深对商业银行风险的全面认识，也是有效评估和识别风险的基础。

1. 根据商业银行风险本身的性质，可将其分为静态风险和动态风险。静态风险是指只有损失的可能而没有获利机会的纯损失型，又称纯粹风险，如商业银行被窃或遭受自然灾害而形成的风险；动态风险则是指既有损失又有收益机会的风险，又称为投机风险。在早期的商业银行中，风险管理仅仅是作为其经营管理的一种附加管理，并以处置静态风险为主要对象。在现代市场经济条件下，商业银行的风险管理不仅限于将静态风险和动态风险的不利性减轻到最低程度，也包括使动态风险的收益达到最大。

2. 根据巴塞尔《有效银行监管的核心原则》，商业银行风险按照表现形式可分为市场风险、政治风险、操作风险、法律风险、项目风险、信用风险、产品风险、流动性风险、声誉风险等。

（1）市场风险。有时也称为财务风险或价格风险，是指由于市价的变化而导致亏损的风险。商业银行需要管理的主要市场风险包括利率风险、汇率风险、股票价格风险等。① 利率风险：指的是银行的财务状况在利率出现不利波动时所面对的风险。这种风险不仅影响银行的盈利水平，也影响其资产、负债和表外金融工具的经济价值。其主要形式有：重新定价风险，产生于银行资产、负债和表外头寸的到期日（对固定利率而言）的不同及重新定价的时间不同（对浮动利率而言）；收入曲线风险，产生于收入曲线的斜率和形状的变化；基准风险，即当其他重新定价的特点相同时，因所依据的基准利率不同而产生的风险；期权性风险，产生于银行资产、负债和表外项目中的隐含的各种期权风险。②汇率风险：汇率风险或货币风险是由汇率变动的可能性，以及一种货币对另一种货币的价值发生变动的可能性导致的。③股票价格风险：股票价格风险影响上市银行股票或其他资产的投资者，其表现是与股票价格相关联的。

（2）政治风险。政治风险在很大程度上取决于银行运营的所在国家的政治与政策的稳定性以及当地的政治制度。当地政府的更迭，有时会导致业务出现重大变化。甚至在政治制度稳定的国家，政治改革的影响也可能是重大的。

（3）操作风险。银行在日常经营中因各种人为的事物、欺诈与自然灾害、意外事故引起的风险被称为操作风险。包括：①员工：员工风险包括员工的聘用、培训和解雇所涉及的风险。主要的问题是要确保有足够的员工，他们有恰当的能力并且愿意执行银行所要求的任务。员工包括确定商业银行战略方向、控制资源分配的高级管理层和其他各个运营部门的中低层员工。②技术：银行是否存在和实施支持经营活动所必需的系统？是否定期为系统进行检查和评估？是否找出系统运行不佳的情况？系统不佳是否导致银行因此丧失业务、客户甚至亏损？以及银行是如何确保系统是最新和能够应对经营风险的？③舞弊：银行是否拥有保护自身不受舞弊影响的方法。④程序：银行未能指定程序操作要求，可能会导致员工在运营操作时采取不正确的行动。

（4）法律风险。这是指因不完善、不正确的法律意见、文件而造成同预计情况相比资产价值下降或负债加大的风险，同时也包括现有法律可能无法解决与银行有关的法律问题，法律的变动对整个银行业产生影响，从而增加银行的相关成本。在经济转轨时期，新旧法律法规并存，法律法规不健全，当事人对法律法规理解容易产生歧义，执行亦不到位，大大增加了银行遭受法律风险的可能性。

（5）项目风险。商业银行也像其他企业一样存在着项目风险，由于项目的流动性，项目管理的一个重要组成部分就是风险管理。项目管理的责任是以一定的预算，根据规定及时完成任务，从而使客户满意。项目风险管理应对项目可能无法执行、项目进度可能发生变化、项目成本可能超支、项目不能达到预定规格，或者项目成果可能会遭到顾客拒绝等风险进行管理。

（6）信用风险。它是指银行的交易对象由于种种原因不能或不愿遵照合同规定按时偿还债务而使银行遭受损失的可能性。信用风险不仅包括传统贷款业务中的风险，而且也包括贴现、透支、信用证、同业拆放、证券包销、担保等业务中的风险。

（7）产品风险。所有销售产品的企业都会涉及产品风险，银行也不例外。银行销售的产品包括理财产品等，当银行将某一理财产品投向市场时，应考虑该产品是否有销路，在新的理财产品开发的过程中，无法排除现有的其他竞争对手的理财产品占有市场使之饱和的可能性，但是新的理财产品一旦取得成功就能赚取高额利润。

（8）流动性风险。它是指商业银行无力为负债的减少或资产的增加提供融资，即当银行流动性不足时，它无法以合理的成本迅速增加负债或变现资产获得足够的资金，从而影响了其盈利水平。流动性风险的危险性较大，严重时会造成银行的清偿问题，甚至置商业银行于死地。虽然流动性风险往往是商业银行破产倒闭的直接原因，但实际情况往往是其他各类风险长时间潜伏、积聚，最后以流动性风险的形式爆发出来了而已。

（9）声誉风险。它是指银行操作上的失误，违反有关法规，资产质量低下，不能支付到期债务，不能向公众提供高质量的金融服务以及管理不善等，从而对银行的声誉造成不良影响。声誉风险对银行损害极大，因为银行业务的特殊性要求它能够维持存款人、贷款人和整个市场的信心。

（二）风险管理的内容与程序

银行的风险管理是一个从战略制定到日常经营过程中对待风险的一系列信念与态度，目的是确定可能影响银行的潜在事项，并进行管理，为实现银行的目标提供合理的保证。

1. 风险管理的内容。银行风险管理必须符合一系列参数，它必须嵌入银行的内部控制系统中，并对其他内部控制做出响应。所有银行都面临着不确定性，对管理层的挑战是决定为增加股东价值而能够接受多大的风险。银行风险管理使管理层得以有效处理不确定性和随之而来的风险和机会，从而增强创造价值的能力。

银行风险管理是关于保护和提高股价，以满足股东价值最大化的首要业务目标。在风险管理过程中，管理层可获取有助于有效评估总体资本需求和提高资本配置的重要风险信息。这些企业风险管理中固有的能力可以帮助管理层实现业绩和盈利目标，并防止资源流失。管理层制定平衡增长和收益目标及风险的战略和目标，并有效配置资源，以实现企业的目标，避免障碍和意外，在此过程中实现股东价值最大化。

2. 风险管理程序。风险管理程序可分为四个步骤：第一步是风险识别；第二步是对主要风险进行评估；第三步是确定风险评级和应对计划；第四步是风险监察。

（1）风险识别。管理层需要充分了解银行所面临的风险，银行需要知道损失来自何处并能找出受益于损失控制程序的领域。作为起点，银行应该通过正式的检查程序来全面分析风险和损失。这种风险审查允许银行评估真正的成本驱动因素，以便设计适当的损失控制和预防计划，来减少高风险的活动和高成本的损失事件。

应在银行内的多个层级执行分析识别程序。对每个业务单位或项目有影响的风险，可能不会对这个银行产生同样大甚至更大的影响。因此，对整个经济体产生影响的主要风险会分散到各个银行及其独立的业务单位。某些风险发生时会产生很大的影响，但发生的频率不高，这种风险比较难认定。

风险识别的方法之一是集体讨论可能的风险领域。通过这种方法动员知悉情况的人员迅速给予答复，把他们脑海中第一个想到的事情说出来。之后由风险管理小组对集体讨论后识别的所有风险进行复核，并且认定核心风险。由于风险识别程序一直伴随着讨论和分析活动进行，最后认定的风险与最初识别的一组风险相比，可能会有所改变。

启动风险识别程序的一种很值得借鉴的方法是，找出列明属于银行层面的重要设施及经营单位的高层级的组织结构图。应在整个银行范围内实施风险识别程序以识别各独立领域的所有风险。但是，银行内处于不同级别的不同成员将会从不同的角度考虑某些相同的风险。欲使风险识别程序生效，就要求不只是简单地向所有经营部门发出邮件，还应要求列出其部门面对的主要风险。对这种要求的一般反应将是给出的答复不一致且设计范围广泛，并且没有通用的方法。理想的方式是弄清银行内各级别的人员，要求他们担任风险评估人。之后配合风险部门进行一系列的风险识别。

（2）对主要风险进行评估。风险通常是相互依存的，当识别出对银行的各个层级有影响的重大风险后，下一步是对风险发生的可能性及相对重大程度进行评估。可用于评估风险的方法有很多，包括最佳猜想定性法（best - guess qualitative approach，这种方法相对比较快），以及一些其他的比较详尽的、相对精确的定量方法。用以评估风险影响的常见的定性方法是制作风险评估系数图。风险评估系数图识别某一风险是否会对企业产生重大影响，并将此结论与风险发生的可能性联系起来。这种方法能够为确定业务风险的优先次序提供框架。如图 10 - 1 所示，与影响较小且发生的可能性较低的风险（在图中的点 2）相比，具有重大影响且发生的可能性较高的风险（在图中的点 1）亟待关注。每种风险的重大程度及影响会因银行结构的不同而有所差别。

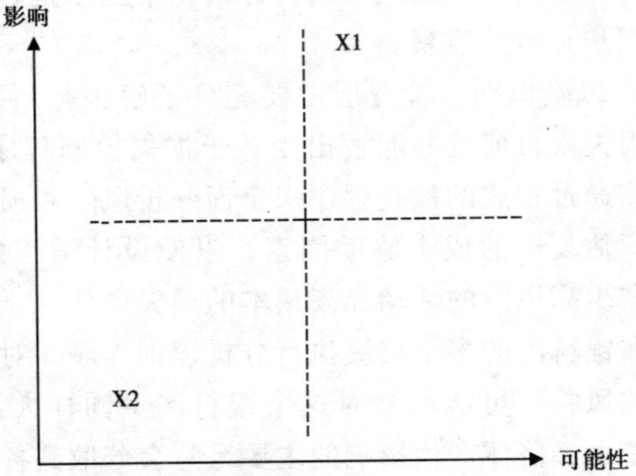

图 10 - 1　风险评估系数图

此外，还有大量工具可用来确定风险对银行的影响，比如情景设计、敏感性分析、决策树（decision tree）、计算机模拟、软件包和对现有数据的分析。

a. 情景设计。通常借助银行内部的讨论，形成关于未来情况的各种可能的看法。

b. 敏感性分析。该分析从改变可能影响分析结果的不同因素的数值入手，估计结果对这些变量的敏感程度。

c. 决策树。常用于目标管理中，即根据每种结果出现的可能性及包含的现金流量，评估项目的期望值。

d. 计算机模拟。利用概率分布，并重复运行，为某项目识别许多可能的情景和结果。

e. 软件包。旨在协助风险识别和分析程序。

f. 对现有数据的分析。对现有数据进行分析能够有效地掌握过去风险的影响。

(3) 确定风险评级和应对策略。确定风险评级。在识别出风险之后，银行的典型做法是检查风险评级，并得出一份列明潜在风险的清单。系统化的程序有助于识别风险以及按照数量对风险评级，这可以作为关键性的第一步，但有效的风险管理策略一般取决于量化的风险，而这常常通过概率模型技术得到。风险的计量和估值是风险管理中最为有难度的工作，但这对于具有成本效益的风险管理及精明的决策是至关重要的。花费一定的时间和资源，利用工具和专门的技术，正确量化公司的主要风险，对于后期的风险管理程序是有帮助的。此外，在识别、量化和缓解风险时，特别要注意的一个关键点是风险之间的相互影响和相互关系。

第二步是按照已确定的重大程度和可能性估值，计算风险评分，并识别最为重大的风险。根据影响及可能性，对风险进行优先次序的排列。评分较高的风险，将被记入图 10 - 1 所示的右上角的象限中，被称作风险推动因素或主要风险。然后，银行将自身注意力继续放在这些主要的风险上。

进行优先次序排列时，不仅要考虑财务方面的影响，更重要的是考虑对实现银行目标的潜在影响。并非所有的风险经过识别后都是重大风险。非重大的风险应当进行定期的复核，特别是在外部事项发生变化的时候，应当检查这些风险是否仍为非重大风险，并根据检查结果及时进行调整。

然后，风险评估小组要监察每一个被识别的风险，估计承担风险的成本。之后用成本乘以风险因素概率，得出风险的期望值。计算期望值时，没有必要对成本进行详细的研究，也不需要使用大量的历史趋势和估计作为支持。已识别风险的估值作为持续的风险矫正决策的基础。

由于市场条件和波动性水平会改变，对手的财力会变化，物理环境会变化，地缘政治形式也会变化。所有这些变化可能突然出现，也可能不动声息的出现，不易被发现。银行活动产生的风险敞口也可能发生改变。有效的风险管理要求银行持续对风险进行重新评估，并且在银行风险管理架构中加入程序，以评估当前存在的及预期的风险敞口。预测未来敞口是必要的，原因是风险管理的决策是以预期风险水平为基础的。

应对策略。管理层可针对已评估的关键性风险进行回应。可选的应对风险策略有风险规避、风险降低、风险转移和风险保留。管理层可以选择一个或多个策略结合使用。

a. 风险规避。风险规避就是避险，是指为了免除风险的威胁，采取试图使损失发生概率等于零的风险应对策略，也就是放弃或停止与该风险相关的业务活动以减轻银行损失。

b. 风险降低。它是指银行在权衡成本效益之后，准备采取适当的控制措施改变不利后果发生的概率，从而减低风险或减轻损失，将风险控制在风险承受度之内的策略。应当根据实际情况因地制宜，使用不同的风险降低方法。常用的一种形式是风险分散，即通过分散的形式来降低风险，不要“将所有的鸡蛋放在一个篮子里”。降低风险还可以采取其他形式，比如采用套期。套期是交易商建立证券、商品或货币对冲持仓，从而抵消所面临的风险。银行还可以采用其他许多方法降低风险敞口，比如产品线的多样化等将经营风险降至最低。但这种策略在很大程度上取决于套期成本、银行承受风险及潜在损失的能力。

c. 风险转移。采用风险转移的目的是将风险转移给另一家企业、公司或者机构。合同及财务协议是转移风险的主要方式。转移风险并不会降低其可能的严重程度，只是从一方移除后转给了另一方。转移风险时，管理层应当考虑各方的目标、转移的能力、存在风险的情景及成本效益。其中一种转移风险的方式是购买保险，具体来说就是银行通过向非关联的第三方付款，让其代为承担风险。接受被转移风险的一方，通常要收取一定的保费。

d. 风险保留。它包括风险接受、风险吸收和风险容忍。风险保留的策略是比较经济的策略，通常也是因为没有其他备选方案才做出如此决定的。

（4）风险监察。由于风险会随时改变，且通常发生在较短时间内，银行需要设立一项机制，对已识别的风险进行监察。监察内容包括目标的实现过程，并关注新的风险和相关损失。风险识别程序不是连续的，它常常是每年或者每季度执行一次。风险监察可由程序的所有者或者独立审查人员执行，例如银行风险管理部门。他们可以不断提供最佳的风险状况信息，银行根据这些信息进行分析和预测，并持续对这些风险进行调研，提供对已识别风险的可能性的最新评估。银行应当根据结果，进行风险管理，采取相应行动。

3. 选择风险管理策略的考虑因素。

（1）风险意识。总体而言，缺乏风险意识将意味着银行存在不适当的风险。风险也许会出现，而针对风险的控制因未监察及不知情而并未起作用。因此，对银行的持续监察应当确保风险管理策略在必要时加以更新。

（2）承担必要的风险。银行应当充分认识到风险的重要性及其影响。承担风险的主要目的是获得竞争优势及增加财务收入。若是承担了可接受范围内的一定数量的风险，可能使业务更加具有竞争力。另外，承担风险将使不同活动产生更大的收益，这是承担风险的好处。

（3）对待风险的态度。银行对待风险的态度是由其风险策略、风险偏好和风险容量决定的。整体的风险策略又决定了对待风险的整体方式。风险容量表明银行能够承受多大的风险。因此，银行的整体策略会受到风险策略、风险偏好和风险容量的影响。

（4）风险态度与银行。银行的风险态度与其规模、结构和发展状况之间的关系较为复杂。银行的规模一般与营业额、市场份额或者资产负债表上列示的资产有关。通常情况下，成立时间不长的小型银行为了夺取市场必须承担风险，因此它们偏好高风险。

4. 风险管理文化。风险管理最重要的方面是将风险融合到银行文化和价值观中。风险管理目标应当包含在银行目标之中，并且银行的主要动机应当纳入风险评估和风险缓解策略。由于一个组织的整体文化对于企业的成功至关重要，因此风险文化将决定企业如何成功进行风险管理。疲软的风险文化是指员工都没有意识到风险管理的重要性以及风险管理的作用。这种文化会向管理风险妥协，也许对于企业是致命的。另一方面，如果风险管理被看做是日常业务的重要组成部分，很可能会形成强有力的风险文化。这种情况才能进行真正有效的风险管理。

5. 风险管理的成本。计算银行风险管理的有形成本远比证明它的有形收益容易太多。与此同时，组织中不仅有无形收益，更有巨大的无形成本。无形成本和有形成本都影响着银行风险管理实施的进程，因为它们不仅检测了银行行政支持体系的水平，也检测了银行文化变革的水平。

（1）基本框架。实施银行风险管理的有形成本包括授权费、维修费以及信息技术的实施和整合成本，雇佣信任、改变模型和记录业务流程的成本。若数据分布在整个银行中，量化和跟踪这些费用是具有挑战性的，但这些问题正在日益被企业资源规划（ERP）系统解决，从而使银行能够逐条跟踪项目并产生各种与费用相关的报告。如果银行选择在分散的基础上进行企业风险管理，数据汇总可能更具有挑战性，但仍是可以实现的。

（2）破坏和机会成本。破坏和机会成本是组织最广泛的无形成本，也是在克服组织惯性和管理变革方面最典型的努力。根据组织开始的阶段不同，分散和集中的组织所承担的无形成本也大相径庭。对于风险管理相对集中的组织而言，风险管理已经实现了某种程度的整合。而分散的企业结构和企业文化会发现更具有挑战性的企业风险管理路径。这些障碍在企业组织中可能是复杂的，由于合并，文化差异和传统的基本框架并没有充分协调和合理化。不过，虽然分散的公司组织可能在某些时候很难实施企业风险管理，他们也能通过检查他们在整个企业中的风险而获益匪浅。

(3) 政治成本。致力于实现企业风险管理可以被看做是一个很大的“赌注”。支持该项目的高管和董事会成员需要站在自己的立场上进行鼓吹，并在某种程度上冒险投入他们的专业声誉。一旦失败，这些成员可能会失去信誉和影响力。所以这会迫使他们必须权衡政治资本，即专业的声誉和影响力，然后才会愿意致力于企业风险管理计划。

6. 风险管理的效益。许多内部控制措施是经营性措施，旨在降低发生损失或出现不利结果的可能性或是频率，或是一旦发生损失时能够使其影响减少。风险降低产生的收益应该能够证明控制措施的成本是合理的。

三、商业银行内部控制活动

控制活动是确保管理方针能够得以实施的一系列制度、程序和措施，控制活动子系统是商业银行内部控制系统的核心，是具体实施内部控制的过程，因此实施内部控制必须实施有效的控制活动，完善商业银行内部控制系统，控制活动子系统的完善是关键。

（一）不相容职务分离控制

不相容职务分离控制是对商业银行内部岗位设置、职位分工的合理性和有效性所进行的控制。它要求银行全面系统性分析、梳理业务流程中的不相容职务，防止具有欺骗性的活动发生或未被查出。所谓不相容职务，只是某些职务如果由一名员工担任，则其既可以弄虚作假，又能自己掩盖自己舞弊行为的那些职务。在商业银行中，不相容职务包括：信贷管理中的审、贷岗位的分离；会计工作中钱账分管；联行业务中印、押、证的分管；重要空白凭证的保管与使用相分离；前台交易与后台结算相分离等等。其中，营业机构柜员的劳动组织必须坚持不相容业务操作岗位分设，做到相互制约、相互控制。

1. 印、证、机使用管理岗位设置，必须严格执行印、证、机分管、分用，平行交接制度，不得将本人经管的印、证、机随意交与他人使用。

2. 联行业务录入、确认岗位必须严格分开，严禁一人操作。票据交换提出岗位必须与复核及数据发送岗位分设。

3. 事后监督岗与业务处理岗分设。设置专职复核员、综合员的，滞后复核由综合员兼职的，该柜员不得兼办柜台业务；滞后复核、事后复审不得与日间业务交叉。

4. 库房管理与柜台现金收付岗位分设。设置专职总出纳岗位的，总出纳掌管一把库房钥匙，负责库房现金及重要空白凭证管理，总出纳与柜台现金收付业务不得交叉；柜员兼职总出纳的，该柜员办理现金调拨、出入库和重要空白凭证调拨、领发交易必须由会计主管授权审查。银行柜员处理核算业务操作权限如表 10－1 所列。

表 10－1　　银行柜员处理核算业务操作权限标准

业务种类	具体分类	普通柜员	主管兼柜员	主管
存现业务	小型网点	5 万元以下	业务经办额度以上授权	自行确定
	中型网点	8 万元以下		
	大型网点	10 万元以下		
取现业务	大中小型网点	5 万元以下	5 万（含）—50 万元的授权	超过 50 万元的授权
转账业务	小型网点	10 万元以下	10 万（含）—100 万元的授权	100 万（含）—200 万元以及 200 万元（含）以上的授权（根据网点不同）
	中型网点	20 万元以下	20 万（含）—50 万元的授权	
	大型网点	30 万元以下	30 万（含）—200 万元的授权	
注：以上金额仅为人工控制，目的是为区分网点和控制风险。各行具体规定会有所不同。				

银行还应建立内部监督部门对各岗位、各业务部门、各项业务全面实施监督。内部监督部门作为对业务实时监督机构，必须独立监督各项业务活动，同时及时将检查评价的结果反馈至最高管理层。例如，柜员管理的基本原则：为加强内部控制、防范风险，必须按照“事权划分、事中控制”的原则对银行从业人员进行科学有效的管理，明确责任，相互制约。事权划分是指针对银行各业务设置不同的业务岗位，而且每个岗位又有不同的操作经办权限。商业银行柜面业务的岗位所辖交易设有执行权、查询权、授权权等权限，并具有相应的操作金额。事中控制是指临柜大金额业务及特殊业务须双人操作，相互监督。

（二）授权审批控制

授权审批控制是指商业银行的各项业务必须经过授权审批才能进行。授权审批按照形式可以分为“一般授权”和“特定授权”。所谓一般授权是指对办理正常业务时权力、条件和责任的规定，一般授权时效性较长；特定授权是办理例外业务时权力、条件和责任的规定，一般是一次性的。无论采用何种授权审批方式，商业银行必须建立授权审批体系，其中包括：①授权审批的范围，通常企业的所有经营活动都应当纳入其范围。②授权审批的层次，应当根据经济活动的重要性和金额大小确定不同的授权审批层次，从而保证各管理层有权的同时也有责。③授权审批的责任，应当明确被授权者在行使权力时应对哪些方面负责，避免发生一旦出现问题难究责任的情况。④授权审批的程序，应当规定每一类经济业务审批程序，以便按照程序办理审批，以避免越级审批、违规审批的情况发生。银行内部的各级管理层必须在授权范围内行使相应职权，经办人员亦必须在授权范围内办理经济业务。

在银行柜员制度规范中，授权是按照会计岗位责任分离、相互制约的原则，根据各业务种类的重要性和风险程度及金额大小设定相应授权级别，并由主管对柜员办理该类交易进行实时审核确认的一种内部风险控制方式。

实行综合柜员制，必须建立严格的授权制度，普通柜员具有记账、对外办理业务的权限，不得复核其他柜员账务；主办级柜员具有授权、复核权限，不得直接临柜受理客户业务；主管级柜员只具有授权、监督权限。

普通柜员、主办级柜员、主管级柜员应严格按照操作授权、业务授权、金额授权办理各项业务。

（三）程序控制

程序控制指对一些重复出现的常规银行业务，制定标准化的处理程序，以减少业务操作的失误和差错，从而提高工作效率。程序控制包括制定银行的规章制度和制定操作规程这两个方面。规章制度是关于银行运作过程中的原则意见和一般规定，而操作规程是在规章制度的基础上制定的更加详细的适应银行业务操作的规范和程序。按照业务分类，银行规章制度和操作规程主要包括：授信业务规章制度和操作规程，资金业务规章制度和操作规程，柜台业务规章制度和操作规程，财务制度、会计制度和会计核算操作规程等。由于计算机的普及与应用，现代商业银行的许多操作均通过计算机来完成，操作程序则通过软件设计来实现。

1. 重要单证使用控制。重要单证使用业务操作流程如图 10－2 所示。

操作步骤如下：

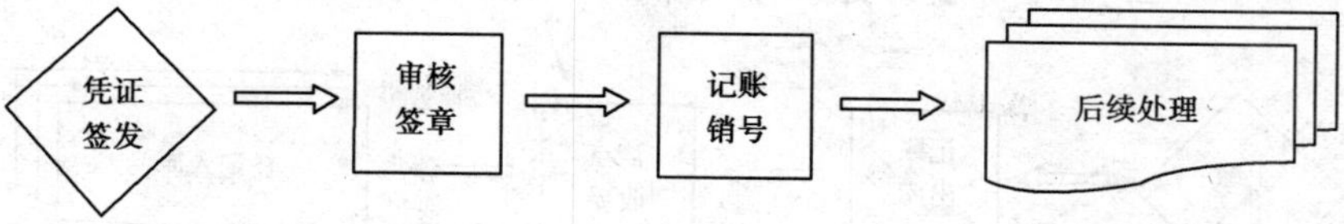

图 10－2　重要单据使用操作流程

（1）凭证签发。柜员根据业务需要签发重要空白凭证时，必须按顺序号（从小到大）使用，不得跳号。凭证签发时，柜员应根据银行各项业务的具体要求按照凭证与票据的填写要求正确填写凭证相关内容。

（2）审核签章。填写的凭证审核无误后，加盖相关业务印章：对于填制错误、印刷有瑕疵的重要空白凭证，以及因其他原因导致不能再使用的重要空白凭证，应进行作废处理。进行作废处理时应将凭证剪角，并在其正面显著位置加盖“作废”戳记。

（3）记账、销号。经办柜员填制表外科目付出凭证，销记重要空白凭证登记簿。

（4）后续处理。柜员将相关记账凭证按要求整理后作当日传票装订保管，作废凭证须附当日传票后作附件。

相关业务拓展：

（1）重要单证的使用。每开启一箱（包）重要单证时，必须逐捆（本）清点，每开启一捆（本）重要单证时，必须逐本（份）进行清点，不能只点大数，防止印刷重号、跳号、漏号。每班使用重要单证时，必须逐页号使用，不得跳号使用。重要单证在未使用前，不得事先加盖业务公章和个人名章。任何部门和个人不得以任何名义将重要单证挪作他用。如果发现重要空白凭证遗失或发现印刷重号、跳号、漏号时，应当及时向负责人报告，支行应当及时向分行进行书面报告，不得拖延及隐瞒；如果发现是属于印刷差错的，应当整捆退回分行。每班交接时，必须在“交接登记簿”上登记凭证名称、数量和起止号码。核对数量、号码时，要按照印刷号码逐本（份）进行点数，不得只核对前后号码或只数数量。每日营业终了，各柜员及重要单证保管人员必须核点各类重要单证的库存数量、号码，并与重要单证登记簿及报表核对。重要单证登记簿数字必须与实物、报表数字核对一致，做到账实、账表相符。对遗失重要单证的当事人，应视情节轻重进行处罚；若遗失的重要单证给银行造成经济损失，应追究当事人的经济责任。

（2）凭证填写的基本规范。会计凭证是记账的依据，凭证的质量直接影响会计核算的质量。编制会计凭证的总体要求是：必须做到有根有据、要素齐全、符合规定、数字正确、字迹清楚、书写规范、不得涂改。凡是规定由客户填写的凭证，银行工作人员一律不准代填。

2. 重要单证上缴。重要单证上缴业务操作流程如图 10－3 所示。

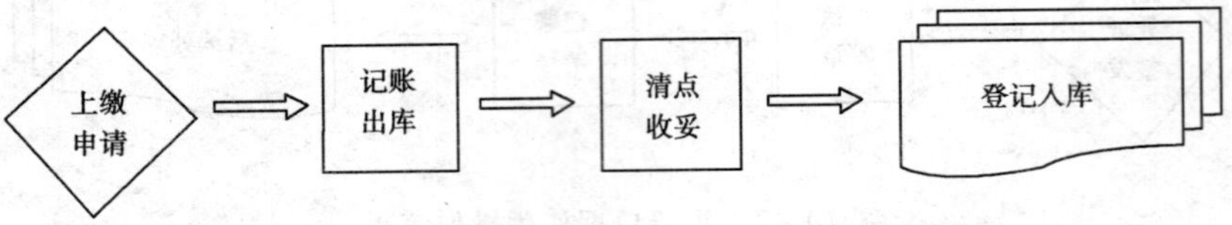

图 10－3　重要单证上缴业务操作流程

操作步骤如下：

（1）上缴申请。柜员因业务需要不再使用重要空白凭证时，应及时上缴给本行凭证管理员。使用"柜员上缴凭证"交易，选择凭证种类，输入起止号码及凭证份数，在"对方柜员号"中输入凭证管理员的柜员号。

（2）记账出库。柜员填制表外科目付出凭证，记账完毕后，登记柜员重要空白凭证登记簿。同时，柜员填制重要单证出/入库单，连同需上缴的凭证一并交凭证管理员签收。

（3）清点收妥。凭证管理员办理凭证入库时，主管或其指定其他人员应会同凭证管理员办理实物清点、入库工作，并在重要空白凭证领用/上缴单上共同签章。

（4）登记入库。凭证管理员登记重要空白凭证登记簿，使用"凭证入库"交易将重要空白凭证登记。

（四）会计系统控制

会计系统控制要求商业银行必须依据会计法和金融企业会计制度等法规，制定适合本单位的会计制度、会计凭证、会计账簿和财务会计报告的处理程序，实行会计人员岗位责任制，建立严密的会计控制系统。会计系统控制主要包括：建立健全内部会计管理规范和监督制度，并且要充分体现权责明确、相互制约以及及时进行内部审计的要求；统一会计政策；统一会计科目，在实行国家统一一级会计科目的基础上，根据经营管理需要，统一设定明细科目，统一口径，统一核算；明确会计凭证、会计账簿和财务会计报告的处理程序与方法，遵循会计制度规定的各条核算原则，使会计记录真实反映商业银行的财务状况和经营成果，为商业银行的内部经营管理提供信息。

（五）调节与复核

调节与复核业绩属于侦查式控制。所谓调节是指与员工将不同数据连接在一起，识别并且找出差异，在必要的时候采取纠正措施。更为重要的是，执行调节的人员须理解这一程序的重要性以及已识别的差错的影响。所谓业绩复核，是指管理层将当前的业绩与预算、以前期间或者其他基准相比较，以此反映目标的完成情况，并对其中的差异进行调查，以确定哪些纠正行动是必要的。

1. 决算前的工作。

（1）清理资金。①清理存款资金。年度决算前，应认真核对财政性存款和一般性存款、计息存款和不计息存款、活期存款和定期存款的划分是否正确，核查计息存款日数、积数、已计利息计算是否正确。②清理贷款资金。年度决算前，应核对贷款级别、贷款种类、贷款指标累计、贷款期限、贷款利率、利息计算以及年初贷款余额、发放贷款累计、本年发放贷款、收回贷款累计、本年收回贷款是否相符。对超过合理期限尚未收回的，应抓紧催收，要与对方取得联系，对无法收回的呆滞贷款。应按上级行有关规定办理。③清理结算资金。年度决算前，应对各种结算资金进行全面清理。对汇出汇款户、开出本票户，应逐笔核对未销账余额，并与该账户余额及总账余额核对，对超过规定期限尚未销账的款项，应查明原因，及时处理。④清理内部资金。年度决算前，应对本行内部各种暂收和暂付的临时资金逐项彻底清理，对应划、应交、应收、应付和需要核销的款项要及时办理转账手续。经过清理，暂时无法解决的，要注明原因，以备日后查考和清理。

（2）盘点财产。年度决算前，应对固定资产、库存物资、库存现金、有价单证、重要空白凭证、代保管物品、担保物、抵债资产、本行发行、兑付、购买的各种证券等现金、实物进行彻底清查，并与有关表内、表外科目进行核对，做到账证、账账、账表、账款、账实、账卡相符。对有物无账或有账无物的，要查明原因，及时处理。

（3）核对账目。在年度决算前，要根据会计科目使用说明和当年有关科目变化调整的文件规定，对系统内存款户、内部往来和中央银行存款户三个账目进行全面检查，逐笔勾对并及时更正，以保持双方一致。

（4）核实损益。年终前要认真核实各项财务收支，当年的各项营业收支和营业外收支及税金支出，必须按规定列账。对不合理的收支予以纠正，对错用的账户进行冲正，对各项待摊预提费用在决算前及时处理，做到费用在当年合理负担。

（5）试算平衡。为了进一步检验日常账务的正确，保证年度决算报表编制的准确，在编制正式决算报表之前，各行应根据当年总账编制1月份至11月份的试算平衡表，进行试算平衡，以检查和验算各科目上、下年度是否衔接，年初数加减本年借、贷方发生额是否与11月末余额相符；年初数、发生额与11月末余额各栏的合计数是否各自平衡。

（6）调整好计算机系统相关数据。为确保所有网点计算机年终损益、利润自动结转的正确性，各行要确保管理的各项规定得到有效执行。参数管理员要在年终决算前完成年终决算参数表的调整并进行核对。

2. 决算日的工作。每年12月31日为决算日，决算日的主要工作有以下几种。

（1）轧平当日账务，全面核对账务。决算日发生的各项业务，必须处理完毕；全部账务全部入账；收到的联行报单或同城交换的票据要当日处理完毕；核实本年及第四季度应交税金额，于当日办理转账手续，与中央银行、同业银行及系统内各行的各种往来划款均须当日结清，不得跨年。在全面处理账务后，应将各科目总账与明细账、登记簿进行全面核对，做到账账相符。

（2）计算外汇买卖损益。决算日，应将各种外币买卖账户余额，一律按决算日汇价折成人民币，并与原币的外汇买卖账上的人民币余额比较，其差额列入相关损益账户。

（3）进行月度结算，结转本年损益。决算日账务结平后，进行12月份的月结工作，编制月计表。月结之后，结转损益。将损益类各收支科目的余额通过分录转入“损益”科目内，并结出本年利润（或亏损）。

（4）结转新旧科目及新旧账簿。全年账务轧平后，编制年终决算报表，然后办理上下年度账务结转工作。年终如有会计科目修改变更，应采取对照表方式办理新旧科目结转。同时，办理新旧账簿的结转，结束旧账，建立新账，保证新年度业务活动的正常进行。

①总账的结转。总账每年更换一次，年终结转时，新账页的日期，应写新年度1月1日，“摘要”栏盖“上年结转”戳记，旧账余额过入新账的“上年余额”栏内。

②明细账的结转。银行的各种明细账，除卡片账、储蓄账不办理结转，下年度可以继续使用外，其余均办理结转。

a. 一般分户账页的结转。银行甲、乙、丙格式的一般分户账的结转，应先在旧账页的最后一行余额下，加盖“结转下年”戳记，然后将最后余额过入新账页，并在新账页日期栏写明新年度1月1日，摘要栏加盖“上年结转”戳记。此外，对余额已结清的账户，一般应在各账页最后一行的下面划一道红线，并在账页上加盖“结清”戳记。

b. 销账式账面的结转。对逐笔记入、逐笔销账的丁种账页，应先在旧账页未销各笔的销账日期栏内，加盖“结转下年”戳记，然后将未销各笔逐一过入新账页，并结出余额，在摘要栏加盖“上年结转”戳记。对新账页的记账日期，不论是在年终决算日内办理结转，还是在新年度开业前办理结转，应一律写新年度1月1日。对户名及发生日期均按旧账页抄转，以便查考。

年度决算结束后，不再使用的旧账页，应分别科目按账号顺序整理并装订成册，标明名称、年度、科目及编号等，按会计档案保管办法的规定入库保管。

3. 决算后的工作。年度终了，在决算整理期内，各项账目已调整清理完毕，所有属于上年度的账项，均已在上年度的账页上登记齐备。这时，即可按照会计制度规定的时间编制年度决算报表。

（1）年度决算报表的种类。银行决算报表是综合反映银行全年财务状况和经营成果的书面文件，是会计核算工作的结果，是银行经营活动的定期总结。银行会计报表向使用者提供银行的综合信息，全面反映银行某一会计期间的财务状况和主要经营情况。在银行会计信息中，最主要、最重要的来源是银行的会计报表。因此，编制时应做到真实可靠、全面完整、编报及时。

（2）业务拓展。银行的财务会计报告分为年度、半年度、季度和月度财务会计报告。月度、季度财务会计报告是指月度和季度终了提供的财务会计报告；半年度财务会计报告是指在每个会计年度的前六个月结束后对外提供的财务会计报告；年度财务会计报告是指年度终了对外提供的财务会计报告。

（六）财产保护控制

财产保护控制是指保护实物资产不被偷盗或未经许可而获得及被使用的措施和程序，这包括建立财产日常管理制度和定期清查制度。财产保护控制包括采用财产记录、使用保险箱存储现金和重要文件、为大楼内的区域设立门禁系统、为贵重资产采取两重保管方法（即必须两人同时出现才能取出某些资产）、定期对存货进行盘点、聘请志业保安和安装闭路电视摄像头等措施，确保财产安全。

商业银行的财产保护控制包括：

1. 限制直接接触，限制直接接触主要指严格限制无关人员对实务资产的直接接触，只有经过授权的人员才能够接触资产。限制直接接触的独享包括限制接触现金、其他易变现资产与存货。

2. 定期盘点，建立资产定期盘点制度，并保证盘点时资产的安全性。通常可采用先盘点实物，再核对账册来防止盘盈资产流失的可能性，对盘点中出现的差异应当进行调查，对盘亏资产应当分析其原因、查明责任、完善相关制度。

3. 记录保护，应当对企业各种文件资料（尤其是资产、财务、会计等资料）妥善保管，避免记录受损、被盗、被毁的可能。对某些重要资料应当留有备份，以便在遭受意外损失或毁坏时重新恢复，这对计算机系统尤为重要。

4. 财产保险，通过对资产投保（如火灾险、盗窃险、责任险）增加实物受损补偿机会，从而保护财产的安全。

（七）预算控制

预算是为达到商业银行既定目标编制的经营、资本、财务等年度总体收支计划，从某种意义上讲，预算也是对商业银行经济业务规划的授权审批。

（八）绩效考评控制

绩效考评控制对银行内部各责任单位和全体员工的绩效进行定期考核和客观评价，将考评结果作为确定员工薪酬以及晋升、评优等的依据。这些控制活动对企业内部环境均具有支持作用。

四、信息与沟通

从银行的角度看，有用的信息是指相关、可靠、及时、可获得并且保持一致格式的信息，这些信息既包括内部的财务、经营和遵循性方面的数据，也包括与决策相关的外部市场信息。商业银行内部控制的过程实质上也是一个信息运动的过程，通过信息的原始收集、信息的筛选、信息的加工、信息的传递等过程来保证信息流的畅通，通过信息流去指导人力流和资金流按照预定目标运行，以达到控制的目的。

（一）商业银行信息系统概述

商业银行信息系统是内部控制系统的重要组成部分，商业银行为实现其经营、信息及遵循性目标，必须建立覆盖所有业务的信息系统，信息必须实现在商业银行内部的有效交流。

1. 有效的内部控制体系要求拥有充分全面的内部财务、经营、符合性数据以及与决策相关的外部市场信息。信息应当可靠、及时、易采集，并以统一格式提供。

2. 有效的内部控制体系要求建立可靠并覆盖银行所有重要活动的

信息系统。信息系统（包括以电子形式保存和使用数据的系统）必须保证安全、独立地被监控并可得到充分灵活安排的支持。

3. 有效的内部控制体系要求建立有效的沟通渠道，确保所有职员都充分理解和遵守影响职责的政策和程序，并且其他相关信息能够传达给适当的职员。

商业银行信息既包括内部产生的各类数据，也包括与决策相关的外部市场信息；既包括财务数据也包括非财务数据。商业银行会计信息系统是以商业银行经营活动为基础，通过对银行发生的经营活动及其事项进行确认、计量、记录、计算和报告，从而给银行最高管理层和各职能部门以及对外提供财务及其他方面经济信息的系统；商业银行管理信息系统是商业银行服务于银行管理层，为管理层提供所需除财务、会计信息外的管理决策信息的系统；商业银行信息传递系统是将会计信息和管理信息在银行内部传递和交流的系统。随着计算机和网络的应用，现代商业银行信息系统越来越淡化会计信息与管理信息的界限，形成了信息处理的综合系统。

（二）完善的商业银行信息系统

从信息管理的角度看，商业银行经营智能化的基础是业务处理自动化，而中心内容是内部综合管理信息化。计算机技术和信息处理技术的广泛应用，改变了传统商业银行会计信息系统与非财务信息系统相互割据的孤岛局面，形成了管理全面信息的综合信息系统。这种信息系统建立在业务处理系统和办公自动化系统基础之上，运用信息技术和管理方法对银行全面信息进行处理、分析、预测、风险控制和管理决策的高度集成化、网络化的人际信息系统。银行信息系统已经成为了各大银行经营管理与业务运作的核心性基础设施和最重要的竞争工具。

商业银行信息系统应具备如下特征：

1. 集成化的业务处理。在继承业务处理系统建设过程中，各银行对市场上尚未成熟的业务处理软件和特殊业务处理软件坚持自主开发，而对通用功能的银行业务处理软件则采用专业厂商提供的套装商业软件。

2. 支持中心化业务操作处理方式。此种操作处理方式可以提高劳动生产率，提供更加专业的银行服务。

3. 建立集成化的服务通道。集成技术还应用在面向客户的服务系统和后台业务操作系统的连接上，形成了方便、快捷的客户服务通道。

4. 建立数据仓库以及 OLAP、DM 等决策支持工具。在线分析处理（OLAP）系统工具和挖掘（DM）工具可以为商业银行的日常管理和经营提供决策支持，甚至可以为商业银行的中长期战略决策提供多方面的帮助。

五、商业银行内部监督与审计

银行内部控制的整体有效性应持续得到监控，对关键风险的监控应成为银行日常营业活动的一部分。

（一）监控参与人

参与对商业银行内部控制系统的有效性进行监督与评价的不仅包括内部审计部门，而且还有董事会、高管层以及各种业务部门。其中：

1. 董事会对确保高级管理层建立和维护健全有效的内部控制体系、风险评估测量体系、与资本标准挂钩的风险控制体系以及监控合法合规情况的适当方法等负最终责任。董事会对内部控制体系及资本评估程序的审核至少每年1次。

2. 高级管理层负责建立一个责任权利和报告线路清晰、各项职责能够得到有效履行的组织结构，负责建立用于识别、测量、监控风险的管理程序，负责制定适当的内部控制政策，监控内部控制体系的健全性与有效性，并向董事会报告内部控制体系和资本评估程序的范围和绩效。

3. 各级业务部门在开展业务的过程中对发现的内部控制中存在的问题进行及时纠正和报告。

4. 商业银行内部审计作为商业银行内部的一个独立监督评价体系，对内部控制的有效性进行独立监督和评价，既表现为一种经济控制，也是对内部控制系统的再控制。

（二）商业银行内部审计

内部审计的主体是独立的内部审计部门和内部审计人员；内部审计的客体是组织内部的各种人员、管理经营活动和内控系统，内部审计的依据是国家的有关法律法规和基本的会计准则、组织内部的制度、规章、程序和经营目标等。商业银行内部审计是银行内部的内审部门对银行的各种经营活动和内部控制系统进行独立监督和评价的过程，其目的是确保银行合规合法经营、确保银行发展战略和经营目标的全面实施，确保将各种风险控制在规定的范围之内，确保会计和管理信息的可靠和完整。

1. 商业银行内部审计的功能。

（1）监督功能。商业银行内部审计是通过商业银行经营活动和内部控制系统的监督和评价达到监督和控制的目的，确保商业银行稳健经营。内部审计是通过各种检查，了解银行各级部门和分支行是否建立了各种规章制度，是否执行了国家有关的法律法规等，再此基础上发现问题，暴露风险，并根据已检查出的经营管理中的问题和内部控制系统中的缺陷，提出改进意见，促使各部门和分支行及时纠正差错、完善制度、改进管理。

（2）防范功能。内部审计通过发现问题，堵塞漏洞，可以防患于未然，同时对违法违规等不当行为也能起到一定的威慑作用，在一定程度上防范和打击金融犯罪活动，发挥事前防范功能。

（3）促进功能。通过发挥内部审计的反馈作用，可以健全银行各项规章制度，完善考核奖惩办法，改善银行经营管理，提高银行的经营效率和管理效率；同时内部审计中发现的先进做法和经验，也可以认真总结并加以推广，从而促进各项业务的发展。

2. 内部审计方法。内部审计方法是内部审计部门根据银行业务特点所采用的能全面准确及时反映银行风险状况的审计方法。内部审计方法对内部审计的有效性有重要影响，它也直接决定下一步的内部审计活动。在审计发展初期，审计方法是详细审计，即详细检查企业全部会计凭证，计算复核明细账和总账的余额，进行账证、账账核对。随着社会生产力的发展，审计人员只能通过抽查部分账证进行审计。由于这种抽查带有很大的随意性，难免会以偏概全，影响审计结论的可靠程度。十几年来，审计研究人员与审计职业界致力于把审计风险概念全面应用于审计实务，导致了一种名为“风险基础审计”或“风险导向审计”的方法在全球范围内兴起。这种方法的特点是将审计对象置于一个大的经济环境中，运用立体观察的理论来判断影响因素，从企业所处的商业环境、条件到经营方式和管理机制等构成控制结构的内外部各个方面来分析评估审计的风险水平，并通过审计程序把审计风险降低到审计人员可接受的程度内。

附录1

金融企业会计制度

财会［2001］49号

第一章　总　　则

第一条　为了规范金融企业的会计核算，提高会计信息质量，根据《中华人民共和国会计法》、《企业财务会计报告条例》等有关法律、法规，制定本制度。

第二条　本制度适用于中华人民共和国境内依法成立的各类金融企业（简称金融企业，下同），包括银行（含信用社，下同）、保险公司、证券公司、信托投资公司、期货公司、基金管理公司、租赁公司、财务公司等。

第三条　金融企业的会计核算应当以持续、正常的经营活动为前提。

第四条　金融企业的会计核算应当划分会计期间，分期结算账目和编制财务会计报告。会计期间分为年度、半年度、季度和月度。年度、半年度、季度和月度均按公历起讫日期确定。半年度、季度和月度均称为会计中期。

本制度所称的期末，是指月末、季末、半年末和年末。

第五条　金融企业的会计核算以人民币为记账本位币。

业务收支以人民币以外的货币为主的金融企业，可以选定其中一种货币作为记账本位币，但是编报的财务会计报告应当折算为人民币。

在境外设立的中国金融企业向国内报送的财务会计报告，应当折算为人民币。

第六条 金融企业的会计记账采用借贷记账法。

第七条 金融企业的会计核算，应当遵循以下基本原则：

（一）金融企业的会计核算应当以实际发生的交易或事项为依据，如实反映其财务状况、经营成果和现金流量。

（二）金融企业应当按照交易或事项的实质和经济现实进行会计核算，不应当仅仅按照它们的法律形式作为会计核算的依据。

（三）金融企业提供的会计信息应当能够反映其财务状况、经营成果和现金流量，以满足会计信息使用者的需要。

（四）金融企业的会计核算方法前后各期应当保持一致，不得随意变更。如有必要变更，应当将变更的内容和理由、变更的累积影响数，以及累积影响数不能合理确定的理由等，在会计报表附注中予以说明。

（五）金融企业应当按照规定的会计处理方法进行会计核算，会计指标应当口径一致、相互可比。

（六）金融企业的会计核算应当及时进行，不得提前或延后。

（七）金融企业的会计核算应当清晰明了，便于理解和利用。

（八）金融企业的会计核算应当以权责发生制为基础。凡是当期已经实现的收入和已经发生或应当负担的费用，不论款项是否收付，都应当作为当期的收入和费用；凡是不属于当期的收入和费用，即使款项已在当期收付，也不应当作为当期的收入和费用。

（九）金融企业在进行会计核算时，收入与其成本、费用应当相互配比，同一会计期间内的各项收入和与其相关的成本、费用，应当在该会计期间内确认。

（十）金融企业的各项财产在取得时应当按照实际成本计量。各项财产如果发生减值，应当按照本制度规定计提相应的减值准备。除法律、行政法规和国家统一的会计制度另有规定者外，金融企业一律不得自行调整其账面价值。

（十一）金融企业的会计核算，应当遵循谨慎性原则，不得多计资产或收益，也不得少计负债或费用。

（十二）金融企业的会计核算应当合理划分收益性支出与资本性支出。凡支出的效益仅与本会计年度相关的，应当作为收益性支出；凡支出的效益与几个会计年度相关的，应当作为资本性支出。

（十三）金融企业的会计核算应当遵循重要性原则，对资产、负债、损益等有较大影响，进而影响财务会计报告使用者据以做出合理判断的重要会计事项，必须按照规定的会计方法和程序进行处理，并在财务会计报告中予以充分的披露；对于次要的会计事项，在不影响会计信息真实性和不至于误导会计信息使用者作出正确判断的前提下，可适当简化处理。

第八条 金融企业应当根据有关会计法律、行政法规和本制度的规定，在不违反本制度的前提下，结合本企业的具体情况，制定适合于本企业的会计核算办法。

第二章 资 产

第九条 资产，是指过去的交易、事项形成并由企业拥有或者控制的资源，该资源预期会给企业带来经济利益。金融企业的资产应按流动性进行分类，主要分为流动资产、长期投资、固定资产、无形资产和其他资产。从事存贷款业务的金融企业，还应按发放贷款的期限划分为短期贷款、中期贷款和长期贷款。

第一节 流动资产

第十条 流动资产，是指可以在1年内（含1年）变现或耗用的资产。

第十一条 金融企业的流动资产，主要包括库存现金、存放款项、拆放同业、贴现、应收利息、应收股利、应收保费、应收分保款、应收信托手续费、存出保证金、自营证券、清算备付金、代发行证券、代兑付债券、买入返售证券、短期投资、短期贷款等。

（一）存放款项，是指金融企业在中央银行、其他银行或非银行金融机构存入的用于支付清算、提取及缴存现金的款项，以及按吸收存款的一定比例缴存中央银行的准备金存款等，包括存放中央银行款项和存放同业款项。存放款项，应按实际存放的金额入账。

（二）拆放同业，是指金融企业因资金周转需要而在金融机构之间借出的资金头寸。资金拆放应按实际拆出的金额入账。

（三）贴现，是指金融企业向持有未到期商业汇票的客户或其他金融机构办理贴现的款项。金融企业办理贴现，应按票面金额入账。

（四）应收利息，是指金融企业发放贷款及购买债券等，按照适用利率和计息期限计算应收取的利息以及其他应收取的利息。应收利息应按当期发放贷款本金、购买债券面值等和适用利率计算并确认的金额入账。

（五）应收股利，是指金融企业因股权投资而应收取的现金股利。应收股利应按当期应收金额入账。

（六）应收保费，是指金融企业应向投保人收取但尚未收到的保费。应收保费应按当期应收金额入账。

（七）应收分保款，是指金融企业之间开展分保业务发生的各种应收款项。应收分保款应于收到分保业务账单时，按照分保业务账单标明的金额入账。

（八）应收信托手续费，是指从事信托业务的金融企业应收的各项手续费。应收信托手续费应按当期应收的手续费金额入账。

（九）存出保证金，是指金融企业按规定交存的保证金，包括交易保证金、存出分保准备金、存出理赔保证金、存出共同海损保证金、存出其他保证金等。存出保证金应按实际存出的金额入账。

（十）自营证券，是指金融企业为了获取证券买卖差价收入而买入的、能随时变现的且持有期间不准备超过1年或虽不能随时变现但其发行期或购入至到期日的剩余期限不满1年（含1年）的股票、债券、基金和权证等经营性证券。自营证券应当按照清算日买入时的实际成本入账。实际成本包括买入时成交的价款和交纳的相关税费。

（十一）清算备付金，是指从事证券业务的金融企业为证券交易的资金清算与交收而存入指定清算代理机构的款项。清算备付金应按实际交存的金额入账。

（十二）代发行证券，是指金融企业接受委托代理发行的股票、债券等。代发行证券应当按照承销合同规定的价格入账。

（十三）代兑付债券，是指金融企业接受委托代理兑付债券而实际支付或垫付的款项。代兑付债券应按实际兑付的金额入账。

（十四）买入返售证券，是指金融企业按规定进行证券回购业务而融出的资金。买入返售证券应当按照实际支付的款项入账。

（十五）短期投资，是指能够随时变现并且持有时间不准备超过1年（含1年）的债券等。

1. 短期投资在取得时应当按照初始投资成本计量。短期投资初始投资成本按以下方法确定：

（1）以现金购入的短期投资，按实际支付的全部价款，包括税金、手续费等相关费用作为短期投资初始投资成本。实际支付的价款中包含的已到付息期但尚未领取的债券利息等，应当作为应收款项单独核算，不构成短期投资初始投资成本。

（2）收到投资者作为投入资金的债券等，如为短期投资，按投资各方确认的价值作为短期投资初始投资成本。

2. 短期投资的利息，应当于实际收到时，冲减投资的账面价值，但已记入“应收利息”的除外。

3. 金融企业应当在期末时对短期投资按成本与市价孰低计量。

4. 处置短期投资时，应当将短期投资的账面价值与实际取得价款等的差额，确认为当期投资损益。

第二节　贷　　款

第十二条　贷款，是指金融企业对借款人提供的按约定的利率和期限还本付息的货币资金。

金融企业发放的贷款，主要包括短期贷款、中期贷款和长期贷款。

（一）短期贷款，是指金融企业根据有关规定发放的、期限在1年以下（含1年）的各种贷款，包括质押贷款、抵押贷款、保证贷款、信用贷款、进出口押汇等。从事信托业务的金融企业用自有资金发放的1年期（含1年）以内的贷款也包括在内。

短期贷款本金按实际贷出的贷款金额入账。期末，按照贷款本金和适用的利率计算应收利息。抵押贷款应按实际贷给借款人的金额入账。

（二）中期贷款，是指金融企业发放的贷款期限在1年以上5年以下（含5年）的各种贷款。

（三）长期贷款，是指金融企业发放的贷款期限在5年（不含5年）以上的各种贷款。

第十三条　金融企业发放的中长期贷款的核算，应当遵循以下原则：

（一）本息分别核算。金融企业发放的中长期贷款，应当按照实际贷出的贷款金额入账。期末，应当按照贷款本金和适用的利率计算应收取的利息，并分别按贷款本金和利息进行核算。

（二）商业性贷款与政策性贷款分别核算。

（三）自营贷款与委托贷款分别核算。自营贷款是指金融企业以合法方式筹集的资金自主发放的贷款，其风险由金融企业承担，并由金融企业收取本金和利息。委托贷款是指委托人提供资金，由金融企业（受托人）根据委托人确定的贷款对象、用途、金额、期限、利率等而代理发放、监督使用并协助收回的贷款，其风险由委托人承担。金融企业发放委托贷款时，只收取手续费，不得代垫资金。金融企业因发放委托贷款而收取的手续费，按收入确认条件予以确认。

（四）应计贷款和非应计贷款分别核算。非应计贷款是指贷款本金或利息逾期90天没有收回的贷款。应计贷款是指非应计贷款以外的贷款。当贷款的本金或利息逾期90天时，应单独核算。

当应计贷款转为非应计贷款时，应将已入账的利息收入和应收利息予以冲销。

从应计贷款转为非应计贷款后，在收到该笔贷款的还款时，首先应冲减本金；本金全部收回后，再收到的还款则确认为当期利息收入。

第十四条　金融企业发放的贷款应当在期末按本制度规定计提贷款损失准备。

在资产负债表中，应计贷款与非应计贷款应当分别列示。

第三节　长期投资

第十五条　长期投资，是指除短期投资以外的投资，包括持有时间准备超过 1 年（不含 1 年）的各种股权性质的投资、不能变现或不准备随时变现的债券投资、其他债权投资和其他长期投资。

长期投资应当单独核算，并在资产负债表中单列项目反映。

第十六条　金融企业的长期股权投资应当按照以下规定核算：

（一）长期股权投资在取得时按照初始投资成本入账。

1. 以现金购入的长期股权投资，按实际支付的全部价款（包括支付的税金、手续费等相关费用）作为初始投资成本；实际支付的价款中包含已宣告但尚未领取的现金股利，按实际支付的价款减去已宣告但尚未领取的现金股利后的差额，作为初始投资成本。

2. 通过行政划拨方式取得的长期股权投资，按划出单位的账面价值，作为初始投资成本。

3. 以非现金资产换入的长期股权投资，按换出资产的账面价值加上应支付的相关税费，作为初始投资成本。

4. 以债转股的方式取得的长期股权投资，按实际债转股应收债权的账面价值，作为初始投资成本。

（二）长期股权投资的核算，应当根据不同情况，分别采用成本法或权益法。

金融企业对被投资单位无控制、无共同控制且无重大影响的，长期股权投资应当采用成本法核算；金融企业对被投资单位具有控制、共同控制或重大影响的，长期股权投资应当采用权益法核算。通常情况下，金融企业对其他单位的投资占该单位有表决权资本总额 20% 或20% 以上，或虽投资不足 20% 但有重大影响的，应当采用权益法核算。金融企业对其他单位的投资占该单位有表决权资本总额 20% 以下，或对其他单位的投资虽占该单位有表决权资本总额 20% 或 20% 以上但不具有重大影响的，应当采用成本法核算。

（三）采用成本法核算时，除追加投资（例如，将应分得的现金股利或利润转为投资）或收回投资外，长期股权投资的账面价值一般应当保持不变。被投资单位宣告分派的利润或现金股利，作为当期投资收益。

（四）采用权益法核算时，投资最初以初始投资成本计量，以后根据投资企业享有被投资单位所有者权益份额的变动，对投资的账面价值进行调整。

1. 采用权益法核算时，初始投资成本与应享有被投资单位所有者权益份额之间的差额，作为股权投资差额处理，按一定期限平均摊销，计入损益。

股权投资差额的摊销期限，合同规定了投资期限的，按投资期限摊销。合同没有规定投资期限的，初始投资成本超过应享有被投资单位所有者权益份额之间的差额，按不超过10年的期限摊销；初始投资成本低于应享有被投资单位所有者权益份额之间的差额，按不低于10年的期限摊销。

2. 采用权益法核算时，应当在取得股权投资后，按应享有或应分担的被投资单位当年实现的净利润或发生的净亏损的份额（法律、法规或公司章程规定不属于投资企业的净利润除外），调整投资的账面价值，并作为当期投资损益。金融企业按被投资单位宣告分派的利润或现金股利计算应分得的部分，减少投资的账面价值。金融企业在确认被投资单位发生的净亏损时，应以投资账面价值减记至零为限；如果被投资单位以后各期实现净利润，投资的企业应在计算的收益分享额超过未确认的亏损分担额以后，按超过未确认的亏损分担额的金额，恢复投资的账面价值。

金融企业按被投资单位净损益计算调整投资的账面价值和确认投资损益时，应当以取得被投资单位股权后发生的净损益为基础。对被投资单位除净损益以外的所有者权益的其他变动，也应当根据具体情况调整投资的账面价值。

3. 因追加投资等原因对长期股权投资的核算从成本法改为权益法，应当自实际取得对被投资单位控制、共同控制或对被投资单位实施重大影响时，按经追溯调整后股权投资的账面价值加上追加投资成本作为初始投资成本，初始投资成本与应享有被投资单位所有者权益份额的差额，作为股权投资差额，并按本制度的规定摊销，计入损益。

金融企业因减少投资等原因对被投资单位不再具有控制、共同控制或重大影响时，应当中止采用权益法核算，改按成本法核算，并按投资的账面价值作为新的投资成本。其后，被投资单位宣告分派利润或现金股利时，属于已记入投资账面价值的部分，作为新的投资成本的收回，冲减投资成本。

（五）金融企业改变投资目的，将短期投资（含自营证券）划转为长期投资，应按短期投资（含自营证券）的成本与市价孰低结转，并按此确定的价值作为长期投资新的投资成本。拟处置的长期投资不调整至短期投资（含自营证券），待处置时按处置长期投资进行会计处理。

（六）处置股权投资时，应将投资的账面价值与实际取得价款等的差额，作为当期投资损益。

第十七条　金融企业的长期债权投资应当按照以下规定进行核算：

（一）长期债权投资在取得时，应按取得时的实际成本，作为初始投资成本。

以现金购入的长期债券投资，按实际支付的全部价款（包括税金、手续费等相关费用）减去已到期但尚未领取的债券利息，作为初始投资成本。如果所支付的税金、手续费等相关费用金额较小，可以直接计入当期投资收益，不计入初始投资成本。

（二）长期债权投资应当按照票面价值与票面利率按期计算确认利息收入。

长期债券投资的初始投资成本减去已到付息期但尚未领取的债券利息、未到期债券利息和计入初始投资成本的相关税费，与债券面值之间的差额，作为债券溢价或折价；债券的溢价或折价在债券存续期间内于确认相关债券利息收入时摊销。摊销方法可以采用直线法，也可以采用实际利率法。

（三）持有可转换公司债券的金融企业，可转换公司债券在购买以及转换为股份之前，应按一般债券投资进行处理。当金融企业行使转换权利，将其持有的债券投资转换为股份时，应按其账面价值减去收到的现金后的余额，作为股权投资的初始投资成本。

（四）处置长期债权投资时，按实际取得的价款与长期债权投资账面价值等的差额，作为当期投资损益。

第十八条 金融企业的长期投资应当在期末时按照账面价值与可收回金额孰低计量。

第四节 固定资产

第十九条 金融企业的固定资产，是指同时具有以下特征的有形资产：

（一）为生产商品、提供劳务、出租或经营管理而持有的；

（二）使用年限超过1年；

（三）单位价值较高。

第二十条 金融企业应当根据固定资产定义，结合本企业的具体情况，制定适合于本企业的固定资产目录、分类方法、每类或每项固定资产的折旧年限、折旧方法，作为进行固定资产核算的依据。

金融企业制定的固定资产目录、分类方法、每类或每项固定资产的预计使用年限、预计净残值（预计残值减去预计清理费用，下同）、折旧方法等，应当编制成册，并按照管理权限，经股东大会或董事会，或行长（经理）会议或类似机构批准，按照法律、行政法规的规定报送有关各方备案，同时备置于金融企业所在地，以供投资者等有关各方查阅。金融企业已经确定并对外报送，或备置于金融企业所在地的有关固定资产目录、分类方法、预计净残值、预计使用年限、折旧方法等，一经确定不得随意变更，如需变更，仍然应当按照上述程序，经批准后报送有关各方备案，并在会计报表附注中予以说明。

未作为固定资产管理的工具、器具等，作为低值易耗品核算。

第二十一条 金融企业取得固定资产时，应按取得时的成本入账。取得时的成本包括买价、进口关税、运输和保险等相关费用，以及为使固定资产达到预定可使用状态前所必要的支出。固定资产取得时的成本应当根据具体情况分别确定：

（一）购置的不需要经过建造过程即可使用的固定资产，按实际支付的买价、包装费、运输费、安装成本、交纳的有关税金等作为入账价值。

如果以一笔款项购入多项没有单独标价的固定资产，按各项固定资产公允价值的比例对总成本进行分配，分别确定各项固定资产的入账价值。

（二）自行建造的固定资产，按建造该项资产达到预定可使用状态前所发生的全部支出，作为入账价值。

（三）收到投资者作为投入资金投入的固定资产，按投资各方确认的价值，作为入账价值。

（四）融资租入的固定资产，按租赁开始日租赁资产的原账面价值与最低租赁付款额的现值两者中较低者，作为入账价值。如果融资租赁资产占企业资产总额比例等于或小于30%的，在租赁开始日，企业也可按最低租赁付款额，作为固定资产的入账价值。

（五）在原有固定资产的基础上进行改建、扩建的（包括技术改造、更新改造等，下同），按原固定资产的账面价值，加上由于改建、扩建而使该项资产达到预定可使用状态前发生的支出，减去改建、扩建过程中发生的变价收入，作为入账价值。

（六）接受的债务人以非现金资产抵偿债务方式取得的固定资产，按实际抵债部分的账面价值加上应支付的相关税费，作为入账价值。

（七）接受捐赠的固定资产，应按以下规定确定其入账价值：

1. 捐赠方提供了有关凭据的，按凭据上标明的金额加上应支付的相关税费，作为入账价值。

2. 捐赠方没有提供有关凭据的，按如下顺序确定其入账价值：

（1）同类或类似固定资产存在活跃市场的，按同类或类似固定资产的市场价格估计的金额，加上应支付的相关税费，作为入账价值；

（2）同类或类似固定资产不存在活跃市场的，按该接受捐赠的固定资产的预计未来现金流量现值，作为入账价值。

3. 如受赠的系旧的固定资产，按照上述方法确认的价值，减去按该项资产的新旧程度估计的价值损耗后的余额，作为入账价值。

（八）盘盈的固定资产，按以下规定确定其入账价值：

1. 同类或类似固定资产存在活跃市场的，按同类或类似固定资产的市场价格，减去按该项资产的新旧程度估计的价值损耗后的余额作为入账价值。

2. 同类或类似固定资产不存在活跃市场的，按该项固定资产的预计未来现金流量现值，作为入账价值。

（九）经批准无偿调入的固定资产，按调出单位的账面价值加上发生的运输费、安装费等相关费用，作为入账价值。

固定资产的入账价值中，还应当包括金融企业为取得固定资产而交纳的契税、耕地占用税、车辆购置税等相关税费。

第二十二条 金融企业为在建工程准备的各种物资，应当按照实际支付的买价、增值税额、运输费、保险费等相关费用作为实际成本，并按照各种专项物资的种类进行明细核算。

工程完工后剩余的工程物资，转作本企业库存材料的，按其实际成本或计划成本，转作库存材料。如可抵扣增值税进项税额的，应按减去增值税进项税额后的实际成本或计划成本，转作库存材料。

盘盈、盘亏、报废、毁损的工程物资，减去保险公司、过失人赔偿部分后的差额，工程项目尚未完工的，计入或冲减所建工程项目的成本；工程已经完工的，计入当期营业外收支。

第二十三条 金融企业的在建工程，包括施工前期准备、正在施工中的建筑工程、安装工程、技术改造工程、大修理工程等。工程项目较多且工程支出较大的金融企业，应当按照工程项目的性质分项核算。

在建工程应当按照实际发生的支出确定其工程成本，并单独核算。

第二十四条 金融企业的自营工程，应当按照直接材料、直接工资、直接机械施工费等计量；采用出包工程方式的金融企业，按照应当支付的工程价款等计量。设备安装工程，按照所安装设备的价值、工程安装费用、工程试运转等所发生的支出确定工程成本。

第二十五条 金融企业的在建工程达到预定可使用状态前因进行试运转所发生的净支出，计入工程成本。在建工程项目在达到预定可使用状态前所取得的试运转过程中形成的、能够对外销售的产品，其发生的成本，计入在建工程成本，销售或转为库存商品时，按实际销售收入或按预计售价冲减工程成本。

第二十六条 金融企业的在建工程发生单项或单位工程报废或毁损，减去残料价值和过失人或保险公司等赔款后的净损失，计入继续施工的工程成本；如为非常原因造成的报废或毁损，或在建工程项目全部报废或毁损，应将其净损失直接计入当期营业外支出。

第二十七条 金融企业所建造的固定资产已达到预定可使用状态，但尚未办理竣工决算的，应当自达到预定可使用状态之日起，按照工程预算、造价或者工程实际成本等，按估计的价值转入固定资产，并按本制度关于计提固定资产折旧的规定，计提固定资产的折旧。待办理了竣工决算手续后再作调整。

第二十八条 金融企业下列固定资产应当计提折旧：

（一）房屋和建筑物；

（二）各类设备；

（三）大修理停用的固定资产；

（四）融资租入和以经营租赁方式租出的固定资产。

达到预定可使用状态应当计提折旧的固定资产，在年度内办理竣工决算手续的，按照实际成本调整原来的暂估价值，并调整已计提的折旧额，作为调整当月的费用处理。如果在年度内尚未办理竣工决算的，应当按照估计价值暂估入账，并计提折旧；待办理了竣工决算手续后，再按照实际成本调整原来的暂估价值，调整原已计提的折旧额，同时调整年初留存收益各项目。

第二十九条 金融企业下列固定资产不计提折旧：

（一）以经营租赁方式租入的固定资产；

（二）已提足折旧继续使用的固定资产；

（三）按规定单独估价作为固定资产入账的土地。

第三十条 金融企业应当根据固定资产的性质和消耗方式，合理地确定固定资产的预计使用年限和预计净残值，并根据科技发展、环境及其他因素，选择合理的固定资产折旧方法。

固定资产折旧方法可以采用年限平均法、工作量法、年数总和法、双倍余额递减法等。折旧方法一经确定，不得随意变更。如需变更，应当在会计报表附注中予以说明。

金融企业因改建、扩建等原因而调整固定资产价值的，应当根据调整后价值，预计尚可使用年限和净残值，按选定的折旧方法计提折旧。

对于接受捐赠旧的固定资产，应当按照规定的固定资产入账价值、预计尚可使用年限、预计净残值，以及所选用的折旧方法，计提折旧。

第三十一条 金融企业一般应按月提取折旧，当月增加的固定资产，当月不提折旧，从下月起计提折旧；当月减少的固定资产，当月照提折旧，从下月起不提折旧。

固定资产提足折旧后，不论能否继续使用，均不再提取折旧；提前报废的固定资产，也不再补提折旧。所谓提足折旧，是指已经提足该项固定资产应提的折旧总额。应提的折旧总额为固定资产原价减去预计净残值；如果已对固定资产计提减值准备的，还应当扣除已计提的固定资产减值准备。

第三十二条 与固定资产有关的后续支出，如果使可能流入企业的经济利益超过了原先的估计，如延长了固定资产的使用寿命，或者使产品质量实质性提高，或者使产品成本实质性降低，则应当计入固定资产账面价值，其增计金额不应超过该固定资产的可收回金额。除上述以外的与固定资产有关的后续支出，应当作为费用直接计入当期损益。

第三十三条 金融企业由于出售、报废或者毁损等原因而发生的固定资产清理净损益，计入当期营业外收支。

第三十四条 金融企业对固定资产应当定期或者至少每年实地盘点一次。对盘盈、盘亏、毁损的固定资产，应当查明原因，写出书面报告，并根据金融企业的管理权限，经股东大会或董事会，或行长（经理）会议或类似机构批准后，在期末结账前处理完毕。盘盈的固定资产，计入当期营业外收入；盘亏或毁损的固定资产，在减去过失人或者保险公司等赔款和残料价值之后，计入当期营业外支出。

如盘盈、盘亏或毁损的固定资产，在期末结账前尚未经批准的，在对外提供财务会计报告时应按上述规定进行处理，并在会计报表附注中作出说明；如果其后批准处理的金额与已处理的金额不一致，应按其差额调整会计报表相关项目的年初数。

第三十五条 金融企业对固定资产的购建、出售、清理、报废和内部转移等，都应当办理会计手续，并应当设置固定资产明细账（或者固定资产卡片）进行明细核算。

第三十六条 金融企业的固定资产应当在期末时按照账面价值与可收回金额孰低计量，可收回金额低于账面价值的差额，应当计提固定资产减值准备。

在资产负债表上，固定资产减值准备应当作为固定资产净值的减项反映。

第五节 无形资产和其他资产

第三十七条 金融企业的无形资产，是指为提供劳务、出租给他人、或为管理目的而持有的、没有实物形态的非货币性长期资产。无形资产分为可辨认无形资产和不可辨认无形资产。可辨认无形资产包括专利权、非专利技术、商标权、著作权、土地使用权等；不可辨认无形资产是指商誉。

金融企业自创的商誉，以及未满足无形资产确认条件的其他项目，不能作为无形资产。

第三十八条 金融企业的无形资产在取得时，应按实际成本入账。取得时的实际成本应按以下方法确定：

（一）购入的无形资产，按实际支付的价款作为实际成本。

（二）收到投资者作为投入资金投入的无形资产，按投资各方确认的价值作为实际成本。首次发行股票而接受投资者投入的无形资产，应按该项无形资产在投资方的账面价值作为实际成本。

（三）接受捐赠的无形资产，应按以下规定确定其实际成本：

1. 捐赠方提供了有关凭据的，按凭据上标明的金额加上应支付的相关税费，作为实际成本。

2. 捐赠方没有提供有关凭据的，按如下顺序确定其实际成本：

（1）同类或类似无形资产存在活跃市场的，按同类或类似无形资产的市场价格估计的金额，加上应支付的相关税费，作为实际成本；

（2）同类或类似无形资产不存在活跃市场的，按该接受捐赠的无形资产的预计未来现金流量现值，作为实际成本。

第三十九条 金融企业自行开发并按法律程序申请取得的无形资产，按依法取得时发生的注册费、聘请律师费等费用，作为无形资产的实际成本。在研究与开发过程中发生的材料费用、直接参与开发人员的工资及福利费、开发过程中发生的租金、借款费用等，直接计入当期损益。

已经计入各期费用的研究与开发费用，在该项无形资产获得成功并依法申请取得权利时，不得再将原已计入费用的研究与开发费用资本化。

第四十条 金融企业的无形资产应当自取得当月起在预计使用年限内分期平均摊销，计入损益。如预计使用年限超过了相关合同规定的受益年限或法律规定的有效年限，该无形资产的摊销年限按如下原则确定：

（一）合同规定受益年限但法律没有规定有效年限的，摊销期不应超过合同规定的受益年限；

（二）合同没有规定受益年限但法律规定有效年限的，摊销期不应超过法律规定的有效年限；

（三）合同规定了受益年限，法律也规定了有效年限的，摊销期不应超过受益年限和有效年限两者之中较短者。

如果合同没有规定受益年限，法律也没有规定有效年限的，摊销期不应超过10年。

第四十一条 金融企业购入或以支付土地出让金方式取得的土地使用权，在尚未开发或建造自用项目前，作为无形资产核算，并按本制度规定的期限分期摊销。金融企业因利用土地建造自用项目时，将土地使用权的账面价值全部转入该在建工程。

第四十二条 金融企业出售无形资产，应将所得价款与该项无形资产的账面价值之间的差额，计入当期损益。

金融企业出租的无形资产，应当按照本制度有关收入确认原则确认所取得的租金收入；同时，确认出租无形资产的相关费用。

第四十三条 金融企业的无形资产应当按照账面价值与可收回金额孰低计量，可收回金额低于账面价值的差额，计提无形资产减值准备。

第四十四条 金融企业的其他资产，是指除上述资产以外的其他资产，如长期待摊费用、存出资本保证金、抵债资产、应收席位费等。

（一）长期待摊费用，是指金融企业已经支出，但摊销期限在1年以上（不含1年）的各项费用，包括租入固定资产的改良支出等。应当由本期负担的借款利息、租金等，不得作为长期待摊费用处理。

长期待摊费用应当单独核算，在费用项目的受益期限内分期平均摊销。租入固定资产改良支出应当在租赁期限与租赁资产尚可使用年限两者孰短的期限内平均摊销；其他长期待摊费用应当在受益期内平均摊销。

股份有限公司委托其他单位发行股票支付的手续费或佣金等相关费用，减去股票发行冻结期间的利息收入后的余额，从发行股票的溢价中不够抵消的，或者无溢价的，若金额较小的，直接计入当期损益；若金额较大的，可作为长期待摊费用，在不超过2年的期限内平均摊销，计入损益。

除购建固定资产以外，所有筹建期间所发生的费用，先在长期待摊费用中归集，待金融企业开始经营当月起一次计入开始经营当月的损益。

如果长期待摊的费用项目不能使以后会计期间受益的，应当将尚未摊销的该项目的摊余价值全部转入当期损益。

（二）存出资本保证金，是指金融企业从事保险业务按规定比例缴存的、用于清算时清偿债务的保证金。存出资本保证金应于金融企业成立后按注册资本的20%提取，在实际发生时，按实际发生额入账。

（三）金融企业取得抵债资产时，按实际抵债部分的贷款本金和已确认的利息作为抵债资产的入账价值。待处理抵债资产应单独核算。

抵债资产处置时，如果取得的处置收入大于抵债资产账面价值，其差额计入营业外收入；如果取得的处置收入小于抵债资产账面价值，其差额计入营业外支出；保管过程中发生的费用直接计入营业外支出。处置过程中发生的费用，从处置收入中抵减。

抵债资产在期末应当按照账面价值与可收回金额孰低计量。

（四）应收席位费，是指金融企业向法定交易场所支付的交易席位费用。交易席位费用应当按照实际支付的金额入账，并按10年的期限平均摊销。

第六节 资产减值

第四十五条 金融企业应当定期或者至少于每年年度终了时对各项资产进行检查，根据谨慎性原则，合理地预计各项资产可能发生的损失，对可能发生的各项资产损失计提资产减值准备。

各项资产减值准备应当合理计提，但不得设置秘密准备。如有确凿证据表明金融企业不恰当地运用了谨慎性原则设置秘密准备的，应当作为重大会计差错予以更正，并在会计报表附注中说明事项的性质、调整金额，以及对金融企业财务状况、经营成果的影响。

第四十六条 金融企业的短期投资应按成本与市价孰低计量，市价低于成本的部分，应当计提短期投资跌价准备。

金融企业在采用短期投资成本与市价孰低计价时，可以根据其具体情况，分别采用按投资总体、投资类别或单项投资计提跌价准备，如果某项短期投资比较重大（如占整个短期投资10%及以上），应以单项投资为基础计算并确定计提的跌价准备。

从事证券业务的金融企业，其自营证券也按上述原则计提跌价准备。

第四十七条 金融企业应当在期末分析各项应收款项（含拆出资金、应收保费等，但不包括贷款的应收利息）的可收回性，并预计可能产生的坏账损失。对预计可能发生的坏账损失，计提坏账准备。计提坏账准备的方法由金融企业自行确定。金融企业应当制定计提坏账准备的政策，明确计提坏账准备的范围、提取方法、账龄的划分和提取比例，按照法律、行政法规的规定报有关各方备案，并备置于金融企业所在地。坏账准备提取方法一经确定，不得随意变更。如需变更，应当在会计报表附注中予以说明。

在确定坏账准备的计提比例时，应当根据以往的经验、债务单位的实际财务状况和现金流量等相关信息予以合理估计。除有确凿证据表明该项应收款项不能够收回或收回的可能性不大外（如债务单位已撤销、破产、资不抵债、现金流量严重不足、发生严重的自然灾害等导致停产而在短时间内无法偿付债务等，以及3年以上的应收款项），下列各种情况不能全额提取坏账准备：

（一）当年发生的应收款项；

（二）计划对应收款项进行重组；

（三）与关联方发生的应收款项；

（四）其他已逾期，但无确凿证据表明不能收回的应收款项。

第四十八条 金融企业应当在期末分析各项贷款（不包括保户质押贷款和委托贷款，下同）的可收回性，并预计可能产生的贷款损失。

对预计可能产生的贷款损失，计提贷款损失准备。贷款损失准备应根据借款人的还款能力、贷款本息的偿还情况、抵押品的市价、担保人的支持力度和金融企业内部信贷管理等因素，分析其风险程度和回收的可能性，合理计提。

贷款损失准备包括专项准备和特种准备两种。专项准备按照贷款五级分类结果及时、足额计提；具体比例由金融企业根据贷款资产的风险程度和回收的可能性合理确定。特种准备是指金融企业对特定国家发放贷款计提的准备，具体比例由金融企业根据贷款资产的风险程度和回收的可能性合理确定。

提取的贷款损失准备计入当期损益，发生贷款损失冲减已计提的贷款损失准备。已冲销的贷款损失，以后又收回的，其核销的贷款损失准备予以转回。

计提贷款损失准备的资产，是指金融企业承担风险和损失的贷款（含抵押、质押、保证、无担保贷款）、银行卡透支、贴现、信用垫款（如银行承兑汇票垫款、担保垫款、信用证垫款等）、进出口押汇等。

对由金融企业转贷并承担对外还款责任的国外贷款，包括国际金融组织贷款、外国买方信贷、外国政府贷款、日本国际协力银行不附条件贷款和外国政府混合贷款等资产，也应当计提贷款损失准备。

金融企业对不承担风险的委托贷款等，不计提贷款损失准备。

第四十九条 金融企业应当在期末对长期投资、固定资产、无形资产逐项进行检查。

如果由于市价持续下跌、被投资单位经营状况恶化，导致其可收回金额低于其账面价值的，应当计提长期投资减值准备；如果由于技术陈旧、损坏、长期闲置等原因，导致其可收回金额低于其账面价值的，应当计提固定资产减值准备；如果由于新技术的产生等原因，导致其可收回金额低于其账面价值的，应当计提无形资产减值准备。

本制度所称的可收回金额，是指资产的销售净价与预期从该资产的持续使用和使用寿命结束时的处置中形成的预计未来现金流量的现值两者之中的较高者。其中，销售净价是指资产的销售价格减去所发生的资产处置费用后的余额。

长期投资、固定资产和无形资产减值准备，应按单项项目计提。

第五十条 对有市价的长期投资可以根据下列迹象判断是否应当计提减值准备：

（一）市价持续2年低于账面价值；

（二）该项投资暂停交易1年或1年以上；

（三）被投资单位当年发生严重亏损；

（四）被投资单位持续2年发生亏损；

（五）被投资单位进行清理整顿、清算或出现其他不能持续经营的迹象。

第五十一条 对无市价的长期投资可以根据下列迹象判断是否应当计提减值准备：

（一）影响被投资单位经营的政治或法律环境的变化，如税收、贸易等法规的颁布或修订，可能导致被投资单位出现巨额亏损；

（二）被投资单位所供应的商品或提供的劳务因产品过时或消费者偏好改变而使市场的需求发生变化，从而导致被投资单位财务状况发生严重恶化；

（三）被投资单位所在行业的生产技术等发生重大变化，被投资单位已失去竞争能力，从而导致财务状况发生严重恶化，如进行清理整顿、清算等；

（四）有证据表明该项投资实质上已经不能再给金融企业带来经济利益的其他情形。

第五十二条 如果金融企业的固定资产实质上已经发生了减值，应当计提减值准备。对存在下列情况之一的固定资产，应当全额计提减值准备：

（一）长期闲置不用，在可预见的未来不会再使用，且已无转让价值的固定资产；

（二）由于技术进步等原因，已不可使用的固定资产；

（三）其他实质上已经不能再给金融企业带来经济利益的固定资产。

已全额计提减值准备的固定资产，不再计提折旧。

第五十三条 金融企业在建工程预计发生减值时，如长期停建并且预计在 3 年内不会重新开工的在建工程，也应当根据上述原则计提资产减值准备。

第五十四条 当存在下列一项或若干项情况时，应当将该项无形资产的账面价值全部转入当期损益：

（一）该无形资产已被其他新技术等所替代，且已不能为金融企业带来经济利益；

（二）该无形资产不再受法律的保护，且不能为金融企业带来经济利益。

第五十五条 当存在下列一项或若干项情况时，应当计提无形资产的减值准备：

（一）该无形资产已被其他新技术等所替代，使其为金融企业创造经济利益的能力受到重大不利影响；

（二）该无形资产的市价在当期大幅下跌，在剩余摊销年限内预期不会恢复；

（三）其他足以表明该无形资产的账面价值已超过可收回金额的情形。

第五十六条 金融企业应当在期末对抵债资产逐项进行检查，如果抵债资产实质上已经发生了减值，应当计提减值准备。

第五十七条 金融企业计算的当期应计提的资产减值准备如果高于已提资产减值准备的账面余额，应按其差额补提减值准备；如果低于已计提资产减值准备的账面余额，应按其差额冲回多提的资产减值准备，但冲减的资产减值准备，仅限于已计提的资产减值准备的账面余额。

已确认并转销的资产损失，如果以后又收回，应当相应调整已计提的资产减值准备。

第五十八条 如果金融企业滥用会计估计，应当作为重大会计差错，按照重大会计差错更正的方法进行会计处理，即金融企业因滥用会计估计而多提或少提的资产减值准备，在转回的当期，应当遵循原渠道冲回或补计的原则（如原追溯调整的，当期转回时仍然追溯调整至以前各期；原从上期利润中计提的，当期转回时仍然调整上期利润），不得作为增加当期的利润处理。

第五十九条 处置已经计提减值准备的各项资产，应当同时结转已计提的减值准备。

金融企业对于不能收回的应收款项、贷款、长期投资等应当查明原因，追究责任。对有确凿证据表明确实无法收回的应收款项、贷款、长期投资等，如债务单位或被投资单位已撤销、破产、资不抵债、现金流量严重不足等，根据金融企业的管理权限，经股东大会或董事会，或行长（经理）会议或类似机构批准作为资产损失，冲销已提取的相关资产减值准备。

第三章 负 债

第六十条 负债，是指过去的交易、事项形成的现时义务，履行该义务预期会导致经济利益流出企业。

第六十一条 金融企业的负债按其流动性，可分为流动负债、应付债券、长期准备金和其他长期负债等。

第一节 流动负债

第六十二条 流动负债，是指将在1年（含1年）内偿还的债务。

第六十三条 金融企业的流动负债，主要包括活期存款、1年（含1年）以下的定期存款、向中央银行借款、票据融资、同业存款、同业拆入、应付利息、应付佣金、应付手续费、预收保费、应付分保款、预收分保赔款、应付保户红利、存入保证金、未决赔款准备金、未到期责任准备金、存入分保准备金、质押借款、代买卖证券款、代发行证券款、代兑付债券款、卖出回购证券款、应付款项、应付工资、应交税金、其他暂收应付款项和预提费用等。

（一）活期存款，是指金融企业吸收存款单位和居民个人存入的可随时取用的存款。单位和居民个人活期存款应按实际存入的款项入账。

（二）向中央银行借款，是指金融企业向中央银行借入的临时周转借款、季节性借款、年度性借款以及因特殊需要经批准向中央银行借入的特种借款等。向中央银行借款应按实际借入款项入账。

（三）票据融资，是指金融企业以客户贴现的未到期商业汇票向中央银行办理再贴现和向其他商业银行办理转贴现而获得的资金。票据融资应按票面金额入账。

（四）同业存款，是指金融企业之间因发生日常结算往来而存入本企业的清算款项。同业存款应按实际存入本企业的款项入账。

（五）同业拆入，是指金融企业从金融机构拆入的款项。同业拆入应按实际拆入的款项入账。

（六）应付利息，是指金融企业根据存款或债券金额及其存续期限和规定的利率，按期计提应支付给单位和个人的利息。应付利息应按已计但尚未支付的金额入账。

（七）应付佣金，是指金融企业应向个人代理人和保险经纪公司支付的报酬。应付佣金应按实际发生额入账。

（八）应付手续费，是指金融企业应向受其委托并在其授权范围内，代为办理保险业务的保险代理人支付的报酬。应付手续费应按实际发生额入账。

（九）预收保费，是指金融企业在保险责任生效前向投保人预收的保险费。预收保费应按实际发生额入账。

（十）应付分保款，是指金融企业之间开展分保业务发生的各种应付款项。应付分保款应于收到分保业务账单时，按照分保业务账单标明的金额入账。

（十一）预收分保赔款，是指金融企业分出分保业务按保险合同约定预收的分保赔款。预收分保赔款应于收到分保账单时，按照分保业务账单标明的金额入账。

（十二）应付保户红利，是指金融企业按保险合同约定发生的应付给保户的红利。应付保户红利应按实际发生额入账。

（十三）存入保证金，是指金融企业按保险合同约定接受存入的保证金，包括存入理赔保证金、存入信用险保证金。存入保证金应按实际存入的金额入账。

（十四）未决赔款准备金，是指金融企业对保险事故已发生已报案或已发生未报案而按规定对未决赔款提存的准备金。未决赔款准备金，应于期末按估计保险赔款额入账。

（十五）未到期责任准备金，是指金融企业对 1 年期以内（含 1 年）的保险业务，为承担未来保险责任而按规定提取的准备金。未到期责任准备金，应于期末按保险精算结果入账。

（十六）存入分保准备金，是指金融企业的再保险业务按合同约定，由分保分出人扣存分保接受人部分分保费以应付未了责任的准备金。存入分保准备金应于收到分保业务账单时，按照分保业务账单标明的金额入账。

（十七）质押借款，是指金融企业用自营证券向其他金融机构质押而借入的各种短期借款本金。质押借款应按实际借入的款项入账。

（十八）代买卖证券款，是指金融企业接受客户委托，代客户买卖有价证券而由客户交存的款项。代买卖证券款应按实际收到的金额入账。

（十九）代发行证券款，是指金融企业接受委托，采用余额承购包销方式或代销方式代发行证券所形成的应付证券发行人的承销资金。代发行证券款应按实际发生额入账。

（二十）代兑付债券款，是指金融企业接受委托，代理兑付债券业务而收到委托单位预付的兑付资金。代兑付债券款应按实际收到的款项入账。

（二十一）卖出回购证券款，是指金融企业按规定进行证券回购业务所融入的资金。卖出回购证券款应当按照卖出证券实际收到的金额入账。

第六十四条 各种短期存款、借款、短期应付债券等，应当按照本金或债券面值以及确定的利率按期计提利息，计入损益。

第二节 应付债券

第六十五条 金融企业发行债券，应当按照实际的发行价格总额，作负债处理；债券发行价格总额与债券面值总额之间的差额，作为债券溢价或折价，在债券的存续期间内按实际利率法或直线法于计提利息时摊销，并按借款费用的处理原则处理。

第六十六条 金融企业发行可转换债券，可转换债券在发行以及转换为股份之前，应按一般应付债券进行处理。当可转换债券持有人行使转换权利，将其持有的债券转换为股份或资本时，应按其账面价值结转；可转换债券账面价值与可转换股份面值之间的差额，减去支付的现金后的余额，作为资本公积处理。

第六十七条 金融企业发行附有赎回选择权的可转换债券，其在赎回日可能支付的利息补偿金，即债券约定赎回期届满日应当支付的利息减去应付债券票面利息的差额，应当在债券发行日至债券约定赎回届满日期间计提应付利息，计提的应付利息，按借款费用的处理原则处理。

第六十八条 金融企业发行债券，如果发行费用小于发行期间冻结资金所产生的利息收入，按发行期间冻结资金所产生的利息收入减去发行费用后的差额，视同发行债券的溢价收入，在债券存续期间于计提利息时摊销。

第六十九条 金融企业所发生的借款费用，是指因借款而发生的利息、借款折价或溢价的摊销和辅助费用，以及因外币借款而发生的汇兑差额。因借款而发生的辅助费用包括手续费等。

除为购建固定资产而借入的专门借款所发生的借款费用外，其他借款费用均应于发生当期确认为费用，直接计入当期损益。

本制度所称的专门借款，是指为购建固定资产而专门借入的款项。

为购建固定资产而借入的专门借款所发生的借款费用，按以下规定处理：

(一) 因借款而发生的辅助费用的处理

1. 金融企业发行债券筹集资金专项用于购建固定资产时，在所购建的固定资产达到预定可使用状态前发生的发行费用，将发生金额较大的（减去发行期间冻结资金产生的利息），直接计入所购建固定资产的成本；将发生金额较小的（减去发行期间冻结资金产生的利息），直接计入当期损益。

向银行借款而发生的手续费，按上述同一原则处理。

2. 因安排专门借款而发生的除发行费用和银行借款手续费以外的辅助费用，如果金额较大的，属于在所购建固定资产达到预定可使用状态之前发生的，应当在发生时计入所购建固定资产的成本；在所购建固定资产达到预定可使用状态后发生的辅助费用，直接计入当期损益。对于金额较小的辅助费用，也可以于发生当期直接计入损益。

(二) 借款利息、折价或溢价的摊销、汇兑差额的处理

1. 当同时满足以下三个条件时，金融企业为购建某项固定资产而借入的专门借款所发生的利息、折价或溢价的摊销、汇兑差额应当开始资本化，计入所购建固定资产的成本：

(1) 资产支出已经发生（只包括为购建固定资产而以支付现金、转移非现金资产或者承担带息债务形式发生的支出）；

(2) 借款费用已经发生；

(3) 为使资产达到预定可使用状态所必要的购建活动已经开始。

2. 金融企业为购建固定资产而借入的专门借款所发生的借款利息、

折价或溢价的摊销，满足上述资本化条件的，在所购建的固定资产达到预定可使用状态前所发生的，应当予以资本化，计入所购建固定资产的成本；在所购建的固定资产达到预定可使用状态后所发生的，应于发生当期直接计入当期利息支出。每一会计期间利息资本化金额的计算公式如下：

每一会计期间利息的资本化金额＝至当期末止购建固定资产累计支出加权平均数×资本化率

累计支出加权平均数＝Σ［每笔资产支出金额×每笔资产支出实际占用的天数÷会计期间涵盖的天数］

为简化计算，也可以月数作为计算累计支出加权平均数的权数。

资本化率的确定原则为：金融企业为购建固定资产只借入一笔专门借款时，资本化率为该项借款的利率；金融企业为购建固定资产借入一笔以上的专门借款时，资本化率为这些借款的加权平均利率。加权平均利率的计算公式如下：

加权平均利率＝专门借款当期实际发生的利息之和÷专门借款本金加权平均数×100%

专门借款本金加权平均数＝Σ［每笔专门借款本金×每笔专门借款实际占用的天数÷会计期间涵盖的天数］

为简化计算，也可以月数作为计算专门借款本金加权平均数的权数。

在计算加权平均利率时，如果金融企业发行债券发生债券折价或溢价的，应当将每期应摊销的折价或溢价金额，作为利息的调整额，对资本化率作相应调整，其加权平均利率的计算公式如下：

加权平均利率＝［专门借款当期实际发生的利息之和＋（或－）折价（或溢价）摊销额］÷专门借款本金加权平均数×100%

3. 金融企业为购建固定资产而借入的外币专门借款，其每一会计期间所产生的汇兑差额，满足上述资本化条件的，在所购建固定资产达到预定可使用状态前，予以资本化，计入所购建固定资产的成本；在该项固定资产达到预定可使用状态后，计入当期利息支出。

4. 金融企业每期利息和折价或溢价摊销的资本化金额，不得超过当期为购建固定资产的专门借款实际发生的利息和折价或溢价的摊销金额。

在确定借款费用资本化金额时，与专门借款有关的利息收入不得冲减所购建的固定资产成本，所发生的利息收入直接冲减当期利息支出。

5. 金融企业以非借款方式募集的资金专项用于购建某项固定资产

的，如专用拨款、发行股票募集的资金等，在募集资金尚未到达前借入的专门用于购建该项固定资产的资金，其发生的借款费用，在募集资金到达前，按借款费用的处理原则处理；募集资金到达后，在购建该项资产的实际支出未超过以非借款方式募集的资金时，所发生的借款费用直接计入当期财务费用。实际支出超过以非借款方式募集的资金时，专门借款所发生的借款费用，按借款费用的处理原则处理，但在计算该项资产的累计加权平均数时，应将以非借款方式募集的资金扣除。

6. 如果某项建造的固定资产的各部分分别完工（指每一单项工程或单位工程，下同），每部分在其他部分继续建造过程中可供使用，并且为使该部分达到预定可使用状态所必需的活动实质上已经完成，则这部分资产所发生的借款费用不再计入所建造的固定资产成本，直接计入当期损益；如果某项建造的固定资产的各部分分别完工，但必须等到整体完工后才可使用，则应当在该资产整体完工时，其所发生的借款费用不再计入所建造的固定资产成本，而直接计入当期损益。

7. 如果某项固定资产的购建发生非正常中断，并且中断时间超过 3 个月（含 3 个月），应当暂停借款费用的资本化，其中断期间所发生的借款费用，不计入所购建的固定资产成本，将其直接计入当期损益，直至购建重新开始，再将其后至固定资产达到预定可使用状态前所发生的借款费用，计入所购建固定资产的成本。

如果中断是使购建的固定资产达到预定可使用状态所必要的程序，则中断期间所发生的借款费用仍应计入该项固定资产的成本。

当所购建的固定资产达到预定可使用状态时，应当停止借款费用的资本化；以后发生的借款费用应于发生当期直接计入当期损益。

第七十条 本制度所称的“达到预定可使用状态”，是指固定资产已达到购买方或建造方预定的可使用状态。当存在下列情况之一时，可认为所购建的固定资产已达到预定可使用状态：

（一）资产的实体建造（包括安装）工作已经全部完成或者实质上已经全部完成；

（二）已经过试生产或试运行，并且其结果表明资产能够正常运行或者能够稳定地生产出合格产品时，或者试运行结果表明能够正常运转或营业时；

（三）该项建造的固定资产上的支出金额很少或者几乎不再发生；

（四）所购建的固定资产已经达到设计或合同要求，或与设计或合同要求相符或基本相符，即使有极个别地方与设计或合同要求不相符，也不足以影响其正常使用。

第三节　长期准备金

第七十一条　从事保险业务的金融企业，其长期准备金主要包括长期责任准备金、寿险责任准备金、长期健康险责任准备金和保险保障基金等。

第七十二条　长期责任准备金，是指金融企业对1年（不含1年）以上的长期财产险业务和再保险业务，为承担未来保险责任而按规定提取的准备金。长期责任准备金，应于期末按系统合理的方法计算的结果入账。

第七十三条　寿险责任准备金，是指金融企业对人寿保险业务为承担未来保险责任而按规定提存的准备金。寿险责任准备金，应于期末按保险精算结果入账。

第七十四条　长期健康险责任准备金，是指金融企业对长期性健康保险业务为承担未来保险责任而按规定提存的准备金。长期健康险责任准备金，应于期末按保险精算结果入账。

第七十五条　保险保障基金，是指金融企业按规定提取的保险保障基金。保险保障基金，应于年末按当年自留保费收入的规定比例提取。

第四节　其他长期负债

第七十六条　其他长期负债，主要包括长期存款、保户储金、长期借款和长期应付款等。

（一）长期存款，是指金融企业吸收存款单位和居民个人存入的1年（不含1年）以上的定期存款。

（二）保户储金，是指保险公司以储金利息作为保费的保险业务，收到保户缴存的储金。

（三）长期借款，是指金融企业向中央银行或其他金融机构借入的期限在1年以上（不含1年）的各项借款。

（四）长期应付款，是指金融企业除长期借款和应付债券以外的其他各种长期应付款项。

第七十七条　其他长期负债应当以实际发生额入账。

其他长期负债应当按照负债本金以及确定的利率按期计提利息，分别计入工程成本或当期利息支出。

第四章　所有者权益

第七十八条　所有者权益，是指所有者在企业资产中享有的经济利益，其金额为资产减去负债后的余额。

金融企业的所有者权益，主要包括实收资本（或股本）、资本公积、盈余公积和未分配利润等。

从事存贷款业务的金融企业计提的一般准备、从事保险业务的金融企业计提的总准备金、从事证券业务的金融企业计提的一般风险准备，以及从事信托业务的金融企业计提的信托赔偿准备也是所有者权益的组成部分。

一般准备，是指从事存贷款业务的金融企业按一定比例从净利润中提取的一般风险准备。

总准备金，是指从事保险业务的金融企业按规定从净利润中提取的风险准备金。

一般风险准备，是指从事证券业务的金融企业按规定从净利润中提取，用于弥补亏损的风险准备。

信托赔偿准备，是指从事信托业务的金融企业按规定从净利润中提取，用于赔偿信托业务损失的风险准备。

第七十九条 金融企业的实收资本是指投资者按照企业章程，或合同、协议的约定，实际投入金融企业的资本。

（一）股份制金融企业的股本，应按以下规定核算：

1. 股份制金融企业的股本应当在核定的股本总额及核定的股份总额的范围内发行股票或股东出资取得。公司发行的股票，应按其面值作为股本，超过面值发行取得的收入，其超过面值的部分，作为股本溢价，计入资本公积。

2. 境外上市公司以及在境内发行外资股的上市公司，按确定的人民币股票面值和核定的股份总额的乘积计算的金额，作为股本入账，按收到股款当日的汇率折合的人民币金额与按人民币计算的股票面值总额的差额，作为资本公积处理。

（二）非股份制金融企业的实收资本应按以下规定核算：

1. 投资者以现金投入的资本，应当以实际收到或者存入企业开户银行的金额作为实收资本入账。实际收到或者存入企业开户银行的金额超过其在该金融企业注册资本中所占份额的部分，计入资本公积。

2. 投资者以非现金资产投入的资本，应按投资各方确认的价值作为实收资本入账。首次发行股票而接受投资者投入的无形资产，应按该项无形资产在投资方的账面价值入账。

3. 投资者投入的外币，合同没有约定汇率的，按收到出资额当日的汇率折合；合同约定汇率的，按合同约定的汇率折合，因汇率不同产生的折合差额，作为资本公积处理。

第八十条 金融企业资本（或股本）除下列情况外，不得随意变动：

（一）符合增资条件，并经有关部门批准增资的，在实际取得股东的出资时，登记入账。

（二）金融企业按法定程序报经批准减少注册资本的，在实际发还投资时登记入账；采用收购本企业股票方式减资的，在实际购入本企业股票时，登记入账。

金融企业应当将因减资而注销股份、发还股款，以及因减资需更新股票的变动情况，在股本账户的明细账及有关备查簿中详细记录。

股东按规定转让其出资的，金融企业应当于有关的转让手续办理完毕时，将出让方所转让的出资额，在资本（或股本）账户的有关明细账户及各备查登记簿中转为受让方。

第八十一条 资本公积主要包括：

（一）资本（或股本）溢价，是指金融企业投资者投入的资金超过其在注册资本中所占份额的部分。

（二）接受非现金资产捐赠准备，是指金融企业因接受非现金资产捐赠而增加的资本公积。

（三）接受现金捐赠，是指金融企业因接受现金资产捐赠而增加的资本公积。

（四）股权投资准备，是指金融企业对被投资单位的长期股权投资采用权益法核算时，因被投资单位接受捐赠等原因增加的资本公积，金融企业按其持股比例计算而增加的资本公积。

（五）外币资本折算差额，是指金融企业接受外币投资因所采用的汇率不同而产生的资本折算差额。

（六）关联交易差价，是指上市的金融企业与关联方之间的交易，对显失公允的交易价格部分而形成的资本公积。这部分资本公积不得用于转增资本或弥补亏损。

（七）其他资本公积，是指除上述各项资本公积以外所形成的资本公积，以及从资本公积各准备项目转入的金额。债权人豁免的债务，也在本项目核算。

资本公积各准备项目不能转增资本（或股本）。

第八十二条 盈余公积分别包括以下内容：

（一）法定盈余公积，是指金融企业按照规定的比例从净利润中提取的盈余公积。

（二）任意盈余公积，是指金融企业经股东大会或类似机构批准按照规定的比例从净利润中提取的盈余公积。

（三）法定公益金，是指金融企业按照规定的比例从净利润中提取的用于职工集体福利设施的公益金。法定公益金用于职工集体福利时，应当将其转入任意盈余公积。

金融企业的盈余公积可以用于弥补亏损、转增资本（或股本）。符合规定条件的金融企业，也可以用盈余公积分派现金股利。

第五章　收　入

第八十三条　收入，是指企业在销售商品、提供劳务及让渡资产使用权等日常活动中所形成的经济利益的总流入。

金融企业提供金融商品服务所取得的收入，主要包括利息收入、金融企业往来收入、手续费收入、贴现利息收入、保费收入、证券发行差价收入、证券自营差价收入、买入返售证券收入、汇兑收益和其他业务收入。收入不包括为第三方或者客户代收的款项，如企业代垫的工本费、代邮电部门收取的邮电费。

金融企业应当根据收入的性质，按照收入确认的条件，合理地确认和计量各项收入。

第八十四条　金融企业提供金融产品服务取得的收入，应当在以下条件均能满足时予以确认：

1. 与交易相关的经济利益能够流入企业；
2. 收入的金额能够可靠地计量。

第八十五条　金融企业发放的贷款，应按期计提利息并确认收入。发放贷款到期（含展期，下同）90 天后尚未收回的，其应计利息停止计入当期利息收入，纳入表外核算；已计提的贷款应收利息，在贷款到期 90 天后仍未收回的，或在应收利息逾期 90 天后仍未收到的，冲减原已计入损益的利息收入，转作表外核算。非银行金融企业除贷款以外的融出资金，其计提的利息按上述原则处理。

第八十六条　手续费收入，应当在向客户提供相关服务时确认。

第八十七条　证券发行差价收入，应于发行期结束后，与发行人结算发行价款时确认。

第八十八条　证券自营差价收入，应在与证券交易所清算时按成交价扣除买入成本、相关税费后的净额确认。

第八十九条　利息收入、金融企业往来收入等，应按让渡资金使用权的时间和适用利率计算确定。

第九十条　保费、分保费收入应在下列条件均能满足时予以确认：

1. 保险合同成立并承担相应保险责任；
2. 与保险合同相关的经济利益能够流入；
3. 与保险合同相关的收入和成本能够可靠地计量。

第六章　成本和费用

第九十一条　费用是指企业为销售商品、提供劳务等日常活动所发生的经济利益的流出；成本是指企业为提供劳务和产品而发生的各种耗费。不包括为第三方或客户垫付的款项。

第九十二条 金融企业的营业成本，是指在业务经营过程中发生的与业务经营有关的支出，包括利息支出、金融企业往来支出、手续费支出、卖出回购证券支出、汇兑损失、赔款支出、死伤医疗给付、满期给付、年金给付、分保赔款支出、分保费用支出、未决赔款准备金提转差、未到期责任准备金提转差、长期责任准备金提转差等。

第九十三条 营业费用，是指金融企业在业务经营及管理工作中发生的各项费用，包括：固定资产折旧、业务宣传费、业务招待费、电子设备运转费、安全防卫费、企业财产保险费、邮电费、劳动保护费、外事费、印刷费、公杂费、低值易耗品摊销、理赔勘查费、职工工资、差旅费、水电费、租赁费（不包括融资租赁费）、修理费、职工福利费、职工教育经费、工会经费、房产税、车船使用税、土地使用税、印花税、会议费、诉讼费、公证费、咨询费、无形资产摊销、长期待摊费用摊销、待业保险费、劳动保险费、取暖费、审计费、技术转让费、研究开发费、绿化费、董事会费、上交管理费、广告费、银行结算费等。

第九十四条 金融企业应支付职工的工资，应当根据规定的工资标准等资料，计算职工工资，计入成本费用。企业按规定给予职工的各种工资性质的补贴，也应计入各工资项目。

第九十五条 金融企业在经营过程中所发生的其他各项费用，应当以实际发生数计入成本费用。凡应当由本期负担而尚未支出的费用，作为预提费用计入本期成本费用；凡已支出，应当由本期和以后各期负担的费用，应当作为待摊费用，分期摊入成本费用。

第九十六条 金融企业必须分清本期营业成本、营业费用和下期营业成本、营业费用的界限，不得任意预提和摊销费用。

第七章 利润及利润分配

第九十七条 利润是指企业在一定会计期间的经营成果，包括营业利润、利润总额和净利润。

（一）营业利润，是指营业收入减去营业成本和营业费用加上投资净收益后的净额。

（二）利润总额，是指营业利润减去营业税金及附加，加上营业外收入，减去营业外支出后的金额。

营业外收入和营业外支出，是指金融企业发生的与其经营业务活动无直接关系的各项收入和各项支出。营业外收入包括固定资产盘盈、处置固定资产净收益、处置无形资产净收益、处置抵债资产净收益、罚款收入等。营业外支出包括固定资产盘亏、处置固定资产净损失、处置无形资产净损失、抵债资产保管费用、处置抵债资产净损失、债务重组损失、罚款支出、捐赠支出、非常损失等。

营业外收入和营业外支出应当分别核算，并在利润表中分别反映。

（三）资产损失，是指金融企业按规定提取（或转回）的贷款损失和其他各项资产损失。

（四）扣除资产损失后利润总额，是指利润总额减去（或加上）提取（或转回）的资产损失后的金额。

（五）所得税，是指金融企业应计入当期损益的所得税费用。

（六）净利润，是指扣除资产损失后利润总额减去所得税后的金额。

第九十八条　金融企业的所得税费用应当按照以下规定进行核算：

（一）金融企业应当根据具体情况，选择采用应付税款法或者纳税影响会计法进行所得税的核算：

1. 应付税款法，是指企业不确认时间性差异对所得税的影响金额，按照当期计算的应交所得税确认为当期所得税费用的方法。在这种方法下，当期所得税费用等于当期应交的所得税。

2. 纳税影响会计法，是指企业确认时间性差异对所得税的影响金额，按照当期应交所得税和时间性差异对所得税影响金额的合计，确认为当期所得税费用的方法。在这种方法下，时间性差异对所得税的影响金额，递延和分配到以后各期。采用纳税影响会计法的企业，可以选择采用递延法或者债务法进行核算。在采用递延法核算时，在税率变动或开征新税时，不需要对原已确认的时间性差异对所得税的影响金额进行调整，但是，在转回时间性差异对所得税的影响金额时，应当按照原所得税率计算转回；在采用债务法核算时，在税率变动或开征新税时，应当对原已确认的时间性差异对所得税的影响金额进行调整，在转回时间性差异对所得税的影响金额时，应当按照现行所得税率计算转回。

（二）在采用纳税影响会计法下，企业应当合理划分时间性差异和永久性差异的界限：

1. 时间性差异，是指税法与会计制度在确认收益、费用或损失时的时间不同而产生的税前会计利润与应纳税所得额的差异。时间性差异发生于某一会计期间，但在以后一期或若干期内能够转回。时间性差异主要有以下几种类型：

（1）金融企业获得的某项收益，按照会计制度规定应当确认为当期收益，但按照税法规定需待以后期间确认为应纳税所得额，从而形成应纳税时间性差异。这里的应纳税时间性差异是指未来应增加应纳税所得额的时间性差异。

（2）金融企业发生的某项费用或损失，按照会计制度规定应当确认为当期费用或损失，但按照税法规定待以后期间从应纳税所得额中扣减，从而形成可抵减时间性差异。这里的可抵减时间性差异是指未来可以从应纳税所得额中扣除的时间性差异。

（3）金融企业获得的某项收益，按照会计制度规定应当于以后期间确认收益，但按照税法规定需计入当期应纳税所得额，从而形成可抵减时间性差异。

（4）金融企业发生的某项费用或损失，按照会计制度规定应当于以后期间确认为费用或损失，但按照税法规定可以从当期应纳税所得额中扣减，从而形成应纳税时间性差异。

2. 永久性差异，是指某一会计期间，由于会计制度和税法在计算收益、费用或损失时的口径不同，所产生的税前会计利润与应纳税所得额之间的差异。这种差异在本期发生，不会在以后各期转回。永久性差异有以下几种类型：

（1）按会计制度规定核算时作为收益计入会计报表，在计算应纳税所得额时不确认为收益。

（2）按会计制度规定核算时不作为收益计入会计报表，在计算应纳税所得额时作为收益，需要交纳所得税。

（3）按会计制度规定核算时确认为费用或损失计入会计报表，在计算应纳税所得额时则不允许扣减。

（4）按会计制度规定核算时不确认为费用或损失，在计算应纳税所得额时则允许扣减。

（三）采用递延法时，一定时期的所得税费用包括：

（1）本期应交所得税；

（2）本期发生或转回的时间性差异所产生的递延税款贷项或借项。

上述本期应交所得税，是指按照应纳税所得额和现行所得税率计算的本期应交所得税；本期发生或转回的时间性差异所产生的递延税款贷项或借项，是指本期发生的时间性差异用现行所得税率计算的未来应交的所得税和未来可抵减的所得税金额，以及本期转回原确认的递延税款借项或贷项。按照上述本期所得税费用的构成内容，可列示公式如下：

本期所得税费用 = 本期应交所得税 + 本期发生的时间性差异所产生的递延税款贷项金额 - 本期发生的时间性差异所产生的递延税款借项金额 + 本期转回的前期确认的递延税款借项金额 - 本期转回的前期确认的递延税款贷项金额

本期发生的时间性差异所产生的递延税款贷项金额 = 本期发生的应纳税时间性差异 × 现行所得税率

本期发生的时间性差异所产生的递延税款借项金额 = 本期发生的可抵减时间性差异 × 现行所得税率

本期转回的前期确认的递延税款借项金额 = 本期转回的可抵减本期应纳税所得额的时间性差异（即前期确认本期转回的可抵减时间性差异）×

前期确认递延税款时的所得税率

本期转回的前期确认的递延税款贷项金额 = 本期转回的增加本期应纳税所得额的时间性差异（即前期确认本期转回的应纳税时间性差异）×前期确认递延税款时的所得税率

（四）采用债务法时，一定时期的所得税费用包括：

（1）本期应交所得税；

（2）本期发生或转回的时间性差异所产生的递延所得税负债或递延所得税资产；

（3）由于税率变更或开征新税，对以前各期确认的递延所得税负债或递延所得税资产账面余额的调整数。

按照上述本期所得税费用的构成内容，可列示公式如下：

本期所得税费用 = 本期应交所得税 + 本期发生的时间性差异所产生的递延所得税负债 - 本期发生的时间性差异所产生的递延所得税资产 + 本期转回的前期确认的递延所得税资产 - 本期转回的前期确认的递延所得税负债 + 本期由于税率变动或开征新税调减的递延所得税资产或调增的递延所得税负债 - 本期由于税率变动或开征新税调增的递延所得税资产或调减的递延所得税负债

本期由于税率变动或开征新税调增或调减的递延所得税资产或递延所得税负债 = 累计应纳税时间性差异或累计可抵减时间性差异 ×（现行所得税率 - 前期确认应纳税时间性差异或可抵减时间性差异时适用的所得税率）

或者 = 递延税款账面余额 - 已确认递延税款金额的累计时间性差异 × 现行所得税率

（五）采用纳税影响会计法时，在时间性差异所产生的递延税款借方金额的情况下，为了慎重起见，如在以后转回时间性差异的时期内（一般为三年），有足够的应纳税所得额予以转回的，才能确认时间性差异的所得税影响金额，并作为递延税款的借方反映，否则，应于发生当期视同永久性差异处理。

第九十九条 金融企业一般应按月计算利润，按月计算利润有困难的金融企业，可以按季或者按年计算利润。

第一百条 金融企业董事会或类似机构决议提请股东大会或类似机构批准的年度利润分配方案，在股东大会或类似机构召开会议前，应当将其列入报告年度的利润分配表。股东大会或类似机构批准的利润分配方案，与董事会或类似机构提请批准的报告年度利润分配方案不一致时，其差额应当调整报告年度会计报表有关项目的年初数。

第一百零一条 金融企业当期实现的净利润，加上年初未分配利润（或减去年初未弥补亏损）和其他转入后的余额，为可供分配的利润，并作下列分配：

（一）提取法定盈余公积；

（二）提取法定公益金。

从事存贷款业务的金融企业，按规定提取的一般准备也应作为利润分配处理。

从事保险业务的金融企业，应按本年实现净利润的一定比例提取总准备金，用于巨灾风险的补偿，不得用于分红、转增资本。

从事证券业务的金融企业，应按本年实现净利润的一定比例提取一般风险准备，用于弥补亏损，不得用于分红、转增资本。

从事信托投资业务的金融企业，应按本年实现净利润的一定比例提取信托赔偿准备，用于弥补亏损，不得用于分红、转增资本。

外商投资金融企业应当按照法律、行政法规的规定，按净利润提取储备基金、企业发展基金、职工奖励及福利基金等。

可供投资者分配的利润减去提取的法定盈余公积、法定公益金等后，并作如下分配：

（一）应付优先股股利，是指金融企业按照利润分配方案分配给优先股股东的现金股利。

（二）提取任意盈余公积，是指金融企业按规定提取的任意盈余公积。

（三）应付普通股股利，是指金融企业按照利润分配方案分配给普通股股东的现金股利。金融企业分配给投资者的利润，也在本项目核算。

（四）转作资本（或股本）的普通股股利，是指金融企业按照利润分配方案以分派股票股利的形式转作的资本（或股本）。金融企业以利润转增的资本，也在本项目核算。

可供投资者分配的利润经过上述分配后，为未分配利润（或未弥补亏损）。未分配利润可留待以后年度进行分配。金融企业如发生亏损，可以按规定由以后年度利润进行弥补。

金融企业未分配的利润（或未弥补的亏损）应当在资产负债表的所有者权益项目中单独反映。

第一百零二条 金融企业实现的利润和利润分配应当分别核算，利润构成及利润分配各项目应当设置明细账，进行明细核算。金融企业提取的法定盈余公积、法定公益金、分配的优先股股利、提取的任意盈余公积、分配的普通股股利、转作资本（或股本）的普通股股利，以及年初未分配利润（或未弥补亏损）、期末未分配利润（或未弥补亏损）等，均应当在利润分配表中分别列项予以反映。

第八章 外币业务

第一百零三条 外币业务，是指以记账本位币以外的货币进行的款项收付、往来结算等业务。

第一百零四条 有外币业务的金融企业，日常核算可以按照本制度采用外币统账制或外币分账制核算。

采用外币分账制核算的金融企业，应按业务发生时的各种原币填制凭证、登记账簿、编制会计报表。

金融企业发生结售汇、外币买卖以及各种货币之间的兑换及账务间的联系均通过“外币买卖”科目，并按业务发生时的汇率记账。“外币买卖”科目应采用多栏式账簿，同时记录外币金额、汇率等。

期末，金融企业应将以原币编制的财务会计报告，折算为人民币。具体折算方法如下：

资产负债表，除权益类项目外，其他项目按照期末汇率折合为人民币；权益类项目按照历史汇率折合为人民币。不同汇率之间形成的差额，作为外币折算差额单列项目反映。

利润表，按期末汇率折合为人民币。

第一百零五条 采用外币统账制核算的金融企业，应分别记账本位币和各种外币进行明细核算。金融企业发生外币业务时，应当将有关外币金额折合为记账本位币记账。除另有规定外，所有与外币业务有关的账户，应当采用业务发生时的汇率，或业务发生当期期初的汇率折合。

各种外币账户的外币余额，期末时应当按照期末汇率折合为记账本位币。按照期末汇率折合的记账本位币金额与账面记账本位币金额之间的差额，作为汇兑损益，计入当期损益；属于筹建期间的，计入长期待摊费用；属于与购建固定资产有关的借款产生的汇兑损益，按照借款费用资本化的原则进行处理。

金融企业发生外币业务时，如无法直接采用中国人民银行公布的人民币对美元、日元、港币等的基准汇率作为折算汇率时，应当按照下列方法进行折算：

美元、日元、港币等以外的其他货币对人民币的汇率，根据美元对人民币的基准汇率和国家外汇管理局提供的纽约外汇市场美元对其他主要外币的汇率进行套算，按照套算后的汇率作为折算汇率。美元对人民币以外的其他货币的汇率，直接采用国家外汇管理局提供的纽约外汇市场美元对其他主要货币的汇率。

美元、人民币以外的其他货币之间的汇率，按国家外汇管理局提供的纽约外汇市场美元对其他主要外币的汇率进行套算，按套算后的汇率作为折算汇率。

第九章 会计调整

第一百零六条 会计调整，是指金融企业因按照国家法律、行政法规和会计制度等的要求，或者因特定情况下按照会计制度规定对金融企业原采用的会计政策、会计估计，以及发现的会计差错、发生的资产负债表日后事项等所作的调整。

会计政策，是指金融企业在会计核算时所遵循的具体原则以及金融企业所采用的具体会计处理方法。具体原则，是指金融企业按照国家统一的会计核算制度所制定的、适合于本企业的会计制度中所采用的会计原则；具体会计处理方法，是指金融企业在会计核算中对于诸多可选择的会计处理方法中所选择的、适合于本企业的会计处理方法。例如，长期投资的具体会计处理方法、坏账损失的核算方法等。

会计估计，是指金融企业对其结果不能确定的交易或事项以最近可利用的信息为基础所作的判断。例如，固定资产预计使用年限与预计净残值、预计无形资产的受益期、精算假设等。

会计差错，是指在会计核算时，在计量、确认、记录等方面出现的错误。

资产负债表日后事项，是指自年度资产负债表日至财务会计报告批准报出日之间发生的需要调整或说明的事项，包括调整事项和非调整事项两类。

第一节 会计政策变更

第一百零七条 会计政策的变更，必须符合下列条件之一：

（一）法律或会计制度等行政法规、规章的要求；

（二）这种变更能够提供有关金融企业财务状况、经营成果和现金流量等更可靠、更相关的会计信息。

第一百零八条 下列各项不属于会计政策变更：

（一）本期发生的交易或事项与以前相比具有本质差别而采用新的会计政策；

（二）对初次发生的或不重要的交易或事项采用新的会计政策。

第一百零九条 金融企业按照法律或会计制度等行政法规、规章要求变更会计政策时，应按国家发布的相关会计处理规定执行，如果没有相关的会计处理规定，应当采用追溯调整法进行处理。金融企业为了能够提供更可靠、更相关的会计信息而变更会计政策时，应当采用追溯调整法进行处理。

追溯调整法，是指对某项交易或事项变更会计政策时，如同该交易或事项初次发生就开始采用新的会计政策，并以此对相关项目进行调整的方法。在采用追溯调整法时，应当将会计政策变更的累积影响数调整期初留存收益，会计报表其他相关项目的期初数也一并调整，但不需要重编以前年度的会计报表。

第一百一十条 会计政策变更的累积影响数，是指按变更后的会计政策对以前各项追溯计算的变更年度期初各有关留存收益项目应有的金额与现有的金额之间的差额。会计政策变更的累积影响数，是假设与会计政策变更相关的交易或事项在初次发生时即采用新的会计政策，而得出的变更年度期初留存收益应有的金额，与现有的金额之间的差额。本制度所称的留存收益包括法定盈余公积、法定公益金、任意盈余公积及未分配利润（外商投资金融企业包括储备基金、企业发展基金），不包括分配的利润或股利。累积影响数通常可以通过以下各步计算获得：

第一步，根据新的会计政策重新计算受影响的前期交易或事项；

第二步，计算两种会计政策下的差异；

第三步，计算差异的所得税影响金额（如果需要调整所得税影响金额的）；

第四步，确定前期中的每一期的税后差异；

第五步，计算会计政策变更的累积影响数。

如果累积影响数不能合理确定，会计政策变更应当采用未来适用法。未来适用法，是指对某项交易或事项变更会计政策时，新的会计政策适用于变更当期及未来期间发生的交易或事项。采用未来适用法时，不需要计算会计政策变更产生的累积影响数，也无须重编以前年度的会计报表。金融企业会计账簿记录及会计报表上反映的金额，变更之日仍然保留原有金额，不因会计政策变更而改变以前年度的既定结果，金融企业应当在现有金额的基础上按新的会计政策进行核算。

第一百一十一条 在编制比较会计报表时，对于比较会计报表期间的会计政策变更，应当调整各该期间的净损益和其他相关项目，视同该政策在比较会计报表期间一直采用。对于比较会计报表可比期间以前的会计政策变更的累积影响数，应当调整比较会计报表最早期间的期初留存收益，会计报表其他相关项目的数字也应当一并调整。

第一百一十二条 金融企业应当在会计报表附注中披露会计政策变更的内容和理由、会计政策变更的影响数，或累积影响数不能合理确定的理由。

第二节 会计估计变更

第一百一十三条 由于金融企业经营活动中内在不确定因素的影响，某些会计报表项目不能精确地计量，而只能加以估计。如果赖以进行估计的基础发生了变化，或者由于取得新的信息、积累更多的经验以及后来的发展变化，可能需要对会计估计进行修订。

第一百一十四条 会计估计变更时，不需要计算变更产生的累积影响数，也不需要重编以前年度会计报表，但应当对变更当期和未来期间发生的交易或事项采用新的会计估计进行处理。

第一百一十五条 会计估计的变更，如果仅影响变更当期，会计估计变更的影响数应计入变更当期与前期相同的相关项目中；如果既影响变更当期又影响未来期间，会计估计变更的影响数应计入变更当期和未来期间与前期相同的相关项目中。

第一百一十六条 会计政策变更和会计估计变更很难区分时，应当按照会计估计变更的处理方法进行处理。

第一百一十七条 金融企业应当在会计报表附注中披露会计估计变更的内容和理由、会计估计变更的影响数，或会计估计变更的影响数不能确定的理由。

第三节 会计差错更正

第一百一十八条 本期发现的会计差错，应按以下原则处理：

（一）本期发现的与本期相关的会计差错，应当调整本期相关项目。

（二）本期发现的与前期相关的非重大会计差错，如影响损益，应当直接计入本期净损益，其他相关项目也应当作为本期数一并调整；如不影响损益，应当调整本期相关项目。

重大会计差错，是指金融企业发现的使公布的会计报表不再具有可靠性的会计差错。

（三）本期发现的与前期相关的重大会计差错，如影响损益，应当将其对损益的影响数调整发现当期的期初留存收益，会计报表其他相关项目的期初数也应当一并调整；如不影响损益，应当调整会计报表相关项目的期初数。

（四）年度资产负债表日至财务会计报告批准报出日之间发现的报告年度的会计差错及以前年度的非重大会计差错，应当按照资产负债表日后事项中的调整事项进行处理。

年度资产负债表日至财务会计报告批准报出日之间发现的以前年度的重大会计差错，应当调整以前年度的相关项目。

第一百一十九条 在编制比较会计报表时，对于比较会计报表期间的重大会计差错，应当调整各该期间的净损益和其他相关项目；对于比较会计报表期间以前的重大会计差错，应当调整比较会计报表最早期间的期初留存收益，会计报表其他相关项目的数字也应当一并调整。

第一百二十条 金融企业应当在会计报表附注中披露重大会计差错

的内容和重大会计差错的更正金额。

第一百二十一条 金融企业滥用会计政策、会计估计及其变更的，应当作为重大会计差错予以更正。

第四节 资产负债表日后事项

第一百二十二条 资产负债表日后获得新的或进一步的证据，有助于对资产负债表日存在状况的有关金额作出重新估计，应当作为调整事项，据此对资产负债表日所反映的收入、费用、资产、负债以及所有者权益进行调整。以下是调整事项的例子：

（一）已证实资产发生了减损；

（二）已确定获得或支付的赔偿。

资产负债表日后董事会或者行长（经理）会议，或者类似机构制订的利润分配方案中与财务会计报告所属期间有关的利润分配，也应当作为调整事项，但利润分配方案中的股票股利（或以利润转增资本）应当作为非调整事项处理。

第一百二十三条 资产负债表日后发生的调整事项，应当如同资产负债表所属期间发生的事项一样，作出相关账务处理，并对资产负债表日已编制的会计报表作相应的调整。这里的会计报表包括资产负债表、利润表及其相关附表和现金流量表的补充资料内容，但不包括现金流量表正表。资产负债表日后发生的调整事项，应当分别以下情况进行账务处理：

（一）涉及损益的事项，通过“以前年度损益调整”科目核算。调整增加以前年度收益或调整减少以前年度亏损的事项，及其调整减少的所得税，记入“以前年度损益调整”科目的贷方；调整减少以前年度收益或调整增加以前年度亏损的事项，以及调整增加的所得税，记入“以前年度损益调整”科目的借方。“以前年度损益调整”科目的贷方或借方余额，转入“利润分配——未分配利润”科目。

（二）涉及利润分配调整的事项，直接通过“利润分配——未分配利润”科目核算。

（三）不涉及损益以及利润分配的事项，调整相关科目。

（四）通过上述账务处理后，还应同时调整会计报表相关项目的数字，包括：

1. 资产负债表日编制的会计报表相关项目的数字；

2. 当期编制的会计报表相关项目的年初数；

3. 提供比较会计报表时，还应调整相关会计报表的上年数；

4. 经过上述调整后，如果涉及会计报表附注内容的，还应当调整会计报表附注相关项目的数字。

第一百二十四条 资产负债表日以后才发生或存在的事项，不影响资产负债表日存在状况，但如不加以说明，将会影响财务会计报告使用者作出正确估计和决策，这类事项应当作为非调整事项，在会计报表附注中予以披露。以下是非调整事项的例子：

（一）股票和债券的发行；

（二）对一个企业的巨额投资；

（三）自然灾害导致的资产损失；

（四）外汇汇率发生较大变动。

非调整事项，应当在会计报表附注中说明其内容、估计对财务状况、经营成果的影响；如无法作出估计，应当说明其原因。

第十章 或有事项

第一百二十五条 或有事项，是指过去的交易或事项形成的一种状况，其结果须通过未来不确定事项的发生或不发生予以证实。

或有负债，是指过去的交易或事项形成的潜在义务，其存在须通过未来不确定事项的发生或不发生予以证实；或过去的交易或事项形成的现时义务，履行该义务不是很可能导致经济利益流出金融企业或该义务的金额不能可靠地计量。

或有资产，是指过去的交易或事项形成的潜在资产，其存在须通过未来不确定事项的发生或不发生予以证实。

第一百二十六条 如果与或有事项相关的义务同时符合以下条件，金融企业应当将其作为负债：

（一）该义务是金融企业承担的现时义务；

（二）该义务的履行很可能导致经济利益流出金融企业；

（三）该义务的金额能够可靠地计量。

符合上述确认条件的负债，应当在资产负债表单列项目反映。

第一百二十七条 符合上述确认条件的负债，其金额应当是清偿该负债所需支出的最佳估计数。如果所需支出存在一个金额范围，则最佳估计数应按该范围的上、下限金额的平均数确定；如果所需支出不存在一个金额范围，则最佳估计数应按如下方法确定：

（一）或有事项涉及单个项目时，最佳估计数按最可能发生的金额确定；

（二）或有事项涉及多个项目时，最佳估计数按各种可能发生额及其发生概率计算确定。

第一百二十八条 如果按规定确认的预计负债所需支出全部或部分预期由第三方或其他方补偿，则补偿金额只能在基本确定能收到时，作为资产单独确认，但确认的补偿金额不应当超过所确认负债的账面价值。

符合上述确认条件的资产，应当在资产负债表单列项目反映。

第一百二十九条 金融企业不应当确认或有负债和或有资产。

第一百三十条 金融企业应当在会计报表附注中披露如下事项形成的原因，预计产生的财务影响（如无法预计，应当说明理由），以及获得补偿的可能性：

（一）已承兑商业汇票形成的或有负债；

（二）未决诉讼、仲裁形成的或有负债；

（三）为其他单位提供债务担保形成的或有负债；

（四）其他或有负债（不包括极小可能导致经济利益流出金融企业的或有负债）。

第一百三十一条 或有资产很可能会给金融企业带来经济利益时，应当在会计报表附注中披露其形成的原因；如果能够预计其产生的财务影响，还应当作相应披露。

在涉及未决诉讼、仲裁的情况下，按本制度规定如果披露全部或部分信息预期会对金融企业造成重大不利影响，则金融企业无需披露这些信息，但应披露未决诉讼、仲裁的原因。

第十一章　关联方关系及其交易

第一百三十二条 在企业财务和经营决策中，如果一方有能力直接或间接控制、共同控制另一方或对另一方施加重大影响，则他们之间存在关联方关系；如果两方或多方同受一方控制，则他们之间也存在关联方关系。关联方关系主要存在于：

（一）直接或间接地控制其他企业或受其他企业控制，以及同受某一企业控制的两个或多个企业（例如，母公司、子公司、受同一母公司控制的子公司之间）。

母公司是指能直接或间接控制其他企业的企业；子公司是指被母公司控制的企业。

（二）合营企业，是指按合同规定经济活动由投资双方或若干方共同控制的企业。

（三）联营企业，是指投资者对其具有重大影响，但不是投资者的子公司或合营企业的企业。

（四）主要投资者个人、关键管理人员或与其关系密切的家庭成员。

主要投资者个人，是指直接或间接地控制一个企业10%或以上表决权资本的个人投资者；关键管理人员，是指有权力并负责进行计划、指挥和控制企业活动的人员；关系密切的家庭成员，是指在处理与企业的交易时有可能影响某人或受其影响的家庭成员。

（五）受主要投资者个人、关键管理人员或与其关系密切的家庭成员直接控制的其他企业。

国家控制的企业间不应当仅仅因为彼此同受国家控制而成为关联方，但企业间存有上述（一）至（三）的关系，或根据上述（五）受同一关键管理人员或与其关系密切的家庭成员直接控制时，彼此应当视为关联方。

第一百三十三条 在存在控制关系的情况下，关联方如为企业时，不论他们之间有无交易，都应当在会计报表附注中披露企业类型、名称、法定代表人、注册地、注册资本及其变化、企业的主营业务、所持股份或权益及其变化。

第一百三十四条 在企业与关联方发生交易的情况下，企业应当在会计报表附注中披露关联方关系的性质、交易类型及其交易要素。这些要素一般包括：交易的金额或相应比例、未结算项目的金额或相应比例、定价政策（包括没有金额或只有象征性金额的交易）。

关联方交易应当分别关联方以及交易类型予以披露，类型相同的关联方交易，在不影响会计报表使用者正确理解的情况下可以合并披露。

第一百三十五条 下列关联方交易不需要披露：

（一）在合并会计报表中披露包括在合并会计报表中的企业集团成员之间的交易；

（二）在与合并会计报表一同提供的母公司会计报表中披露关联方交易。

第十二章　财务会计报告

第一百三十六条 金融企业应当按照《企业财务会计报告条例》的规定，编制和对外提供真实、完整的财务会计报告。

第一百三十七条 金融企业的财务会计报告分为年度、半年度、季度和月度财务会计报告。月度、季度财务会计报告是指月度和季度终了提供的财务会计报告；半年度财务会计报告是指在每个会计年度的前六个月结束后对外提供的财务会计报告；年度财务会计报告是指年度终了对外提供的财务会计报告。

本制度将半年度、季度和月度财务会计报告统称为中期财务会计报告。

第一百三十八条 金融企业的财务会计报告由会计报表、会计报表附注和财务情况说明书组成（不要求编制和提供财务情况说明书的金融企业除外）。金融企业对外提供的财务会计报告的内容、会计报表的种类和格式、会计报表附注的主要内容等，由本制度规定；金融企业内部管理需要的会计报表由金融企业自行规定。

季度、月度中期财务会计报告通常仅指会计报表，国家统一的会计制度另有规定的除外。

半年度中期财务会计报告中的会计报表附注至少应当披露所有重大的事项，如转让子公司等。半年度中期财务会计报告报出前发生的资产负债表日后事项、或有事项等，除特别重大事项外，可不作调整或披露。

第一百三十九条 金融企业向外提供的会计报表包括：

1. 资产负债表；
2. 利润表；
3. 现金流量表；
4. 利润分配表；
5. 所有者权益变动表；
6. 分部报表；
7. 信托资产管理会计报表；
8. 其他有关附表。

第一百四十条 会计报表附注至少应当包括下列内容：

（一）会计报表编制基准不符合会计核算基本前提的说明：

1. 会计报表不符合会计核算基本前提的事项；

2. 对编制合并会计报表的企业，应说明纳入合并范围的子公司的名称、业务性质、注册地、注册资本、实际投资额、母公司所持有的权益性资本的比例及合并期间。报告期纳入合并范围的子公司有增减变动的，还应说明增减变动的情况以及合并范围变动的基准日。对纳入合并范围但母公司持股未达到50%以上的子公司，应说明纳入合并范围的原因。

（二）重要会计政策和会计估计的说明：

1. 贷款的种类和范围。

2. 计提贷款损失准备的范围和方法。根据个别款项的实际情况认定的准备，应说明认定的依据，如根据对借款人还款能力、财务状况、抵押担保充分性等的评价。

3. 回售证券的计价方法、收益确认方法。

4. 收入确认原则。

5. 对于外汇交易合约、利率期货、远期汇率合约、货币和利率套期、货币和利率期权等衍生金融工具，应说明其计价方法。

6. 会计年度、记账本位币、记账基础和计价原则、外币业务折算方法、外币报表折算方法、现金等价物的确定标准、合并会计报表的编制方法、短期投资核算方法、坏账核算方法、存货核算方法、长期投资核算方法、固定资产计价和折旧方法、在建工程核算方法、委托贷款计价以及委托贷款减值准备的确认标准及计提方法、无形资产计价及摊销政策、长期待摊费用的摊销政策、借款费用的会计处理方法、应付债券的核算方法、收入确认的方法、所得税的会计处理方法等。

（三）重要会计政策和会计估计变更的说明。

（四）或有事项和资产负债表日后事项的说明。

（五）关联方关系及其交易的披露。

（六）重要资产转让及其出售的说明。

（七）金融企业合并、分立的说明。

（八）会计报表中重要项目的明细资料：

1. 分类列示存放中央银行款项，披露计算依据；

2. 按存放境内、境外同业披露存放同业款项；

3. 按拆放境内、境外同业披露拆放同业款项；

4. 按贷款性质（如信用、保证、抵押、质押等）披露短期贷款；

5. 按性质（如国债、金融债券回购）披露回购证券；

6. 按信用贷款、保证贷款、抵押贷款、质押贷款分别披露不同期限的中长期贷款；

7. 按信用贷款、保证贷款、抵押贷款、质押贷款分别披露贷款的期初数、期末数；

8. 按贷款风险分类的结果披露贷款的期初数、期末数；

9. 披露贷款损失准备的期初、本期计提、本期转回、本期核销、期末数，一般准备、专项准备和特种准备应分别披露；

10. 按境内、境外披露同业拆入期初数、期末数；

11. 披露存入承兑汇票保证金、信用证开证保证金、外汇买卖交易保证金等短期保证金期初数、期末数；

12. 披露发行的短期债券名称、面值、发行日期、到期日、发行金额；

13. 披露银行承兑汇票、融资保函、非融资保函、贷款承诺、开出即期信用证、开出远期信用证、金融期货、金融期权等表外项目，包括它们的年末余额及其他具体情况；

14. 披露委托交易的期初数、期末数；

15. 披露金融工具的风险头寸，如信贷风险、货币风险、利率风险、流动性风险等；

16. 未决赔款准备金估计的基础、未到期责任准备金计提的方法、对采用贴现方法提取准备金的说明（使用的贴现率及确定依据）、长期责任准备金的计提方法、寿险责任准备金和长期健康险责任准备金的精算方法及采用的主要精算假设；

17. 关于投资连结产品，应披露独立账户财务状况、经营成果、净资产变动情况以及独立账户资产估值方法、单位净资产、单位卖出价和买入价等情况；

18. 关于万能寿险产品，应披露保单持有人利益等情况；

19. 分红保险产品，应披露可供分配的分红产品收益、公司留存的分红产品收益、分红比率等情况；

20. 投资型财产险，应披露保证收益率等情况；

21. 披露自营证券分类、计价依据，以及自营证券成本结转方法；

22. 分类披露代买卖证券款的期初数、期末数；

23. 按承销方式披露代发行证券款的期初数、本期承购数、本期支付发行人数和期末数；

24. 按债券种类披露代兑付债券款的期初数、本期收到兑付资金、本期已兑付债券、本期抵扣手续费收入和期末数；

25. 因信托投资公司自身责任而导致的信托资产损失等。

（九）有助于理解和分析会计报表需要说明的其他事项。

第一百四十一条 财务情况说明书至少应当对下列情况作出说明：

（一）金融企业经营的基本情况；

（二）利润实现和分配情况；

（三）资金增减和周转情况；

（四）对金融企业财务状况、经营成果和现金流量有重大影响的其他事项。

第一百四十二条 月度财务会计报告应当于月度终了后 6 天内（节假日顺延，下同）对外提供；季度财务会计报告应当于季度终了后 15 天内对外提供；半年度财务会计报告应当于年度中期结束后 60 天内（相当于两个连续的月度）对外提供；年度财务会计报告应当于年度终了后 4 个月内对外提供。

会计报表的填列，以人民币“元”为金额单位，“元”以下填至“分”。

第一百四十三条 金融企业对其他单位投资如占该单位资本总额 50% 以上（不含 50%），或虽然占该单位注册资本总额不足 50% 但具有实质控制权的，应当编制合并会计报表。合并会计报表的编制原则和方法，按照国家统一的会计制度中有关合并会计报表的规定执行。

金融企业在编制合并会计报表时，应当将合营金融企业合并在内，并按照比例合并方法对合营金融企业的资产、负债、收入、费用、利润等予以合并。

第一百四十四条 金融企业对外提供的会计报表应当依次编定页数，加具封面，装订成册，加盖公章。封面上应当注明：金融企业名称、金融企业统一代码、组织形式、地址、报表所属年度或者月份、报出日期，并由金融企业负责人和主管会计工作的负责人、会计机构负责人（会计主管人员）签名并盖章；设置总会计师的金融企业，还应当由总会计师签名并盖章。

第十三章　证券投资基金

第一百四十五条　基金管理公司管理的证券投资基金（以下简称“基金”），应当以基金为会计核算主体，独立建账、独立核算，保证不同基金之间在名册登记、账户设置、资金划拨、账簿记录等方面相互独立。

保险公司从事投资连结产品业务，应设置独立账户，单独核算。

第一百四十六条　基金管理公司应于估值日计算基金净值和基金单位净值，并按国家有关规定予以公告。基金净值=基金资产-基金负债，基金净值按基金单位总份额平均分割，得出基金单位净值。

第一百四十七条　基金管理公司应按下列估值原则对基金资产进行估值：

（一）任何上市流通的有价证券，以其估值日在证券交易所挂牌的市价（平均价或收盘价）估值；估值日无交易的，以最近交易日的市价估值。

（二）未上市的股票应区分以下情况处理：

1. 配股和增发新股，按估值日在证券交易所挂牌的同一股票的市价估值；

2. 首次公开发行的股票，按成本估值。

（三）配股权证，从配股除权日起到配股确认日止，按市价高于配股价的差额估值；如果市价低于配股价，不估值。

（四）如有确凿证据表明按上述方法进行估值不能客观反映其公允价值，基金管理公司应根据具体情况与基金托管人商定后，按最能反映公允价值的价格估值。

（五）如有新增事项，按国家最新规定估值。

保险公司从事投资连结产品业务，其独立账户资产应比照上述原则进行估值。

第一百四十八条　股票投资应按下列规定进行确认和计量：

（一）买入股票应于成交日确认为股票投资。股票投资按成交日应支付的全部价款（包括成交总额和相关费用）入账；资金交收日，按实际支付的价款与证券登记结算机构进行清算。

（二）卖出股票应于成交日确认股票差价收入。股票差价收入按卖出股票成交总额与其成本和相关费用的差额入账。卖出股票应逐日结转成本，结转的方法采用移动加权平均法。

（三）股票持有期间分派的股票股利，应于除权日根据上市公司股东大会决议公告，按股权登记日持有的股数及送股或转增比例，计算确定增加的股票数量，在“股票投资”账户进行记录。

（四）股票投资应分派的现金股利，在除息日确认为股利收入。

（五）估值日，对股票投资和配股权证进行估值时产生的估值增值或减值，应确认为未实现利得。

第一百四十九条 债券投资应按下列规定进行确认和计量：

（一）买入上市债券应于成交日确认债券投资。债券投资按成交日应支付的全部价款入账，应支付的全部价款中包含债券起息日或上次除息日至购买日止的利息，应作为应收利息单独核算，不构成债券投资成本。资金交收日，按实际支付的价款与证券登记结算机构进行资金交收。

（二）买入非上市债券应于实际支付价款时确认债券投资。债券投资按实际支付的全部价款入账，如果实际支付的价款中包含债券起息日或上次除息日至购买日止的利息，应作为应收利息单独核算，不构成债券投资成本。

（三）卖出上市债券应于成交日确认债券差价收入。债券差价收入按卖出债券应收取的全部价款与其成本、应收利息和相关费用的差额入账。卖出债券的成本应逐日进行结转，结转的方法采用移动加权平均法。

（四）卖出非上市债券应于实际收到全部价款时确认债券差价收入，债券差价收入按实际收到的全部价款与其成本、应收利息的差额入账。卖出债券的成本应逐日进行结转，结转的方法采用移动加权平均法。

（五）估值日，对债券投资进行估值时产生的估值增值或减值，应确认为未实现利得。

第一百五十条 实收基金应按下列规定进行确认和计量：

（一）封闭式基金事先确定发行总额，在封闭期内基金单位总数不变。基金成立时，实收基金按实际收到的基金单位发行总额入账。基金发行费收入扣除相关费用后的结余，作为其他收入处理。

（二）开放式基金的基金单位总额不固定，基金单位总数随时增减。基金成立时，实收基金按实际收到的基金单位发行总额入账；基金成立后，实收基金应于基金申购、赎回确认日，根据基金契约和招募说明书中载明的有关事项进行确认和计量。

第一百五十一条 基金申购、赎回应按下列规定进行确认和计量：

（一）基金管理公司应于收到基金投资人申购或赎回申请之日起在

规定的工作日内，对该交易的有效性进行确认。确认日，按照实收基金、未实现利得、未分配收益和损益平准金的余额占基金净值的比例，将确认有效的申购款项分割为三部分，分别确认为实收基金、未实现利得、损益平准金的增加或减少。

（二）基金管理公司应当在接受基金投资人有效申请之日起，在规定的工作日内收回申购款项，尚未收回之前作为应收申购款入账。

（三）办理申购业务的机构按规定收取的申购费，如在基金申购时收取的，由办理申购业务的机构直接向投资人收取，不纳入基金会计核算范围；如在基金赎回时收取的，待基金投资人赎回时从赎回款中抵扣。

（四）基金管理公司应当在接受基金投资人有效申请之日起，在规定的工作日内支付赎回款项，尚未支付之前作为应付赎回款入账。

（五）开放式基金按规定收取的赎回费，其中基本手续费部分归办理赎回业务的机构所有，尚未支付之前作为应付赎回费入账；赎回费在扣除基本手续费后的余额归基金所有，作为其他收入入账。

第一百五十二条 基金收入包括股票差价收入、债券差价收入、债券利息收入、存款利息收入、股利收入、卖出回购证券收入和其他收入，应按下列规定进行确认和计量：

（一）股票差价收入应于卖出股票成交日确认，并按卖出股票成交总额与其成本和相关费用的差额入账。

（二）债券差价收入应分别以下情况进行处理：

1. 卖出上市债券，应于成交日确认债券差价收入，并按应收取的全部价款与其成本、应收利息和相关费用的差额入账。

2. 卖出非上市债券，应于实际收到价款时确认债券差价收入，并按应收取的全部价款与其成本、应收利息的差额入账。

（三）债券利息收入应在债券实际持有期内逐日计提，并按债券票面价值与票面利率计提的金额入账。

（四）存款利息收入应逐日计提，并按本金与适用的利率计提的金额入账。

（五）股利收入应于除息日确认，并按上市公司宣告的分红派息比例计算的金额入账。

（六）买入返售证券收入应在证券持有期内采用直线法逐日计提，并按计提的金额入账。

第一百五十三条 基金费用应按下列规定进行确认和计量：

（一）费用包括管理人报酬、基金托管费、卖出回购证券支出、利息支出和其他费用。

（二）管理人报酬和基金托管费应按照基金契约和招募说明书规定

的方法和标准计提，并按计提的金额入账。

（三）卖出回购证券支出应在该证券持有期内采用直线法逐日计提，并按计提的金额入账。

（四）利息支出应在借款期内逐日计提，并按借款本金与适用的利率计提的金额入账。

（五）其他费用是指除上述费用以外的其他各项费用，包括注册登记费、上市年费、信息披露费、审计费用、律师费用等。发生的其他费用如果影响基金单位净值小数点后第五位的，即发生的其他费用大于基金净值十万分之一，应采用待摊或预提的方法，待摊或预提计入基金损益。发生的其他费用如果不影响基金单位净值小数点后第五位的，即发生的其他费用小于基金净值十万分之一，应于发生时直接计入基金损益。

（六）基金管理人和基金托管人因未履行义务导致的费用支出或资产的损失，以及处理与基金运作无关的事项发生的费用等不得列入费用。

第一百五十四条 基金财务会计报告由会计报表和会计报表附注组成。对外提供的会计报表包括：资产负债表、经营业绩表、基金净值变动表及其附表。会计报表附注至少应披露主要会计政策及其变更的影响数、关联方关系及其交易和主要报表项目说明等内容。关联方关系及其交易应披露基金与基金管理人、基金托管人、基金发起人、基金管理公司的股东等关联方在报告期内存在的关系与交易等。

（一）资产负债表应分别资产、负债、持有人权益披露其年初数和期末数。

（二）经营业绩表应分别收入、费用、基金净收益、基金经营业绩披露其本月数和本年累计数。

（三）基金净值变动表应披露下列项目产生的基金净值变动：

1. 经营活动产生的基金净值变动；

2. 基金单位交易产生的基金净值变动；

3. 向基金持有人分配收益产生的基金净值变动。

第十四章 信 托 业 务

第一百五十五条 信托资产不属于信托投资公司的自有资产，也不属于信托投资公司对受益人的负债。信托投资公司终止时，信托资产不属于其清算资产。

第一百五十六条 信托投资公司的自有资产与信托资产应分开管理，分别核算。信托投资公司管理不同类别的信托业务，应分别按项目设置信托业务明细账进行核算管理。

第一百五十七条 信托投资公司对不同信托资产来源和运用，应设置相应会计科目进行核算反映，来源类科目应按其类别、委托人等设置明细账。运用类科目应按其类别、使用人和委托人等设置明细账。信托投资公司对信托货币资金应设置专用银行账户予以反映。

第一百五十八条 信托资产来源分为短期信托资产来源、长期信托资产来源。

短期信托资产来源包括应付信托账款、代扣代缴税金、待分配信托收益、应付受托人收益及应付其他受益人款项等。

长期信托资产来源包括资金信托、财产信托、财产权信托、公益信托、投资基金信托、有价证券信托等。

第一百五十九条 信托资产运用分为短期信托资产运用、长期信托资产运用。

短期信托资产运用包括信托货币资金、拆出信托资金、短期信托贷款、短期信托投资、信托财产等。

长期信托资产运用包括长期信托贷款、长期信托投资、信托租赁财产等。

第一百六十条 因办理某项信托业务而发生的费用，可直接归属于该项信托资产的，由该项信托资产承担；不能直接归属于该项信托资产的，由信托投资公司承担。

第一百六十一条 信托业务产生的收益，在未给受益人和受托人分配之前，应在待分配信托收益中核算。

第一百六十二条 信托资产管理会计报告由信托管理会计报表和会计报表附注组成。对外提供的信托资产管理会计报表包括：信托资产来源、运用表，信托业务利润表及其附表等。

信托投资公司应按季或按信托计划约定，定期向委托人或受益人报送其信托资产运用及收益情况表。

第一百六十三条 从事信托业务时，有下列情况使受益人或公司受到损失的，按以下方式处理：

（一）属于信托公司违反信托目的、违背管理职责、管理信托事务不当造成信托资产损失的，以信托赔偿准备金赔偿。

（二）属于委托人自身原因导致对其信托资产司法查封、冻结，且须以其信托资产对第三人进行补偿的，其补偿额仅以其信托资产（扣除原约定费用和对未到期信托资产进行处置的违约金及相关费用后的资产）为限。

第十五章　附　　则

第一百六十四条 本制度自2002年1月1日起施行。

附录 2

商业银行内部控制指引

第一章 总　　则

第一条　为促进商业银行建立和健全内部控制，防范金融风险，保障银行体系安全稳健运行，依据《中华人民共和国中国人民银行法》、《中华人民共和国商业银行法》等法律规定和银行审慎监管要求，制定本指引。

第二条　内部控制是商业银行为实现经营目标，通过制定和实施一系列制度、程序和方法，对风险进行事前防范、事中控制、事后监督和纠正的动态过程和机制。

第三条　商业银行内部控制的目标：

（一）确保国家法律规定和商业银行内部规章制度的贯彻执行；

（二）确保商业银行发展战略和经营目标的全面实施和充分实现；

（三）确保风险管理体系的有效性；

（四）确保业务记录、财务信息和其他管理信息的及时、真实和完整。

第四条　商业银行内部控制应当贯彻全面、审慎、有效、独立的原则，包括：

（一）内部控制应当渗透到商业银行的各项业务过程和各个操作环节，覆盖所有的部门和岗位，并由全体人员参与，任何决策或操作均应当有案可查。

（二）内部控制应当以防范风险、审慎经营为出发点，商业银行的经营管理，尤其是设立新的机构或开办新的业务，均应当体现“内控优先”的要求。

（三）内部控制应当具有高度的权威性，任何人不得拥有不受内部控制约束的权力，内部控制存在的问题应当能够得到及时反馈和纠正。

（四）内部控制的监督、评价部门应当独立于内部控制的建设、执行部门，并有直接向董事会、监事会和高级管理层报告的渠道。

第五条 内部控制应当与商业银行的经营规模、业务范围和风险特点相适应，以合理的成本实现内部控制的目标。

第二章 内部控制的基本要求

第六条 内部控制应当包括以下要素：

（一）内部控制环境；

（二）风险识别与评估；

（三）内部控制措施；

（四）信息交流与反馈；

（五）监督评价与纠正。

第七条 商业银行应当建立良好的公司治理以及分工合理、职责明确、报告关系清晰的组织结构，为内部控制的有效性提供必要的前提条件。

第八条 商业银行董事会、监事会和高级管理层应当充分认识自身对内部控制所承担的责任。

董事会负责审批商业银行的总体经营战略和重大政策，确定商业银行可以接受的风险水平，批准各项业务的政策、制度和程序，任命高级管理层，对内部控制的有效性进行监督；董事会应当就内部控制的有效性定期与管理层进行讨论，及时审查管理层、审计机构和监管部门提供的内部控制评估报告，督促管理层落实整改措施。

高级管理层负责执行董事会批准的各项战略、政策、制度和程序，负责建立授权和责任明确、报告关系清晰的组织结构，建立识别、计量和管理风险的程序，并建立和实施健全、有效的内部控制，采取措施纠正内部控制存在的问题。

监事会在实施财务监督的同时，负责对商业银行遵守法律规定的情况以及董事会、管理层履行职责的情况进行监督，要求董事会、管理层纠正损害银行利益的行为。

第九条 商业银行应当建立科学、有效的激励约束机制，培育良好的企业精神和内部控制文化，从而创造全体员工均充分了解且能履行职责的环境。

第十条 商业银行应当设立履行风险管理职能的专门部门，制定并实施识别、计量、监测和管理风险的制度、程序和方法，以确保风险管理和经营目标的实现。

第十一条 商业银行应当建立涵盖各项业务、全行范围的风险管理系统，开发和运用风险量化评估的方法和模型，对信用风险、市场风险、流动性风险、操作风险等各类风险进行持续的监控。

第十二条 商业银行应当对各项业务制定全面、系统、成文的政策、制度和程序，并在全行范围内保持统一的业务标准和操作要求，避免因管理层的变更而影响其连续性和稳定性。

第十三条 商业银行设立新的机构或开办新的业务，应当事先制定有关的政策、制度和程序，对潜在的风险进行计量和评估，并提出风险防范措施。

第十四条 商业银行应当建立内部控制的评价制度，对内部控制的制度建设、执行情况定期进行回顾和检讨，并根据国家法律规定、银行组织结构、经营状况、市场环境的变化进行修订和完善。

第十五条 商业银行应当明确划分相关部门之间、岗位之间、上下级机构之间的职责，建立职责分离、横向与纵向相互监督制约的机制。

涉及资产、负债、财务和人员等重要事项变动均不得由一个人独自决定。

第十六条 商业银行应当根据不同的工作岗位及其性质，赋予其相应的职责和权限，各个岗位应当有正式、成文的岗位职责说明和清晰的报告关系。

关键岗位应当实行定期或不定期的人员轮换和强制休假制度。

第十七条 商业银行应当根据各分支机构和业务部门的经营管理水平、风险管理能力、地区经济环境和业务发展需要，建立相应的授权体系，实行统一法人管理和法人授权。

授权应适当、明确，并采取书面形式。

第十八条 商业银行应当利用计算机程序监控等现代化手段，锁定分支机构的业务权限，对分支机构实施有效的管理和控制。

下级机构应当严格执行上级机构的决策，在自身职责和权限范围内开展工作。

第十九条 商业银行应当建立有效的核对、监控制度，对各种账证、报表定期进行核对，对现金、有价证券等有形资产及时进行盘点，对柜台办理的业务实行复核或事后监督把关，对重要业务实行双签有效的制度，对授权、授信的执行情况进行监控。

第二十条 商业银行应当按照规定进行会计核算和业务记录，建立完整的会计、统计和业务档案，妥善保管，确保原始记录、合同契约和各种报表资料的真实、完整。

第二十一条 商业银行应当建立有效的应急制度，在各个重要部位、营业网点等发生供电中断、火灾、抢劫等紧急情况时，应急措施应当及时、有效，确保各类数据信息的安全和完整。

第二十二条 商业银行应当设立独立的法律事务部门或岗位，统一管理各类授权、授信的法律事务，制定和审查法律文本，对新业务的推出进行法律论证，确保每笔业务的合法和有效，维护银行的合法权益。

第二十三条 商业银行应当实现业务操作和管理的电子化，促进各项业务的电子数据处理系统的整合，做到业务数据的集中处理。

第二十四条 商业银行应当实现经营管理的信息化，建立贯穿各级机构、覆盖各个业务领域的数据库和管理信息系统，做到及时、准确提供经营管理所需要的各种数据，并及时、真实、准确地向中国人民银行报送监管报表资料和对外披露信息。

第二十五条 商业银行应当建立有效的信息交流和反馈机制，确保董事会、监事会、高级管理层及时了解本行的经营和风险状况，确保每一项信息均能够传递给相关的员工，各个部门和员工的有关信息均能够顺畅反馈。

第二十六条 商业银行的业务部门应当对各项业务的经营状况和例外情况进行经常性检查，及时发现内部控制存在的问题，并迅速予以纠正。

第二十七条 商业银行的内部审计部门应当有权获得商业银行的所有经营信息和管理信息，并对各个部门、岗位和各项业务实施全面的监控和评价。

第二十八条 商业银行的内部审计应当具有充分的独立性，实行全行系统的垂直管理。下级机构内部审计负责人的聘任和解聘应当经上级机构内部审计部门同意，总行内部审计负责人的聘任和解聘应当经董事会或监事会同意。

第二十九条 商业银行应当配备充足的、业务素质高、工作能力强的内部审计人员，并建立专业培训制度，每人每年确保一定的离岗或脱产培训时间。

内部审计力量不足的，应当将审计任务委托社会中介机构进行。

第三十条 商业银行应当建立有效的内部控制报告和纠正机制，业务部门、内部审计部门和其他人员发现的内部控制的问题，均应当有畅通的报告渠道和有效的纠正措施。

第三章 授信的内部控制

第三十一条 商业银行授信内部控制的重点是：实行统一授信管理，健全客户信用风险识别与监测体系，完善授信决策与审批机制，防止对单一客户、关联企业客户和集团客户风险的高度集中，防止违反信贷原则发放关系人贷款和人情贷款，防止信贷资金违规投向高风险领域和用于违法活动。

第三十二条 商业银行应当设立独立的授信风险管理部门，对不同币种、不同客户对象、不同种类的授信进行统一管理，避免信用失控。

第三十三条 商业银行授信岗位设置应当做到分工合理、职责明确，岗位之间应当相互配合、相互制约，做到审贷分离、业务经办与会计账务处理分离。

第三十四条 商业银行应当建立有效的授信决策机制，包括设立审贷委员会，负责审批权限内的授信。

行长不得担任审贷委员会的成员。

审贷委员会审议表决应当遵循集体审议、明确发表意见、多数同意通过的原则，全部意见应当记录存档。

被审贷委员会两次否决的贷款申请半年内不得提交审贷委员会审议。

第三十五条 商业银行应当建立严格的授信风险垂直管理体制，下级机构应当服从上级机构风险管理部门的管理，严格执行各项授信风险管理政策和制度。

第三十六条 商业银行应当对授信实行统一的法人授权制度，上级机构应当根据下级机构的风险管理水平、资产质量、所处地区经济环境等因素，合理确定授信审批权限。

第三十七条 商业银行应当根据风险大小，对不同种类、期限、担保条件的授信确定不同的审批权限，审批权限应当逐步采用量化风险指标。

第三十八条 商业银行各级机构应当明确规定授信审查人、审批人之间的权限和工作程序，严格按照权限和程序审查、审批业务，不得故意绕开审查、审批人。

第三十九条 商业银行应当防止授信风险的过度集中，通过实行授信组合管理，制定在不同期限、不同行业、不同地区的授信分散化目标，及时监测和控制授信组合风险，确保总体授信风险控制在合理的范围内。

第四十条 商业银行应当对同一客户的贷款、贸易融资、票据承兑和贴现、透支、保理、担保、贷款承诺、开立信用证等各类表内外授信实行一揽子管理，确定总体授信额度。

第四十一条 商业银行应当以风险量化评估的方法和模型为基础，开发和运用统一的客户信用评级体系，作为授信客户选择和项目审批的依据，并为客户信用风险识别、监测以及制定差别化的授信政策提供基础。

第四十二条 商业银行应当对集团客户实行统一授信管理，将同一集团内各个企业的授信纳入统一的授信额度内，核定集团总的授信额度，防止借款人通过多头开户、多头贷款、多头互保套取银行资金，防止对关联企业授信的失控。

第四十三条 商业银行应当建立统一的授信操作规范，规定贷前调查、贷时审查、贷后检查各个环节的工作标准和操作要求：

（一）贷前调查应当做到实地查看，如实报告授信调查掌握的情况，不回避风险点，不因任何人的主观意志而改变调查结论；

（二）贷时审查应当做到独立审贷，客观公正，充分、准确地揭示业务风险，提出降低风险的对策；

（三）贷后检查应当做到实地查看，如实记录，及时将检查中发现的问题报告有关人员，不得隐瞒或掩饰问题。

第四十四条 商业银行应当制定统一的各类授信品种的管理办法，明确规定各项业务的办理条件，包括选项标准、期限、利率、收费、担保、审批权限、申报资料、贷后管理、内部处理程序等具体内容。

第四十五条 商业银行在批准各类授信时，应当逐笔载明办理业务的各项条件，经办部门只能在符合条件的前提下办理业务。

第四十六条 商业银行应当对借款人实施独立的尽职调查，严格执行授信审批程序，防止逆程序操作和放宽授信标准，防止发放任何形式的外部行政干预贷款和人情贷款。

第四十七条 商业银行应当严格按照信贷原则审查对关系人的授信，确保对关系人的授信条件不得优于其他借款人同类授信的条件。

在对关系人的授信调查和审批过程中，商业银行内部相关人员应当回避。

第四十八条 商业银行应当严格审查和监控借款用途，防止借款人通过贷款、贴现、办理银行承兑汇票等方式套取信贷资金，改变借款用途。

第四十九条 商业银行应当严格审查借款人资格合法性、融资背景以及申请材料的真实性和借款合同的完备性，防止借款人通过编造虚假理由、使用虚假经济合同或虚假证明文件等方式，从事金融诈骗活动。

第五十条 商业银行应当建立资产质量监测报告体系，严密监测资产质量的变化，分析不良资产形成的原因，及时制定防范和化解风险的对策。

第五十一条 商业银行应当建立贷款风险分类制度，规范贷款质量的认定标准和程序，严禁掩盖不良贷款的真实状况，确保贷款质量的真实性。

第五十二条 商业银行应当建立授信风险责任制，明确规定各个部门、岗位的风险责任：

（一）调查人员应当承担调查失误和评估失准的责任；

（二）审查和审批人员应当承担审查、审批失误的责任，并对本人签署的意见负责；

（三）贷后管理人员应当承担检查失误、清收不力的责任；

（四）放款操作人员应当对操作性风险负责；

（五）高级管理层应当对重大贷款损失承担相应的责任。

第五十三条 商业银行应当对违法、违规造成的授信风险和损失逐笔进行责任认定，并按规定对有关责任人进行处理。

第五十四条 商业银行应当建立完善的授信管理信息系统，对授信全过程进行持续监控，并确保提供真实的授信经营状况和资产质量状况信息，对授信风险与收益情况进行综合评价。

第五十五条 商业银行应当建立完善的客户管理信息系统，全面和集中掌握客户的资信水平、经营财务状况、偿债能力等信息，对客户进行分类管理，对已列入“黑名单”、有逃废债等行为的资信不良的借款人实施授信禁入。

第四章 资金业务的内部控制

第五十六条 商业银行资金业务内部控制的重点是：对资金业务对象和产品实行统一授信，实行严格的前后台职责分离，建立中台风险监控和管理制度，防止资金交易员从事越权交易，防止欺诈行为，防止因违规操作和风险识别不足导致的重大损失。

第五十七条 商业银行资金业务的组织结构应当体现权限等级和职责分离的原则，做到前台交易与后台结算分离、自营业务与代客业务分离、业务操作与风险监控分离，建立岗位之间的监督制约机制。

第五十八条 商业银行应当根据分支机构的经营管理水平，核定各个分支机构的资金业务经营权限。

对分支机构的资金业务应当定期进行检查，对异常资金交易和资金变动应当建立有效的预警和处理机制。

未经上级机构批准，下级机构不得开展任何未设权限的资金交易。

第五十九条 商业银行应当完善资金营运的内部控制，资金的调出、调入应当有真实的业务背景，严格按照授权进行操作，并及时划拨资金，登记台账。

第六十条 商业银行应当根据授信原则和资金交易对手的财务状况，确定交易对手、投资对象的授信额度和期限，并根据交易产品的特点对授信额度进行动态监控，确保所有交易控制在授信额度范围之内。

第六十一条 商业银行应当充分了解所从事资金业务的性质、风险、相关的法规和惯例，明确规定允许交易的业务品种，确定资金业务单笔、累计最大交易限额以及相应承担的单笔、累计最大交易损失限额和交易止损点。

高级管理层应当充分认识金融衍生产品的性质和风险，根据本行的风险承受水平，合理确定金融衍生产品的风险限额和相关交易参数。

第六十二条 商业银行应当建立完备的资金交易风险评估和控制系统，制定符合本行特点的风险控制政策、措施和定量指标，开发和运用量化的风险管理模型，对资金交易的收益与风险进行适时、审慎评价，确保资金业务各项风险指标控制在规定的范围内。

第六十三条 商业银行应当根据资金交易的风险程度和管理能力，就交易品种、交易金额和止损点等对资金交易员进行授权。

资金交易员上岗前应当取得相应资格。

第六十四条 商业银行应当按照市场价格计算交易头寸的市值和浮动盈亏情况，对资金交易产品的市场风险、头寸市值变动进行实时监控。

第六十五条 商业银行应当建立资金交易风险和市值的内部报告制度。

资金交易员应当向高级管理层如实汇报金融衍生产品中的或有资产、隐含风险和对冲策略等交易细节。

第六十六条 商业银行应当充分考虑到极端的市场价格变动、市场流动性降低以及主要交易对手倒闭等问题，确定市场出现大幅异常波动和可能出现最坏情况时的应对措施。

第六十七条 商业银行应当建立对资金交易员的适当的约束机制，对资金交易员实施有效管理。

资金交易员应当严格遵守交易员行为准则，在职责权限、授信额度、各项交易限额和止损点内以真实的市场价格进行交易，并严守交易信息秘密。

第六十八条 商业银行应当建立资金交易中台和后台部门对前台交易的反映和监督机制。

中台监控部门应当核对前台交易的授权交易限额、交易对手的授信额度和交易价格等，对超出授权范围内的交易应当及时向有关部门报告。

后台结算部门应当独立地进行交易结算和付款，并根据资金交易员的交易记录，在规定的时间内向交易对手逐笔确认交易事实。

第六十九条 商业银行在办理代客资金业务时，应当了解客户从事资金交易的权限和能力，向客户充分揭示有关风险，获取必要的履约保证，明确在市场变化情况下客户违约的处理办法和措施。

第七十条 商业银行资金业务新产品的开发和经营应当经过高级管理层授权批准，在风险控制制度和操作规程完备、人员合格和设备齐全的情况下，交易部门才能全面开展新产品的交易。

第七十一条 商业银行应当建立资金业务的风险责任制，明确规定各个部门、岗位的风险责任：

（一）前台资金交易员应当承担越权交易和虚假交易的责任，并对未执行止损规定形成的损失负责；

（二）中台监控人员应当承担对资金交易员越权交易报告的责任，并对风险报告失准和监控不力负责；

（三）后台结算人员应当对结算的操作性风险负责；

（四）高级管理层应当对资金交易出现的重大损失承担相应的责任。

第五章 存款及柜台业务的内部控制

第七十二条 商业银行存款及柜台业务内部控制的重点是：对基层营业网点、要害部位和重点岗位实施有效监控，严格执行账户管理、会计核算制度和各项操作规程，防止内部操作风险和违规经营行为，防止内部挪用、贪污以及洗钱、金融诈骗、逃汇、骗汇等非法活动，确保商业银行和客户资金的安全。

第七十三条 商业银行应当严格执行账户管理的有关规定，认真审核存款人身份和账户资料的真实性、完整性和合法性，对账户开立、变更和撤销的情况定期进行检查，防止存款人出租、出借账户或利用其存款账户从事违法活动。

第七十四条 商业银行应当严格管理预留签章和存款支付凭据，提高对签章、票据真伪的甄别能力，并利用计算机技术，加大预留签章管理的科技含量，防止诈骗活动。

第七十五条 商业银行应当对存款账户实施有效管理，与除储蓄存款以外的其他存款的所有人定期进行对账，并确保对账的适时有效。

第七十六条 商业银行应当对内部特种转账业务、账户异常变动等进行持续监控，发现异常情况应当进行跟踪和分析。

对异常现金存取和异常转账情况，应当采取设置标识等监控措施，必要时向有关部门报告。

第七十七条 商业银行应当对大额存单签发、大额存款支取实行分级授权和双签制度，按规定对大额款项收付进行登记和报备，确保存款等交易信息的真实、完整。

第七十八条 商业银行应当对每日营业终了的账务实施有效管理，

当天的票据当天入账，对发现的错账和未提出的票据或退票，应当履行内部审批、登记手续。

第七十九条 商业银行应当严格执行“印、押、证”三分管制度，使用和保管重要业务印章的人员不得同时保管相关的业务单证，使用和管理密押、压数机的人员不得同时使用或保管相关的印章和单证。

使用和保管密押的人员应当保持相对稳定，人员变动应当经主管领导批准，并办好交接和登记手续。

人员离岗，“印、押、证”应当落锁入柜，妥善保管。

第八十条 商业银行应当对现金收付、资金划转、账户资料变更、密码更改、挂失、解挂等柜台业务，建立复核制度，确保交易的记录完整和可追溯。

柜台人员的名章、操作密码、身份识别卡等应当实行个人负责制，妥善保管，按章使用。

第八十一条 商业银行应当对现金、贵金属、重要空白凭证和有价单证实行严格的核算和管理，严格执行入库、登记、领用的手续，定期盘点查库，正确、及时处理损益。

第八十二条 商业银行应当建立会计、储蓄事后监督制度，配置专人负责事后监督，实现业务与监督在空间与人员上的分离。

第八十三条 商业银行应当认真遵循“了解你的客户”的原则，注意审查客户资金来源的真实性和合法性，提高对可疑交易的鉴别能力，如发现可疑交易，应当逐级上报，防止犯罪分子进行洗钱活动。

第八十四条 商业银行应当严格执行营业机构重要岗位的请假、轮岗制度，逐步推行离岗审计制度。

对要害部门和重点岗位应当实施有效管理，对非营业时间进入营业场所、电脑延长开机时间等应当办理审批、登记手续。

第六章 中间业务的内部控制

第八十五条 商业银行中间业务内部控制的重点是：开展中间业务应当取得有关主管部门核准的机构资质、人员从业资格和内部的业务授权，建立并落实相关的规章制度和操作规程，按委托人指令办理业务，防范或有负债风险。

第八十六条 商业银行办理支付结算业务，应当根据有关法律规定的要求，对持票人提交的票据或结算凭证进行审查，并确认委托人收、付款指令的正确性和有效性，按指定的方式、时间和账户办理资金划转手续。

第八十七条 商业银行办理结汇、售汇和付汇业务，应当对业务的审批、操作和会计记录实行恰当的职责分离，并严格执行内部管理和检查制度，确保结汇、售汇和收付汇业务的合规性。

第八十八条 商业银行办理代理业务，应当设立专户核算代理资金，完善代理资金的拨付、回收、核对等手续，防止代理资金被挤占挪用，确保专款专用。

第八十九条 商业银行应当对代理资金支付进行审查和管理，按照代理协议的约定办理资金划转手续，遵循银行不垫款的原则，不介入委托人与其他人的交易纠纷。

第九十条 商业银行应当严格按照会计制度正确核算和确认各项代理业务收入，坚持收支两条线，防止代理收入被截留或挪用。

第九十一条 商业银行发行借记卡，应当按照实名制规定开立账户。

对借记卡的取款、转账、消费等支付业务，应当制定并严格执行相关的管理制度和操作规程。

第九十二条 商业银行发行贷记卡，应当在全行统一的授信管理原则下，建立客户信用评价标准和方法，对申请人相关资料的合法性、真实性和有效性进行严格审查，确定客户的信用额度，并严格按照授权进行审批。

第九十三条 商业银行应当对贷记卡持卡人的透支行为建立有效的监控机制，业务处理系统应当具有实时监督、超额控制和异常交易止付等功能。

商业银行应当定期与贷记卡持卡人对账，严格管理透支款项，切实防范恶意透支等风险。

第九十四条 商业银行受理银行卡存取款或转账业务，应当对银行卡资金交易设置必要的监控措施，防止持卡人利用银行卡进行违法活动。

第九十五条 商业银行发卡机构应当建立和健全内部管理机制，完善重要凭证、银行卡卡片、客户密码、止付名单、技术档案等重要资料的传递与存放管理，确保交接手续的严密。

第九十六条 商业银行应当对银行卡特约商户实施有效管理，规范相关的操作规程和处理手续，对特约商户的经营风险或操作过失应当制定相应的应急和防范措施。

第九十七条 商业银行从事基金托管业务，应当在人事、行政和财务上独立于基金管理人，双方的管理人员不得相互兼职。

第九十八条 商业银行应当以诚实信用、勤勉尽责的原则保管基金资产，严格履行基金托管人的职责，确保基金资产的安全，并承担为客户保密的责任。

第九十九条 商业银行应当确保基金托管业务与基金代销业务相分

离，基金托管的系统、业务资料应当与基金代销的系统、业务资料有效分离。

第一百条 商业银行应当确保托管基金资产与自营资产相分离，对不同基金独立设账，分户管理，独立核算，确保不同基金资产的相互独立。第一百零一条商业银行应当严格按照会计制度办理基金账务核算，正确反映资金往来活动，并定期与基金管理人等有关当事人就基金投资证券的种类、数量等进行核对。

第一百零二条 商业银行开展咨询顾问业务，应当坚持诚实信用原则，确保客户对象、业务内容的合法性和合规性，对提供给客户的信息的真实性、准确性负责，并承担为客户保密的责任。

第一百零三条 商业银行开办保管箱业务，应当在场地、设备和处理软件等方面符合国家安全标准，对用户身份进行核验确认。

对进入保管场地和开启保管箱，应当制定相应的操作规范，明确要求租用人不得在保管箱内存放违禁或危险物品，防止利用商业银行场地保管非法物品。

第七章 会计的内部控制

第一百零四条 商业银行会计内部控制的重点是：实行会计工作的统一管理，严格执行会计制度和会计操作规程，运用计算机技术实施会计内部控制，确保会计信息的真实、完整和合法，严禁设置账外账，严禁乱用会计科目，严禁编制和报送虚假会计信息。

第一百零五条 商业银行应当依据企业会计准则和国家统一的会计制度，制订并实施本行的会计规范和管理制度。

下级机构应当严格执行上级机构制定的会计规范和管理制度，确保统一的会计规范和管理制度在本行得到实施。

第一百零六条 商业银行应当确保会计工作的独立性，确保会计部门、会计人员能够依据国家统一的会计制度和本行的会计规范独立地办理会计业务，任何人不得授意、暗示、指示、强令会计部门、会计人员违法或违规办理会计业务。

对违法或违规的会计业务，会计部门、会计人员有权拒绝办理，并向上级机构报告，或者按照职权予以纠正。

第一百零七条 商业银行会计岗位设置应当实行责任分离、相互制约的原则，严禁一人兼任非相容的岗位或独自完成会计全过程的业务操作。

第一百零八条 商业银行应当明确会计部门、会计人员的权限，各级会计部门、会计人员应当在各自的权限内行事，凡超越权限的，须经授权后，方可办理。

第一百零九条 商业银行应当对会计账务处理的全过程实行监督，会计账务应当做到账账、账据、账款、账实、账表和内外账的六相符。

凡账务核对不一致的，应当按照权限进行纠正或报上级机构处理。

第一百一十条 商业银行应当对会计主管、会计负责人实行从业资格管理，建立会计人员档案。

会计主管、会计负责人和会计人员应当具有与其岗位、职位相适应的专业资格或技能。

第一百一十一条 商业银行下级机构会计主管的变动应当经上级机构会计部门同意。

会计人员调动工作或离职，应当与接管人员办清交接手续，严格执行交接程序。

第一百一十二条 商业银行应当对会计人员实行强制休假制度，联行、同城票据交换、出纳等重要会计岗位人员和会计主管还应当定期轮换，逐步推行离岗（任）审计制度。

第一百一十三条 商业银行应当实行会计差错责任人追究制度，发生重大会计差错、舞弊或案件，除对直接责任人员追究责任外，机构负责人和分管会计的负责人也应当承担相应的责任。

第一百一十四条 商业银行应当做到会计记录、账务处理的合法、真实、完整和准确，严禁伪造、变造会计凭证、会计账簿和其他会计资料，严禁提供虚假财务会计报告。

第一百一十五条 商业银行应当建立规范的信息披露制度，按照规定及时、真实、完整地披露会计、财务信息，满足股东、监管当局和社会公众对其信息的需求。

第一百一十六条 商业银行应当完善会计档案管理，严格执行会计档案查阅手续，防止会计档案被替换、更改、毁损、散失和泄密。

第八章　计算机信息系统的内部控制

第一百一十七条 商业银行计算机信息系统内部控制的重点是：严格划分计算机信息系统开发部门、管理部门与应用部门的职责，建立和健全计算机信息系统风险防范的制度，确保计算机信息系统设备、数据、系统运行和系统环境的安全。

第一百一十八条 商业银行应当明确计算机信息系统开发人员、管理人员与操作人员的岗位职责，做到岗位之间的相互制约，各岗位之间不得相互兼任。

各级机构应当配备计算机安全管理人员，明确计算机安全管理人员的职责。

第一百一十九条 商业银行应当对计算机信息系统的项目立项、开发、验收、运行和维护整个过程实施有效管理，开发环境应当与生产环境严格分离。

技术部门与业务部门之间应当进行沟通协调，确保系统的整体安全。

第一百二十条 商业银行购买计算机软、硬件设备，应当对供应商的资格条件进行严格审查，在使用前进行试用性安全测试，明确产品供应商对产品在使用期间应当承担的责任，确保产品的正常使用和有效维护。

第一百二十一条 商业银行计算机机房建设应当符合国家的有关标准，出入计算机机房应当有严格的审批程序和出入记录，确保计算机硬件、各种存储介质的物理安全。

计算机机房和营业网点应当有完备的计算机监控系统，确保计算机终端的正常使用。

第一百二十二条 商业银行应当建立和健全网络管理系统，有效地管理网络的安全、故障、性能、配置等，并对接入国际互联网实施有效的安全管理。

第一百二十三条 商业银行应当对计算机信息系统实施有效的用户管理和密码（口令）管理，对用户的创建、变更、删除、用户口令的长度、时效等均应当有严格的控制。

员工之间严禁转让计算机信息系统的用户名或权限卡，员工离岗后应当及时更换密码和密码信息。

第一百二十四条 商业银行应当对计算机信息系统的接入建立适当的授权程序，并对接入后的操作进行安全控制。

输入计算机信息系统的数据应当核对无误，数据的修改应当经过批准并建立日志。

第一百二十五条 商业银行应当及时更新系统安全设置、病毒代码库、攻击特征码、软件补丁程序等，通过认证、加密、内容过滤、入侵监测等技术手段，不断完善安全控制措施，确保计算机信息系统的安全。

第一百二十六条 商业银行的网络设备、操作系统、数据库系统、应用程序等均应当设置必要的日志。

日志应当能够满足各类内部和外部审计的需要。

第一百二十七条 商业银行应当严格管理各类数据信息，数据的操作、数据备份介质的存放、转移和销毁等均应当有严格的管理制度。

第一百二十八条 商业银行运用计算机处理业务，应当具有可复核性和可追溯性，并为有关的审计或检查留有接口。

第一百二十九条 商业银行的电子银行服务应当具备客户身份识别、安全认证等功能，防止发生泄密事件，确保交易安全。

第一百三十条 商业银行应当尽可能利用计算机信息系统的系统设定，防范各种操作风险和违法犯罪行为。

第一百三十一条 商业银行应当建立计算机安全应急系统，制定详细的应急方案，并定期进行修订和演练。

数据备份应当做到异地存放，条件允许时，应当建立异地计算机灾难备份中心。

第九章 内部控制的监督与纠正

第一百三十二条 商业银行应当指定不同的机构或部门分别负责内部控制的建设、执行和内部控制的监督、评价。

内部控制的建设、执行部门负责设计内部控制体系，组织、督促各业务部门、分支机构建立和健全内部控制。内部控制的监督、评价部门负责组织检查、评价内部控制的健全性和有效性，督促管理层纠正内部控制存在的问题。

第一百三十三条 商业银行应当建立内部控制的报告和信息反馈制度，业务部门、内部审计部门和其他控制人员发现内部控制的隐患和缺陷，应当及时向管理层或相关部门报告。

第一百三十四条 商业银行内部控制的监督、评价部门应当对内部控制的制度建设和执行情况定期进行检查评价，提出改进建议，对违反规定的机构和人员提出处理意见。

第一百三十五条 商业银行上级机构应当根据自身掌握的内部控制信息，对下级机构的内部控制状况定期作出评价，并将评价结果作为经营绩效考核的重要依据。

第一百三十六条 商业银行应当建立内部控制问题和缺陷的处理纠正机制，管理层应当根据内部控制的检查情况和评价结果，提出整改意见和纠正措施，并督促业务部门和分支机构落实。

第一百三十七条 商业银行应当建立内部控制的风险责任制：

（一）董事会、高级管理层应当对内部控制的有效性负责，并对内部控制失效造成的重大损失承担责任；

（二）内部审计部门应当对检查发现问题隐瞒不报、上报虚假情况或检查监督不力，承担相应的责任；

（三）业务部门和分支机构应当及时纠正内部控制存在的问题，并对出现的风险和损失承担相应的责任；

（四）高级管理层应当对违反内部控制的人员，依据法律规定、内部管理制度追究责任和予以处分，并承担处理不力的责任。

第十章　附　　则

第一百三十八条　本指引适用于在中华人民共和国境内依法设立的中资、外资商业银行。政策性银行、金融资产管理公司、邮政储蓄机构、城乡信用社、信托投资公司、企业集团财务公司、金融租赁公司等其他金融机构参照执行。

第一百三十九条　中国人民银行依据本指引对商业银行作出的内部控制评价结果是商业银行风险评估的重要内容，也是中国人民银行进行市场准入管理的重要依据。

第一百四十条　本指引由中国人民银行负责解释。

第一百四十一条　本指引自公布之日起施行。中国人民银行发布的《加强金融机构内部控制的指导原则》同时废止。

参考文献

1. 唐笑炯著：《银行会计》，山西经济出版社 2011 年版。

2. 张瑞主编：《商业银行会计综合实训》，国防工业出版社 2011 年版。

3. 中国注册会计师协会编：《会计》，中国财政经济出版社 2011 年版。

4. 钱红华等编著：《金融会计》，上海财经大学出版社 2010 年版。

5. 侯旭华：《保险公司会计》，复旦大学出版社 2010 年版。

6. 万众：《保险公司财务会计》，经济科学出版社 2009 年版。

7. 张洪涛：《保险公司财务会计报告精析：新会计准则下的解读》，中国金融出版社 2009 年版。

8. 周彦平、孙娜：《债券公司与基金公司会计实务》，中国财政经济出版社 2009 年版。

9. 孙娜、卜兆刚：《租赁公司与财务公司会计实务》，中国财政经济出版社 2009 年版。

10. 中央国债登记结算有限责任公司：《债券会计处理与估值》，经济科学出版社 2008 年版。

11. 彭雪梅：《保险会计学》，西南财经大学出版社 2007 年版。

12. 财政部：《证券公司会计制度讲解：2005》，中国金融出版社 2005 年版。

13. 张超英主编：《现代商业银行会计与实务》，中国人民大学出版社 2004 年版。

14. 蒋义宏：《证券公司会计》，上海财经大学出版社 2004 年版。

15. 蒋茵：《证券公司会计》，中国财政经济出版社 2004 年版。

16. 财政部会计司编：《2010 年会计准则讲解》。

17. 中国证监会：《关于证券公司会计核算有关问题的通知》（会计部函［2010］1 号）。

18. 财政部、证监会、审计署、银监会、保监会：《企业内部控制基本规范》，2008 年。

19. 财政部会计司编：《证券投资基金会计核算业务指导 [2007]》，2007 年。

20. 中国银监会：《商业银行内部控制指引》，2007 年。

21. 财政部、中国人民银行、银监会：《银行会计核算办法》，2004 年。

22. 财政部、中国人民银行、银监会：《保险企业会计核算办法》，2004 年。

23. 财政部、中国人民银行、银监会：《证券公司业会计核算办法》，2004 年。